旅游城市

每个城市都包括城市解读、旅游片区、旅游资讯三大板块。

旅游片区

每个城市划分为若干旅游片区，全面介绍，同时突出重要旅游点。

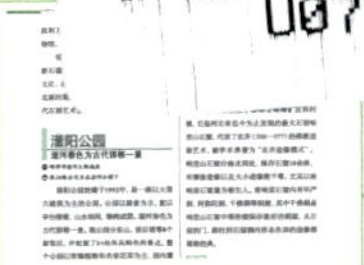

旅游景点

每个旅游景点包括介绍、攻略、链接等板块，力求景点收录全面。

旅游资讯

每个城市旅游资讯板块，包括住宿、就餐、购物、娱乐等内容。

如何使用本书

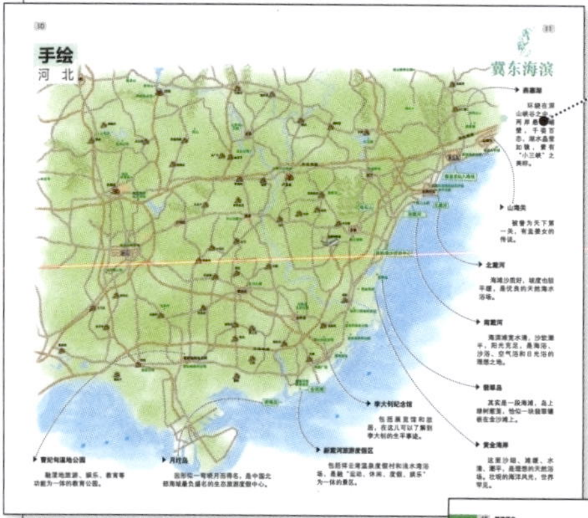

1 **多角度解读** 全书从地理、历史、文化等多个角度解读河北。以主题地图、分类景观、精美图片等形式，力图为读者呈现出一个更直观、丰富的河北。

主题地图 精美而实用的地图，是了解河北的最好窗口。书中还有大量的区域旅游地图、景区导览图。

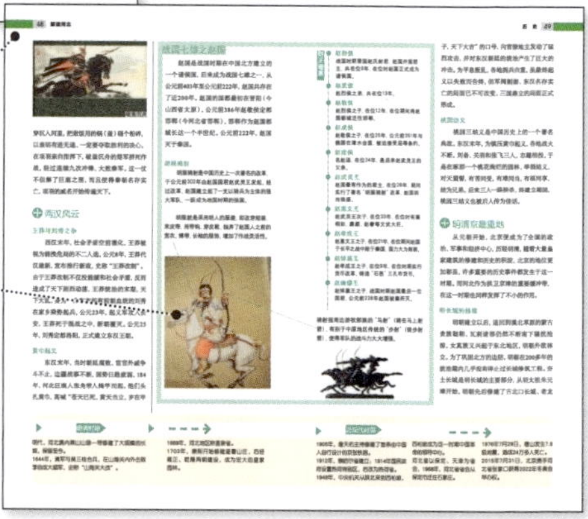

分色标签 每个城市都有一个特定的检索色，便于翻阅。

2 **专题知识** 对于认识河北具有重要意义的关键词条，书中特设专题，图文并茂，让读者迅速读懂。

3 **精华景点** 三维立体图深度引导读者鉴赏那些特别重要的必游景点。

4 **攻略** 大部分景点配有地址、交通、门票、链接等丰富的实用攻略。

5 **资讯** 每个城市都提供交通、美食、住宿、购物、娱乐等资讯。

发现者旅行指南

河北（第2版）

北京·旅游教育出版社

目录
CONTENTS

地图目录

专题目录

手绘 河北

▶ **小五台**

华北保存自然植被最完整的地区之一，被称为“河北屋脊”。

▶ **野三坡**

以“雄、险、奇、幽”的自然山水景观著称，“野”是其最显著的特色。

▶ **白洋淀**

华北平原上最大的淡水湖，是观赏荷花、观看渔民拉网捕鱼、品尝水产品的好去处。

▶ **天桂山**

是中国北方著名的山岳古刹型风景名胜区，有“北方桂林”之称，素以山势奇险、风景秀丽著称。

▶ **苍岩山**

以“三绝”“一奇”“十六景”“七十二景观”名扬国内外。桥楼殿凌空飞跨，是我国三大悬空寺之一。

▶ **崆山白云洞**

整个溶洞景观给人以多种艺术享受，堪称“岩溶造型博物馆”和“地下迷宫”。

▶ **嶂石岩**

太行山森林公园精华所在地，有“百里赤壁”“万丈红峻”之称。

▶ **太行奇峡群**

既有北方山岳的雄伟气势，又具南方山水之秀美，是太行群峰中的一大奇观，被专家誉为“太行奇峡”。

河北山水

雾灵山

雄、奇、秀、美是对雾灵山的高度概括，月平均气温最高17.6℃，是华北“热海”中的“避暑凉岛”。

南戴河

东北与北戴河一桥相连。这里海滨滩宽水清，沙软潮平，阳光充沛，空气清新，是进行海浴、沙浴、空气浴和日光浴的理想之地。

北戴河

全国闻名的避暑胜地和天然海滨浴场，世界四大观鸟胜地之一。

黄金海岸

国家级海洋自然风景保护区，其壮观的海洋大漠风光，世界罕见。

月坨岛

我国最美的海岛之一，这里的美景、美趣、美味尤其让人惊艳。

衡水湖

水面辽阔、水质优良，是众多珍稀鸟类的栖息地，也是华北平原最大的淡水湖之一。

手绘 河北

▶ 天下第一城

外仿北京古都城垣之风貌，内享宫廷式休闲娱乐的大型旅游度假景区。

▶ 宣化古城

明朝九座边城中最为坚固的古城，有“京西第一府”之称，古城址基本保存完好。

▶ 宋辽古战场

宋辽边关的“地下长城”，以最长的古战道入选上海大世界吉尼斯纪录。

▶ 满城汉墓

河北省境内汉墓的代表，因出土金缕玉衣、长信宫灯等国宝而闻名。

▶ 西柏坡

新中国从这里走来，现为著名的红色景区。

▶ 正定古城

素以“三山不见，九桥不流，九楼四塔八大寺，二十四座金牌楼”著称。

▶ 娲皇宫

由服务区、补天园、补天湖、娲皇宫和补天谷五个园区组成，是神话传说中女娲“抟土造人、炼石补天”的地方。

河北人文古迹

▶ **木兰围场**

世界最大的皇家猎苑，被誉为“河的源头，云的故乡，花的世界，林的海洋”，为狩猎、摄影好去处。

▶ **避暑山庄**

原名热河行宫，俗称承德离宫，我国最大的皇家园林，也曾是大清皇家的消夏胜地。

▶ **金山岭长城**

原貌保存完好，建筑风格奇特，有“万里长城，金山独秀”之美称。

▶ **山海关**

被誉为“天下第一关”。孟姜女的传说、吴三桂的故事，在这里广为流传。

▶ **青山关**

古城堡保存完整，古香古色，可一并欣赏未经修饰的长城景观。

▶ **清东陵**

世界文化遗产，中国现存规模最大、体系最完整的帝王后妃墓群。

▶ **赵州桥**

有“天下第一桥”之称，是世界上跨径最大、建造最早的单孔敞肩式石拱桥。

▶ **沧州铁狮子**

背负巨盆，姿态雄伟，昂首阔步，历逾千载，为中国古代铁铸工艺一大珍品。

手绘 河北

▶ 拦道石村

保留着聂荣臻、刘澜涛、李葆华、彭真、贺龙、关向应等老一辈无产阶级革命家的旧居，这里一直流传着他们英勇战斗的事迹。

▶ 平山温泉

面积达7万多平方米，水温高达60℃～90℃，含有硫黄等30多种化学物质。

▶ 青龙观

是中国唯一政教合一的皇家道院，真武殿、苍岩殿和大光明殿为观内三大建筑。

▶ 天桂山

有“北方桂林”之称，素以山势奇险、风景秀丽著称。

▶ 沕沕水生态风景区

是一处有奇峰、怪石、峡谷、溶洞、清泉、瀑布、天池和红叶景观的原生态保护区。

平山旅游区

▶ 滚龙沟

群峰起伏，山清水秀。这里地域广阔，人烟稀少，是休闲度假的好去处。

▶ 藤龙山

因万亩藤海得名，享有“华北第一藤海”之美称。

▶ 中山国故都遗址

2000多年前战国时期中山国都城所在地，现存有宫殿区、居民区、陶器场等遗址。

▶ 东方巨龟苑

华北地区最大的甲鱼养殖基地，有“乡村经典、北国江南”之美誉。

▶ 西柏坡

解放战争后期中国共产党党中央和中国人民解放军总部所在地，新中国从这里走来。

▶ 甘泉寺

始建于北周武帝（宇文邕）建德年间，是云游僧人义觉历时7年化缘资财所建。

手绘
河北

▶ **曹妃甸湿地公园**

融湿地旅游、娱乐、教育等功能为一体的教育公园。

▶ **月坨岛**

因形似一弯晓月而得名，是中国北部海域最负盛名的生态旅游度假中心。

冀东海滨

▶ 燕塞湖

环绕在深山峡谷之中，两岸悬崖峭壁，千姿百态，湖水晶莹如镜，素有“小三峡”之美称。

▶ 山海关

被誉为天下第一关，有孟姜女的传说。

▶ 北戴河

海滩沙质好，坡度也较平缓，是优良的天然海水浴场。

▶ 南戴河

海滨滩宽水清，沙软潮平，阳光充足，是海浴、沙浴、空气浴和日光浴的理想之地。

▶ 翡翠岛

其实是一段海滩，岛上绿树葱茏，恰似一块翡翠镶嵌在金沙滩上。

▶ 李大钊纪念馆

包括展览馆和故居，在这儿可以了解到李大钊的生平事迹。

▶ 黄金海岸

这里沙细、滩缓、水清、潮平，是理想的天然浴场。壮观的海洋风光，世界罕见。

▶ 新戴河旅游度假区

包括祥云湾温泉度假村和浅水湾浴场，是融“运动、休闲、度假、娱乐”为一体的景区。

手绘 河 北

▶ 承德冰雪大世界

是利用人工开凿的山洞，通过制冷保持低温而建成的滑雪场。

▶ 城隍庙

为承德市为数不多的一家道教寺庙，号称“天下第一城隍”。

▶ 双塔山森林公园

双塔山十分险峻，两峰之巅的古代建筑似庙非庙。

▶ 朝阳洞

从正面望去，中间是黑洞洞的洞口，两侧有雕梁画栋的殿堂，殿堂掩映于树影之中。

▶ 夹墙山风景区

风景区有3座石墙山，北峰的大旗山顶是当年花木兰大战小红山之地。

▶ 磬锤峰国家森林公园

自然景观奇特，以千岩竞秀、万峰峥嵘的丹霞地貌著名。

承德城区

▶ 避暑山庄

俗称承德离宫，是我国最大的皇家园林，曾是大清皇室的消夏胜地，是“康乾七十二景”之一。

▶ 普陀宗乘之庙

是“外八庙”中规模最大的一座寺庙，其样式仿拉萨布达拉宫，被称为“小布达拉宫”。

▶ 汤泉行宫

始建于清康熙四十五年（1706年），现仍存正殿、门殿、汤池、御制石碑等。

▶ 普宁寺

始建于清朝乾隆时期的一座汉藏结合寺庙，主尊佛像是金漆木雕千手千眼观世音菩萨。

手绘
河 北

西柏坡高速
毗卢寺
前杜北公园
观音殿
石家庄植物园
临风田园
石太高速
润保公园
古城西路
河北燕赵医学院
河北传媒大学
赵佗公园
石家庄经济
学院北校区
秀水公园
北方大厦
明珠公园
新华区
大马学校
北二环西路
铁道大学
河北燕赵医学院
浩林园
柏林公园
水上公园
北辰广场
石家庄北站
钟强花园
中华北大街
西二环
金戈大厦
石太公园
河北省人民医院
鑫源广场
和平东路
长安区社保局
友谊公园
和平公园
石家庄市政府
西三环
中山西路
中山东路
河北博物院
石家庄客运总站
平安公园
河北省政府
河北省人才大厦
河北工会大厦
河北科
技大学
关帝庙
河北人防大厦
槐安东路
台头小学
创新大厦
元南公园
欧韵公园
石家庄
火车站
石刻园
古韵文化广场
南二环
河北师范大学
（新校区）
平安医院
河北工程
技术学院
河北科技大学
（新校区）
莲花营小学
家有儿女
主题乐园
青银高速
塔淡纪念堂
环城水系
高迁公园
南三环

石家庄城区

滨水公园
京石高速
太行北大街
黄石高速
月季公园
石家庄市十三中
京珠高速
观音寺
紫晶公园
和平东路
广天大厦
三角河公园
石家庄眼科医院
河北医科大学
黄河大道
新世纪
砖石广场
畅园
长江大道
京州国际酒店
河北商贸学校
建华南大街
槐北公园
中城商
务广场
东二环
怀特大厦
珠江大道
槐安东路
石家庄学
院南校区
世纪公园
杰克船长
儿童主题乐园
世纪国
际中心
石安高速
东环公园
南二环
宋村小学
阳光小学
八方小学
天山公园
太行南大街
楼底公园
泊水公园
八方纪念馆
南三环
程上村纪念堂
卓达太阳城学校
东佐纪念堂

风吹草低见牛羊

草原夏季无暑，清新宜人。斑斓的野花，有的灿若金星，有的纤若红簪。而最美的还是草原的清晨，一轮红日冉冉升起，绿叶上的露珠晶莹剔透，一派“天苍苍，野茫茫，风吹草低见牛羊”的草原胜景。

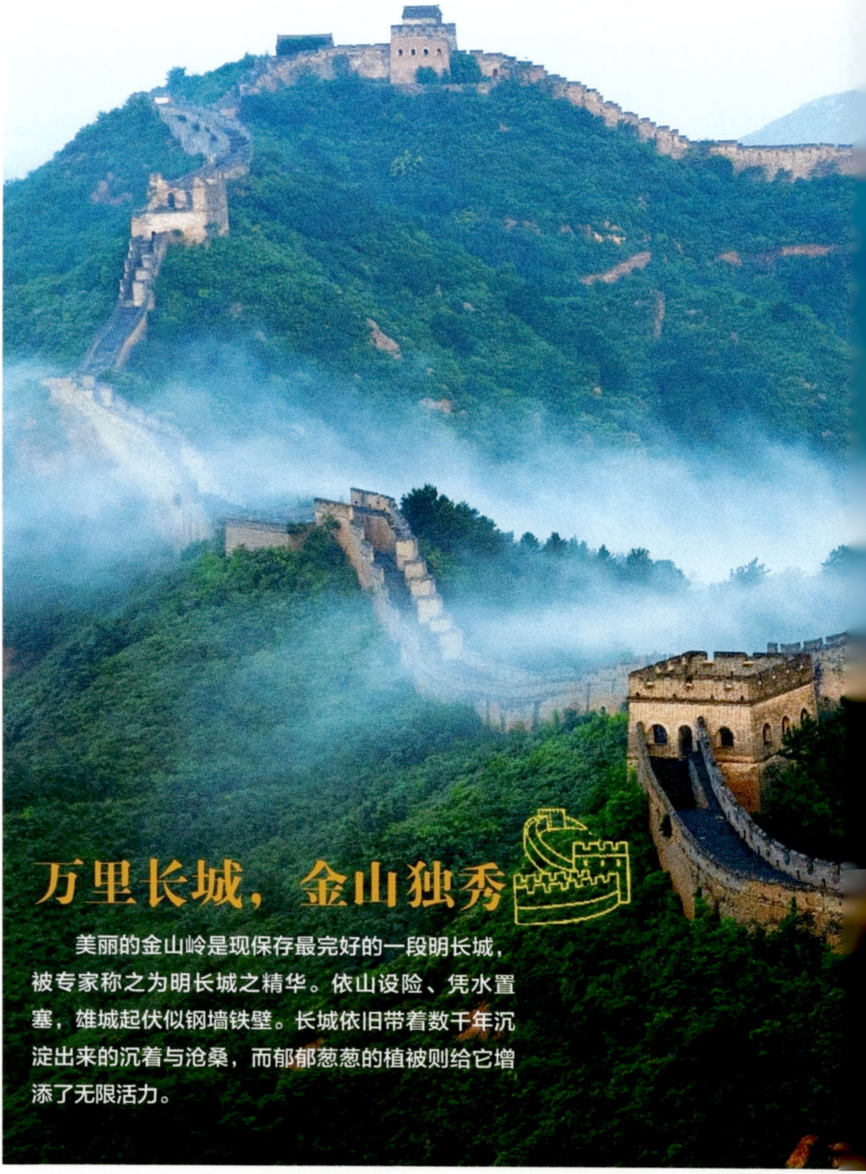

万里长城，金山独秀

美丽的金山岭是现保存最完好的一段明长城，被专家称之为明长城之精华。依山设险、凭水置塞，雄城起伏似钢墙铁壁。长城依旧带着数千年沉淀出来的沉着与沧桑，而郁郁葱葱的植被则给它增添了无限活力。

夏日的一抹清凉

避暑山庄融南北建筑艺术精华，园内建筑规模不大，殿宇和围墙多采用青砖灰瓦、原木本色，淡雅庄重，简朴适度。山庄的建筑既有南方园林的风格，又有北方的建筑特色，是南北建筑艺术完美结合的典范。

晴霄虹亘

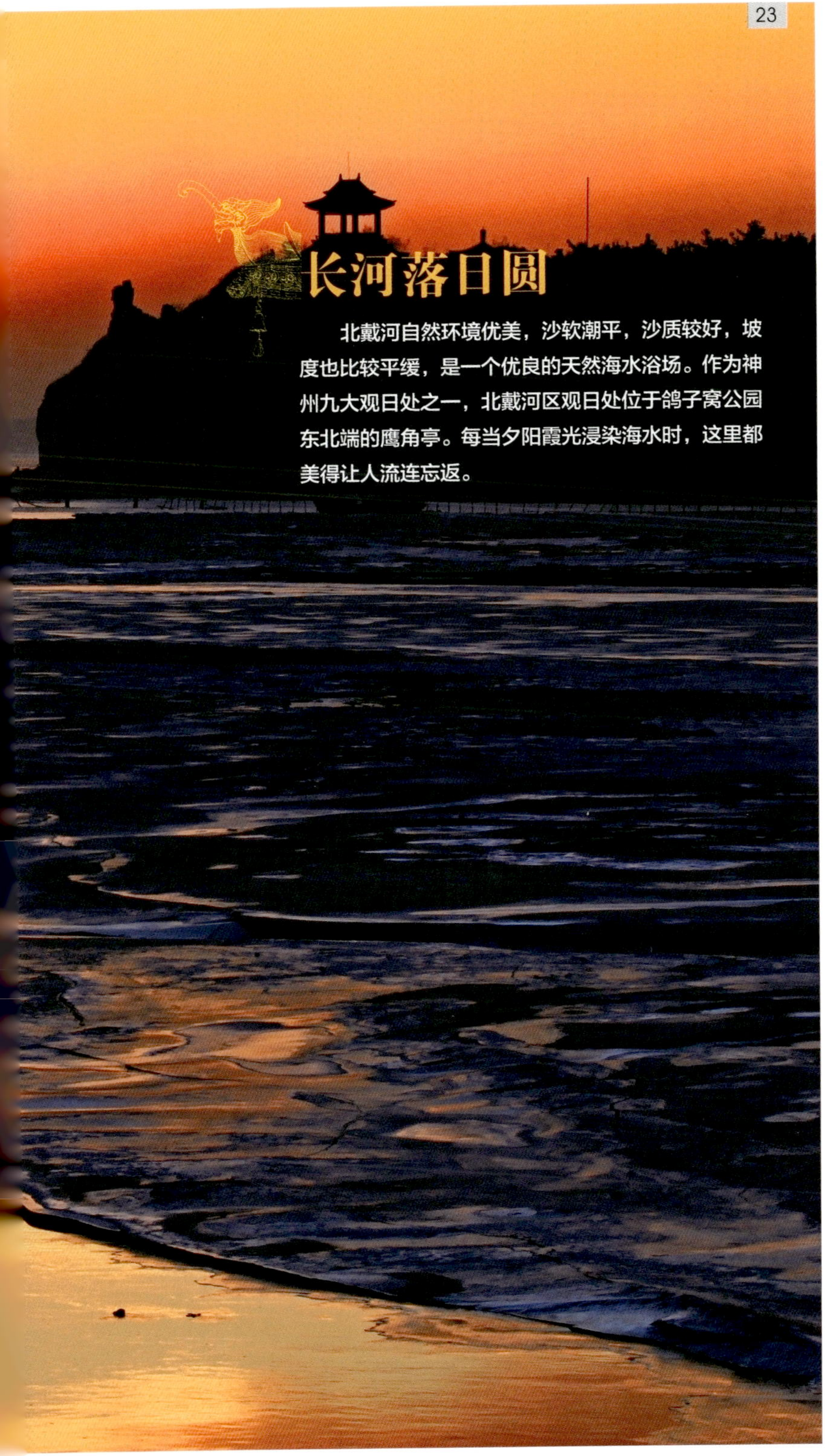

长河落日圆

北戴河自然环境优美，沙软潮平，沙质较好，坡度也比较平缓，是一个优良的天然海水浴场。作为神州九大观日处之一，北戴河区观日处位于鸽子窝公园东北端的鹰角亭。每当夕阳霞光浸染海水时，这里都美得让人流连忘返。

梦里蔚州不思归

打树花是张家口蔚县暖泉镇的汉族传统民俗文化活动，用熔化的铁水泼洒到古城墙上，迸溅形成万朵火花，因犹如枝繁叶茂的树冠而称之为“树花”。“炉火照天地，红星乱紫烟。赧郎明月夜，歌曲动寒川。”李白的一首诗将火树银花的景象描写得淋漓尽致。

吴桥杂技，技惊四座

吴桥杂技包括柔术、车技、口技、顶碗、走钢丝、变戏法、舞狮子等，有严格的师承传统，每一种技艺几乎都是代代相传。在著名的杂技之乡沧州市吴桥，人们个个身怀绝技、功夫一流。

印象河北

文化符号

避暑山庄和外八庙

清代皇帝消夏避暑、处理政务和佛事活动的场所，是中国最大的园林寺庙建筑群。

邯郸

中国历史文化名城，战国时期的赵国都城，中国成语典故之都、太极之乡。

清东陵和清西陵

世界文化遗产，规模宏大、体系完整的清代帝王陵墓建筑群，葬有多位清代皇帝。

西柏坡

解放战争时曾是中共中央所在地，新中国从这里走来。

赵州桥

已有1400多年的历史，是世界上现存最早、保存最完整的古代单孔敞肩石拱桥。

河北梆子

中国梆子声腔的一个重要支脉，是中国北方影响较大的汉族戏曲剧种之一。

印象
河 北

河北长城

喜峰口长城

喜峰口长城主体已淹没水下，水下部分墙体隐约可见，是万里长城一处独特的景观。

鹫峰山长城

为“最窄最矮”的长城，是距今1400多年的北齐长城。

金山岭长城

原貌保存完好，建筑风格奇特，有“万里长城、金山独秀”之美称。

山海关

被誉为天下第一关，拥有厚重的文化沉淀。

老龙头

明长城的东部起点，也是万里长城唯一融山、海、关、城为一体的海陆军事防御体系。

大境门

万里长城各关口中唯一以“门”命名的关隘，为兵家必争之地。

印象
河北

燕赵山水

北戴河

全国闻名的避暑胜地和天然海滨浴场，世界四大观鸟胜地之一。

南戴河

南戴河的黄金海岸沙细、滩软、水清、潮平，是理想的度假胜地。

太行山

群峰巍峨，怪石嶙峋，深涧幽谷，构成了奇特、幽静、秀丽的自然景观。

坝上草原

保存完整的原始草原，是内蒙古大草原的精华，一望无际，壮阔、宽广。

野三坡

以“雄、险、奇、幽”的自然山水景观著称，“野”是其最显著的特色。

白洋淀

华北平原上最大的淡水湖泊，夏季这里会成为奇特的芦苇迷宫，是著名的旅游胜地。

印象
河 北

河北风物

武强年画

中国北方特有的一种绘画方式，具有浓郁的乡土气息和地方特色。

香河肉饼

以猪前腿肉、莲藕、鸡蛋等制作而成，是一道色香味俱全的美食。

衡水老白干

已有1800多年的历史，获奖无数，以“醇香清雅、甘洌柔润”著称于世。

驴肉火烧

华北地区极为流行的小吃，分为河间驴肉火烧和保定驴肉火烧，香味绵长，酥软适口。

蔚县剪纸

用小巧锐利的雕刀手工刻制，构图朴实饱满，造型生动，形象逼真，带有浓郁的乡土气息。

坝上莜面

由坝上特产莜麦制成，可烹调为多种独特美食。

自驾河北

线路 1

石家庄—张北草原风光之旅

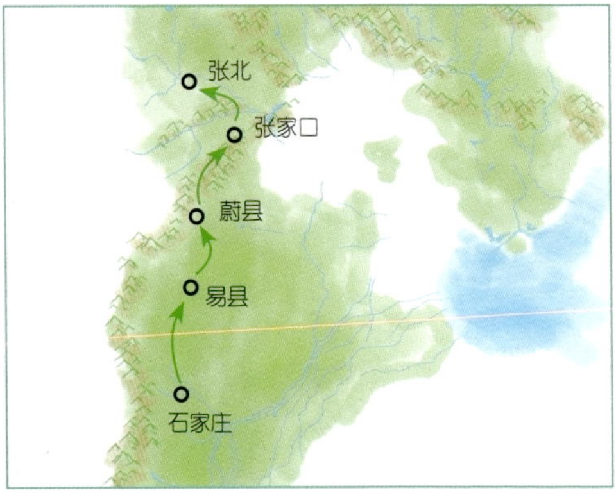

易县 清西陵

蔚县 蔚州古城

张家口 大境门文化旅游区

张北 中都草原

这条线路从石家庄出发，终点为坝上草原风景区，沿途不仅有中都草原和察汗淖草原的美丽风光，还能参观清西陵、蔚州古城、大境门等众多著名的人文古迹，一路下来肯定会让你的身心得到极大的享受。这条线路行驶里程约 750 千米，出游天数 4 天，最佳旅游季节为 4 ～ 10 月。

第一天 ▌ 从石家庄沿 G5—S31 线行驶至涞源县，沿途游览易县的清西陵和涞源县的白石山景区，夜宿涞源县。

第二天 ▌ 从涞源县沿 S10—下光线行驶至蔚县，参观蔚州古城和县南郊的飞狐峪大峡谷，夜宿蔚县古城。

第三天 ▌ 从蔚县古城沿 S10 线—S32 线行驶至张家口市，参观大境门文化旅游区和刺儿山景区，之后前往张北县，沿途经过野狐岭景区，夜宿张北县。

第四天 ▌ 从张北县沿 S245 线行驶至中都草原景区参观，之后前往尚义县游览察汗淖草原度假村。

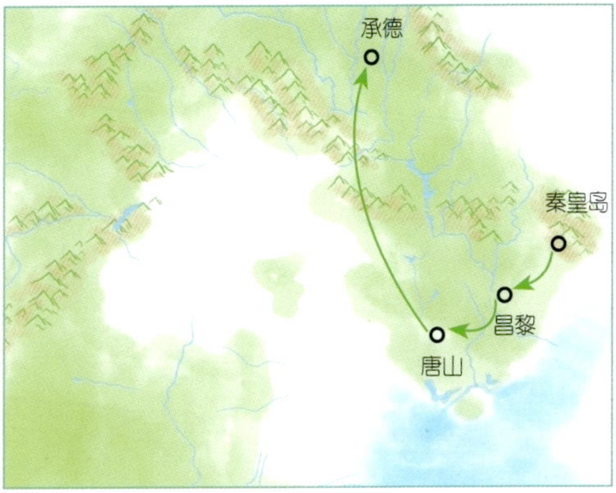

线路 2

冀东海滨休闲之旅

秦皇岛 山海关

到达秦皇岛，主要观赏以山、海见长的海滨风光。沿途在遵化市可参观清王朝的两大陵寝群之一的清东陵，在承德游览避暑山庄。

秦皇岛 北戴河

第一天 游览山海关景区，可用一到两个小时游览山海关古城，品尝古城特有的小吃。城内有天下第一城楼镇东楼，城楼西侧是王家大院，是山海关民俗博物馆。参观之后可前往海边明长城的起点老龙头，老龙头旁是长城博物馆，可以先参观博物馆再到海边戏水。

昌黎 黄金海岸

第二天 游览北戴河鸽子窝公园，感受毛泽东诗词《浪淘沙·北戴河》的豪迈之情；下午游览南戴河国际娱乐中心，体验中国最大的城市内森林公园与娱乐场所巧妙的结合；夜晚游览碧螺塔酒吧公园。

唐山 清东陵

第三天 前往昌黎黄金海岸，上午去国际滑沙活动中心和金沙湾沙雕大世界，体验海洋沙漠风光；下午可去翡翠岛和碣石山，可观鸟、赏奇石、遥望海景。

第四天 前往唐山游览清东陵。清东陵是清代两大皇陵之一，是目前国内现存规模最宏伟、体系最完整、建筑最精美的古代陵墓建筑群。

承德 避暑山庄

第五天 从遵化到承德参观避暑山庄。避暑山庄是清代皇帝夏天避暑和处理政务的地方，享有“中国地理形貌之缩影”和“中国古典园林的最高范例”盛誉。

自驾河北

线路 3

承德皇家风情之旅

避暑山庄 承德

木兰围场 围场

御道口 崇礼

鸡鸣山 张家口

沿京承高速公路东北行驶，途经怀柔、密云和滦平县，到达历史文化名城承德，全程 230 千米。这条路线曾经是清朝皇帝塞外巡游的路线，主要景观有承德的避暑山庄、外八庙及北部围场县森林草原，张家口的万龙滑雪场和鸡鸣山。

第一天 ▌避暑山庄景区较大，最好早上 8 点左右入园参观。山庄周围的外八庙是全国最大的皇家寺庙建筑群，其中普陀宗乘之庙仿西藏布达拉宫、安远庙仿新疆伊犁固尔扎庙、普乐寺仿北京天坛、殊像寺仿山西五台山殊像寺而建，都值得参观。

第二天 ▌早上到达木兰围场，欣赏坝上草原风光。可先游览塞罕坝国家森林公园，公园内有塞罕塔、东坝梁林海、七星湖、泰丰湖等景点。穿越 20 千米林海，抵达内蒙古赤峰市克什克腾旗，参观红山军马场（乌兰布统景区）。在此可参观乌兰布统古战场，另外还有北沟、盘龙峡谷、公主湖、蛤蟆坝等景点。

第三天 ▌参观御道口草原森林，早上可先游览《还珠格格》的外景拍摄地——月亮湖和白桦林密布的太阳湖，欣赏湖面和草原风光。下午去大峡谷和桃山湖欣赏峡谷、丘陵等地貌景观。夜晚可在草原参加篝火晚会，品尝烤全羊，欣赏蒙古族歌舞表演。

第四天 ▌早上出发前往张家口，上午在万龙滑雪场体验滑雪的刺激，下午到鸡鸣山游玩。

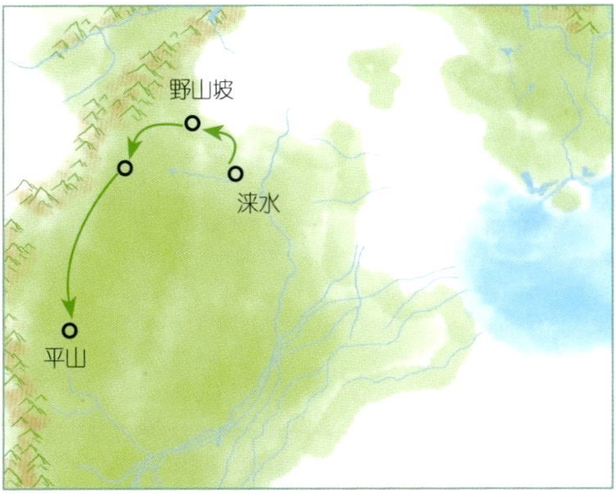

线路 4

太行风光之旅

涞水 百里峡

涞水 野三坡百草畔

涞源 白石山

平山 沕沕水生态风景区

涞水县野三坡和涞源县白石山均为享誉中外的风景名胜区，堪称太行山最美之地。前两日游览野三坡景区，最后两天游览白石山景区和沕沕水生态风景区。

第一天 重点游览涞水百里峡景区，山中有海棠峡、蝎子沟、十悬峡等景点。百里峡向东便是拒马河风景区，除了欣赏景致外可以体验一下拒马河的漂流，十分刺激。晚上可参加篝火晚会。

第二天 重点游览野三坡白草畔风景区。白草畔游览以中部杨树、桦树、栎树林带和冰川杜鹃、风动石、蚂蚁岭等十几个景点为主。白草畔以西为龙门天关景区，有明代大龙门城堡、蔡树庵长城和华北地区最大的金、明、清摩崖石刻群。

第三天 早上游览涞源县的白石山，山上可看到奇形怪状的白石，山中的白石山世界地质公园博物馆可供参观。下午可去距离不远的仙人峪景区。

第四天 早上前往沕沕水生态风景区，位于石家庄市平山县西侧，距离石家庄市区的车程约 100 千米，是一处山清水秀的自然风景区。

解读河北

地 理

秦皇岛秋日风光

面积和区划

河北古属冀州、直隶，简称“冀”，地处华北地区，东临渤海，内环京津，西为太行山，北为燕山山脉，燕山以北为张北高原，是中华民族的发祥地之一。全省总面积约18.88万平方千米。

河北省辖石家庄、唐山、秦皇岛、邯郸、保定、沧州、衡水、邢台、承德、张家口、廊坊11个省辖市，下辖49个市辖区、21个县级市、94个县、6个自治县，省会为石家庄。

人口和民族

截至2018年末，河北省常住人口约为7556万人，在全国排名第六，是我国人口数量较多的省份。

河北是个多民族的省份，除汉族外，还有满族、回族、蒙古族、朝鲜族等多个少数民族。少数民族中满族人口最多，主要居住于承德各县。全省设有6个少数民族自治县，分别是承德市围场满族蒙古族自治县、丰宁满族自治县、宽城满族自治县、沧州市孟村回族自治县、廊坊市大厂回族自治县、秦皇岛市青龙满族自治县。

地形

河北省西依巍峨的太行山脉，北靠雄伟的燕山山脉，东临资源富饶的渤海，东南内陆为广袤的海河平原。全省地势西北高，东南低，由西北向东南倾斜，由坝上高原、燕山和太行山地、海河平原三部分组成。

坝上高原属内蒙古高原的一部分，有著名的围场坝上、丰宁坝上和张北坝上，平均海拔1200~1500米。

潘家口水库

西部主要为太行山脉，北部为燕山山脉和阴山山脉东段的大马群山，东北部是燕山山脉支段七老图山。西北部高于2000米的孤峰有10多座，其中太行山山脉中的小五台山海拔2882米，为全省最高峰。

河北省主要有五个水系，包括海河水系、滦河水系、辽河水系、滨海小水系和西北内流水系。海河平原是华北大平原的一部分，海拔大多在50米以下。平原东临渤海，海岸线长599千米，其中大陆海岸线为421千米。全省有大小岛屿132个，渤海湾中的石臼坨岛为河北第一大岛，也是华北第一大岛。

气候

河北省气候属温带半湿润半干旱大陆性季风气候，四季分明。冬季寒冷少雪，春季干旱多风，夏季炎热多雨，秋季秋高气爽。全省年平均气温大体西北高东南低，各地的气温年较差、日较差都较大。

河北旅游的最佳季节是夏秋季节，夏季去北戴河或者坝上地区避暑，秋季去坝上赏秋都是不错的选择。

巍巍太行山

巍峨高耸的太行山位于山西省与华北平原之间，纵跨北京、河北、山西、河南4省市，是中国地形第二阶梯的东缘，也是黄土高原的东部界线。整个太行山脉呈东北—西南走向，绵延400多千米。

在6亿年以前，太行山地区是一片汪洋大海，后来经过了频繁的地壳活动，地面上升下降，海水时进时退，当海退时，这里沼泽广布，气候温暖潮湿，生长着茂密的森林，因此形成了太行山区丰富的煤炭资源。后来的一次次地壳活动，使太行山脉逐渐隆起。后又与东西的华北大平原断裂，形成现在太行东部陡峭、西部徐缓的地貌形态。

太行山北高南低，大部分海拔在1200米以上。2000米以上的高峰有河北的小五台山、灵山、东灵山、白石山，山西的太白巍山、南索山、阳曲山等。北端最高峰为小五台山，海拔2882米，为河北省的最高峰。太行山山势东陡西缓，山西高原东部的河流多切过太行山进入河北平原，汇入海河水系。

太行山绵延千里，百岭互连，千峰耸立，万壑沟深。山西的许多条河流切穿太行山，自南而北有沁河、丹河、漳河、滹沱河、唐河、桑干河等，形成几条穿越太行山的峡谷，成为古代晋冀豫三省穿越太行山相互往来的咽喉通道，著名的“太行八陉”便是这样形

太行八陉

陉，即山脉中断的地方。太行山中多东西向陉，著名的有军都陉、蒲阴陉、飞狐陉、井陉、滏口陉、白陉、太行陉、轵关陉等，古称“太行八陉”，即古代晋冀豫三省穿越太行山相互往来的8条咽喉通道，是三省边界的重要军事关隘。在历史、经济、军事、宗教和文化等许多层面，太行八陉和巍峨奇峻的太行山一起，已经成为博大精深的中华文明的重要组成部分。

轵关陉：起点位于济源市西，轵关陉的最后一关为现侯马市南的铁铃关，形势险峻，自古为屯兵之地。

飞狐陉：位于河北省涞源县北和蔚县之南，两崖峭立，一线微通，蜿蜒百余里。

军都陉：位于北京市昌平县西北之居庸山，陉上有著名的居庸关，是古代出燕入晋北去内蒙古的咽喉要道。

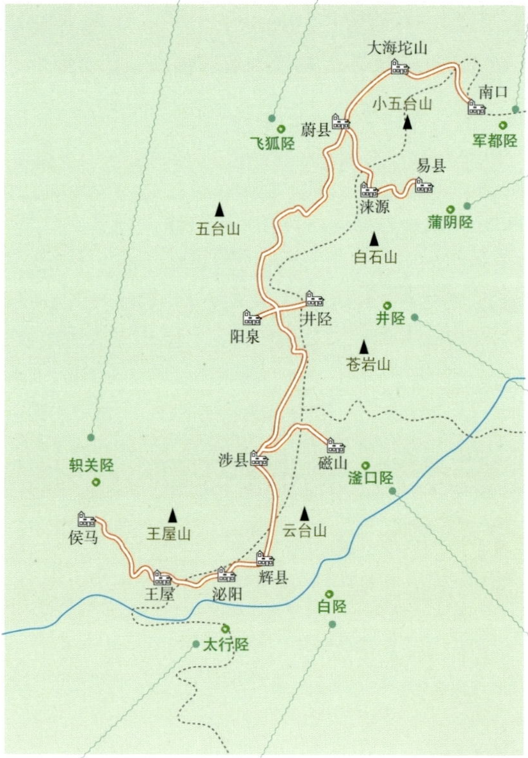

蒲阴陉：位于河北省易县西紫荆岭上，上有紫荆关，峰峦峭峙，是连接河北、山西大同的军事要隘。

井陉：位于河北省井陉县的井陉山上，是连通晋冀鲁的要冲，其军事地位十分重要。

滏口陉：位于河北省武安县之南和磁县之间的滏山，是沟通豫北安阳和河北邯郸与山西的孔道。

太行陉：位于河南省沁阳市西北，山势雄峻，由此陉南下可直抵虎牢关，是历史上诸国逐鹿中原的必争之地。

白陉：位于山西省陵川县东约300千米处，据此陉可南渡黄河攻开封，东可向大名进击，北可窥安阳、邯郸，是个可攻、可退、可守的军事要地。

成的。

河北境内的太行山脉高耸于全省的西部边界地区，独特的地形条件造就了许多神奇壮丽的景观。张家口境内的小五台山有辽阔壮美的高山草甸；保定野三坡以“雄、险、奇、幽”的景观闻名，有“世外桃源”之美誉；再往南，天桂山、嶂石岩、苍岩山、北武当山等都是深藏在大山深处的奇特景观。

冀北屏障燕山

燕山是中国北部著名山脉之一，西起洋河，东至山海关，北接坝上高原的七老图山、努鲁儿虎山，西南以关沟与太行山相隔，南侧为辽阔的河北平原。燕山自古为战略要地，在古代与近代战争中为兵家必争之地。

燕山为侵蚀剥蚀中山类型，山体大体呈东西走向，海拔500～1500米，山脉山势陡峭，地势西北高，东南低，北缓南陡，沟谷狭窄，地表破碎，雨裂冲沟众多。燕山以潮河为界，分为东、西两段。东段多低山丘陵，海拔一般 1000米以下，植被茂盛，灌木、杂草丛生，森林面积广阔。西段为中低山地，一般海拔1000米以上，植被稀疏，间有灌丛和草地。

燕山山脉的主要山峰有云雾山、雾灵山、都山、军都山等，主峰雾灵山海拔2118米。燕山山地中多盆地和谷地， 如承德、平泉、滦平、兴隆、宽城等谷地和遵化、迁西等盆地，燕山山脉中主要是农耕地区。

燕山山脉是京津地区北部的天然屏障，自古为战略要地。历代沿山脊筑有长城，地势险要。喜峰口、古北口、黄花城、居庸关、东方口、独石口、张家口等都是燕山长城重要的关隘，自古以来是由燕山以北进入华北平原的重要孔道。

燕山山脉的北缘是美丽的坝上高原草场，主要包括河北张家口的张北、尚义、康保、沽源四县，承德的丰宁、围场两县以及内蒙古自治区的部分地区。这里春夏秋冬景色各不相同，特别是深秋时节的坝上，层林尽染，红黄相间，梦幻般的秋色吸引着无数游客和摄影爱好者。

半岛环抱的内海——渤海

渤海是华北地区一个半封闭的内海，地处中国大陆东部北端，它一面临海，三面环陆，北、西、南三面分别与辽宁、河北、天津和山东毗邻，东面经渤海海峡与黄海相通，

渤海日出

辽东半岛和山东半岛犹如伸出的双臂将其合抱，构成首都北京的海上门户。放眼眺望，渤海形如一个微倾的葫芦，侧卧于华北大地的边缘。

渤海是西太平洋的一部分，由北部辽东湾、西部渤海湾、南部莱州湾、中央浅海盆地和渤海海峡五部分组成。渤海海域面积77284平方千米，平均水深18米，最大水深85米，20米以下的海域面积占一半以上。渤海海峡口宽109千米，有30多个岛屿，其中较大的有南长山岛、砣矶岛、钦岛和皇城岛等，总称庙岛群岛。

渤海海底平坦，多为泥沙和软泥质，地势呈由三湾向渤海海峡倾斜态势。由于辽河、滦河、海河、黄河等带来大量泥沙，饵料丰富，这里便成为中国大型海洋水产养殖基地。沿岸盐田较多，以西岸的长芦盐场最著名。

与渤海连接的大陆海岸线长达2668千米，漫长的海岸线上分布着众多的海洋景观，成就了诸多度假胜地。北戴河是我国北方著名的观鸟和度假胜地，自近代起便广受各国游人的青睐；近年来开发的南戴河沙软潮平，黄金海岸绵延50多千米，是进行海水浴、阳光浴、沙浴、森林浴、空气浴的理想地点。在渤海沿岸辽宁的大连、葫芦岛，山东的烟台、威海等地区，也都有着如梦似幻的海滨风景。

沃野千里的河北平原

河北平原是华北平原位于黄河以北的地区，位于河北省的东南部。其南至黄河，北至燕山，西邻太行山，东濒渤海，面积约15万平方千米，主要由黄河和海河等冲积而成，其地势低平，是河北省的重要农业产区。

整个河北平原上有海河、滦河和徒骇河、马颊河等三大水系。其中，海河是这一区域最大河流，主要支流有北运河、永定河、大清河、子牙河、南运河五大支流，于天津附近汇聚入渤海。

河北平原土层深厚，土质肥沃。河北平原的土壤一般为棕壤或褐色土，由于平原耕作历史悠久，各类自然土壤已熟化为农业土

河北平原

壤。从山麓至滨海，土壤有明显变化，沿燕山、太行山、平原中部为黄潮土（浅色草甸土），河间洼地、扇前洼地及湖淀周围有盐碱土或砂姜黑土（青黑土）。黄潮土为河北平原最主要耕作土壤，耕性良好，矿物养分丰富，在利用、改造上潜力很大。河北平原主要粮食作物有小麦、水稻、玉米、高粱、谷子和甘薯等，多为一年两熟，经济作物主要有棉花、花生、芝麻、大豆和烟草等。

河北平原不仅是肥沃的粮仓，这里还有丰富的矿产资源，主要有煤、石油、铁矿等，这里有中国著名的大港油田和胜利油田。东部渤海、黄海沿岸，地面平坦，宜晒海盐，有著名的长芦盐区和南堡盐区，以及重要的盐碱工业基地。

河北的自然景观

国家级自然保护区

昌黎黄金海岸国家级自然保护区
小五台山国家级自然保护区
泥河湾国家级自然保护区
大海坨国家级自然保护区
雾灵山国家级自然保护区
围场红松洼国家级自然保护区
衡水湖国家级自然保护区
柳江盆地地质遗迹国家级自然保护区
塞罕坝国家级自然保护区
茅荆坝国家级自然保护区
滦河上游国家级自然保护区
驼梁国家级自然保护区
青崖寨国家级自然保护区

国家地质公园

阜平天生桥国家地质公园
秦皇岛柳江国家地质公园
赞皇嶂石岩国家地质公园
临城国家地质公园
武安国家地质公园
涞源白石山国家地质公园
涞水野三坡国家地质公园
兴隆国家地质公园
迁西国家地质公园
承德丹霞地貌地质公园
邢台峡谷群地质公园

国家森林公园

海滨国家森林公园
塞罕坝国家森林公园
磬锤峰国家森林公园
金银滩国家森林公园
石佛国家森林公园
清东陵国家森林公园
辽河源国家森林公园
山海关国家森林公园
五岳寨国家森林公园
白草洼国家森林公园
天生桥国家森林公园
黄羊山国家森林公园
茅荆坝国家森林公园
响堂山国家森林公园
野三坡国家森林公园
六里坪国家森林公园
大茂山国家森林公园
白石山国家森林公园
武安国家森林公园
狼牙山国家森林公园
前南峪国家森林公园
驼梁山国家森林公园
木兰围场国家森林公园
蝎子沟国家森林公园
仙台山国家森林公园
丰宁国家森林公园
黑龙山国家森林公园

历 史

桃园三结义雕塑

炎黄大战蚩尤

涿鹿之战是距今约4600年前黄帝部族联合炎帝部族，与东夷集团中的蚩尤部族在今河北省涿鹿县一带所进行的一场大战，以争夺适于牧放和浅耕的中原地带，是我国历史上见于记载的最早的战争。

原始社会中晚期，在当时广袤的地域内逐渐形成了华夏、东夷、苗蛮三大集团。其中华夏集团以黄帝、炎帝两大部族为核心，他们分别兴起于今关中平原、山西西南部和河南西部，经融合后，遂沿着黄河南北岸向现在的华北大平原西部地带发展。与此同时，兴起于黄河下游的今冀、鲁、豫、苏、皖交界地区的九夷部落（东夷集团的一支），也在其著名领袖蚩尤的领导下，由东向西方向发展，开始进入华北大平原。这样华夏集团与东夷集团之间的一场武装冲突也就不可避免了，涿鹿之战正是在这种历史背景下爆发的。

据说蚩尤族善于制作兵器，其铜制兵器精良坚利，且部众勇猛彪悍，生性善战，擅长角牴，进入华北地区后，首先与炎帝部族发生了正面冲突。蚩尤族联合巨人夸父部族和三苗一部，用武力击败了炎帝族，并进而占据了炎帝族居住的“九隅”，即“九州”。炎帝族为了维持生存，遂向同集团的黄帝族求援。

炎黄部落同正乘势向西北推进的蚩尤族在涿鹿地区相遭遇，双方接触后，蚩尤族便倚仗人多势众、武器优良等条件，主动向黄帝族发起攻击。黄帝族则率领以熊、罴、狼、豹、雕、龙、鸮等为图腾的氏族，迎战蚩尤族。最终，更善于把握战机的炎黄部落打败了蚩尤族，擒杀其首领蚩尤。

涿鹿之战，有力地奠定了华夏集团在广大中原地区的地位，并起到了进一步融合各氏族部落的催化作用。取得这场战争胜利的部族首领黄帝从此成为中华民族的共同祖先，并被逐

历史大事记

远古时期

约100万年前，河北西北部的泥河湾盆地开始有古人类聚居。

新石器时代，太行山东麓有原始聚落活动，以武安县的磁山文化遗址为代表。

三皇五帝时期，黄帝和炎帝在涿鹿之战中战胜蚩尤，成为中华民族的始祖。

先秦时期

公元前11世纪，周武王封召公之子于燕国，封周公之子于邢国，河北成为燕、邢之地。

公元前403年，韩、赵、魏三家分晋，周威烈王封赵烈侯赵籍为诸侯，建立赵国。

公元前302年，赵武灵王推行“胡服骑射”改革，赵国得以成为当时的强国。

步神化。

慷慨悲歌的燕赵大地

如今的河北地区在春秋战国时代大部分属于赵国和燕国，所以河北又被称为燕赵之地。从渤海湾腹地向西直到巍巍太行东麓，燕赵大地经历了一段段风起云涌的历史，涌现出了无数时代英豪，也为后代人留下了脍炙人口的故事。

古都邯郸

作为历史文化名城和著名的“成语之乡”，邯郸以其辉煌的历史和深厚的文化积淀留下了众多的历史故事。春秋末，曾经的五霸之一晋国日见式微，晋国赵、魏、韩三大家族三分晋。公元前500年，晋正卿赵鞅将邯郸纳入自己的势力范围，从此，邯郸便成了赵氏的世袭领地，也最终成为战国七雄之一的赵国的首都。公元前386年，赵敬侯迁都于邯郸，邯郸从此便成为了赵国首都，长达158年之久。

胡服骑射

赵武灵王是我国历史上比较有作为的君主之一，其一生最成功的改革便是“胡服骑射”。所谓“胡服”就是令赵国人脱掉自己原来长大笨重的衣服，仿效匈奴军队的装备，换上短衣、长裤服式；而“骑射”则是改变原来步兵的作战方式，学习胡人纵马驰骋、挽弓射箭的作战方式。以“胡服骑射”

光府古城

为标志的改革很快使赵国强大起来，一举成为那个时期战国七雄中实力最强大的国家。“胡服骑射”作为一次成功的改革开放传为佳话，而赵武灵王敢为天下先的精神一直受后人称道。

围魏救赵

公元前353年，魏国围攻赵国都城邯郸，赵国求救于齐国。齐将田忌、孙膑率军救赵，趁魏国都城兵力空虚，引兵直攻魏国。田忌采纳了孙膑的策略，并没有前往邯郸直接与魏军交战，而是引兵直奔魏都大梁。魏军听到消息急忙返回救援，齐军乘其疲惫，在预先选好的作战地区桂陵（今河南省长垣县西北）迎敌，大败魏军，解了赵国之围。“围魏救赵”这一避实就虚的战法为历代军事家所赞赏，至今仍有其生命力。

破釜沉舟

公元前207年，秦朝大将章邯领兵包围巨鹿，项羽率军前往解救巨鹿。楚军全部渡过漳河以后，项羽下令把渡河的船（舟）凿

秦汉时期

公元前226年，秦将王翦率军攻破邯郸，赵国灭亡，秦国进而统一六国。
184年，河北巨鹿人张角领导了黄巾起义，最终导致东汉分裂和三国局面的形成。
三国两晋南北朝，河北的古邺城先后有曹魏、后赵、前燕、东魏、北齐在此建都。

隋唐时期

608年，隋炀帝开凿永济渠，将河北地区与南方运河连通。
755年，“安史之乱”爆发，河北地区战祸连绵，社会经济遭到极大破坏。

宋元明清

宋时，河北一度处于北方少数民族契丹和女真建立的政权统治下。
1271年，元朝建立后迁都燕京，称大都，河北拱卫京师，成为畿辅重地。

破釜沉舟

穿沉入河里，把做饭用的锅（釜）砸个粉碎，以表明有进无退、一定要夺取胜利的决心。在项羽亲自指挥下，破釜沉舟的楚军拼死作战，经过连续九次冲锋，大败秦军。这一仗不但解了巨鹿之围，而且使得秦朝名存实亡，项羽的威名开始传遍天下。

两汉风云

王莽与刘秀之争

西汉末年，社会矛盾空前激化，王莽被视为能挽危局的不二人选，公元8年，王莽代汉建新，宣布推行新政，史称“王莽改制”。由于王莽改制不仅没能缓和社会矛盾，反而造成了天下剧烈动荡，王莽统治的末期，天下大乱，身为一介布衣却有前朝血统的刘秀在家乡乘势起兵，公元23年，起义军攻入长安，王莽死于混战之中，新朝覆灭。公元25年，刘秀定都洛阳，正式建立东汉王朝。

黄巾起义

东汉末年，当时朝廷腐败、宦官外戚争斗不止，边疆战事不断，国势日趋疲弱，184年，河北巨鹿人张角带人揭竿而起，他们头扎黄巾，高喊“苍天已死，黄天当立，岁在甲

战国七雄之赵国

赵国是战国时期在中国北方建立的一个诸侯国，后来成为战国七雄之一，从公元前403年至公元前222年，赵国共存在了近200年。赵国的国都最初在晋阳（今山西省太原），公元前386年赵敬侯定都邯郸（今河北省邯郸），邯郸作为赵国都城长达一个半世纪。公元前222年，赵国灭于秦国。

胡服骑射

胡服骑射是中国历史上一次著名的改革，于公元前302年由赵国国君赵武灵王发起。经过改革，赵国建立起了一支以骑兵为主体的强大军队，一跃成为战国时期的强国。

胡服就是采用胡人的服装，即改穿短装，束皮带，用带钩，穿皮靴，抛弃了赵国人之前的宽衣、博带、长袖的服饰，增加了作战灵活性。

明清时期

明代，河北境内燕山山脉一带修建了大规模的长城，保留至今。
1644年，清军与吴三桂合兵，在山海关内外击败李自成大顺军，史称“山海关大战”。

1669年，河北地区称直隶省。
1703年，康熙开始修建避暑山庄，后经雍正、乾隆两朝建设，成为宏大的皇家园林。

子，天下大吉”的口号，向官僚地主发动了猛烈攻击，并对东汉朝廷的统治产生了巨大的冲击。为平息叛乱，各地拥兵自重，虽最终起义以失败而告终，但军阀割据、东汉名存实亡的局面已不可改变，三国鼎立的局面正式形成。

赵王谱系

赵烈侯
战国时期晋国赵氏封君，赵国开国君主，共在位9年，在位时赵国正式成为诸侯国。

赵武侯
赵烈侯之弟，共在位13年。

赵敬侯
赵烈侯之子，在位12年，在位期间将赵国都城迁往邯郸。

赵成侯
赵敬侯之子，在位25年，公元前351年与魏国在漳水会盟，被迫接受屈辱条约。

赵肃侯
名赵语，在位24年，是后来赵武灵王的父亲。

赵武灵王
赵国最有作为的君主，在位28年，期间实行了著名“胡服骑射”改革，赵国因而强盛。

赵惠文王
赵武灵王次子，在位33年，在位时有蔺相如、廉颇、赵奢等文武大臣。

赵孝成王
赵惠文王之子，在位21年，在位期间赵国于长平之战中败于秦国，国力大为削弱。

赵悼襄王
赵孝成王之子，在位9年，在位时期实行货币改革，铸造“石邑”三孔布货币。

赵幽缪王
赵悼襄王之子，战国时期赵国最后一位国君，公元前228年赵国被秦所灭。

骑射指周边游牧部族的“马射”（骑在马上射箭），有别于中原地区传统的“步射”（徒步射箭），使得军队的战斗力大大增强。

桃园结义

桃园三结义是中国历史上的一个著名典故。东汉末年，为镇压黄巾起义，各地战火不断。刘备、关羽和张飞三人，志趣相投，于是在涿郡一个桃花绚烂的园林，举酒结义，对天盟誓，有苦同受，有难同当，有福同享，结为兄弟。后来三人一路拼杀，终建立蜀国，桃园三结义也被后人传为佳话。

明清京畿重地

从元朝开始，北京便成为了全国的政治、军事和经济中心，历经明清，随着大量皇家建筑的修建和历史的积淀，北京的地位更加彰显，许多重要的历史事件都发生于这一时期。而河北作为拱卫京津的重要缓冲带，在这一时期也同样发挥了不小的作用。

明长城的修建

明朝建立以后，退回到漠北草原的蒙古贵族鞑靼、瓦剌诸部仍然不断南下骚扰抢掠，女真族又兴起于东北地区，明朝外敌林立。为了巩固北方的边防，明朝在200多年的统治期内几乎没有停止过长城修筑工程。夯土长城是明长城的主要部分，从明太祖朱元璋开始，明朝先后修建了古北口长城、老龙

近现代时期

1905年，詹天佑主持修建了首条由中国人自行设计的京张铁路。
1912年，察哈尔省建立；1914年国民政府设置热河特别区，后改为热河省。
1948年，中央机关从陕北来到西柏坡，西柏坡成为这一时期中国革命的领导中心。
河北曾以保定、天津为省会，1968年，河北省省会从保定市迁往石家庄。
1976年7月28日，唐山发生7.8级地震，造成24万多人死亡。
2015年7月31日，北京携手河北省张家口获得2022年冬奥会举办权。

河北西柏坡朱德故居

头长城、小河口长城、九门口长城等，万里长城全线都得到了巩固，尤其是东起山海关、西至居庸关的这段拱卫京师的长城更是得到了大修，现今的八达岭长城、金山岭长城等都修建于这一时期。

山海关大战

明朝末年，朝廷统治腐败，各地农民起义风起云涌，其中以李自成为首的大顺军势力庞大，于1644年攻破北京，推翻明王朝。此时，多尔衮率领的八旗军正对关内虎视眈眈。1644年，清摄政王多尔衮率八旗军与明总兵吴三桂合兵，在山海关内外与李自成的大顺军展开激战，最终清军大破大顺军，李自成从此一蹶不振，后被杀。山海关大战，开启了清军入主中原、征服南明政府与大顺、大西等政权的序幕，促进了大清帝国的建立。

夏宫避暑山庄

清康熙年间，朝廷在距北京350多千米的蒙古草原建立了木兰围场，每年秋季，皇帝都会带领王公大臣、八旗军队等数万人前往木兰围场行围狩猎，以达到训练军队、固边守防之目的。承德避暑山庄最开始为皇帝的行宫，后逐步发展为清代皇帝避暑和处理政务的场所。避暑山庄始建于1703年，历经清康熙、雍正、乾隆三朝，耗时89年建成。清朝的康熙、乾隆皇帝，每年大约有半年时间要在承德度过，清前期重要的政治、军事、外交等国家大事，都在这里处理。因此，承德避暑山庄也就成了北京以外的陪都和第二个政治中心。清朝统治者还在避暑山庄周边大建寺庙，今天的外八庙就建于这一时期。

清代皇陵

清朝的统治者们均为自己修建了豪华的陵墓，除努尔哈赤、皇太极等少数的陵寝位于辽宁省之外，其余清朝皇帝的陵寝多位于今天的河北省境内，主要有位于唐山的清东陵和位于保定的清西陵。清东陵位于唐山遵化市西北30千米处，于1661年开始修建，陆续建成217座宫殿牌楼，组成了大大小小15座陵园，埋葬着顺治、康熙、乾隆等5位皇帝。清西陵位于保定市易县城西15千米处，是清代自雍正时起四位皇帝的陵寝之地，始建于1730年，包括雍正的泰陵、嘉庆的昌陵、道光的慕陵和光绪的崇陵。

近代河北

义和团运动

除京津外，早期义和团主要活动在冀中的沧州、衡水、保定、廊坊四市县区。在河北省境内，义和团军民与清朝统治者和帝国主义军队展开了激烈的战斗，斗争虽以失败告终，但沉重打击了封建统治者和帝国主义，加速了清王朝的灭亡。

察哈尔和热河

察哈尔省和热河省是中华民国在现在河北省北部地带设立的两个省份，察哈尔省省会为张家口，热河省省会为承德。1933年，冯玉祥、吉鸿昌等人成立察哈尔民众抗日同盟军，一度收复了察哈尔和热河被日军占领的广大地区。抗战时期，察哈尔省被日本占领，热河省则被划入"满洲国"，晋察冀边区的八路军在这里开展了大量的抗日救亡活动。中华人民共和国成立后，察哈尔省和热河省先后被撤销，土地大部分划入了现在的河北省。

平原抗战

抗日战争时期，河北地区从一开始就站在了中日交战的最前沿。早在1933年，中日军队即在冀北的长城一带展开激战，史称"长城抗战"。1937年日军全面侵华后，河北省长期沦为"敌占区"，是敌后抗战的主战场，中国共产党领导的八路军在这里进行了卓有成效的敌后战争，开辟了冀中和冀南等根据地，创造了地道战等有效的抗敌方式，牵制了大量的日军，大大缓解了正面战场的战略压力。

西柏坡

西柏坡中共中央旧址坐落在位于太行山中的平山县。自1948年5月至次年3月，这里成为当时中国革命的领导中心、大决战期间人民解放军的最高统帅部。中共中央曾在此召开过党的七届二中全会，部署和指挥了辽沈、平津、淮海三大战役。现建有西柏坡纪念馆、中共中央旧址、西柏坡石刻园、国家安全教育馆等景区。

河北历史名人

河北历史悠久，名人辈出，自古有"燕赵自古多慷慨悲歌之士"的说法，其中既有流传千古的军事家、谋略家，也有著名的科学家、医学家和文学家。

扁鹊（前407—前310）：春秋战国时代名医。扁鹊精于内、外、妇、儿、五官等科，善用针灸、按摩、汤液、热熨等方法治疗疾病，被尊为"医祖"。

秦始皇（前259—前210）：生于赵国都城邯郸，中国历史上著名的政治家、战略家、改革家，首位完成大一统的铁腕政治人物，是古今中外第一个称"皇帝"的封建王朝君主。

赵佗（约前240—前137）：恒山郡真定县（今河北正定县）人，原为秦朝将领，与任嚣南下攻打百越。秦末大乱时，赵佗割据岭南，建立南越国，并把中原文化带到了南越之地，使南越得到了更好的发展。

董仲舒（前179—前104）：广川郡（今河北衡水景县）人，汉代思想家、哲学家、政治家、教育家，著有《天人三策》《春秋繁露》等，被誉为公羊大师、儒家大儒。

刘备（161—223）：字玄德，涿郡涿县（今河北涿州）人。汉朝皇室疏亲，三国时期蜀国开国君主。刘备知人善任，在地狭民少的西南偏隅开创蜀国与魏、吴鼎立。221年在成都称帝，国号汉。

祖冲之（429—500）：字文远，祖籍范阳郡遒县（今河北涞水）人，南北朝科学家。推算出圆周率π在3.1415926与3.1415927之间，领先世界约1000年。制定《大明历》，使得日月运行周期的数据比以前历法更为准确。

郦道元（约470—527）：字善长，范阳涿州（今河北涿州）人。北魏地理学家。一生勤于读书和著述，其著作《水经注》是中国古代地理名著，也是在当时处于世界领先水平的地理著作。

魏征（580—643）：字玄成，钜鹿郡（河北巨鹿县）人，唐朝政治家、思想家、文学家和史学家，因直言进谏，辅佐唐太宗共同创建"贞观之治"的大业，被后人称为"一代名相"。

郭守敬（1231—1316）：字若思，顺德邢台（今河北邢台）人。宋元时期最负盛名的天文学家和水利工程专家，也是13世纪世界上杰出的科学家之一，参与编制中国古代著名历法《授时历》。

纪昀（1724—1805）：河间府献县崔尔庄（今河北沧县）人。清乾隆时期名臣，主持编纂了中国历史上规模最大的丛书《四库全书》。

李大钊（1889—1927）：河北乐亭县大黑坨村人，中国共产党早期领袖，学识渊博、勇于开拓，一生忧国忧民，积极投身民族解放事业，后被捕就义。

孙犁（1913—2002）：河北安平县孙遥城村人，现当代著名小说家、散文家，被文艺界誉“荷花淀派”的创始人。《白洋淀纪

河北的人文景观

中国历史文化名村

石家庄市井陉县于家乡于家村
张家口市怀来县鸡鸣驿乡鸡鸣驿村
张家口市蔚县涌泉庄乡北方城村
保定市清苑区冉庄镇冉庄村
邢台市邢台县路罗镇英谈村
邯郸市涉县偏城镇偏城村
石家庄市井陉县南障城镇大梁江村
邢台沙河市柴关乡王硇村
张家口市蔚县宋家庄镇上苏庄村
石家庄市井陉县天长镇小龙窝村
邯郸市磁县陶泉乡花驼村
张家口市阳原县浮图讲乡开阳村
井陉县南障城镇吕家村
蔚县南留庄镇南留庄村
蔚县南留庄镇水西堡村
蔚县宋家庄镇宋家庄村
蔚县宋家庄镇大固城村
蔚县涌泉庄乡任家涧村
蔚县涌泉庄乡卜北堡村
怀来县瑞云观乡镇边城村
沙河市册井乡北盆水村
沙河市柴关乡西沟村
沙河市柴关乡绿水池村
邢台县南石门镇崔路村
邢台县路罗镇鱼林沟村
邢台县将军墓镇内阳村
邢台县太子井乡龙化村
武安市午汲镇大贺庄村
武安市石洞乡什里店村
涉县固新镇原曲村
磁县陶泉乡南王庄村
磁县陶泉乡北岔口村

中国历史文化名镇

石家庄市井陉县天长镇
张家口市蔚县暖泉镇
邯郸市永年区广府镇
邯郸市峰峰矿区大社镇
邯郸市涉县固新镇
邯郸武安市冶陶镇
邯郸武安市伯延镇
张家口市蔚县代王城镇

国家历史文化名城

承德
保定
正定
邯郸
山海关
蔚县

全国重点文物保护单位

石家庄市：安济桥、永通桥、广惠寺华塔、赵州陀罗尼经幢、隆兴寺、西柏坡中共中央旧址、开元寺、凌霄塔、中山国都城遗址、治平寺石塔、毗卢寺、天护陀罗尼经幢、井陉窑遗址、临济寺澄灵塔、幽居寺塔、大观圣作之碑、大唐清河郡王纪功载政之颂碑、台西遗址、常山郡故城、万寿寺塔林、柏林寺塔、正定文庙、井陉古驿道、福庆寺新乐伏羲台遗址、元氏县西张村遗址、长安区东垣故城遗址、赵县

古宋遗址、甄氏墓群、赞皇李氏墓群、开化寺塔、灵寿石牌坊、正定古城墙、井陉旧城墙、封龙山石窟、瑜伽山摩崖造像、正丰矿工业建筑群、中国人民银行旧址

唐山市：清东陵、李大钊故居、西寨遗址、爪村遗址、天宫寺塔、寿峰寺、净觉寺、丰润中学校旧址、潘家峪惨案纪念馆、唐山地震遗址纪念公园、旧石器时代孟家泉遗址、万军山遗址、龟地遗址、开滦国家矿山公园、滦河铁桥

秦皇岛市：山海关、北戴河秦行宫遗址、源影寺塔、万里长城—九门口、大佛顶尊胜陀罗尼经幢、山海关八国联军营盘旧址、北戴河近代建筑群、板厂峪窑址群遗址、永平府城墙、秦皇岛港口近代建筑群、耀华玻璃厂旧址

邯郸市：响堂山石窟、邯郸故城、磁山遗址、邺城遗址、磁县北朝墓群、磁州窑遗址、娲皇宫及石刻、八路军一二九师司令部旧址、赵王陵、石北口遗址、讲武城遗址、大名府故城、成汤庙山门、弘济桥、永年城、纸坊玉皇阁、五礼记碑、中共晋冀鲁豫中央局军区旧址、南城村遗址、涧沟遗址、固镇古城遗址、禅果寺遗址、林村墓群、玉泉寺大殿、龙王庙正殿、九江圣母庙、天青寺大殿、滏阳河西八闸、黄粱梦吕仙祠、朱山石刻、水浴寺石窟、法华洞石窟、大名天主堂、涉县晋冀鲁豫边区政府旧址

邢台市：邢窑遗址、普利寺塔、东先贤遗址、邢国墓地、唐陵、扁鹊庙、开元寺、宋璟碑、义和团运动纪念馆、补要村遗址、柏人城遗址、鹿城岗、后底阁遗址、临清古城遗址、南贾乡石塔、平乡文庙大成殿、普彤塔、天宁寺前殿、道德经幢

保定市：冉庄地道战遗址、开元寺塔、义慈惠石柱、燕下都遗址、清西陵、北岳庙、直隶总督署、涧磁村定窑遗址、中山靖王墓、阁院寺、开善寺、慈云阁、紫荆关、龙兴观道德经幢、晋察冀边区政府及军区司令部旧址、南庄头遗址、汉中山王墓、药王庙、定州贡院、腰山王氏庄园、涿州双塔、古莲花池、庆化寺花塔、北福地遗址、钓鱼台遗址、南阳遗址、刘伶醉烧锅遗址、所药村壁画墓、张柔墓、怡贤亲王墓、解村兴国寺塔、修德寺塔、静志寺塔基地宫、净众院塔基地宫、圣塔院塔、西岗塔、兴文塔、永济桥、大道观玉皇殿、伍仁桥、金门闸、大慈阁、育德中学旧址、保定陆军军官学校旧址、布里留法工艺学校旧址、晏阳初旧居唐县北放水遗址、要庄遗址、东黑山遗址、宋祖陵、王处直墓、永安寺塔、伍侯塔、双塔庵双塔、皇甫寺塔、金山寺舍利塔、清真寺、下胡良桥、保定钟楼、满城方顺桥、定州文庙、保定淮军公所、保定清河道署、曲阳八会寺刻经、唐县卧佛寺摩崖造像、保定直隶审判厅旧址、保定市光园、廊坊边关地道遗址、燕下都遗址、涞源和唐县长城

张家口市：宣化古城、下八里墓群、蔚州玉皇阁、泥河湾遗址群、代王城遗址、元中都遗址、梳妆楼元墓、昭化寺、鸡鸣驿城、南安寺塔、释迦寺、土城子城址、九连城城址、小宏城遗址、西古堡、时恩寺、暖泉华严寺、真武庙、常平仓、蔚州灵岩寺、万全城、洗马林玉皇阁、察哈尔都统署旧址、筛子绫罗遗址、庄窠堡遗址、张家口堡、澍鹫寺塔、金河寺悬空庵塔群、蔚县关帝庙、蔚县故城寺、赤城县重光塔、宣化区柏林寺、蔚县重泰寺、宣化区察哈尔民主政府旧址晋察冀军区司令部旧址、天齐庙、代王城墓群、洗马林城墙、沙子坡老君观、蔚州古城墙、蔚县杨氏家族墓地、玉泉寺

承德市：普宁寺、普乐寺、普陀宗乘之庙、须弥福寿之庙、避暑山庄、金山岭长城、殊像寺、安远庙、溥仁寺、会州城、承德城隍庙、普佑寺四方洞遗址、化子洞遗址、顶子城遗址、付将沟遗址、土城子遗址、石羊石虎墓群、半截塔、凤山关帝庙、木兰围场御制碑和摩崖石刻

沧州市：沧州铁狮子、献县汉墓群、泊头清真寺、海丰镇遗址、纪晓岚墓地、单桥、聚馆、古贡枣园、三各庄遗址、哑巴庄遗址、武垣城址、沧州旧城、登瀛桥、马厂炮台、河间市光明戏院

衡水市：封氏墓群、开福寺舍利塔、逯家庄壁画墓、北齐高氏墓群、宝云塔、庆林寺塔、冀州古城遗址、衡水安济桥、深州盈亿义仓、大运河

廊坊市：边关地道遗址、大辛阁石塔

文 化

泥河湾雕像

东方人类的故乡——泥河湾

泥河湾遗址群主要位于河北省张家口市阳原县境内，它发现于20世纪20年代，以桑干河畔一个小村的名字命名。经过半个多世纪的发掘和探索，在东西长82千米、南北宽27千米的桑干河两岸区域内，已发现早期人类文化遗址80多处，特别是发掘出了25处100万年以上的遗址，目前全国此类遗址仅有30处，如此集中的遗址群举世罕见。这里是与东非相媲美的世界最早的人类发源地，被誉为“人类的东方故乡”，是研究我国古人类、古地理、古气候和古生物的重要遗存地。

整个泥河湾遗址群不但数量庞大，而且年代跨度大，几乎覆盖了旧石器时代的各个方面，没有年代断层。有200万年的马圈沟遗址，136万年的小长梁、葡萄园、广梁遗址，100万年的有山祖庙嘴、麻地沟、东谷坨、飞梁、霍家地、许家坡、东梁、照坡、后土山、岑家湾遗址，78万年的马梁、雀遗址儿沟遗址，12万年的山兑、细弦子遗址，10万年的侯家窑、漫流堡遗址，7.8万年的板井子遗址，2.8万年的上沙嘴、新庙庄遗址；1.16万年的虎头梁、油房、西沟、西白马营遗址，4000年的周家山、九马坊、榆条沟遗址，3000年的丁家堡垒泥泉遗址等，总共达130多处。现存战国、汉、辽墓葬124座，因而这里成为“世界天然博物馆”。2005年末，在马圈沟遗址第三文化层之下，又发现了第四、第五、第六文化层，将泥河湾盆地旧石器文化年代又向前推进了10万年。

从1924年西方学者巴尔博在这里发现大量古生物化石并命名为泥河湾层后，已有20多个国家的500多名考古专家前来考察和研究，泥河湾遗址也成为我国乃至世界上独具特色的旧石器考古研究基地。

河北卷轴

《白洋淀纪事》：是孙犁的第一部比较完整的小说，在作品中，作者成功地塑造了以水生嫂为代表的农村妇女的形象，《荷花淀》与《芦花荡》是其中最负盛名的作品。

《谜一样的赵国》：呈现春秋各国的崛起之术，描绘了赵国如何诞生，如何发展，如何走上兴盛，在复杂的环境中，通过胡服骑射的改革，一跃成为让人刮目相看的强国。

《毛泽东在西柏坡的日子里》：讲述了毛泽东同志在西柏坡的工作和生活经历，在西柏坡这个小小的山村院落里，毛泽东指挥了著名的三大战役，筹划了新中国建设的宏伟计划，缔造了伟大的新中国。

《吴桥杂技》：吴桥是闻名世界的“杂技之乡”，书中向读者详细介绍了吴桥杂技的前世今生。

评剧

评剧是在中国影响较大的地方剧种之一，以唱功见长，在演出中采用全套河北梆子乐器伴奏，表演生活气息浓厚，有亲切的民间味道。其形式活泼、自由，最善于表现当代人民生活，因此在城市和乡村都有大量观众。

评剧行当

早期评剧只有男、女角色之分，最终发展成青衣、花旦、老旦、彩旦、小生、老生、花脸、小花脸等行当齐全的大剧种。

伴奏乐器

评剧的伴奏乐器分文场和武场。武场乐器有板鼓、梆子、锣、镲等；文场乐器有板胡、二胡、中胡、低胡、琵琶、笛、笙等。

板胡是在胡琴的基础上产生的一种擦奏弦鸣乐器，其音色高昂、坚实，具有很强的穿透力。

梆子又名梆板，由两根长短不等、粗细不同的实心硬木棒组成，音色高亢而坚实，借以增加戏剧气氛。

板鼓是形体较小的单面鼓，鼓皮用牛皮制成，是一种打击乐器。

锣是金属类打击乐器，演奏者用木槌敲击锣身正面中间，产生震动而发音。

花脸会用油彩在脸上画上彩色的脸谱，表现性格粗犷的人物。

小花脸即丑角，打扮滑稽，多扮喜剧人物形象。

花旦为青年或中年女性的形象，性格活泼，常带有喜剧色彩。

青衣因常穿青色褶裙衣而得名，主要扮演庄重的青年、中年妇女，表演特点是以唱功为主，行动比较稳重。

老生又称须生，主要扮演中年以上的男性角色，唱和念白都用真嗓。

小生为青少年男子，小生的特点是不戴胡子，扮相一般都是比较清秀、英俊。

河北影像

《小兵张嘎》：讲述了生活在冀中白洋淀的小男孩嘎子在老钟叔、老罗叔、区队长、奶奶的引导下，成为一名名副其实的八路战士的过程，是一部很有特色的儿童军事题材影片。

《地道战》：该片讲述了抗日战争时期，为了粉碎敌人的“扫荡”，河北省冀中人民在中国共产党的领导下，创新地利用地道战的斗争方式打击日本侵略者的故事。

《走出西柏坡》：为纪念中国共产党成立80周年而拍摄，讲述了缔造新中国的革命先辈们从战争走向经济建设这一重大转折和跨越的历程。

《风起第一关》：以甲申石河大战为背景，以山海关地方士绅为主人公，从平民的视角展现了发生在山海关的这一重大历史事件。

河北梆子戏台

京畿直隶文化

今天的河北地区在明清时期被称为“京畿之地”，对于河北省来讲，这一称谓既是一种地理定位，也是一种文化定位，河北省在长期的历史进程中，形成了富有特色的京畿直隶文化的内涵。

直隶文化是指以保定为中心的华北地区历史、地理、风土人情、传统习俗、生活方式、文学艺术、行为规范、思维方式、价值观念等的综合体。它以畿辅首善之区——保定为中心，伴生形成于元代大都（今北京）奠基之时；在清代雍正年间直隶总督定制后，形成文化高潮；到了晚清民国年间，更形成了京保同发展、一脉相承、内外结合、中西结合、多民族融合的文化结合体。这是华北地区依从、参照北京文化后自创、自省并长期谋求后形成的产物，同时又是一种历史现象，是社会历史的积淀物。

古城保定作为“京畿要地”，是直隶文化最有代表性的地方，保定的西大街是目前保定乃至全国保存较好的、具有清末民国初期特点的独特建筑群，是以商业建筑为主的兼有衙署、学府、祠堂、金融、民居建筑的一条历史文化街区，素有“北方名街”之称。它不仅代表着古建筑文化，更是当时政治、经济、文化的集中体现。其建筑风格和文化积淀一脉相承，经久不衰，至今仍为直隶文化的溯源地。

保定在中国近代史上占有重要一页，尤其是冯国璋、段祺瑞、曹锟、蒋介石等民国政要都从古城保定发迹。今天，随着京津冀一体化的推进，以保定为代表的京畿地区必将迎来新的历史跨越。

燕赵慷慨悲壮之声——河北梆子

河北梆子是中国梆子声腔的一个重要支脉，形成于清道光年间，是河北省最具代表性的地方声腔剧种。它以北京、天津两大城市和河北农村为基地，逐渐向邻近省市传播。到1880年，南至广州、福州，东至上海，西至乌鲁木齐，都有河北梆子班社的演出活动，是一个颇受广大人民喜爱的全国性的大剧种。

河北梆子在剧种方面不仅擅长于表现历史题材，而且能很好地反映现实生活；在舞台艺术上，无论是音乐、表演还是舞台美术方面，都有极大的变化和明显的提高，从而使河北梆子具有明朗、刚劲、华丽、委婉的特点。

河北梆子有丰富多彩的剧目。在河北梆

河北天籁

《小白菜》：流传在河北和我国北方的一首民歌，以洗练的艺术手法，塑造了一个天真的农村贫苦幼女的形象，在中国广为传唱。

《小放牛》：是民间歌舞小戏《小放牛》中的一段载歌载舞的男女对唱，村姑向牧童问路，俏皮的牧童故意留难地对答，具有抒情的民歌色彩和浓郁的田园风格。

《绣灯笼》：河北昌黎的一首关于爱情的民歌，以五更的形式连缀成五段唱词，涉及牛郎和织女等五个历史及传说中的爱情故事，热情欢快而嘹亮。

《回娘家》：原名《小媳妇回娘家》，由邓丽君初唱，1984年大陆女歌手朱明瑛将这首歌搬上了春节联欢晚会的舞台。

直隶总督署大门

子的500多个传统剧目里，有的揭露封建统治阶级的腐朽和丑恶，有的反映阶级压迫，有的歌颂抗击侵略战争的英雄人物，有的赞美妇女对婚姻自由的追求与向往，有的反映农村生活的风趣等。

河北梆子的音乐唱腔高亢激越，悠扬婉转，具有浓厚的抒情韵味。大慢板善于表现人物的抑郁、愁烦、缅怀、沉思等情绪。正调二六板如行云流水，从容舒展。而反调二六板则哀怨缠绵、凄楚悱恻。传统剧目众多，其中《宝莲灯》《秦香莲》《杜十娘》《窦娥冤》《教子》《断桥》《打金枝》《苏武牧羊》等影响较大。

1949年中华人民共和国成立后，河北梆子开始了全面复苏。经过短暂的恢复时期，河北梆子剧种于20世纪50年代中期开始呈现蓬勃向上的发展趋势。

河北的文化景观

国家级非物质文化遗产

民间文学：耿村民间故事、河间歌诗、孟姜女传说、契丹始祖传说、鬼谷子传说

民间音乐：河北鼓吹乐、冀中笙管乐、昌黎民歌、锣鼓艺术、道教音乐、唐山花吹、满族吵子会、冀中笙管乐

传统舞蹈：秧歌、井陉拉花、狮舞、鼓舞、麒麟舞、龙舞、沧县狮舞

曲艺：西河大鼓、木板大鼓、乐亭大鼓、京东大鼓

杂技与竞技：吴桥杂技、沧州武术、武式太极拳、邢台梅花拳、沙河藤牌阵、八卦掌、形意拳、鹰爪翻子拳、满族二贵摔跤、左各庄杆会、苏桥飞叉会、中幡、戳脚

传统手工技艺：磁州窑烧制技艺、定瓷烧制技艺、传统棉纺织技艺、砚台制作技艺、衡水老白干传统酿造技艺、南张井老虎火、花丝镶嵌制作技艺、衡水法帖雕版拓印技艺、直隶官府菜烹饪技艺、邢窑陶瓷烧制技艺

民俗：女娲祭典、安国药市、苇子灯阵、胜芳灯会、千童信子节、抬阁、桃林坪花脸社火、抬花桌、拜灯山习俗

传统戏剧：河北梆子、石家庄丝弦、评剧、武安平调落子、秧歌戏、哈哈腔、二人台、傩戏、皮影戏、保定老调、冀南四股弦、赛戏、永年西调、坠子戏、晋剧、桑派豫剧、乱弹、西路梆子

传统美术：武强木版年画、衡水内画、剪纸、曲阳石雕、大名草编、柳编、彩扎、玉田泥塑、京绣、布糊画、水陆画

行走河北

带什么

自助旅行

来河北旅游，要想把一些著名景点全部游览完，需要好几天时间。虽然河北的景点设施大多比较完善，并不需要特别带很多东西，但是如果一些户外爱好者要到比较偏僻寒冷的地方，还是需要做好充分准备。

常规必带

服装、背包、鞋袜

河北省地处温带季风气候暖温带，属于半湿润半干旱性大陆性季风气候，四季交替分明。其特点是春季天气转暖、多风沙，夏季炎热多雨，秋季天高气爽，冬季寒冷有雪。全省年平均降水量分布很不均匀。雨季旅游一定要带雨伞或雨衣。秋冬季节寒潮较多，降温幅度较大，需注意保暖。

在河北的山上徒步旅行，一双结实耐用的运动鞋是必不可少的。袜子方面，选择弹性较好、排汗良好的运动袜即可。

药品、食品

常规旅游准备一些感冒药品、胃肠类药品和一些去热止痛的药品就可以了，如感冒片剂、感冒冲剂、泻痢停、复方阿司匹林、扑尔敏（氯苯那敏）、抗生素。

在市区旅游，各大景区都有商店或小卖部，有常规药品出售，不用担心。如到郊区或较为偏远的地方，需要准备纯净水、红牛等功能饮料，可以随时补充能量。

洗漱用品

毛巾、牙膏、牙刷、香皂、护肤霜、洗发水、梳子、剃须刀、手纸、湿纸巾等。

坝上草原

防护用品

户外旅行，拥有一双始终保持双手干爽的手套，可大大加强旅行的安全性。去冀东海滨地区旅游，使用防晒霜可以预防紫外线的辐射，避免被晒得脱皮；一副好的太阳镜和一顶带有边沿的帽子也起着相同的作用。

特殊选带

药品、食品

对于完全背包客、徒步、探险之类的自助旅游，要备一些以下药品。

常备药物：牛黄解毒片、黄连素、牙周宁、息斯敏、乘晕宁。

外用药：云南白药、万花油、创可贴、清凉油、风油精、伤湿止痛膏、眼药水和药棉、纱布、绷带、白胶布。

维生素类：金施尔康、善存片和其他维生素片。

驱蚊药水：北戴河、白洋淀等地比较潮湿，夏天蚊虫也较多，应自备驱蚊药水。

食物：首选巧克力、牛肉干等高热量的食物和水果糖、榨菜、饼干等。

帐篷、睡袋、旅行水壶、指南针

若是打算在野外露营，需要携带防雨帐篷和睡袋。户外探险随身带个水壶十分方便；万一迷了路，指南针能够帮你指引正确的方向。

摄影器材

旅游和摄影向来是不分家的。前往景点众多的河北也是如此，相机是一件必不可少的装备。普通旅游，家用卡片机基本能满足需要。若是想拍摄高质量的自然美景和少数民族的风土人情，带一个广角镜头和一个中焦变焦镜头可满足需要。带一个轻便的三脚架十分必要。多带几个电池和几张容量大点的SD卡是明智之选，此外偏振镜、UV镜、清洁等物品也十分有用。

承德避暑山庄

何时去

黄金海岸

河北省地处暖温带，四季分明，每个季节又各有特色，无论什么时候来这里，都可以玩得尽兴。春天万物复苏、大地回春，夏天碧海蓝天、花红柳绿，秋天红叶醉人、稻谷飘香，冬天白雪皑皑，一片北国风光。

每年春季，天气逐渐变暖，人们也按捺不住赏春踏青的心情。好在河北有众多的山峰旷野、海滨湖泊，爬山郊游都是不错的。不过早春时候气温较低，不建议去海滨游玩。

夏季时游河北最好不过了。你可以到海滨浴场体验清凉，也可以到白洋淀泛舟赏荷，或者到森林景区享受夏季里世外胜境的凉爽。

秋季是收获的时候，也是浪漫的季节。山上的红叶漫山遍野，层林尽染，也是游览河北的好季节。

冬季来到河北，必然是体验滑雪的刺激与欢乐。张家口有完美的滑雪场所，保证让你玩得尽兴。

▼ 河北旅游月历

月份	节日
2月	万全社火（春节、元宵节）
3月	丛中花会（农历二月十四至二月十六）
4月	赵州梨花节
5月	孟姜女庙会
6月	张北坝上草原文化旅游节（6月至9月）
7月	白洋淀荷花节（7月至9月）
8月	山海关长城文化节
9月	怀来葡萄采摘暨葡萄酒节（9月至10月） 涉县女娲文化节
10月	满城金秋红叶柿子节 吴桥国际杂技文化节（10月至11月）
11月	崇礼国际滑雪节（11月至次年4月）
11月至次年4月	崇礼国际滑雪节（11月至次年4月）
12月	景忠山庙会（农历十月十五）

白洋淀荷塘

吃什么

柴沟堡熏肉

河北省集美食文化之大成，各种风味小吃云集。省内的市县更是因有自己的独特历史和民俗文化而衍生了独具特色的小吃，品种多样，口味地道。

铁狮子头

是沧州红烧狮子头的别名，色泽红亮，香味诱人，肥而不腻，入口即化。

香河肉饼

载誉全国，名扬天下。这种饼风味独特，别具一格，面少肉多，非常可口。

河间驴肉火烧

火烧烙熟透后再烤出一层酥脆的外皮，再在饼中夹入香焖驴肉和青椒等。

雪桥八仙

取材于赵州桥的美丽传说，此菜口味纯甜，且具有多种水果的香味。

抓炒全鱼

抓炒全鱼用的是大鲤鱼，精彩之处在于刀工。

四条包子

因老店开在古城山海关四条街而得名，是当地久负盛名的快餐食品。

清河八大碗

包括鸡肉、鱼肉、猪肉、牛肉、羊肉、藕等，还可根据个人喜好荤素搭配。

保定槐茂酱菜

具有300多年历史，生产的酱菜、面酱、酱油、食醋在国内享有盛誉。

柴沟堡熏肉

距今已有200多年历史，最有名气要数玺字号熏肉，其烹制技艺独到。

二毛烧鸡

用老汤加香料，草药煮制而成，透熟离骨，肉嫩且烂，咸香清纯，回味鲜美。

住哪儿

星级酒店

河北省住宿种类繁多，有全国连锁的各种高档豪华酒店，中式古典风格的特色酒店，草原景区的蒙古包，以及便宜实惠的快捷酒店和青年旅舍等，能够满足不同消费层次人群的住宿需求。可根据自己的消费能力，再依据酒店的地理位置和交通情况来选择。

星级酒店

河北的星级酒店数量不少，主要分布在石家庄及省内热门旅游景点附近。酒店档次、服务质量普遍较高，且价格实惠，常会有折扣优惠。游客可以放心入住，尤其是旅游旺季，最好提前预订。

快捷连锁酒店

河北省内各市县均有如家、汉庭、7天等快捷酒店分布，尤以石家庄、秦皇岛、承德等热点旅游地居多。酒店价格、设施、服务相差不大，可以选择网上提前预订。

普通宾馆

河北的普通宾馆遍布全省各市，各种类型的都有，丰俭由人，服务也十分周到，可以满足各类游客的需求。

特色蒙古包

在中都草原、木兰围场等草原风情旅游区可以住具有蒙古族特色的蒙古包，可以体验当地人的生活方式。住宿价格较高，可适当选择。

野外露营

白洋淀、野三坡、北戴河、中都草原等风景区都是露营的好地方，相比而言，这些地方野营的条件还是不错的。

酒店房间

怎么走

河北铁路

河北省石家庄市是连接全国各地的交通枢纽。如今，河北省已形成了陆、海、空综合交通运输网。河北省是全国铁路和高速公路密度较高的省份之一，拥有众多主要干线铁路和干线公路。目前，河北省内的石家庄、秦皇岛、邯郸、唐山、张家口五个城市都已开通民航航线。另外，石家庄、秦皇岛等市都有便利的交通系统，在市区内乘坐公交车非常方便。

河北省目前开通航班的机场主要有石家庄正定国际机场、秦皇岛山海关机场、秦皇岛北戴河机场、邯郸机场、唐山三女河机场和张家口宁远机场等，可以满足旅游出行需要。

河北的铁路线路比较发达，目前，京港、京沪、京承等主要铁路干线和大秦、丰沙、石德等支线，以及石太、京石高速铁路在此汇集，有通往全国各省主要城市的车次。

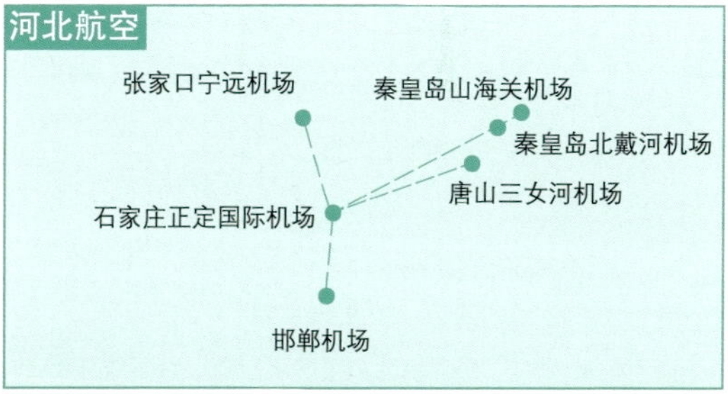

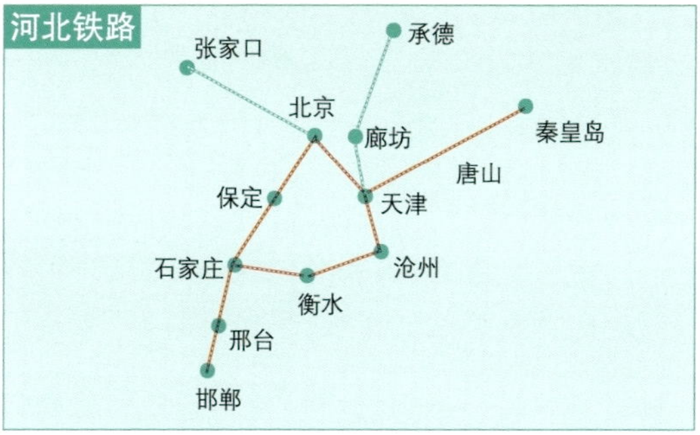

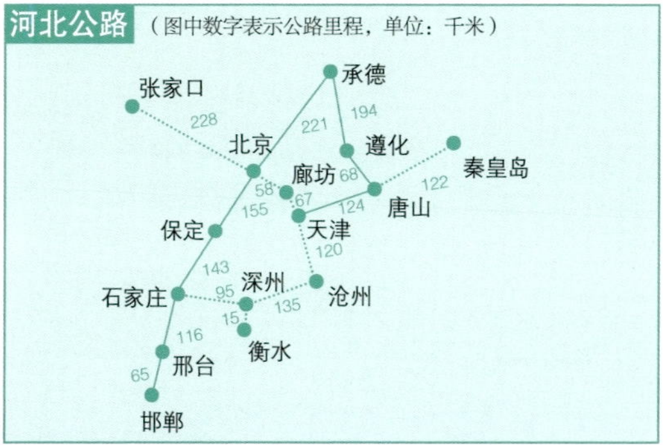

有用信息

旅游通信

通信

河北全境基本都通手机，信号覆盖面广，从信号强度上来说，三家运营商的信号均表现良好，偏远地区则是移动最强，电信次之，联通最弱。除了房屋密集的地方或深山老林，一般不需要担心通信问题。

银行

河北省内的银行网点众多，遍布各城市大街小巷，即便是到郊区农村也不用担心取款问题。若去银行数量较少的偏远地区，建议携带适量现金。

节约技巧

选择入住品牌连锁酒店时，除了订房网站外，不妨到团购网站和酒店官网看看，往往有更多惊喜，酒店经常会有折扣优惠活动。

要善于利用淘宝网、大众点评网及各种团购应用APP，可以得到许多优惠。

合理安排行程，不仅可节省时间，又能减少交通费用。

在石家庄、秦皇岛等地游玩，尽量选择公共交通，前往较为偏远的地区可选择包车。

不选择门票昂贵的景区，不重复游览同类景点，如秦皇岛的众多海滨浴场。

淡季出行是省钱的永恒秘诀。淡季不仅门票优惠，避开众多的游人，还可以欣赏到别样的风光。淡季的秦皇岛海滨景色优美，且住宿饮食价格普遍较低。

购买旅行纪念品，大可不必去商业街区的各种店铺。在当地人开的店铺或是从村民手中，能买到价格便宜且理想的纪念品。

语言和礼节

河北省有自己的方言，各个市地方语言不尽相同，但不少离北京不远的城市方言与北京话相差不远，很容易听明白。河北省是个多民族省份，有满族、回族、蒙古族等多个少数民族。去当地旅游要充分尊重他们的风俗习惯。

驾车族的提示

自驾车去河北旅游建议适当多走国道。现在的国道已经

塞罕坝秋色

建设得很不错了，而且走国道会遇到一些比较有特色的乡镇，那里的风土人情是久居大都市的人无法感受到的，路边还有各种特色商品出售。

河北山中的景区较多，山道往往弯多且急，此时切不可在弯道超车或在看不清前方有无来车的情况下占道过弯，过弯前要减速鸣笛。在山区，往往会出现山阴面的路面长期积雪结冰的情况，也就是山阳面路面情况良好，但过弯后山阴面的路面突然变坏，这时如果高速行驶很容易发生打滑现象，所以一定要控制车速。

突发状况

旅途中总是会出现一些不期待发生的情况，但只要做到“事前认真准备，事后冷静处理”，一切都会迎刃而解。

汽车抛锚：自驾游前应当掌握一些基本的维修技术，若是途中汽车抛锚，先依据经验，判断是否可以自己解决。自己不能解决或无法判断故障原因，要打电话给汽车维修站或保险公司求助。

钱物丢失：在旅途中丢失钱或物，无论损失大小，总会给美好的旅行蒙上一层阴影。为避免损失，应以预防为主。尽量少携带现金；把现金放到贴身衣物中，只把零钱放在随身包里；银行卡不要与身份证放在一起。若是钱物丢失，马上联系朋友求援，切不可拖拉；准确找到丢失地点，及时寻找，或获取遗失相关证明。

水土不服、食物中毒或生病：因为水土不服、食物不洁或者天气因素，生病也是常发生的事情。特别是一个人外出旅行，更需要时刻注意。因此，旅途中应带足相关药品（如感冒类、胃肠类药品等），出行时要保护自己，不随便吃东西，避免在太阳下直晒、少在雨里行走等。如果生病要及时吃药或到医院就诊，若是严重要联系朋友及家人。要在滨海浴场安全区域内游泳，避免误入深水危险区域。

爱护河北的环境：河北旅游景点众多，历史悠久，文化内涵深厚，在获得了旅行的快乐的同时，也有义务保护河北的生态环境。应做到不破坏当地的动植物资源，旅途中尽量减少垃圾的产生，更不能乱丢垃圾，尤其是在偏远地区，应将垃圾带回城里处理。我们带走美好回忆的同时，也应带走垃圾。

省博物馆

发现者 旅行指南

石家庄

概览

亮点

西柏坡

解放战争后期中国共产党中央和中国人民解放军总部所在地，新中国从这里走来。

天桂山

我国北方著名的风景名胜区，有“北方桂林”之称，素以山势奇险、风景秀丽著称。

正定古城

正定素以“三山不见，九桥不流，九楼四塔八大寺，二十四座金牌楼”著称，享有“古建筑宝库”的美誉。

嶂石岩

太行山森林公园精华所在地，有“百里赤壁”“万丈红峻”之称，世界最大的天然回音壁坐落在景区中部。

赵州桥

有“天下第一桥”之称。是世界上跨径最大、建造最早的单孔敞肩石拱桥，被誉为世界桥梁史上石拱桥的典范。

必逛街道

南花园步行街：石家庄的商业区之一，与南花园金世界步行街相连，主题卖场、大型餐馆众多，此外，这里的小吃花样繁多，不下百余种。

线路

石家庄市区一日游

石家庄是一个颇具特色的年轻城市，如果只有一天时间的话，不妨去玩玩天山海世界，逛逛石门1925特色商业街，然后再去民生路民族文化街，体验民国时期街肆风情。

石家庄近郊二日游

这是石家庄近郊历史文化游路线。第一天参观传统风貌保存完好的正定古城，参观后返回石家庄住宿。第二天上午游览封龙山，参观河北省最早的书院——封龙书院，下午游览蟠龙湖风景区。

石家庄经典三日游

第一天从石家庄市区出发去西柏坡，可以参观中共中央、解放军总部旧址——西柏坡陈列展览馆。之后去天桂山，游览青龙观、白毛女洞、苍岩宫等，然后去华莹白鹿温泉度假中心泡温泉。

第二天早上游览正定古城，可参观具有明清风格的仿古建筑荣国府及附近的正定文庙和隆兴寺。午餐后去历经千年的赵州桥，晚上去逛石门1925特色商业街。

第三天早上去爬苍岩山，下午前往于家石头村游览。

为何去

苍岩山

石家庄是开发较早、文化底蕴深厚的地区。石家庄伴随着铁路建设而兴起，迅速发展成为一个工业城市。周边的旅游资源十分丰富，既有历史文化名城、现代革命纪念地等人文资源，又有山林、湖泊、温泉等自然资源。嶂石岩、苍岩山、天桂山、正定古城、西柏坡和赵州桥都是石家庄的著名旅游点。

何时去

石家庄属于暖温带大陆性季风气候，四季分明。冬季南北温差很大，夏季普遍高温。春秋两季是到石家庄旅游的最好季节。

春秋季是爬山踏青的最好时间，3～4月到嶂石岩景区，不仅可以赏美景，还可参加“春游踏青写生赏杜鹃活动”。10月嶂石岩举行“畅游嶂石岩，金秋赏红叶”活动。

冬季可到华北地区最大的室内恒温戏水乐园游玩，滑雪也是不错的选择。此外，春节、五一、十一前往正定荣国府，荣国府门前广场会举行热闹非凡的“刘姥姥重游正定荣国府”表演活动。

石家庄旅游示意图

区域解读

区号：0311

面积：约14464km²

人口：约1087万人

地理 GEOGRAPHY

区划

石家庄下辖8个区（桥西区、新华区、长安区、裕华区、井陉矿区、藁城区、鹿泉区、栾城区）、3个县级市（晋州市、新乐市、辛集市）、11个县（正定县、井陉县、行唐县、灵寿县、高邑县、深泽县、赞皇县、无极县、平山县、元氏县、赵县）。

地形

石家庄市跨太行山地和华北平原两大地貌单元，地貌由西向东依次排列为中山、低山、丘陵、盆地、平原。驼梁峰是石家庄的制高点；东部辛集北庞村海拔28米，为辖区内的最低点。石家庄市辖区内河流分属海河流域大清河水系和子牙河水系，东部为滹沱河冲积平原。

气候

石家庄市属于暖温带大陆性季风气候，寒暑分明，降水集中于夏秋季节。

深秋多东北风，有寒潮天气发生。冬季刮西北风，气候寒冷干燥，偶尔降雪会给出行交通带来不便。前去旅游要做好保暖防寒准备。

历史 HISTORY

历史大事记

●远古时期

约5万年前，旧石器时代晚期，石家庄一带便有了人类，井陉盆地温暖的气候十分适宜人类的生存。这一时期也被称为井陉盆地旧石器文化时期。

约1万年前的新石器文化时期，先民在这里进行农业生产，开始了滹沱河新时期文明。

●先秦时期

石家庄是殷商发源地，汤建立商朝以后，成为殷商贵族居住区。

西周时期，鲜虞族在滹沱河畔建立鲜虞国，并在今晋州、藁城一带建立了两个联盟国。韩、赵、魏三家分晋时，鲜虞国被赵所灭。

中山国几经灭国复国之难，定都平山三汲（今灵寿），成为经济、军事力量仅次于战国七雄的“千乘之国”。中山国遗址在今石家庄市平山县境内。

●秦至清代

秦始皇设恒山郡，定东垣（今石家庄市区东古城）为恒山郡郡治。

西汉时期，汉高祖刘邦改东垣为真定，

正定古城南门

取“占领东垣”可使“天下真正安定”之意。

398年，北魏拓跋珪将常山郡郡治移至安乐垒（今正定）。从此，开启了长达1500年的正定历史文化时期。

●近现代

近代，修建京汉铁路，正太铁路的起点站建在石家庄村。1925年，始称石家庄市（后一度改名为石门市）。石家庄作为城市的历史由此拉开序幕。井陉煤矿的兴起加之正太铁路的修建，石家庄开始新的蜕变。

1947年11月12日石家庄市解放，成为全国最早解放的较大城市之一。

1948年5月至1949年3月间，中共中央和中国人民解放军将总部设在西柏坡，毛泽东和党中央在此指挥了著名的三大战役，召开了著名的中国共产党七届二中全会。

1968年1月29日，河北省会由保定迁至石家庄。

改革开放后，石家庄因其环京津、环渤海的优势地理位置和丰富的自然人文资源优势，发展迅速。

名单 石家庄历史名人

战国时燕国大将乐毅
西汉南越王赵佗
三国名将赵云
隋朝著名工匠李春
唐初著名政治家魏征
中唐文学家刘禹锡
元代数学家李冶
元曲剧作家白朴

正定开元寺

革命大本营——西柏坡

西柏坡是太行山东麓的石家庄平山县岗南水库北岸的柏坡岭下一个极为普通的小山村。在那战火纷飞的岁月，西柏坡成为全国和世界瞩目的地方。

刘少奇、朱德率中央工委于1947年5月进驻西柏坡。1948年5月，毛泽东、周恩来、任弼时率中共中央和解放军总部来到西柏坡与中央工委会合，西柏坡成为当时中国革命的领导中心。从此，这个不知名的小山村便染上了红色的印迹，成了当时解放全中国的革命大本营。在这里，召开了中国共产党全国土地会议，通过了《中国土地法大纲》；指挥了著名的三大战役，取得了战略决战的决定性胜利；召开了中共七届二中全会，描绘了新中国宏伟的蓝图。

1949年3月23日，早春，中共中央和解放军总部离开西柏坡赴京。这一天也被毛泽东称为进京“赶考”的日子：“今天是进京‘赶考’嘛，进京‘赶考’去，我们决不当李自成。”历史也永远记住了这一天。

在西柏坡可以近距离接触到老一辈革命家当年用过的东西，如毛主席用过的木质转椅，现在看上去就像以前国营理发店里那种陈旧的理发椅；周总理用过的两用书架，合起来是木箱，打开是多层书架，这种书架在战争行军年代很实用；朱德元帅用过的金属桌椅，是缴获国民党高级将领张灵甫的战利品，可别小瞧它，它可是用造飞机的一种铝合金制成的。

文化 CULTURE

古老的地方戏剧——丝弦戏

在石家庄地区流传着一个古老的地方剧种叫丝弦戏，古名“弦索腔”。它起源于元末明初，迄今已有500多年的历史，深受当地

西柏坡

百姓们的喜爱。“纺纱织布唱秧歌，耕田榜地哼丝弦”，是过去滹沱河流域日常生活的画卷。

丝弦的传统剧目达500多出，具有代表性的有《空印盒》《白罗衫》《小二姐做梦》《赶女婿》《金铃计》《杨家将》《花烛恨》《生死牌》《宗泽与岳飞》等。

中华人民共和国成立后，石家庄丝弦剧团先后5次到北京，周恩来总理5次观看丝弦演出，4次亲切接见演员，并亲笔题词勉励全体演职员。2006年6月，石家庄丝弦被国务院正式列入第一批国家级非物质文化遗产代表作名录。

早期的丝弦戏是在元小令的基础上衍变而成。元杂剧中的曲牌在丝弦戏里也可寻见。后人之所以得出这一结论，与滹沱河流域的一座千年古城有关。金元时期，元曲三大摇篮之一的正定，就是这一剧种的起源和创作中心。

民间的艺术瑰宝——辛集农民画

辛集农民画历史悠久，源远流长。河北农村过去家家烧炕，并在炕周围贴上“炕围子”——围画。木板炕围画以传统戏曲故事和吉祥物为主要描绘对象，这些画就是辛集农民画的雏形。

辛集农民画随着时代的发展会展现出不同的风格。20世纪50年代，以壁画为主要形式的辛集农民画清新质朴。20世纪70年代以来，作品开始注重生活，具有浓厚的冀中特色，并先后建立了辛集现代民间绘画画院、王下村女农民画社、辛集市残疾人画社、小位村农民画壁挂社及分散的农民画个体画家，形成了一支庞大的农民画家群体。1988年，辛集被文化部命名为首批“中国现代民间绘画画乡”。

辛集农民画的题材广泛，起居劳作、民风民俗、衣食住行等都是画家创作的素材。农民画像田园中的五色花一样色彩鲜艳夺目、凝重艳丽。辛集农民画中有较高的欣赏价值和民俗研究价值，可谓是“拙中见巧、俗中见雅”。

辛集农民画

景点推荐

正定古城 AAAA

正定县正定镇

石家庄火车站正对面汇文图书城门前乘201路小巴去正定

正定古城地处冀中平原，古称常山、真定，历史上曾与北京、保定并称“北方三雄镇”，是河北省会石家庄的北大门。正定古城历史悠久，名胜古迹众多，文化积淀深厚，享有“古建筑宝库”的美誉。

正定是一座历史悠久的旅游文化名城，据史料记载5000年前就有人类在这里生息繁衍，春秋时期为鲜虞国，战国时期为中山国，赵灭中山后，遂归赵；秦时属恒山郡；汉初置东垣县，汉高祖时代相陈造反，叛将赵利守东垣，次年，汉高祖刘邦率师攻克东垣，为表示从此天下真正太平，把东垣县改为真定。1400多年来，这里一直是府、州、郡、县治所，是当时北方政治、经济、军事、文化的中心。至今正定南城门上还镶有“三关雄镇”的石刻匾额。

祖先留下的文物古迹和文化遗产为正定旅游业奠定了雄厚的物质文化基础。正定古城寺庙林立，素有“九楼四塔八大寺，二十四座金牌坊”之称，著名的有隆兴寺、临济寺、文庙、澄灵塔、须弥塔、凌霄塔、华塔等。寺有寺的传说，塔有塔的故事，历史名人又有不同凡响的经历和传奇，这些共同构成了正定旅游文化丰厚的基石。

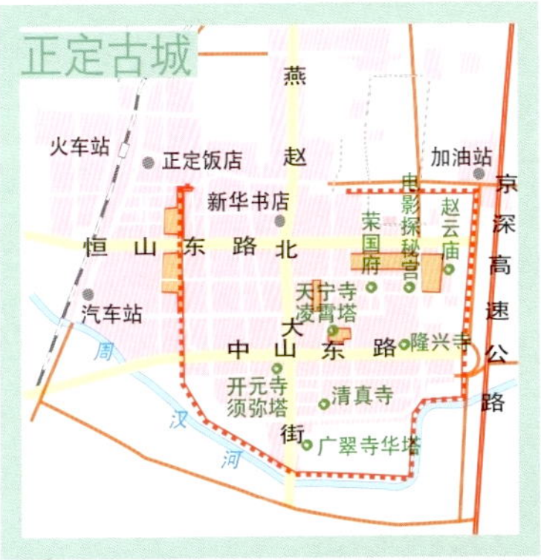

玩家解说

正定历史悠久，曾名真定，据说是刘邦给起的名字。当年西汉刚建不久，便有将领发动叛乱，刘邦御驾亲征，平了叛乱后便来到了太行山的最高峰，他希望这块土地能够真正安定下来，于是命名此地为“真定”，直到清雍正元年（1723年）避世宗胤祯讳，才改为正定府，且正定一名沿用至今。

常山战鼓是正定民间表演艺术的优秀代表，源远流长，久负盛名，早在战国时期已具雏形。因正定在历史上为常山郡（三国名将赵子龙故里），故而得“常山战鼓”之名。常山战鼓现已被列为河北省首批非物质文化遗产。

常山战鼓是由鼓、大钹、中钹、小钹、小锣等打击乐器组合而成的一种民间锣鼓。战鼓套路多样、曲牌繁多，大多由独立的锣鼓段子组合而成。常演奏的有《十面埋伏》《大传帐》《二传帐》《点将》《迈大步》等。其表演方式为边击乐器边舞蹈，鼓手腾挪跳跃，铜钹上下翻飞，气势雄浑，舞姿优美。

链接

正定历史文化旅游节

正定“千年古韵”历史文化旅游节于每年4月27日至5月3日在正定隆兴寺、荣国府、赵云庙、开元寺举办。参观者除可欣赏历史建筑外，还能观看到常山战鼓、高照、二鬼摔跤等文化表演。

隆兴寺正定佛文化节，隆兴寺内届时会有临济寺僧人诵经等各种形式的祈福活动，农历四月初八佛诞日则会举办大型佛事活动。隆兴寺门前也会进行传统的舞狮和常山战鼓表演。

荣国府内举办冀南皮影、永年鼓吹乐、冀中笙管乐、《红楼梦》插曲演唱活动。荣国府门口进行晋州官伞、沧州落子、沙河藤牌阵、刘姥姥进大观园等表演。同时还可在宁荣街品尝各地美食。

赵云庙举办子龙文化艺术节，以游客亲身体验“捉放曹”、射箭等活动为主。

正定古城墙

规模大历史久

从石家庄火车站乘201路小公共汽车，或从石家庄市内打车直接到正定

正定古城墙始建于北周，唐宝应元年（762年）拓建，明正统十四年（1449年）扩建，是正定规模最大的古代遗存，它真实地记录了正定近千年来的社会发展轨迹。由于历史的原因和近年城镇建设的发展，正定古城现存主城墙371米，瓮城墙379米，月城墙274米；现南门存里城门和瓮城门，西门存里城门、瓮城门，北门存里城门及月城门。

隆兴寺 AAAA

中国十大名寺之一

正定县中山东路109号

在石家庄市内快177路到大佛寺站下车

50元

隆兴寺俗称大佛寺，为中国国内著名的佛教寺院。寺院建筑中轴线南端为一座高

隆兴寺千手观音

隆兴寺转轮藏阁

蜀柱。
大斜柱。
四椽栿，长度跨四段屋椽的横梁。
转轮藏阁坐西面东，为歇山顶二层楼阁。
典型的宋代建筑，历代均有过不同程度的修葺。
阁内上层放置一直径七米的八角形木制转轮藏，无瓦。
一楼入口设有雨搭。
楼阁的建造采用了大弯梁和插柱造手法，有极高的科学价值。
走进转轮藏阁，看到这高大的转轮，只要用两个指头轻轻一拨，它就会慢慢地转动起来。
转轮藏即为转动的藏经橱，是佛教取“法轮常转、自强不息”之意，比喻佛法犹如车轮、辗转相传”永不停息。

大的一字琉璃照壁，自三路单孔石桥向北坐落着天王殿、牌楼门、戒坛、御书楼、龙泉井亭等。寺内建筑主次分明，高低错落，集中体现了中国古代寺院建筑的独特风格。寺内有六处文物堪称全国之最，即造型独特的宋代建筑摩尼殿；被誉为“东方美神”的倒坐观音；中国早期最大的转轮藏阁；被推崇为隋碑第一的龙藏寺碑，中国古代最高大的铜铸大佛和中国古代最精美的铜铸毗卢佛。

玩家 攻略

进入寺院后可沿着寺内众殿步行游玩，最好顺时针游览，一般需要2~3小时。

隆兴寺院内还有瓷器展、汉代古尸等展览等。

大悲阁后有一棵粗壮的柏树，据说与宋太祖赵匡胤有关，据说系红布绕三圈可吉祥如意，可以一试。

玩家 解说

隆兴寺被称为大佛寺，寺内的镇寺之物是一尊巨大的千手千眼观音像。观音像位于寺内最中心的大悲阁处，是全寺院最值得参观的文物。观音像是由北宋赵匡胤亲自下令建造的，高21.3米，十分壮观，是全国古佛像中规模最大的一尊观音像。

临济寺澄灵塔

佛教临济宗的祖庭

正定县城生民街东侧

临济寺始建于东魏，唐大中八年（854年），山东人义玄禅师作为该寺住持，创立了佛教禅宗的一个主要分支——临济宗。义玄圆寂后，其徒建舍利塔，又名澄灵塔。塔为八角九级密檐式，唐懿宗赐名为“澄灵塔”，被中外佛教界视为临济宗的圣地。

天宁寺凌霄塔

塔之结构国内仅此一例

正定县隆兴寺西北

天宁寺主要建筑独存凌霄塔，因塔身多系木结构，故俗称木塔。其最大的特点是在塔身第四层中心部位竖立了一根直达塔顶的

天宁寺凌霄塔

木质通天柱，并用放射状的八根扒梁与外墙相连。这样的结构国内现存仅此一例，极其珍贵。

链接

正定四塔

凌霄塔：俗称木塔，位于原天宁寺内，始建于唐代宗年间，共9层，高41米，平面呈八角形。

须弥塔：又称砖塔，位于原开元寺内。始建于唐贞观十年，共9层，高约48米，平面呈方形。

华塔：又称多宝塔，位于原广惠寺内，始建于唐贞元年间，共4层，高约40余米，下三层为正八角形。

澄灵塔：俗称青塔，位于临济寺内，始建于唐咸通八年，共3层，高30.47米，砖仿木结构密檐式塔。

广惠寺华塔

造型特异的砖塔

乘2路、3路公交车可达

9:00~16:00

广惠寺华塔由主塔和附属小塔构成，全用砖砌，是中国砖塔中造型最为特异、装饰最为富丽的。主塔高40.5米，底层四隅各附建一座扇六角形亭状小塔，小塔环抱主塔，高低错落，主次相依。

正定文庙

为五代时期遗存

8:00~19:00

文庙建于明洪武七年（1374年），现仅存照壁、戟门、东西庑和大成殿等建筑。其中大成殿面积约650平方米，单檐歇山顶，顶部坡度平缓舒展，是我国现存最早的文庙大成殿，1933年，梁思成先生鉴定其为五代时期遗存。

唐代风洞碑

唐代巨碑石刻

正定县正定镇旧大公馆（今常山影院北侧）内

风洞碑立于唐永泰元年（765年）。通高约6米，龟趺坐，双龙抱额，造型雄伟，刻工精细。篆额“大唐清河郡王纪功载政之颂”。碑文阴刻楷书29行，共1398字，现存1007字。内容系颂扬当时成都军节度使李宝臣之辞及立碑人姓名、官职等。书法遒劲潇洒，为历代书法家所称道。

正定荣国府

大型仿清古建筑群

正定县兴荣路51号

乘坐135、143路在二五六医院站下

8:30～17:00

荣国府是根据中国古典文学名著《红楼梦》设计和建造的，它是一座具有明清风格的仿古建筑群，分府、街两部分。整个府邸分中、东、西三路，各路均为五进四合院：中路为贾政公务院，采用了庄重的宫廷式彩绘；东西两路为内宅院，采用了明快的苏式彩绘。室内落地花罩典雅气派，明清式家具精美华贵，加之众多场景、人物、古玩字画等，再现了名门望族的富丽堂皇。宁荣街总长约200米，其间坐落着风貌各异的50余家店铺，展现了清中期盛世景象。

赵云庙

为纪念赵子龙而建

正定县常山东路15号

8:00～17:30

赵云为三国时期（220—280）的人物，当时的蜀汉君主刘备赞赵云一身是胆，世称赵云常胜将军。这座庙正是为纪念名将赵云而建。整座庙宇仿明清式建筑，造型古朴，气势宏伟。其主要建筑有山门殿、四义殿、君臣殿、顺平侯殿等。庙内现存赵云故里碑、赵云饮马槽、练功大石锁，以及三国时期保存下来的古兵器等诸多文物。每逢节假日期间，这里还会放飞孔明灯，并举办精彩武术、常山战鼓表演等系列文化活动。

链接

赵云

赵云，三国常山真定（今河北正定南）人，字子龙。三国武将排行第二位，仅次于吕布。赵云初从公孙瓒，后归刘备。刘备为汉中王时封赵云与关羽、张飞、马超、黄忠五位将军为蜀汉的“五虎上将”。赵云机智应变、忠君为民，死后被后主追封大将军，谥顺平侯。

《三国演义》中的赵云，文武双全，近乎完美无缺，后人常称赵云为“常胜将军”。他一登场即和河北名将文丑大战，救了公孙瓒，曾和多名三国名将对

赵云庙

战，冲锋陷阵罕见败绩。长坂坡救阿斗时，连续杀死曹营名将50余员。智取桂阳时，更是展现了他过人的机智和出众的谋略。随诸葛亮吊祭周瑜时，因赵云带剑相随，吴将无人敢动诸葛亮。汉水救黄忠时，令魏国名将张郃、徐晃心惊胆战，不敢迎敌。刘备去世之后，曹魏五路犯蜀，赵云把守阳平关，一将当关，万夫莫开。赵云70多岁时仍为蜀军前锋，阵前力斩被称为“有万夫不当之勇”的西凉大将韩德一门五将。

开元寺

二层楼阁式建筑

正定县常胜街西侧

乘坐观光1路在天宁寺站下

开元寺仅存钟楼和须弥塔。钟楼为砖木结构的二层楼阁式建筑，高14米，保持了唐代原貌。楼上的铜钟高2.9米，为唐代遗物。须弥塔俗称砖塔、方塔，密檐九级，高39.5米。开元寺后左手靠近院墙的地方，有一巨大赑屃（bìxì）残碑基座，长8.4米，重107吨，堪称天下第一。

玩家 解说

传说赑屃为龙生九子之长，貌似龟，有齿，力大，好负重。因此其形象经常出现在石碑之下。另外，赑屃被称为吉祥之物，传说触摸其头、颈和背可以祛病消灾。

正定科技馆

科技旅游景观

正定县兴荣路65号

88786319

正定科技馆有11个展厅、15个展区，是融科技馆、自然博物馆、民俗博物馆、天文馆、气象站、地震台、人防教育馆、体育健身馆为一体的国家大型综合科普展馆。在此可以安全触摸万伏电压，可高空骑车，还有海浪发电、探测地雷、子弹穿胸、仙女飞天、太阳黑子等科技展示项目。

开元寺

景点推荐 石家庄城区及近郊景点

河北博物院

了解河北历史文明的宝库

长安区东大街4号

乘地铁1号线在博物院站下

9:00~17:00

河北博物院原名为河北省博物馆，位于石家庄市中心区域，是河北省唯一的省级综合博物馆。馆内藏有大量的珍贵文物，以满城汉墓出土的珍宝、燕赵时期文物、古代名瓷名窑为主。河北博物院共有三层，每一层都分为南区和北区，主要的常设展览位于南区，北区常为临时展览。目前南区共有名瓷名窑、北朝壁画、曲阳石雕、中山古国、满城汉墓、燕赵故事、石器时代的河北、河北商代文明八个展览。

华北军区烈士陵园

纪念牺牲的英烈

新华区中山西路

华北军区烈士陵园采用我国传统的主

华北军区烈士陵园

河北博物院珍藏文物

刘胜金缕玉衣：河北满城西汉中山靖王刘胜墓出土。是中国出土年代最早、等级最高、最完整的玉衣，用金丝编缀玉片而成。玉衣长1.88米，共用玉片2498片，金丝约1100克。

窦绾金缕玉衣：河北满城西汉中山靖王刘胜之妻窦绾墓出土。整体结构大致与刘胜玉衣相同，共用玉片2160片，金丝700克。

长信宫灯：窦绾墓出土。通高48厘米。造型为跪地执灯的年轻宫女，通体鎏金。灯上刻有"长信尚浴"等铭文共65字，故名长信宫灯。

中山王铁足大鼎：是战国中山国王墓出土九鼎中的首鼎。鼎高51.1厘米，腹径65.8厘米，重达60千克，铜身铁足。鼎的外壁刻有77行469字铭文，是中国发现的战国青铜器铭文中最长的一件。铭文中记载了中山国讨伐燕国、开疆辟土的事件，具有重要的历史价值。

虎噬鹿器座：战国中山王墓出土，长50厘米，高22厘米。造型为猛虎食鹿。虎身用大小不同的金片、银丝错出斑斓的花纹，使虎的形象更加凶猛逼真。虎颈和臀部上的长方形銎口用于插放屏风挡板。腹下刻有铭文，说明制作时间及工匠姓名。

四龙四凤方案座：战国中山国王墓出土，通高36.2厘米，上框边长47.5厘米。案座的底部是四只跪卧的梅花鹿，四龙四凤组成案身。整体造型结构复杂，是罕见的艺术瑰宝。另外，四只龙头上各有一个一斗二升式斗拱，对古代建筑的研究极为重要。

轴线布局，园内主要建筑都分布在三条轴线上，并有绿篱相隔，布局严谨，东西对称，层次分明。中间南北走向的主轴线上，由南向北依次排列着陵园大门、悼念广场、铭碑堂、烈士墓群、烈士纪念堂等建筑。

华北军区烈士陵园的最深处是烈士陵墓，300多位烈士的陵墓组成东西两个墓区，由三幢中心碑相连，使墓区构成一个整体。

华北军区烈士陵园

这里还有一座白求恩墓，墓前有汉白玉墓碑，两侧长廊有白求恩当年在晋察冀边区活动的照片。墓前广场有白求恩全身塑像。

玩家 解说

纪念馆里陈列着几件形状各异的铁制或木制的医用器具，这些都是当年白求恩医生的发明。

铁制"助理医生"：这种铁制的装置像一个架子，可以固定在手术台上，利用机械扳手的原理，辅助主刀医生进行手术，这样可以节省1~2名助理医生。

肋骨剪：这是白求恩修鞋时产生的灵感。有一次白求恩去修鞋，鞋匠完成最后一道工序时，不用把鞋翻开就能把剪子伸进去把里面的线剪断。白求恩想，要是能把这把剪子用在手术中，就不需要把胸腔翻开了，只要把手伸入胸腔，用这种剪子把缝合线剪断，于是白求恩创制了肋骨剪，并运用到手术中。

卢沟桥药驮子：白求恩发明的这副药驮子可以放一套手术器械，取下后放在地上，上面放一块门板就是手术台，非常方便。一天清晨，白求恩听到民兵们在唱《卢沟桥》小曲，觉得这个名字很有意义，于是就给他的药驮子取名叫"卢沟桥"。这种药驮子一直用到解放战争，原件现存中国人民革命军事博物馆。

石家庄植物园

植物景观主题公园

石家庄市市区西北部（植物园街60号）

市区乘游1、游3、305路公交车可达

85691734

石家庄植物园的前身是苗圃，后逐渐发展成为植物园，以收集、展示和保存我国北方植物资源为主，是融科研、科普、示范、观光、游览等多功能为一体的现代化植物园。园内引种植物1500种数十万株，形成松柏园、木兰园、牡丹园、月季园等十几个植物专类园。这里有波澄湖景区、盆景艺术馆、热带植物观赏厅、木化石森林等景区和众多景点，并拥有现代化的植物科研所及科普馆。

毗卢寺

壁画精品堪与敦煌壁画比肩

新华区杜北乡上京村

在石家庄站乘地铁3号线到新百广场站下车，转乘322路可到

8:00～17:00

毗卢寺建于唐朝天宝年间，是中国佛教临济宗的一座古老庙宇，以保存有精美的古代壁画而闻名。毗卢殿中央佛台上供奉的是佛教的本尊主佛毗卢遮那（印度语，意为光明普照），故该寺称为毗卢寺。现仅存释迦牟尼殿（前殿）和毗卢殿（后殿）。毗卢遮那殿是该寺的主殿，殿中四壁的壁画最为精彩，有儒、释、道三教各种神像人物500多幅，形成了三教合流的壁画艺术特色。

毗卢寺壁画

玩家解说

毗卢殿壁画与国内其他壁画相比，有三个特点：第一，壁画的内容非常丰富，除绘有佛、道、儒三教的诸神外，还有部分反映当时社会风情的各种人物。第二，绘画技巧精湛，描法丰富，线条类型齐全。画工通过不同的技法，描绘了各种人物飘舞的绦带，身边流动的彩云，人物丰富而传神的表情及鲜明而不同的个性。第三，画面人物大面积运用了沥粉贴金的技法，做工精致，人物形象具有强烈的立体感，达到了神形兼备的艺术效果。

赵佗公园

纪念南越国王赵佗

新华区赵陵铺村（赵陵铺石岗医院对面）

乘8路、108等路公交车至赵佗公园站下

赵佗公园西临赵陵铺大街，北接赵佗路，东临农田，南侧为一通向农田的土路，东西长253米，南北宽211米。赵佗是石家庄市2000多年前杰出的历史人物，被毛泽东誉为“南下干部第一人”。公园内有赵佗纪念馆、碑林、赵佗先人冢景区、南风北进园等景点。

链接

赵佗与南越国

赵佗是石家庄市2000多年前杰出的历史人物，被毛泽东誉为“南下干部第一人”，也是开发岭南的第一人。赵佗在公元前204年创立了“东西万余里”的南越国，以后“赵佗归汉”，岭南正式列入中国统一的版图。

赵佗（前238～前137），河北省正定县人。秦始皇统一六国之后，开始着手平定岭南地区的百越之地。公元前219年，秦始皇派屠睢为主将、赵佗为副将率领50万大军平定岭南，屠睢因为滥杀无辜，引起

当地人的顽强反抗，被当地人杀死。秦始皇重新任命任嚣为主将，并和赵佗一起率领大军平乱。经过四年的努力，他们终于于公元前214年完成平定岭南的大业。

秦始皇接着在岭南设立了南海郡、桂林郡、象郡三郡，任嚣被委任为南海郡尉，赵佗被委任为南海郡龙川县令。赵佗到龙川（今龙川县佗城镇）上任后，采取“和辑百越”的政策，并上书秦始皇要求从中原迁居50万名的居民至南越，加强汉越的民族融合。

始皇死后秦二世继位，由于暴政激起了陈胜吴广起义，中原陷入了一片混乱状态。公元前208年，南海郡尉任嚣病重，临死前向赵佗交代可依据南岭之险自立为王，随后赵佗继任南海郡尉，公元前203年，赵佗起兵兼并桂林郡和象郡，在岭南地区建立南越国，自称“南越武王”，都城在番禺（今广州市）。

西汉初期，赵佗的南越国向大汉称臣。汉高祖刘邦死后，吕后主政时期却与南越兵戈相见，直到汉文帝刘恒即位后，才又重归于好。汉武帝建元四年（公元前137年）南越王赵佗去世，葬于番禺（今广州）。赵佗死后，其后代续任了四代南越王，一直到公元前111年南越国被汉朝所灭。

石家庄水上公园

荟萃各地建筑精华

新华区友谊北大街（联盟路500号）

乘17路、40路、62路、68路公交车可到达

水上公园占地0.37平方千米，水域面积占全园面积的1/3，景色秀美。公园设计独特，寓知识于休闲之中，寓文化于娱乐之中。公园荟萃了世界各地的建筑精华，其中有按比例修建的知名建筑赵州桥，具有承德避暑山庄特色的烟雨楼，法国的列柱石雕廊和太阳神阿波罗大喷泉等。游乐场内有超大型的激流勇进、卡丁车赛场等娱乐设施。

石家庄水上公园

虚云禅寺

寺中塑有千手观音像

新华区于底村北

从火车站乘地铁3号线到新百广场站下，转乘旅游1路在虚云禅寺站下

虚云禅寺建于后周，前身是重胜寺，距今已有1000多年的历史。虚云禅寺山门里，中坐弥勒笑佛，四大金刚立于两旁，笑佛背后为着金甲的韦驮菩萨。大雄宝殿前为经堂，经堂正门与天王殿后门相对。天王殿门口上方有浮雕一幅，刻有佛教的象征物——法轮。大殿内释迦牟尼塑像端坐于中央莲座之上，东边塑有千手千眼观音菩萨像。该寺现为比丘尼道场。

谛音寺

相传玄奘曾在此修行

裕华区建设南大街

乘46、67、92等路公交车到谛音寺下

8:30～17:30

据文献记载，唐玄奘大师取经前，曾在谛音寺参学。谛音寺整体建筑布局合理，配套完整，分为玉佛殿、天王殿、藏经殿、功德林素斋等。谛音寺玉佛殿内供奉着高3.5米的缅甸玉佛像，佛像雕刻精细，栩栩如生。玉佛殿顶部彩绘蓝天白云，衬托着《佛祖说法》《三十三云集听法图》。

天山海世界 AAAA

水上娱乐场所

裕华区留村乡天山大街116号

乘32、51、79等路公交车可直达

108元

旺季10:00～20:30，淡季10:00～17:30

天山海世界是国内较大的室内水上娱

乐中心，以水为主题。一层为万余平方米的戏水大厅，分儿童戏水区、成人戏水区、按摩区、造浪区及漂流河，被誉为华北的“碧水明珠”。

二层是具有海洋特色装修风格的餐厅，汇聚了南北风味的菜肴。三层是环境幽静、设施豪华的洗浴中心。

抱犊寨 AAAA

被誉为“天下奇寨”

石家庄市鹿泉区抱犊寨风景区

乘坐320路公交车可直达

40元

82013208

抱犊寨是一处融历史人文景观和自然风光为一体的名山古寨，被誉为“天下奇寨”。抱犊寨形似盆地，其景点均集中在寨顶平台之上，包括全国最大的山顶门坊南天门、道教宫观金阙宫，全国最大的山顶地下石雕五百罗汉堂，华夏第一龙壁千龙壁以及牛郎织女家、天池、环山长城等诸多景点。景区新近开发建设了包括音乐喷泉、天井飞瀑、彩虹谷等景点在内的鹿隐原生态新区，并增加了具有鲜明特色的少数民族歌舞演出。

玩家 解说

抱犊之奇，奇在造化。它东傍华北平原，西接太行群峦，南临井陉古道，北望滹沱河水。虽海拔只有580米，但处在高山与平原交界处，没有丘陵过渡，其一山凸起，崛出平川，万岭西来，至此势断，峥嵘雄秀，蔚为大观。

抱犊之美，美在自然风光。早在明代，“抱犊晴岚”就被列为获鹿八景之首；近年又被评为石家庄十景之冠。奇泉、飞瀑、古洞、山光、浓雾、朝晖、夕照，构成了抱犊寨如诗如梦的自然景色，令人流连忘返。如著名的“抱犊晴岚”，每当曙色初开及初雨新霁之后，或烟缭雾绕，岚气氤氲；或碧天如洗，丹崖凝辉；或云涛无际，簇翠飞红，如天开图画，美不胜收。

抱犊日出也是久负盛名的奇特景观。早在宋代，达官贵人就以登抱犊观日出为乐事，为此还在山上建有“望海亭”。由于抱犊寨东面是广袤的华北平原，无遮无挡，登高远眺，一览无余，从而形成了观日出的绝佳位置。

链接

抱犊寨名字来历

抱犊寨原名抱犊山。据史书介绍，北魏葛荣起义时，有人避乱山中，抱犊而死，遂有此名。因抱犊山易守难攻，古人便在此安营扎寨，或抵御寇匪，或对抗官府，故又名抱犊寨。

抱犊寨

对于抱犊寨的得名，民间却另有说法。说是老百姓为了种山顶上的地，得赶牛上去，可是因为山路陡峭，牛根本上不去，所以只有抱小牛犊上山，等到牛犊在山上长大后再让它耕地，于是这座山就叫抱犊寨。一些神话传说更是说得有鼻子有眼，说牛郎织女故事就出在抱犊寨。牛郎，就是抱犊寨脚下谷家峪村的谷二小，在由金牛星变的老牛的指引下，到抱犊寨山顶上耕田，与织女成亲。现在山顶上，还有一处叫"二小院"，据说那曾经是牛郎织女的住处。

白鹿泉

"获泉八景"之一

石家庄市鹿泉区向阳大街75号

坐29路、游5路、游6路公交车到鹿泉区后换车到白鹿泉

白鹿泉泉口直径1米，深3米，状如圆锥。其四季泉涌，飞珠溅玉，清澈见底。四周山环林茂，清凉宜人，鹿泉飞珠为"获泉八景"之一，历代文人皆有诗赞颂。著名的鹿泉大曲、鹿泉浓香、鹿泉液等名酒皆因泉水而享誉一方。

玩家解说

白鹿泉有许多优美传说：或曰因西王母赴蟠桃盛会途中落下玉簪戳地成泉，恰有白鹿从泉边驰过得名；亦传被贬人间七仙女在被召回天宫时，因留恋丈夫，抛下宝珠落地成泉。但据史载，汉将韩信破赵时途经石邑（今鹿泉区）莲花山，寻水途中因无意中射杀白鹿而得清泉，遂称白鹿泉。后人曾在此建淮明侯韩信祠以祭。

莲花山

顶部状如莲花

石家庄市鹿泉区城西2千米，临近抱犊寨

石家庄市鹿泉区乘旅游5路公交车至终点站即达

莲花山海拔507米，顶部状如莲花，雄伟秀丽。道观古已有之，有观中石碑和摩崖石刻为证。莲花山以通天阁为界，分为南北两峰，北峰顶较为平坦，灌木丛林，站在山顶可眺望到对面的抱犊寨南天门。莲花山山峰云缠雾绕，夏天在山上小憩，顿觉肌肤生凉，与山下炎炎烈日相比犹如两个季节。

玩家解说

莲花山有特产莲花仙茶和苦刺心茶。在莲花山深谷有大可合抱的千年老树。这里的泉水水质纯、口感好，故以莲花之泉泡莲花仙茶，味道清纯、沁人心脾，生津提神。苦刺心茶则是清热解毒、疏风解郁、止痛止痒的保健饮料。

石家庄动物园

200多种动物

石家庄市鹿泉区向阳南大街 50元

淡季8:30～17:00，旺季7:30～18:00

石家庄动物园分为平原、谷地和山坡台地三个景观区。有火烈鸟、金丝猴、东北虎、亚洲象、长颈鹿、黑猩猩、袋鼠、海豹、白虎、豺等200多种动物。儿童动物区散养着兔子、羊羔等小型动物。方便儿童近距离地接近动物，感知动物，从而丰富知识，增添乐趣。

封龙山

河北最早的书院

石家庄市鹿泉区铜冶镇

从石家庄火车站乘旅游8路公交车可直达

旺季35元，淡季20元

封龙山以奇山怪石著称，景区有河北省最早的文化历史遗迹封龙书院、西石堂院、石窟等多处景点。封龙山是原始鬼神崇拜之

封龙书院

封龙山

地，历代道教兴盛，留下了道观庙宇及遗址十几处。封龙山是石家庄地区最早的佛教名山。早在东晋十六国时，封龙山已有佛教寺院兴起，到隋唐时期，进一步发展，元明以后，山中寺院林立，僧侣甚众。山顶的白草寺历史悠久，是三皇姑最早出家之所，至今寺内香火旺盛，寺内的隋槐、唐钟、双井是封龙山“三绝”。

玩家 解说

象棋会。相传古时有一将军征战行至封龙山，与书院老者在石刻象棋盘中念谱而战，领悟其中之奥，并亲题“天下第一棋”于书院。老者后在封龙山东麓的南佐镇南设立龙山棋院收徒授艺，八方棋友云集封龙山，形成至今三年一届，规模空前的“象棋会”。

本地居民大多精通象棋，常以棋会友，随处可见三五成群、数盘棋共场的场面，进行摆擂战、棋式战。封龙山象棋文化在当地深入人心。

传说封龙山是因大禹治水而得名，大禹为了降服蛟龙兴风作浪，将蛟龙锁封此山上，而得名“封龙山”。山上的黑龙洞等也都与大禹治水的故事有关。

西山森林公园

素有“植物王国”之称

石家庄市鹿泉区封龙山麓 从火车站乘320路到电缆厂站下，转乘304路到新庄站下

西山森林公园坐落在石家庄市西南20千米处的封龙山麓，公园总面积16.67平方千米，融雄、奇、秀为一体，素有“植物王国”和“风景乐园”之称。西山森林公园分东西两处景区，东景区有多处太平天国起义军遗址，与冷泉水相映，构成了美丽的图画。

龙凤湖

两山夹一湖

石家庄市鹿泉区山尹村乡，封龙山脚下

乘316路公交车可到达

龙凤湖北岸是青龙山，南岸是凤凰山，“两山夹一湖”，因而得名“龙凤湖”。青龙山上有龙角石、风动石、小石林、石龟驮崽等自然景观。凤凰山主峰南北侧各有一座小山与之紧紧相连，如同两翼。

中山湖风景区

国家水利风景区

鹿泉区黄壁庄镇 从火车站乘地铁3号线在新百广场站下，转乘322路到黄壁庄站下

黄壁庄水库因与古中山国遗址相邻，故又名中山湖，始建于1958年。中山湖风景区按春韵、夏梦、秋实、冬曲四个广场分布，内设花坛、花架走廊、林荫小径、亭台楼阁等景观。在景区内制高点马鞍山顶，中山湖全景一览无余，巍峨的太行群峰三面环峙，华北大平原一望无际，湖面开阔、烟波浩渺，雄伟的长坝宛若长龙，横亘于华北大地。

龙泉寺

已有800多年历史

石家庄市鹿泉区韩庄村的龙泉山上

乘石家庄旅游7路、旅游13路公交车可到达

8:00～17:00

龙泉寺寺、殿、庙、亭遥相呼应，井、泉、池、碑交相辉映，是具有800多年历史的

古建筑群，建有鸳鸯亭、响碑亭等。

龙泉寺东南沟谷台地上，遗留金代和尚墓石幢五座。石幢由基座、幢身、幢顶三部分组成，造型各异，雕刻精细。龙泉寺西北角有龙王堂，殿堂内有龙母、四海龙王、雷公、雷母和风婆娘娘等塑像。神案前殿中央有一个六角形水池，名曰“龙池”。上有红、黄、蓝、白、黑五条雕塑彩龙附在梁上，俯观龙池，池中有五龙倒影，堪称奇观。

台西商代遗址

商代墓葬群

藁城市台西村

台西村东北200米处有三个大土台——西台、南台、北台。1965年的发掘证明这是一座商代中期遗址和墓葬群。西台遗址中发现两眼水井，结构保存完好，井底用木桩构成“井”字形井盘，为使井盘更加牢固，用大小不等的木桩插入井壁，井内尚遗留有汲水时落入井中的陶缸、木桶等盛水用具。这两眼水井的发掘对研究商代水井形制具有重要的考古价值。

玩家 解说

台西遗址中共清理墓葬112座，其分布相当密集。墓葬结构都比较简单，比较大型的墓葬有殉葬现象，有的殉葬者还受过刖刑。墓内随葬品主要有铜器、陶器、骨角器、玉石器、漆器、蚌贝器、卜骨、祭食等。尤其是1972年出土的一件铁刃青铜钺，具有重要的考古价值，这一发现在国内外学术界引起极大轰动。经科学鉴定，铁刃系由陨铁锻打而成，由此说明我们的祖先早在公元前14世纪已经开始制造和使用铁器。

宫灯博物馆

展示藁城宫灯文化

藁城市公园路18号，距石家庄市30千米

宫灯博物馆是展示中国民间宫灯艺术及其发展历史的专题博物馆，共有四个展厅，分别是纸雕彩灯厅、大型电动灯厅、工艺异形灯厅、传统花灯厅。

藁城宫灯

景点推荐

石家庄南部景点

嶂石岩 AAAA

世界最大的天然回音壁

赞皇县境内

在石家庄胜南客运站乘班车到赞皇县汽车站，不出站可换乘嶂石岩班车

70元

84260157

嶂石岩是太行山森林公园精华所在地，也是中国三大砂岩地貌之一“嶂石岩地貌”的命名地。该景区分为纸糊套、冻凌背、圆通寺和九女峰四个主景区，包括回音巨崖、九仙聚会、重门锁翠等八处著名景点。景区地质景观最为典型的是嶂石岩地貌和中元古界长城系砂岩中的层理与层面构造，为国内乃至世界所罕见，堪称“天然的地质博物馆”。这里的主要地质地貌景观有大天梯、九女峰和“天下第一天然回音壁”等。

玩家攻略

节庆：每年3月至4月，嶂石岩景区会举行春

嶂石岩

游踏青写生赏杜鹃活动。6月10日~8月30日，嶂石岩举行“回归自然，放松心情”暑期夏令营暨消夏避暑节活动。10月1日~10月31日，嶂石岩举行“畅游嶂石岩，金秋赏红叶”活动，届时游客还可有幸得到嶂石岩管理处送出的爱心“红叶卡”。10月8日~10月15日，嶂石岩举行“嶂石岩九九重阳登高比赛”，优胜者，将得到丰厚奖品，并获得纪念证书。12月~次年2月。嶂石岩冻凌背景区举行“踏雪，观冰”冰柱节活动。

漆树生长在亚热带气候环境下，在南方较多，嶂石岩景区的漆树林是华北地区保存最好、面积最大的漆树林，也是在5亿年前留下来的树种。该树用刀割流出的汁液，经过熬制可以制成大漆，漆出来的家具光亮、耐腐蚀，多用于造船行业，价格昂贵。但其流出的汁液有毒，容易使人皮肤过敏，游至此地，谨记不要用手触摸。

此地出产的根雕工艺品、何首乌、绵子核桃、鸟衔茶等深受游人喜爱。鸟衔茶又名鸟寄茶、相思茶，相传一种叫相思的神鸟从遥远的西方衔来茶树种子寄种在嶂石岩高山大川之间、落叶乔木之上，因而有鸟衔茶、相思茶之称。

链接

九女峰的传说

传说天宫里九位仙女，厌倦与世隔绝的宫廷生活，欲下凡周游人间。一天，她们背着玉皇大帝，来嶂石岩游玩。因此地风光优美，九位仙女流连忘返。玉帝得知，令二值日星官前来催九位仙女回宫。谁知，二值日星官到此，只顾观景，忘了传旨。玉帝大怒。出指点石，惩罚二官。因动怒过甚，出手太猛，连同九仙女共11人，全都点成石人，永驻嶂石岩。玉帝悔之晚矣。只好托梦给嶂石岩人，将此处取名“九女峰”。

嶂石岩

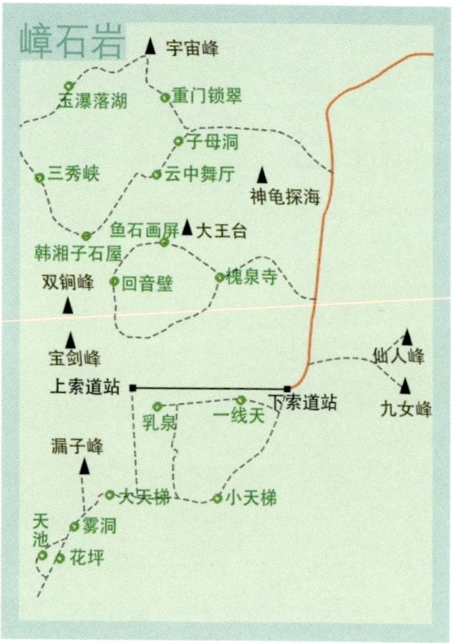

棋盘山

以十里杏花闻名

✉ 赞皇县境内

🚌 石家庄市南二环外胜南汽车站乘到赞皇的客车，有客运汽车从赞皇县城往返于棋盘山。自驾车走107国道，元氏或高邑下，奔赞皇，顺赞（皇）昔（阳）公路向西过野草湾一直向正西，沿途有路标

📞 84258345

棋盘山是以生态森林景观为主的山岳型景区。棋盘山钟灵毓秀，主景为松涛、杏雨、古道、奇峰。景区内有杏葩争艳、棋盘仙迹、翠谷松涛、林海天梯等八大胜景，以及北魏长城、林海天梯、试剑石等100余处景点。春天来到棋盘山，可以充分体验大自然之美。从一山门下车，顺着十里杏花沟可观赏杏花潭、古杏迎春坪；上山的途中，可以过索桥、赏密林、听松涛；也可爬到林海天梯的顶端，俯瞰众多的自然美景。

玩家 解说

棋盘山景区以十里杏花沟而闻名。杏花沟

从枣林村开始，到棋盘山宾馆，全长8千米。随着海拔高度的变化，气温也有变化，杏花开放的早晚也有很大差异。自3月下旬枣林村边杏树泛红，到4月中旬大羊道口杏花落尽，要20天左右时间。每年这里都要举办杏花节，一山门还有擂鼓赏花、绕杏祛病、挂红祈福等活动。

蟠龙湖风景区

有“小苍岩”之称

元氏县南佐镇

石家庄胜南车站乘209路公交直达

蟠龙湖风景区内有蟠龙湖、马头寨山（因其岩石地貌与苍岩山相似，有“小苍岩”之称）、蟠龙寺、蟠龙洞等景点。蟠龙湖水面宽阔，湖内有莲花岛、长岛、芦花岛三大岛屿。湖的南岸是蟠龙山，山上林木茂密，山中的盘龙寺历史悠久。风景区有高空飞人、大型冲水滑梯、高速摩托艇、沙滩排球等娱乐项目。

赵州桥 AAAA

现存最早古代敞肩石拱桥

赵县赵州镇西南郊

石家庄南焦汽车站乘班车可到达

¥ 40元 84902618

赵州桥又称安济桥，是当今世界上现存最早、保存最完善的古代敞肩石拱桥，被誉为“华北四宝”之一，为中国古代石拱桥的杰出代表。赵州桥全长64.4米，跨径37米，造型优美，宏伟壮观。赵州桥栏板、望柱和锁口石等上面雕刻的狮、象、龙等形态逼真，刻工精细，显示了隋代浑厚严整、矫健俊逸的石雕艺术风格。

赵州桥以“券”小于半圆、“撞”空而不实、洞砌并列式“三绝”著称。

玩家 解说

赵州桥建于隋大业年间，由著名匠师李春设计和修造。赵州桥最大的科学贡献在于它的“敞肩拱”的创造，为世界桥梁史上的首创。赵州桥科学利用了土壤结构，进行了合理设计，所以桥基两侧受力均衡，遇震时能克服不均匀沉降，因此地震和洪灾也奈何不了赵州桥。

链接

传奇赵州桥

赵州桥建于605年，距今1400多年，经历了10次水灾，8次战乱和多次地震，特别是1966年邢台发生的7.6级地震，邢台距赵州桥有40多千米，但赵州桥安然无恙。著名桥梁专家茅以升说，先不管桥的内部结构，仅就它能够存在1400多年就说明了一切。1963年的水灾大水淹到桥拱的龙嘴处，据当地的老人说，站在桥上都能感觉桥身有很大晃动。据记载，赵州桥自建成至今共修缮9次。

1979年5月，由中国科学院自然史组等4个单位组成联合调查组，对赵州桥的桥基进行了调查，自重为

赵州桥

2800吨的赵州桥，而它的根基只是由五层石条砌成高1.55米的桥台，直接建在自然砂石上，这么浅的桥基简直令人难以置信。

永通桥

赵州桥的姐妹桥

赵县赵州镇

永通桥建于唐永泰初年，建筑风格与结构形式与赵州桥十分相似，因体形小，故又称小石桥。永通桥为单跨敞肩拱桥，全桥由21道纵向并列的拱券石构成，跨度长26米，桥宽6.3米，大拱肩上设有4个敞肩拱券。永通桥上有22根正方形的望柱，桥身及栏板有优美的浮雕如河神、飞马、游鱼等，形象十分生动，这些浮雕大多是明正德二年的作品。由于永通桥十分精美，历代文人题刻很多。

赵州陀罗尼经幢

高大的石刻经幢

赵县赵州镇

赵州陀罗尼经幢通体用花岗岩砌成，高约18米，是我国现存石经幢中最高的一座。原是开元寺遗物，寺已毁，唯存经幢。该经幢建于北宋景祐五年（1038年），因幢体刻有陀罗尼经文而得名。经幢主体呈八角形，一至三层刻陀罗尼经文，行笔遒劲，潇洒流利而又工整严谨，具有较高的书法艺术价值。其余各层刻满了佛教人物、狮象等动物和亭台、花卉图案等。

柏林禅寺

史称“古佛道场”

赵县赵州镇石塔东路23号

石家庄南焦汽车站乘到赵县公交车途经柏林禅寺

8:00～16:00　免费

柏林禅寺建于东汉末年，是中国禅宗史上的一座重要祖庭。寺内的真际禅师塔是我国古塔中的杰出作品。柏林禅寺每年夏季会举办“生活禅夏令营”，冬季举行禅七法会，在国内外都有广泛的影响。农历七月十五是柏林禅寺的盂兰盆节法会，寺内会举行盛大的法事活动。

柏林禅寺

大观圣作之碑

中国现存保存最好的一通

赵县城内石塔路东段路北，原赵州文庙遗址内

大观圣作之碑因刻于北宋大观元年，又系皇帝御撰，故称“大观圣作之碑”。碑文四周阴文浅刻二方连续卷龙缠枝牡丹图案纹饰，刻工精细，刀法娴熟。碑文阴刻正文20行，说明3行，落款4行，满行71字，共1267字，现已残缺62字。碑额“大观圣作之碑”6字为权相蔡京所题。它不仅具有很高的艺术价值，而且为研究宋代学校教育制度和科举制度提供了重要的实物资料。

链接

大观圣作之碑

大观圣作之碑是宋徽宗大观二年（1108年）立于宫学、太学、辟雍和各郡县的圣旨碑。大观元年（1107年）三月，宋徽宗下诏建立“八行取士科”，同年九月二十八日，资政殿学士兼侍读臣郑居中“奏乞以御笔八行诏旨摹刻于石，立于宫学，次及太学辟雍天下郡邑”。获准后敕令于大观二年（1108年）八月二十九日礼部尚书兼侍讲郑久中以所赐御笔撰写碑文。碑文由书学博士李时雍仿徽宗瘦金体书丹。圣旨碑当时在全国共立多少通已不得而知，现存世的仅有6通，除赵县这通外，其他5通分别在河南新乡市红旗区人民法院、泰安岱庙碑林、陕西兴平县文庙、河北平乡文庙和西安碑林中。

景点推荐

石家庄东部景点

魏征公园

为纪念谏臣魏征而建

📍晋州市市区西南部

魏征公园是晋州人民为纪念祖籍晋州庞表村的大唐贞观名相，被后人誉为“千秋金鉴”的魏征兴建的。魏征公园始建于1994年10月，是一座融纪念、观赏、娱乐为一体的综合性公园。整个公园以魏氏宗祠为主体，主要景点有魏征像、千秋金鉴大殿、载舟湖、金镜山和“民本、国宁”双桥、“思危”双亭等。魏征祠陈列有魏征生平和事迹的彩色壁画、雕刻及名家书写的牌匾、楹联。

魏征公园

赵兰庄村梨园

中国鸭梨之乡

📍晋州南端的赵兰庄村

🚌晋州市白佛客运站乘车到北捏盘桥下车即可

晋州被誉为中国鸭梨之乡。每到四月，赵兰庄村1300多平方千米的梨园内会挂满白花，竞相开放。梨园常年供应早酥梨、黄冠

北极台

梨、油瓶梨（贵妃梨）、雪梨、鸭梨等各种精品梨。4月晋州梨花节期间，游客除了赏花，还能钓鱼、摘草莓等，5月可以观赏到玉兰花、樱花。

北极台

四棱台形巨型土台

深泽县城北城墙正中

北极台始建于明嘉靖四十一年（1562年），为四棱台形巨型土台，四周砖砌。其基座面积2160平方米，顶台面积约1600平方米，台高14米，分三组，计45级台阶。台上建真武庙。庙正殿三间，侧殿东西各两间，殿前建有钟楼、鼓楼。

真武庙

供奉北极紫薇星大帝

深泽县境内

深泽城原只有东、南、西三门，北面无门。明嘉靖年间，大同人李承式做深泽令，于明嘉靖四十一年（1562年）在北城墙中部构筑土台，凡数月而成，因其位于城之北，又可登高观北极星，故称此台为北极台。土台修成，又在台上构木为阁，建真武庙（真武者，相传为北方之神，能真正越海飞空，威镇北国）。真武庙朱梁绿瓦，檐牙高啄，使北极台顿然生辉。台下又凿池引泉，环植杨柳，使之成为深泽一胜景。

街心公园

有历史意义的人文景观

无极县境内

街心公园是无极县具有历史意义的文化景观，园内有距今700多年历史的古建筑城隍庙，有镌刻着当代270多位书法大家、著名人士墨宝的“闻鸡起舞”碑苑。碑苑中的书法珍品是无极籍将军田永清历经20余年精心收集的，园内还矗立着无极籍著名雕塑家郭宝寨的石雕作品《闻鸡起舞》《洛神》。

法云寺

千年古刹

无极县东侯房乡

法云寺历史悠久，始建于唐武德年间

法云寺

（624年），距今已有1300多年的历史。1944年寺内三大殿被毁，1995年重建，2006年大雄宝殿建成。

福林寺

辛集规模宏大的寺院

辛集市东郊

福林寺原名清利寺，是一座规模宏大的寺院，现沿中轴线建有九大景点。其中浮雕琉璃影壁长45米，构思奇特、新颖；大悲泉泉水常年喷涌，泉水清澈甘洌。天王殿内端坐笑口常开的大肚弥勒佛，还有威严的四大天王和韦驮护法神像。北边是三座东西并排的金水桥，桥下是放生池，放生池两侧是由12通碑组成的功德碑林。过桥便是戒坛，两侧分别建有钟楼、鼓楼。

玩家 解说

辛集是著名的皮革皮毛集散地，每年国内外客商云集辛集商业城。福林寺距离商业城三千米，围绕商业城形成了融购物、旅游、住宿、娱乐为一体的旅游商业区。

欢乐谷生态园

综合性生态景区

辛集市市府东大街六前观光路北侧

160元

欢乐谷生态园区以徽派建筑为主，致力营造清新质朴的田园风光。生态园追求新、奇、特的造园理念，使自然景色与人文景观融为一体。果园、苗圃、山丘、鱼塘、小桥流水与建筑园林相映成趣。这里有竹溪观鱼区、采摘休闲区、百果园、百花园等多功能景区。

福林寺

景点推荐

石家庄北部景点

五岳寨

山峰奇特，松柏茂密

灵寿县西北部山区

因五座山峰并列耸立，且有五岳之特点而得名。景区内山高林密、繁花似锦、群山拱翠、云海波澜且气温湿润凉爽、空气清新，动植物及水资源极为丰富，大小瀑布数百个。海拔2000余米的亚高山草甸，加上幽可险的峰谷景观，浓厚的边塞区域特色，使景区成为融旅游观光、健身疗养、避暑度假、寻奇涉幽、登山探险、科学考察为一体的高品位、多功能自然风景区。

水泉溪

旅游休闲好去处

灵寿县南营乡木佛塔村

水泉溪景区常年有水，因山泉众多、小

水泉溪

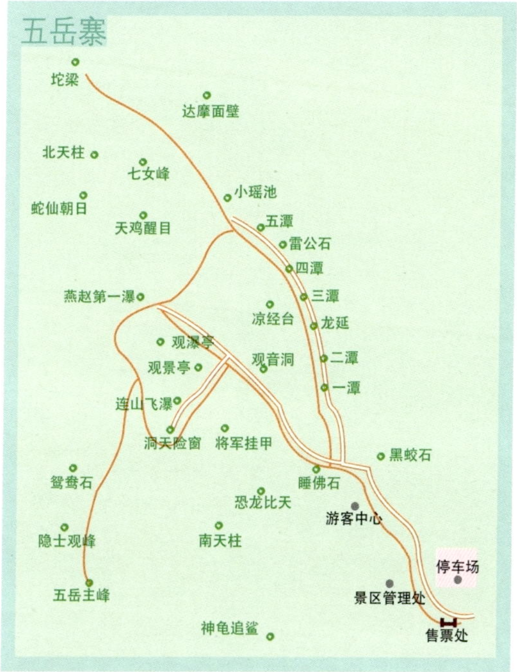

溪不断而得名。水泉溪景区海拔2088米，山上不仅有奇峰怪石，还有落差108米的彩虹瀑布。景区还有充满传奇色彩的神仙古洞，有隐藏在无数群峰中的“天上人家”，矗立于白云深处的世外桃源度假村等，是旅游休闲的好去处。

七女峰

七座山峰一字排列

灵寿县西北部山区

七女峰是五岳寨的重要景观，位于凌霄峡内。七座山峰一字排列，高低不一，形态各异，或如金城铁堡，或如将军列阵，或如宝剑刺空、长缨穿天。七女峰中的玉皇峰永远是一副至高无上、唯我独尊的架势。还有云遮雾罩的神龟峰，一峰独立的南天柱，千丈壁立的白马崖，都是天生地造、鬼斧神工，这些风化形成的各种山峰，如天鸡醒日、天马回首、仙姑归山、日观台、月观台等，栩栩如生，令人百看不厌。

透雕石牌楼

纪念三代忠臣

灵寿县城北关西街

透雕石牌楼建于明崇祯十四年。牌楼东西向，高12米，宽8米，采用透雕手法制成。三层额枋上雕有行云、仙鹤、龙凤等图案，正中匾额楷书“三世中枢”4个大字。柱两边的夹柱石上，雕有大小不同的狮子，形象生动。透雕石牌楼布局合理，雕工细致，构思巧妙，是一件不可多得的艺术珍品。

玩家 解说

明崇祯十四年（1641年），付永淳官拜吏部尚书，他不仅忠于职守，为官清正，还根据当时朝政中存在的主要弊病，提出了十项重要建议“铨政十事”。崇祯看后高兴地采纳了，为表彰付永淳及其父、祖父忠于朝廷，封其父为通议大夫兵部左侍郎，其祖父为通议大夫兵部左侍郎，且敕建“三世中枢”付氏牌楼于灵寿北关。

秋山原生态自然风景区

山清水秀的好去处

灵寿县陈庄镇

在石家庄北客运站（市内火车站乘9、114路公交车抵达）乘石家庄—平山班车

秋山原生态自然风景区是一处融地质景观、森林生态、人文历史景观为一体的原生态自然风景区。秋山山高沟深，天然次生林保存良好，拥有大面积的山地林区。这里山青、林绿、石奇、水碧，春夏秋冬景致各不相同，呈现出奇、险、凉、野、幽的原始生态环境。秋峰云海、五瀑飞红、青湖、秋山古战场等著名的秋山八景吸引了众多游客慕名前来。

秋山原生态自然风景区

玩家 攻略

灵寿的腌肉面是当地最具特色的农家饭，另外还有菜饼、包甜饼、柿子饼、咸食、缸炉烧饼、抿絮、饸饹面、菜团子、水饭、包皮面等面食；在炉具方面最具特色的是灵寿农村使用的大锅灶，是用黏土和土坯做成的炉灶，用稻草、干柴烧火，使用鼓风箱。

灵寿特产无污染的杂粮、土鸡蛋、核桃、柿子等，广受消费者的青睐。

卧佛岭

卧佛岭为秋山景区的最高峰，位于景区的南部，海拔2088米，因远观似大佛躺卧而得名。

彩虹瀑布

彩虹瀑布为景区第一大瀑布，高108米，水流充沛，经年不断，冬季则变为冰瀑，夏季每天上午从9点到12点都有彩虹出现，故名彩虹瀑。

红桦林

在主峰卧佛岭的山下，有成片的红桦林，风景独特，是秋山风景区自然风情的一处绝美展示。

木佛塔村

为景区内最大的自然村，有70多个村民居住于此，传说当年灵寿被青花蟒缠在了这里，后人为了纪念灵寿的孝心和普贤菩萨的爱心，修塔供奉，原塔已被破坏。

两岭口摩崖石刻

有纪年的金代石刻

行唐县两岭口村东北阿牟院遗址内

两岭口摩崖石刻在一块长4.5米、高2.5米的巨石上，雕有石龛54个、佛像56尊，石刻左侧刻有“大定十一年岁次辛卯”字样。两岭口摩崖石刻是河北省首次发现的有具体纪年的金代石刻，为研究金代石刻艺术提供了一个较为准确的实物资料。

明代琉璃庙

供奉观世音菩萨的建筑

行唐县差取村

行唐明代琉璃庙始建于明天启五年（1625年），是供奉观世音菩萨的宗教建筑，形制特殊，结构精巧。琉璃殿坐南朝北，单檐歇山顶，仿木结构，通身披黄绿杂色琉璃瓦。北面辟门，门上分三组镶有"洛伽遗风，亲见如来，普陀圣境"12个楷书大字，东山墙琉璃浮雕为佛传故事。

伏羲台

祭祀人祖伏羲、女娲

新乐市北郊，距石家庄市35千米

伏羲台始建于商周时期（前1600—前256年），这里是中国最早的人工灌渠——金水河的开凿地、华夏民族第一个家庭繁衍生息地和伏羲甲历起源地，历史遗存丰富，文化积淀深厚。伏羲台现存有山门、龙师殿、寝宫、钟鼓楼、配殿等历史建筑，台上有古代碑刻、槐抱椿、阴阳柏等景观。

寝宫

寝宫是伏羲台上的建筑之一。1994年由河北省文物局批准进行复建，与伏羲台的龙师殿高台相连。寝宫面阔三间，进深一间，单檐歇山绿琉璃瓦顶建筑，面阔12.98米，进深8.18米，通高7.76米。梁架结构为两柱七檩七架梁。

龙师殿

龙师殿面阔三间，进深一间，四周有八角回廊，重檐歇山绿琉璃瓦顶建筑。基础底层平面呈不等边八角形，对应伏羲氏发明的先天八卦。油饰彩画仿明小点金做法，檐椽头部及天花彩绘太极和先天八卦图形，以与建筑的性质相协调。

华胥庙

华胥传说为伏羲氏的母亲，在雷泽"履巨人之迹"而孕生伏羲，又传雷公为伏羲父，当地老百姓称华胥庙为老娘殿。华胥庙台基用九级台阶提高了庙的整体高度，与第三层台上的寝宫和待复建的东西房高低错落、协调美观。

伏羲台

景点推荐 平山旅游区

西柏坡革命圣地旅游区 AAAAA

新中国从这里走来

石家庄市平山县西柏坡镇，距石家庄约90千米

石家庄北站有班车可达

9:00～16:00，纪念馆周一闭馆

免费　82851355

www.xibaipo.gov.cn

西柏坡以其在中国历史上的重要地位成为全国革命纪念地之一，西柏坡曾是新中国成立前夕的中共中央所在地，中共中央曾在此召开过党的七届二中全会，部署和指挥了辽沈、平津、淮海三大战役。景区的景点包括西柏坡中共中央旧址、西柏坡纪念馆、西柏坡石刻园、国家安全教育馆等，已经形成了一个完整的爱国主义教育体系。除此之外，整个西柏坡地区前临碧波荡漾的柏坡湖，风景如画，是广大游客观光旅游、休闲度假的好去处。

玩家 行程

西柏坡纪念碑—中共中央旧址（在党的七届二中全会会址前入党宣誓或重温誓词）—西柏坡纪念馆（全国最长的电报长廊；当年毛主席前往北平乘坐的吉普车）—瞻仰五大书记铜塑像——西柏坡石刻园（观赏名人书法）—遥望碧波荡漾的柏坡湖

玩家 攻略

石家庄市区与革命圣地西柏坡之间全部由一级公路相连接，行车速度比以前可节省半小时以上。

在西柏坡纪念馆景区内有一个柏坡湖，现名岗南水库。去西柏坡游览时可在岗南水库大坝码头上船，航行20余千米，可直达西柏坡村，上岸即可参观西柏坡中共中央旧址。

来西柏坡，新闻电影纪录片《新中国从这里走来》一定要看。

赏花地：4月下旬至5月中旬西柏坡牡丹园举办牡丹节，可观赏到110多个品种3万多株牡丹盛开的美景。

玩家解说

西柏坡中华民俗博物馆内设7个展室，物品展览区的展品涉及全国，内容丰富，远至夏、商，近至新中国成立初期，规模巨大，是亚洲最大的同类博物馆，居我国民俗博物馆之首。

链接

中共中央当时为什么选址西柏坡

对于中央为什么选址西柏坡，目前在党史界已形成基本共识：第一，平山战略位置重要，交通便利，环境优越，能进能退，能守能攻，是理想的战争指挥部。第二，平山物产丰富，可保障机关部队有充足给养，平山曾被聂荣臻元帅赞为“晋察冀边区的乌克兰”。第三，也是最重要的因素，就是党和群众基础好。对于这一点，党中央和毛主席在延安时就通过报纸和来自晋察冀的同志，通过驻扎在平山的晋察冀边区首脑机关，通过保卫陕甘宁边区的“平山团”，有了初步的了解。平山党组织坚强有力，党员数量多，政治素质好，模范带头作用发挥得好，对敌斗争坚决；平山人民热爱祖国、热爱共产党、热爱子弟兵，勤劳朴实，忠诚可靠，不畏强暴，勇于牺牲，为抗日战争的胜利做出过重大贡献。

青龙观

原为崇祯皇帝的行宫

平山县西南，距石家庄80千米处

位于天桂山的青龙观是中国唯一政教合一的皇家道院，其中真武殿、苍岩殿和大光明殿为青龙观的三大建筑。天桂山风景区是国家级重点风景名胜区，融皇家园林、道教宫观和大自然秀丽景观为一体，青龙观为中心景区。青龙观的庞大建筑群均建在悬崖峭壁之上，气势恢宏。

玩家解说

据载，明末崇祯帝为了给自己找个藏身之处，便派太监林清德外出挑选避难地，并拨巨款仿京城宫殿的形制在林清德选中的天桂山兴建行宫。不久北京陷落，崇祯吊死景山。林清德出逃天桂山，当了道士，并改行宫为青龙观，在此隐居修道，广收弟子。

东方巨龟苑 AAAA

乡村经典、北国江南

平山县平山镇南郊6千米

石家庄汽车北站乘坐平山大巴到平山汽车站，再转乘出租车到景区

65元

东方巨龟苑以华北地区最大的甲鱼养殖基地而著称。景区主要包括华夏历史生态园林、海底世界神龟府、野河乐园、湖心湖游乐场、野河漂流（北国第一漂）五大部分，有“乡村经典、北国江南”之美誉。景区每年还会举办采摘节、漂流节、狂欢泼水节、鸳鸯情侣文化节等大型活动。

沕沕水生态风景区 AAAA

曾是平山八大景之一

平山县西部，距石家庄95千米处

沕沕水生态风景区是一处有奇峰、怪石、峡谷、溶洞、清泉、瀑布、天池和红叶景观的原生态自然保护区，不仅有巨大的岩溶泉溶洞和落差达93米的瀑布，还有绚丽多彩

沕沕水生态风景区

的植被景观。景区水灵秀谷北侧200~300米高的悬崖峭壁上，还分布着许多天然或人工开凿的大小洞穴，洞穴中保留着许多北方地区罕见的古代悬棺。此外，这里还有点亮革命圣地西柏坡第一盏电灯的发电站。

玩家 解说

新中国水电事业从沕沕水起步，被誉为“边区创举”。1947年2月，人民解放军解放井陉煤矿时，缴获了一台德国造194KVA的发电机组。驻扎在平山境内的晋察冀边区政府决定利用该机组在沕沕水天然瀑布处修建边区第一座发电厂。

当时，以刘少奇、朱德为首的中央工委驻扎在西柏坡一带。电厂建设过程中，朱德总司令曾三次亲临现场视察指导。朱总司令为电厂首次开机，并亲笔题词“红色发电厂”（题词现存北京历史博物馆）。晋察冀边区工业局对此进行了嘉奖，并赠送了题铭“边区创举”的铜匾（原物现存河北省博物馆，沕沕水电厂及西柏坡纪念馆各有复制品一件）。

红色发电厂的电力，主要用于中国人民解放军第三十三兵工厂的军火生产，其次用于西柏坡中共中央驻地的照明。

平山温泉

含氡量很高的温泉

平山县温塘镇

平山温泉度假村占地面积6.7万平方米。平山温泉水温高达60℃至90℃，医疗价值极高。泉边旧有汉武庙，相传此泉开凿于汉武帝时期。平山温泉水中含有氡、氯、硫等对人体有益的30多种化学元素，是国内外罕见的高温弱碱化硫酸盐氡泉，古诗赞曰：“千金难买此温汤。”平山温泉水对牛皮癣、慢性湿疹、各种皮炎、运动外伤后遗症、末梢神经炎和各种神经痛疾病有一定辅助疗效。

中山国都城遗址

寻觅神秘的中山国

平山县平山镇北郊林山脚下

中山国都城遗址为2000多年前战国时期中山国都城所在地，现存有宫殿区、居民区、陶器场、冶炼场、遗址100多处。城后依东西林山，上有古佛堂三处，山峡内有万寿寺遗址。万寿寺全称万寿禅寺，今尚存有墓塔群，系宋、明、清三代安葬历届住持高僧所建。

链接

中山国

中山国的前身是北方狄族鲜虞部落，为姬姓白狄，最早时在陕北绥德一带，逐渐转移到太行山区。中山国包括今河北石家庄地区，是燕赵地区的一个小蛮夷之国，经历了戎狄、鲜虞和中山三个发展阶段，在每个阶段都被中原诸国视为华夏的心腹大患，同样经历了邢侯搏戎，晋侯抗鲜虞，魏灭中山和赵灭中山的阶段。中山国生于患难之中，被大国所欺而变强，为强国占领又复生，其不屈不挠、顽强自立的精神世所少见。中山国在强国包围之中发展经济、壮大自己，几乎跻身强国之列，其经济和文化之辉煌令人刮目相看。

驼梁山旅游区 AAAA

特大型天然氧吧

平山县合河口乡和灵寿县南营乡交界处

石家庄汽车北站（市内火车站乘20、40路公交车抵达）有旅游班车可达驼梁山

驼梁山主峰海拔近2300米，系河北省五大高峰之一。驼梁山以凉、静、野、幽著称，

这里生态环境良好，犹如一座特大型的天然氧吧。整个旅游区由百瀑峡、三叠泉、云顶草原等景点组成。其中百瀑峡纵深5千米，因山高谷深、瀑潭成群而得名。云顶草原拥有约60万平方米的茵茵绿草，无尽的绿原令人心旷神怡。三叠泉瀑布自山上呈三级直泻而下，形成三级深潭，潭四周绿树倒映，如诗如画。

藤龙山风景区 AAAA

太行山热带雨林

平山县王坡乡

藤龙山风景区因万亩藤海如藤龙而得名，享有“华北第一藤海”之美称，风景区由葫芦谷、翡翠谷、聚宝沟（以采摘园为主）、西顶4个分景区组成。藤龙山是一处融地质景观、森林生态、人文历史景观为一体的高品位原生态自然风景区，是全球罕见的地表陆核景观区之一，山险、石奇、水清、树美、林绿，尤以红色峡谷地貌、绿色空中草原、华北藤海森林、四季云海、“二战”堡垒战壕称奇。盛夏7月，这里气温只有20℃，且多降雨，被称为“太行山温带雨林”。

滚龙沟

相传刘秀曾在此避难

平山县寨北乡滚龙沟村

位于寨北乡的滚龙沟群峰起伏，连绵纵横，山清水秀。这里地域广阔，人烟稀少，是休闲度假的好去处。传说当年刘秀被王莽军追赶到这里，刘秀掉下马滚下山沟。因为刘秀是“真龙天子”，所以这里就叫“滚龙沟”。

天桂山 AAAA

有“北方桂林”之称

平山县小觉镇

在石家庄汽车北站乘石家庄至天桂山专线可到

45元

82827203

天桂山是中国北方著名的风景名胜区。

天桂山

天桂山包括青龙观、后山、滴翠谷、望海峰、银河洞等8个景区。其中，青龙观原为明末崇祯皇帝（1610—1644）敕建的归隐行宫；真武殿、苍岩宫、魁星阁等古建筑，均建于悬崖峭壁之上，气势恢宏；后山百丈危崖上镌刻的巨大“归”字，载入了吉尼斯世界纪录；沕沕水景区不仅遍布太行山中的圣泉、瀑布、天池、湖泊等水景，还有当年修建的晋察冀边区的“红色水电站”。

玩家 攻略

节庆：天桂山景区的主要旅游活动集中在3月、5月、9月，主要有桃花节、奶奶庙会、天桂山旅游节、红叶节、道教法事活动、登山节等。

天桂山传统奶奶庙会（农历三月十五）：在天桂山苍岩宫举办，苍岩宫位于天桂山青龙观西侧，庙会期间还有民俗表演、秧歌舞、地方戏等。

道教武术文化节：天桂山有“北武当”之称，每年4月底举办的道教武术文化节，历时一个月，有大型武当功夫表演、道乐演奏、道教文化展示、祈福朝拜以及当地传统民俗文化——抬皇杠等众多具有特色的活动项目。

天桂山旅游节：于每年5月1日至5月7日举办，活动内容有独具天桂山特色的抬皇杠、道教法事活动、文艺节目表演等。

天桂山武术文化节：每年10月1日至10月7日在天桂山武术园区举办，武术节期间，各派武术名家，表演不同流派的武术，有太极、形易等。

沕沕水庙会（农历七月十三）：持续5天，届时会在沕沕水村戏楼唱戏，富有当地特色的文化娱乐、商业贸易活动也在此时进行，参加庙会的村民和游客云集，热闹非凡。

银河洞景区有观光电梯，是我国唯一的摩崖塔式观光电梯，游客乘坐40秒即可到达山顶。

链接

白毛仙姑的传说

天桂山上曾有“白毛仙姑”的故事流传，经延安艺人挖掘，创作成了歌剧《白毛女》，后《白毛女》成为了解放区的文艺标志作品。电影《白毛女》就在天桂山景区内拍摄，景区内还有白毛女洞、白毛女艺术陈列馆等景观，其中白毛女艺术陈列馆由黄家大院、杨白劳故居、大春故居、陈列馆及杨各庄村5部分组成。

驼梁山

拦道石村

晋察冀边区曾驻扎于此

平山县蛟潭庄镇北1.5千米处的卸甲河东岸

拦道石村内仍保留着聂荣臻、彭真、贺龙、刘澜涛、李葆华、关向应等老一辈无产阶级革命家的旧居，流传着他们英勇战斗的故事。村内建有中共晋察冀边区革命历史陈列馆，以及参与性很强的漂流项目等，是一处传统教育、农业观光、休闲度假的好去处。

甘泉寺

北周年间始建的古寺

平山县平山镇南西焦村

甘泉寺始建于北周武帝（宇文邕）建德年间，是云游僧人义觉历时7年化缘资财而建。主要建筑有大雄宝殿、菩萨殿、方丈寺、禅堂等。甘泉寺每年有两次较大的节日活动：一为阴历二月初二，一为阴历七月十五，届时游人香客纷纷而至，规模宏大。

景点推荐

井陉旅游区

苍岩山 AAAA

五岳奇秀揽一山

井陉县苍岩山镇 9:00~17:00

65元

苍岩山景观丰富多彩。群峰巍峨，林木葱郁，清泉碧绿，构成了奇特、幽静、秀丽的自然景观，享有“五岳奇秀揽一山，太行群峰唯苍岩”之美誉。千年古刹福庆寺以悠久的历史和卓越的建筑艺术构成了壮观的人文之美，山上主要建筑有书院、万仙堂、桥楼殿、卧佛寺、藏经楼、公主祠、碑亭等。所有建筑依山就势，或建于悬崖，或建于峭壁，斗拱飞檐，颇为壮观。

玩家 攻略

每逢农历三月初一至三十的苍岩山庙会，游人如织，香客云集。旧时的庙会发展至今已成了全县的民间艺术大集合。每年三月初一至十五是正会日，全县各路花会按日期到苍岩山过会，旧时的銮驾改成了圣轿及金山银山、黄罗山、香烛、剪纸等。表演更是精彩，有各路拉花和耍狮、舞龙、高跷、皇杠等达几十种，热闹非凡。

玩家 解说

苍岩山景区的核心是“苍岩三绝”：一绝“桥楼殿”。桥建在百仞峭壁之间，仰视蓝天一线，俯首万丈深渊，桥上建楼，现为我国三大悬空寺之一。二绝“白檀树”。檀林如海，流水潺潺，亭榭掩映其间。三绝“古柏朝圣”。上万棵千年生的崖柏、沙柏、香柏生长于悬崖峭壁之上，千姿百态。

千百年来苍岩山以“雄、奇、秀、险、幽”的独特风格吸引了无数海内外游客前来旅游观光、咏诗作画。《西游记》《卧虎藏龙》《白龙

剑》《木乃伊3》《鸡毛信》《大国医》《破袭战》《花木兰》等许多影视作品都在此取景拍摄。

链接

苍岩十六景

苍岩山有著名的十六景：岩关锁翠、风泉漱玉、书院午荫、碧涧灵檀、悬登梯云、桥殿飞虹、峭壁嵌珠、绝献回栏、空谷鸟鸣、悬崖奇柏、说法危台、虚阁藏幽、尚书古碣、阴崖石乳、窍开别天、炉峰夕照。

赵孤园

回味赵氏孤儿的故事

井陉县苍岩山镇北孤村赵孤山东麓

赵孤园是一处以"程婴藏孤"为主题的融自然风光、人文景观和历史传说为一体的古建筑园林。园内有藏孤古刹、程婴与赵武的卧室遗址、盘古洞、程婴祠、南北藏孤洞以及宋代壁画室等景点，还有程婴舂米用过的石臼等珍贵文物。藏孤古刹和程婴祠分别始建于西周和春秋时期。盘古洞和轩辕洞是个地下长廊，洞壁嵌盘古、三皇五帝9尊雕像和多幅壁画。

玩家 解说

据《史记·赵世家》记载：晋景公三年（前597年），晋权臣屠岸贾残杀赵盾子赵朔全家，并搜捕婴儿赵武，程婴与赵朔门客公孙杵臼定换婴之计，杵臼献身，程婴抱赵武匿于山中15年。幸存下来的赵氏孤儿赵武长大后为家族复仇。相传当年程婴带赵武在此昼藏山洞，夜宿古刹，在当地百姓的掩护和帮助下，熬过十几个春秋，孤台由此而得名，赵孤山（又名孤山）、赵孤园也皆由此而得名。

清凉山

有太行第一大裂缝

井陉矿区

石家庄西王客运站乘203路公交车直达

8:00～18:00

清凉山以山险、石奇、水幽而著称。景区面积约13平方千米，主峰海拔888米。清凉山水龙洞长达3000多米，堪称华北第一，洞内泉水终年流淌不息，洞内有千奇百怪的石花、石幔、石笋等。清凉山山势很险，登山之时需手抓铁环、脚踏石窝才能前行。山腰处的昊天殿建在悬崖峭壁的边上，其构造之精奇令人叹为观止。

于家村

保存完好的石头文化村落

井陉县于家乡于家村

于家村是石头的天地，好像一座天然石头城池，四周环山，四面有门有阁。东门清凉阁、西门西头阁、南门观音阁、北门龙天阁，但不管到哪里，目及之处都离不开石头。于家村这个深山小村建有古庙、古阁、古戏楼22座之多，且全用石头建成。这里家家户户的房屋都连成一片，即便是过街处也有同心桥相连，是保存完好的石头文化村落。这里的居民恪守传统村规民约、宗祠家训，传唱

于家村

着500多年来的“家之歌”。

玩家 解说

说起于家村，就不能不提到明代的民族英雄于谦，因为这个村里的于姓都是于谦的后代。说到于谦，就要提到1449—1457年间明代的“夺门之变”，而“夺门之变”中的重要人物就是于谦，于谦本是浙江人，他被杀害后，其后人就逃到了石家庄以西井陉的太行山中，这才有了今天的于家石头村。

秦皇古道

比罗马古道还早100多年

井陉县东郊5千米上安镇白王庄村

秦皇古道是秦始皇修筑的驿道中重要的一段，长约百里，贯穿太行山，建在山岭沟谷中。主要景点有古驿铺、秦皇古道、东天门关城。东天门分东阁、西阁，南北两峰直插两阁，牢牢地封锁着关隘。古道每隔20米左右便砌有一道高凸而起、近30厘米厚的石槛，这一道道石槛是供重车上坡时停歇和沿坡缓慢下滑而设的。由此可想象出当年的辎重车通过这段路时多么艰难、多么危险。

链接

秦驰道和秦直道

秦始皇统一天下后，为了便于秦帝国的统治，修了许多“国道”，最有名的便是驰道和直道。

驰道是中国历史上最早的“国道”，始于秦朝。公元前221年秦始皇统一六国，此后的第二年（公元前220年），就下令修筑以咸阳为中心的、通往全国各地的驰道。著名的驰道有9条，有今高陵通上郡（陕北）的上郡道，过黄河通山西的临晋道，出函谷关通河南、河北、山东的东方道。驰道是皇帝的专用车道，皇帝下面的大臣、百姓，甚至皇亲国戚都是没有权利走驰道的。秦汉时期驰道最为流行，规定的宽度是五十步，两旁种有树木。

秦直道又名直道，为秦驰道的支线，是秦朝修建的军事交通工程，从秦始皇三十五年开始修筑，历时两年半，从咸阳（起点为现咸阳淳化县）到九原郡（现包头附近）。直道全部用黄土夯实，全长736千米，是秦始皇为了抗击匈奴命蒙恬率领10万工人修建的。

天长镇

素有“宋古城”之称

井陉县境内

天长镇堪称井陉第一大镇，长街小巷，古色古香，建筑风格多样，有明清县衙、孔庙、城关大石桥、井陉窑（河北省四大窑之一）遗址以及享有“临河倒影”之称的金代下寺塔，富有神话色彩的乏驴岭村“张果老仙迹”，享有“铁龙钻石”美称的北关村玉峰山等，形成了一个山水、塔、桥、城楼、寺庙层次丰富的景观。

仙台山

全国最大的红叶景区

井陉县辛庄乡

石家庄新华西路西王客运站有班车直达

仙台山风景区内有大峡谷、天然大溶洞、原始森林自然景观和中山长城、北齐长城、明代长城、聂帅百团大战井陉展室等。仙台山分上、中、下层，最下一层的仙台山牌坊，用太行山独有的大红袍石料修建，风格别致。步石台阶经通天门，直上通天峡，一步一景点，一石一奇观。仙台山的红叶林达50平方千米，是北京香山的20倍，为全国最大的红叶风景区。

仙台山

挂云山

素有“小泰山”之称

井陉县东北部

挂云山风景区素有“小泰山”之称，东望是一望无际的华北平原，西顾为莽莽苍苍的太行群峰。挂云山西峰称青泉观，又称“观日峰”，是登高观日出的绝佳之地。山顶建有三皇五帝庙、连心桥、祭烈台、烈士纪念亭等。

石鼓寺

“空谷第一家”

井陉县城西北地区5千米的陉山上

石鼓寺寺内有石鼓一面，传说系用女娲补天所遗之石雕成。据碑碣记载，石鼓常不击自鸣，惊天动地，引周穆王和唐、宋天子亲临此地。寺内现保存有宋仁宗时的经幢一座，文物价值极高。寺后的回声谷，被古人誉为“空谷第一家”。石鼓寺四周林木繁茂，以板栗树居多，且山石奇特，泉清谷秀，别具一格。

锦山

原生态风景区

井陉县南部山区

锦山以碧湖、茂林、奇峰“三绝”闻名，奇、秀、雄并存，幽、峻、险齐聚，有天然氧吧和北方“三峡”之称，被誉为“河北生态第一山”。在此可以观赏到素有“太行天池”之称、容纳800万立方米的蓄能电站的水库，可以观赏到高山出平湖、龙峡荡碧波的“北方三峡”胜景。

攻略资讯

- 交通
- 住宿
- 美食
- 购物
- 娱乐

石家庄夜景

交通

飞机

石家庄正定国际机场位于正定县新城铺镇，机场有飞往北京、郑州、长沙、广州、南京、上海等城市的航班，现已开通20余条航线，通达包括香港在内的中国各大中城市，并开通了石家庄至俄罗斯的国际航线。

机场大巴： 市区和机场间循环运行，具体运行路线为：机场—京石高速—裕华路—站前街—中山路—黄河大道—珠峰大街—长江大道—京石高速—机场。每天早5时早班车、晚8时末班车均从省儿童医院发车，单向循环，每半小时一班，单次运行时间大约需1小时40分钟。

出租车： 从石家庄市中山东路民航售票处打车到机场约100元。

火车

石家庄有三个火车站，分别是石家庄站、石家庄北站和石家庄东站。石家庄站的车次比北站多，动车和高铁全部停靠在石家庄站。

石家庄站： 位于石家庄市桥西区，是中国铁路运输的枢纽站，京广、石太、石德、朔黄4条铁路干线交会于此。

石家庄北站： 主要有发往太原、西安、上海、青岛等地的列车。位于石家庄北部，离市区略远。

汽车

石家庄的公路四通八达，现有长途汽车站9个，有通往西柏坡、赵州桥、隆兴寺、苍岩山、五岳寨等景点的旅游专线12条。主要的长途汽车站是石家庄客运总站和石家庄客运北站。

石家庄客运总站： 班车主要发往京津豫晋鲁等省市，以及秦皇岛、承德、保定等省内城市。位于石家庄站前街81号，火车站南。

石家庄客运北站： 班车主要发往北京、邯郸、太原等地。位于石家庄市市庄路42号（火车北站东50米），乘20、40等路公交车可达。

石家庄火车站

市内交通

石家庄目前开通了地铁1号线和3号线，线内换乘可到达石家庄站和石家庄东站。

住宿

石家庄市内的宾馆和招待所各种档次和价位的都有，星级宾馆有百余家，中小型旅馆也很多，一般来说百元左右就可以住上舒适实惠的房间了。

●石家庄富力洲际酒店

五星级酒店，设施服务齐全，临近万达商业区，购物消费便利。酒店配有大型游泳池，附近有世纪公园。

石家庄市裕华区槐安东路119号

67796666

●石家庄国际大厦

地处繁华闹市区，方便消费购物。酒店客房舒适优雅，酒店周边景点有河北博物馆、河北科学技术馆等。石家庄市长安区中山东路301号 85919999

石家庄酒店

●石家庄西美商务酒店

融购物、娱乐、休闲为一体，临近商业区。房间干净整洁，设有游泳池。周边有人民广场、石家庄市博物馆等。石家庄市桥西区建设南大街6号 86918888

●石家庄云端国宾酒店

地理位置优越，交通便利。酒店设施齐全，服务周到，入住附送水果。距离北国商城、平安公园较近。石家庄市长安区中山东路99号 86911666

●全季酒店（石家庄中山东路店）

位于市中心，周边有乐汇城、南三条商圈，购物方便。酒店设施齐全，价格实惠。

石家庄市长安区中山东路51号 67503555

美食

石家庄的美食兼收了八大菜系的特点，擅长爆、炸、炒，注重色、香、味。特色菜肴有狗肉全席、金毛狮子鱼、黄瓜宴、菊花鱿鱼等。特色小吃有西河肉糕、薛家烧饼、驴肉火烧、赵州雪花梨、侯氏麻辣烫、牛肉罩饼、锅盔等。

中山东路的燕春楼饭庄以经营河北风味的炒菜闻名。东方购物中心后面的步行街有许多小吃店。距东方购物中心不远的地方有一条回民街，可以品尝独特的清真小吃。

●驴肉火烧

源自河北保定的驴肉火烧是华北地区非

驴肉火烧

常受欢迎的小吃，在石家庄也能吃到很正宗的驴肉火烧。吃时把熟驴肉夹到火烧里，火烧口感酥脆，驴肉肥而不腻，回味醇厚。

推荐店铺：保定会馆（裕华东路店）

石家庄市长安区裕华东路175号 85077777

●牛肉罩饼

牛肉罩饼选用优质牛肉作为主料，用百年老汤秘制加工，成菜色泽红润，肉质肥嫩，香气扑鼻，越嚼越香，味道鲜美。荷叶饼松软适口，经百年老汤一勺一勺加热罩透，撒上香葱，汤浓、饼香、肉鲜。

推荐店铺：白三牛肉罩饼（总店）

石家庄市长安区翟营北大街与跃进路交叉口北行30米路东

牛肉罩饼

●缸炉烧饼

用火炉烧缸制作的烧饼，因此叫缸炉烧饼。这种烧饼的制法在火候上极讲究，它利用了缸壁的凸凹及缸内的温度，烧出的烧饼不糊，吃起来香、酥、脆。

推荐店铺：白家缸炉烧饼

石家庄市新华区清真寺街内

缸炉烧饼

●抓炒全鱼

抓炒全鱼是石家庄自创菜中的佼佼者。抓炒全鱼用的是大鲤鱼，精彩之处在于刀工。端盘上桌，一盘菜就占去1/3桌面，好吃又有气氛。

推荐店铺：皇城老妈

石家庄市裕华区体育南大街221号

86671188

抓炒全鱼

●雪桥八仙

取材于赵州桥的美丽传说，用鸡蛋的蛋清制成单孔大桥形状，用黄瓜或冬瓜在桥两端做桥柱，再装点赵县雪花梨、樱桃、青梅等。此菜口味纯甜，且具有多种水果的香味。

购物

石家庄有赞皇金丝大枣、行唐大枣、赵县雪花梨、元氏红石榴、平山核桃、矿区无涩柿子等特产，还有无极剪纸、常山战鼓等手工艺品。

石家庄的夜市遍布全城，可以在夜市上面淘到不少东西，其中比较出名的是红旗大街上的夜市。石家庄的商业圈主要集中在裕华区，最出名的商城就是北国商城、先天下、人民商场。此外，石家庄新华集贸中心市场和辛集皮革商业城也都很有特色。

●行唐大枣

行唐大枣主要有墩子枣、长枣、婆枣、玉城脆枣等12个品种，具有个大、肉厚、皮薄、核小、色鲜、味甘等特点，有补脾、养血、安神、增强体质、延缓衰老等作用。

行唐大枣

●赵州雪梨

赵州雪梨为历代贡品，有“大如拳，甜如蜜，脆如菱”的美誉。其果实以个大、肉厚、果汁多、味甜、香气浓厚而闻名。赵州雪梨富含果糖、葡萄糖、苹果酸、维生素及矿物质等，具有降血压、防止便秘和镇静的作用。

赵州雪梨

●井陉砂锅

井陉砂锅制作工艺复杂，在井陉窑千百年的演变中，砂锅的工艺做法延续至今。井陉砂锅独具特色，耐高温，用它炖制各种肉食能够保证食物的营养不流失。

井陉砂锅

●无极剪纸

无极剪纸主要以宣纸为原料，属单色剪纸。剪纸主要工具有剪刀和刻刀，因用剪刀剪时受材料的限制，所以剪纸多用刀刻。刀刻剪纸还需要特制的石蜡或橡皮泥底版，制作工艺极其讲究。

无极剪纸

●高粱秸秆工艺器具

高粱秸秆工艺器具主要产于井陉矿区，大多为刀、剪、钳、锉、小电锯等工具，其制

高粱秸秆工艺品

作工艺结构严谨，造型独特，具有典型的地域性能和民间特色。

娱乐

石家庄最有特色的娱乐节目是河北梆子、河北评剧、石家庄丝弦。青园街是石家庄最有情调的地方，夜晚特别热闹。其他娱乐休闲场所则主要集中在北国商城、东风路商贸街、文化广场、太平洋广场周围。

●《白鹿缘泉》

《白鹿缘泉》是由白鹿温泉旅游度假股份有限公司投资近亿元、全力打造的中国首台以温泉水文化为主题的大型演出。《白鹿缘泉》充分挖掘平山当地的文化资源，全剧以神韵、情醉、盛世、眷恋为主线，完美展现了神奇白鹿、汉武大帝、王母、七仙女、大唐盛世、异国风情、动感温泉等精彩场面。

石家庄平山县温塘镇白鹿大剧院

●河北梆子

河北梆子是中国梆子声腔的一个重要支脉，形成于清道光年间（1821—1850），清光绪初年进入兴盛时期。河北梆子不仅擅长于表现历史题材，而且能很好地反映现实生活。在舞台艺术上，无论是音乐、表演以及舞台美术方面，不断与时俱进，如今更是增添了明朗、刚劲、华丽、委婉的特点。

节日和重大活动

节日	地点	时间
赵州梨花节	赵县	4月
正定千年古韵历史文化节	正定古城	春节、五一、十一期间
太行红叶节	天桂山、嶂石岩、驼梁、仙台山、清凉山等景点	9月
石家庄美食文化节	人民广场	4至5月

河北梆子

发现者
旅行指南

邢台

概览

亮点

崆山白云洞

堪称岩溶博物馆和地下迷宫，整个溶洞景观给人以形态美、线条美、空间美等多种艺术享受，

太行奇峡群

既有北方山岳的雄伟气势，又具南方山水之秀美，是太行群峰中的一大奇观，被专家誉为“太行奇峡”。

开元寺

基本仍保存完好，是佛教曹洞宗的发源地之一，“野寺钟声”为邢台旧八景之一。

崆山白云洞

英谈村

英谈村三面环山，风景独特秀丽，民风淳朴，是一个人杰地灵的世外桃源，有“江北第一古石寨”之称。

线路

邢台两日游

第一天上午前往崆山白云洞风景名胜区，接着游览风景秀丽的岐山湖。

第二天前往前南峪。在前南峪可以参加红色之旅，参观纪念碑和大型浮雕等，感受红色精神。接着去野趣横生的坐化山，通往坐化山的道路上有胜似北京颐和园的百米长廊。

邢台五日游

第一天上午参观市区的清风楼，接着去参观佛教曹洞宗祖庭之一的开元寺。

第二天游览天河山，感受牛郎织女的凄美爱情，下午前往九龙峡风景区。

云梦山

第三天游览崆山白云洞和天梯山景区。

第四天上午去邢台峡谷群地质公园，该公园是太行群峰中的一大奇观，下午参观扁鹊庙。

第五天前往太行山脉的云梦山，感受山岚雾霭、云蒸霞蔚的“仙境风光”。

为何去

邢台是河北历史上第一座“城市”，拥有3500年的悠久历史和灿烂文明，因邢侯浆水建“邢侯行台”而得名，素有“鸳水滨,襄国故都,依山凭险,地腴民丰”之誉。邢台旅游资源丰富，古迹名胜众多，其旅游主题形象可概括为“四古”：古洞（崆山白云洞）、古寨、古贤、古林（原始次生林）。邢台还是中国田径之乡、中国七夕文化之乡和中国太阳能建筑城。

太行奇峡群

何时去

邢台大陆性季风特征显著，光照相对充裕，雨热同季，四季分明。春秋季是到邢台旅游的最佳时间。春季可游览天梯山景区，群山环拱、田畴锦绣的邢台历史文化底蕴深厚，春节、中秋等传统节日期间可观赏太平道乐、威县乱弹、隆尧秧歌等民间文化活动。

汉牡丹园

邢台旅游示意图

区域解读

区号：0319

面积：约12486km²

人口：约789万人

地理 GEOGRAPHY

区划

邢台下辖2个区（桥东区、桥西区）、2个县级市（沙河市、南宫市）、15个县（宁晋县、清河县、内丘县、邢台县、隆尧县、任县、南和县、巨鹿县、广宗县、柏乡县、威县、临城县、平乡县、新河县、临西县）。

地形

邢台位于太行山山脉南段东麓，华北平原西部边缘。地势西高东低，分为山地、丘陵、平原三部分。西部与山西省交界处为太行山地，其中位于邢台县境内的不老青山海拔1822米，为邢台境内最高峰。以东为子牙河和古黄河冲积平原，地势低平，洼地较多。境内均为季节河，分属子牙河、黑龙港河、南运河三大水系。滏阳河由南向西流经邢台全市，卫运河顺东部境内而过。

气候

邢台属暖温带半湿润季风气候，四季分明，年内温差大，降水集中。春季多扬尘风沙，气候干燥；夏季炎热多雨，气温潮湿；秋季天气稳定，气候凉爽；冬季偶有雨雪，干燥寒冷。去邢台旅游观光，秋季出行最为适宜。

历史 HISTORY

历史大事记

●古代

公元前1438年，商王祖乙迁都邢台，邢台开始载入史册。

公元前1350年，商王南庚把商都由邢台迁往奄（今山东曲阜），邢台结束商都历史。

公元前295年，赵武灵王被围困，饿死于平乡沙丘离宫，史称“沙丘宫变”。

公元前210年，秦始皇病死广宗县大平台村，宦官赵高策划“沙丘之谋”。

公元前207年，巨鹿大战，项羽解赵王歇巨鹿之围。

25年，刘秀在鄗城（今柏乡县北）称帝，开创东汉王朝。

184年，巨鹿人张角发动黄巾大起义。

319年，石勒建后赵，定都邢台。修襄国城，城墙可卧牛，邢台始称“卧牛城”。

●近现代

1945年9月24日，邢台解放。

1946年1月5日，在邢台市西关成立北方大学，为当时晋冀鲁豫边区的最高学府。后来的中国人民大学、北京理工大学、中国农业大学等几所著名院校均诞生于此。

前南峪

名单 邢台历史名人

后周世宗柴荣
黄巾起义领袖张角
唐太宗李世民
唐代著名政治家宋璟
元代科学家郭守敬
北京城设计者刘秉忠
京剧表演艺术家尚小云

以少胜多的巨鹿之战

秦朝末年，天下大乱，诸侯割据，军阀混战。公元前208年，赵王歇被秦军将领王离率领20万大军围困在巨鹿（今邢台平乡），无奈之下只好派使者向楚怀王求援。当时秦军十分强大，没有人敢前去迎战。项羽为报秦军杀其叔父之仇而主动请缨，于是楚怀王便封宋义为上将军，项羽为次将，范增为末将，率军六万北上以解巨鹿之困。

巨鹿之战壁画

项羽先派遣部将英布、蒲将军率领两万人为先锋，渡过漳河，切断秦军运粮通道。然后，项羽亲率全部主力渡河，并下令全军将士破釜沉舟，每人只携带三天的干粮，以示决一死战之心。项羽对将士们说："我们这次出兵巨鹿，有进无退，三天之内，一定要打败秦军。"

项羽破釜沉舟的决心和勇气，极大地鼓舞了将士们。楚军个个振奋，以一当十，奋勇死战，九战九捷，大败秦军。此时，齐、燕等各路援军也冲出营垒助战，最后俘获了秦军统帅王离，杀了其副将，巨鹿之困因而得解。

经过此战后，秦朝名存实亡。巨鹿之战作为我国历史上著名的以少胜多经典战役之一载入史册。

五代后周皇陵庆陵

文化 CULTURE

瓷器风采留千年——邢窑

邢窑是北方著名瓷窑之一，位于今河北临城县与内丘县的接壤之地。

邢窑为唐代著名官窑，邢白瓷的发明与制作，打破了自商代以来青瓷一统天下的局面，形成了我国陶瓷史上有名的“南青北白”（南指越州）新格局，被称为陶瓷史上一座辉煌的里程碑。陆羽在《茶经》里写道：“邢瓷、越瓷以十有二，击之如磬响。”唐代大诗人皮日休写道：“邢客与越人，皆能造瓷器。”

邢窑的白瓷从瓷质上可分成三个品种：粗白瓷、细白瓷和透影细白瓷。其中以透影细白瓷最为珍贵，其工艺登峰登极。透影细白瓷不论胎体薄厚，遮光而视，均可见后面的手影。可谓“明如镜、薄如纸、声如磬、白如雪”。

邢窑白瓷是个创举，邢窑透影细白瓷更使中国白瓷的“质”达到了登峰造极的地步。19世纪中叶，古阿拉伯商人苏莱曼写了一部游记，其中记述道：“中国人用瓷土烧制成白瓷，从外面能够看到里面的液体。”苏莱曼所指的便是当时的邢窑白瓷。唐代邢窑的白瓷，不仅畅销国内，还远销海外，在伊拉克、埃及、巴基斯坦等国古代遗址中都曾发现有邢窑白瓷。到了唐末、五代之后，因为种种原因邢窑开始衰落。到了元代，邢窑主要烧制供本地使用的粗瓷，后来渐渐地在历史上也就销声匿迹了。

邢窑白瓷

道教音乐活化石——太平道乐

太平道乐从汉朝悠扬流传至今，有“道教音乐活化石”之称，被称为世界音乐界绝无仅有的千年民间艺术奇葩。

太平道乐起源于东汉末年，因张角发动的太平道起义而生，当时太平道乐有通神、悦人、治和天地的功用，多用于民间庆典、祭祀等活动。其主要的曲谱有《太平十八番》《朝天子》《经乐堂》《玉芙蓉》等，表演形式多种多样。

太平道乐演奏分静乐和动乐两类。静乐在演奏时或坐或立；动乐是边演奏边行进，又称道舞。道舞的音乐效果和舞蹈效果相得益彰，其形式有“剪子股”“十字梅花”“三盏灯”“龙摆尾”“芝麻开花”等，这些道舞图形均来自道家的阴阳五行、八方九宫、太极等。道舞可以单独表演，也可连贯表演，人数可多可少，但必须是单数。乐器主要有管、笙、笛、箫、坛鼓、云锣、铛子、铙、钗、磬等。乐器多为自制，并坚持用天然的材料手工制作而成。

目前，广宗县后平台村至今仍保存着河北全省太平道乐中最齐全、最原始的太平道乐乐器6种、铜器5种、配置乐器2种，以及经卷30余册，并可演奏最长时间的全部原始经文。此外，这里还遗留着将太平道乐带入广宗的道士的故居西山墙一面。

太平道乐的演奏乐器——磬

景点推荐 邢台西部景点

开元寺

气势恢宏的皇家寺院

邢台市桥东区邢州北路与光明街交叉口西行100米

免费

邢台开元寺俗称东大寺，建于唐朝开元年间，距今1300多年。元代时，忽必烈将其改为大开元寺，立为皇家寺院，明代时开元寺的“古刹春游”为顺德府十二景之一。现存的建筑是显著的唐代风格。与其他寺院的布局不同，开元寺并非采用对称布局，而是塔和钟楼并列而立，反映了佛教寺院建筑从早期以塔为中心向晚期以殿为中心的过渡情况。至清后期，因年久失修，寺院废毁，殿堂塌落，如今仅存钟楼和须弥塔。

开元寺

清风楼

“寓教于乐”的府衙阁楼

邢台市桥东区仿古街北端

乘坐1、12、24等路公交车在清风楼站下车即可

不售门票，登楼每人5元

清风楼为重檐歇山式建筑，楼高25米，下面砖石筑台，上面斗拱飞檐，庄严宏伟。清风楼共分三层。一层为砖石筑台，中间有拱形券门，门内既可通车，又能行人。二层四周用青砖围成花栏，中间为正厅，前后两门对开。正厅内西南角的墙壁上镶嵌有春夏秋冬四季诗画石刻。三层为木质结构，四面开门

清风楼

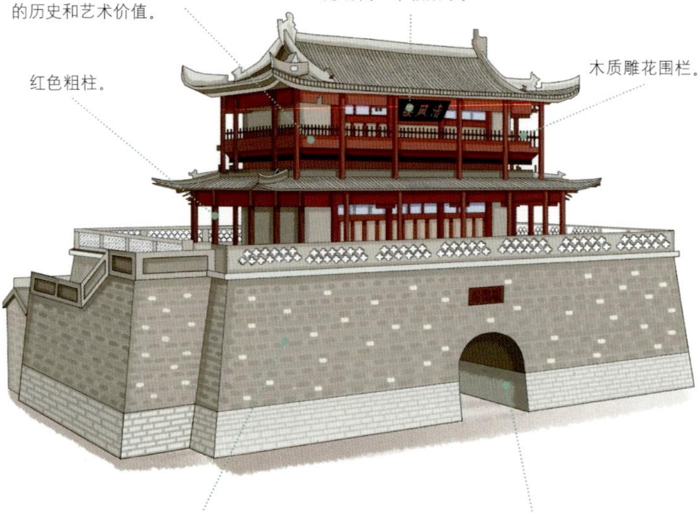

并连有花窗，临窗远眺可见太行远山青黛，市区全景尽收眼底。

玩家 解说

清风楼之名是在明黎光亨重修此楼时定下的。黎光亨时任邢州知府，不惜巨资重修此楼，只是为了士大夫们可登临消遣，舞文弄墨。据《清风楼记》记载，黎光亨修成此楼后，"政暇集客登其上，四牖洞阔，徘徊远眺"。他写道："皇风清穆，来自帝侧，我先宣之，播于八极""保我皇图，巩为磐石"。"清风楼"由此得名。

达活泉公园

邢台八景之一

邢台市桥西区泉南路和郭守敬大街交叉口

乘11、12等路公交车可到

达活泉公园占地面积53万平方米，现为河北省最大的水景公园，也是邢台著名的八景之一。

达活泉原为一水池，曾以泉水晶莹碧透、泉眼众多而闻名。元代著名天文学家、水利学家、数学家郭守敬，曾在此引泉筑渠以通航灌溉。北宋年间这里进一步建亭植柳、加工修饰，整个园区以古典园林建筑风格的廊、亭、桥、台、馆、楼为主调，成为当地的一道风景。

郭守敬纪念馆

纪念元代天文学家郭守敬

邢台市桥西区达活泉路18~1号

乘31、35路公交车可到

郭守敬纪念馆坐落在风景秀丽的达活泉公园内，达活泉是当年水利天文学家郭守

郭守敬纪念馆

敬曾经疏浚了的河道工程之一。纪念馆占地5万平方米，建筑面积4700平方米，主体建筑为明清园林式风格，整个馆区环境幽雅，景色宜人。目前，馆内主要建有郭守敬铜像、观星台、四个展厅、天文观测台、青少年科普活动室等设施和景点，陈列有“郭守敬生平业绩展览”。

紫金山 AAAA

清凉世界

邢台县白岸乡前坪村

60元

紫金山共有6个游览区：九里湾景区、紫金山书院景区、紫金山景区、五条梁野营基地、后坪度假区、山顶草场景区。这6个景区融峰、岭、坡、谷、峡等为一体，拥有多姿多彩的地形地貌，并且历史文化深厚，被誉为“邢台清凉世界，太行香格里拉”。紫金书院是当年郭守敬曾经修学的地方。紫金山另有四大奇观：一是天成奇瓮，二是立屏板山，三是峻极摩天，四是一池方圆。

九龙峡 AAAA

被誉为“太行山自然风光明珠”

邢台县浆水镇太行山中段东麓 在邢台市西客运站乘坐开往九龙峡的专线班车即达

8:00～17:00 55元

九龙峡被誉为“人间仙境、天然画廊”。这里拥有中国最大的野生桃花林，华北地区最大的红砂岩峡谷聚集群，并且有华北落差最大、群落最集中的瀑布群。奇异的高山飞瀑，罕见的幽谷奇峡，漫山遍野的桃花，遍布山川的红叶，使这里成为百里太行山最美的地方。景区内分布着上百个景点，被誉为“燕赵第一景”，享有“太行自然风光明珠”之美誉。

太行奇峡群 AAAA

峡谷群集

邢台县西南路罗镇贺家坪村

邢西汽车站有邢台至贺家坪的班车直达

50元

太行奇峡群具有狭长、陡峻、深幽、集群、赤红五大特点，整体为垄断性的石英砂岩峡谷群，是八百里太行的一大奇观，被专家誉为“世界奇峡”。整个景区由24条峡谷组成，其中长达千米的有8条之多。太行奇峡群可游览的峡谷共5条，分别为长嘴峡、流水峡、黄巢峡、竹会峡和老人峡。这里既有北方山岳的雄伟气势，又具南方山水之秀美，是访幽探胜的佳处。

峡谷群有三奇。一是奇峡。谷底幽深、

太行奇峡群瀑布

峡岸壁立。二是峻峰。周围山峰都是几近90度的红崖绝壁，重峦叠嶂、高低起伏。三是飞瀑。黄巢岩下有一奇特而又壮观的瀑布，瀑布不是飞流直下，而由悬崖顶一深潭中翻腾而出。

玩家 攻略

景区内主要的景点就是黄巢峡，这条峡谷最为幽深，周围两侧崖高上百米，非常壮观，峡谷最窄的地方仅有十几厘米，是真正的一线天。峡谷里还有流水、树木等，黄巢农民军的城郭遗址也在这里。

玩家 解说

奇峡群的岩石大多是红色，地质学称作石英砂岩。14亿年前这里是一个浅海环境，红色石英砂沉积后，在高温、高压作用下形成这种岩层，后经地壳运动，又经千万年的流水切割、侵蚀，便形成了现在的奇峡群地貌。

云梦山 AAAA

北方的九寨沟

邢台县冀家村乡石板房村北

邢西汽车站乘邢台至云梦山的班车可达

60元

云梦山属北方山岳类型，主峰高1300多米，为河北、山西分水岭。云梦山景区地貌奇特，自下而上分为4层，犹如一只大肚茶壶，四面山势峭拔，峰峦陡峻，头顶一片圆天，故称“壶天仙境”。云梦山被誉为“北方的九寨沟”，最奇之处在于它的九潭十八瀑，有龙吟峡、镇蛟石、栖鹰飞瀑、五禅洞等景点。

玩家 攻略

云梦山的登山路多为自然土路，爬山到景区深处需2~3小时。登山时沿途可以看到众多陡峭的大岩壁、石山等，还有幽深的峡谷，非常壮观。云梦山里有清泉、池塘、湖泊、瀑布等。

玩家 解说

云梦山的代表性景点还有“鬼谷子讲经

云梦山

洞”，又称“王禅老祖讲经洞”。讲经洞面积有400平方米，可以同时容纳二三百人。鬼谷子塑像居中，鹤发童颜，一派仙风道骨。鬼谷子真名王栩，单号一个禅字，鬼谷子是其道号。因为他在云梦山背后鬼谷沟隐居修炼，才自居鬼谷子，人称“鬼谷先生”。洞中还有一些塑像，从右到左分别为苏秦、张仪、孙膑、庞涓。

白云山

浩瀚云海的山峰翠林

邢台县龙泉寺乡大寨门村

邢台火车站乘邢台到邯郸的汽车，在沙河下，换乘去寨底的中巴

8:00~16:00

白云山风景区位于邢台县西部浆水、路罗两川之间，山峦连绵数里，松林遮天蔽日，苍翠葱郁，十分壮观。白云山风景区由三山（白云山、小西天、凌霄山）、一峡（贺平峡）、一库（朱庄水库）组成。自西向东有两座山峰，西峰孤立陡峭，俗称西顶；东峰雄伟平坦，号称东顶。两顶相距200多米，中间有石路相连。两峰并称姐妹峰，是观看日出和云海的理想之地。每年农历四月初四白云山庙会，沙河、武安、内邱、临城等数十里乡镇的香客们纷纷登山集会，朝歌夕鼓，香火飘

绕，终日不断。

前南峪生态旅游区 AAAA

融红色教育与生态观光为一体

邢台县西部浆水镇前南峪村

刑西汽车站乘开往景区的专线班车即可

8:00~17:00

45元

前南峪生态旅游区是一处融科学考察、旅游观光、度假避暑为一体的综合景区。这里的山峰秀美连绵，瀑布千姿百态，还有2700年前的邢都古国遗址、乡村古寨等人文景观可供游览。目前，前南峪生态旅游区已建成了抗大陈列馆、太行民居民俗博物馆、万邦珍果园、珍禽养殖园和文化活动广场等。在这里可以体验民俗风情，享受采摘的乐趣，还有14亿年前的植物化石、古长城、志高厍、温泉寺等可观赏和游览。

玩家 解说

旅游区有着悠久的历史文化和光荣的革命传统。早在2700年以前，浆水镇曾是邢国国都和襄国国都。抗日战争时期，这里是邢台解放区政府所在地，同时也是中国人民抗日军政大学总部所在地，老一辈无产阶级革命家朱德、刘伯承、滕代远、何长工等部分中央领导曾在这里工作过。抗日军政大学遗址位于旅游区的大门处，是全国百家红色旅游经典景区之一。遗址内有纪念碑和陈列馆，展现了抗大在抗日战争时期的光辉历史。

绿色农业生态观光园

绿色农业生态观光园是前南峪旅游区的主要部分。这里有面积达53万平方米的栗树林，其中有一棵唐代女皇武则天亲自命名的“千年板栗王”，还有奇花异果、药用植物园等。

坐化山

坐化山山势险峻，海拔1024米，是整个前南峪景区的最高点。在通往坐化山的道路上有胜似颐和园的百米长廊。练胆峡是通往坐化山的必经之路，峡谷曲折陡峻。坐化山山顶上有面积达53万平方米的松林，素有

前南峪生态旅游区

“松涛啸月”“松涛观景”的美称，人称“氧气供应站”。

张果老山

张果老修行成仙之地

邢台县会宁镇景刘庄村

乘10路公交车即到

8:00～18:00

30元

张果老山又名“仙翁山“，原名五峰山，据说广宗道人张果老曾在此隐居修行成仙。张果老山海拔449米，山势峭拔陡峻，北面是悬崖峭壁，幽深莫测；南坡稍缓，呈坡状倾斜。山中松柏之中有座小庙，名为“栖霞观”，也就是张果老庙，是唐明皇李隆基为张果老修建的。栖霞观后有古洞，原名登真洞，现名张果洞。

链接

张果老

张果老作为八仙之一，是家喻户晓的神话人物。然而，历史上的确有张果老其人，他是八仙中唯一“名留青史”的人物，可以说他是一个真实的神话人物。

张果老为邢州广宗人，他自称是尧时人，有长生不老之术，最擅长的就是装死。唐玄宗一心想求得长生不老之术，派人招他入朝，谁知他装死不去，但唐玄宗依旧不断派人去请，无奈之下，张果老只好进了京城。

进京之后，张果老受到了唐玄宗的热情款待，但唐玄宗并未得到他的长生之术，反被戏弄。宴会时，张果老先是喝酒戏弄，后又敲掉牙齿长出白牙，白发变乌发等，直到皇帝脱帽赤脚地求他救活叶法善——那个因说出“张果老是混沌初开时一只白蝙精”而暴死的道士。

最后，当唐玄宗要把玉真公主嫁给他，并拜为银青光禄大夫，赐号通玄先生时，张果老以年老多病为理由婉拒，回到中条山，不久又施“死术”。不死心的唐玄宗派人验尸，果真发现棺里空空如也。玄宗无奈，便在此修建栖霞观，求不老之术便告一段落。

张果老像

英谈村

江北第一古石寨

邢台县境内

中国历史文化名村英谈村位于太行山东麓深山腹地。该村分为3个自然村庄，距今有600多年的历史。英谈村三面环山，东面临河。英谈村靠山而建，依形营造，错落有序，是一座人杰地灵的世外桃源。该村风景独特秀丽，民风淳朴，有一川、三山、六岩、九沟、十八垴，素有“江北第一古石寨”之称。

玩家 解说

英谈村相传是唐朝黄巢起义时驻扎的营地，古寨正是黄巢义军留下的营盘。明朝永乐年间，山西一位路姓的大户举家来此落户，于是逐渐演变成了现在的民间村落。随着时间的流逝，原来的“营盘”被乡民叫成了今天的名字——英谈。

黄巾军寨

黄巾军起义大本营

邢台县北小庄乡灵霄山

邢西汽车站乘长途车或是班车可直达

黄巾军寨位于海拔1062米的灵霄山中段，游览面积24平方千米。黄巾军寨景色壮美，尤其是金秋十月，苍鹰盘旋于悬崖峭壁之上，野菊怒放，青松翠柏相掩，红叶似火，层林尽染，胜似北京香山。

玩家 解说

黄巾军寨是太平道的发源地，黄巾军起义的大本营。东汉末年，邢台巨鹿人张角在灵霄山创立“太平道”。现黄巾军寨至今还遗有当年黄巾军的点将台、练兵场、石梯、寨子门、寨墙、水牢、营址、地道、民进洞、八角亭等，水牢是当年张角惩治贪官污吏、豪强劣绅的地方，至今还保存完好。

天河山 AAAA

牛郎织女的发源地

邢台县白岸乡清泉村（邢左公路西行65千米）

邢台汽车站到天河山有旅游专线车可到

70元，滑雪场98元

7:00~19:00

天河山位于邢台市西侧，距离市区约70千米，是一个山清水秀的自然风景区。传说这里是牛郎织女故事的发源地，山间有很多以牛郎织女的爱情故事为主题的景点，因此也被称为“中国爱情山”。游客来此可以在山林溪水间漫步，还可以体验景区内的各种娱乐项目和刺激的漂流活动。

天河山

玩家 攻略

景区内有商店可以购物，但价格稍贵，建议游玩前备好干粮和饮用水。

景区里有可以住宿的爱巢和天河山庄等宾馆，价格200~300元，不过大部分游客都会选择回到市区住宿。

玩家 解说

天河山风景名胜区以锅穴、夫子岩、云顶草原、天下第一牝、中国情侣第一漂、华北最大的户外拓展基地六绝著称于世。整个风景区由爱情广场游乐区、九天银河观光区、夫子岭休闲度假区、老牛眼生态探险区四大部分组成，精华部分主要集中在九天银河观光区，那里素有“人间瑶池”的美誉。天河山拥有北方最大的户外拓展培训基地和华北落差最大的漂流项目，因落差大、水流急，被称为“中国情侣第一漂”。另外，天河山是抗战时期八路军的根据地之一，山中有一二九师医院、冀南银行（中国人民银行前身）等革命遗址。

观音寨

形似坐莲观音的山峰

沙河市蝉房乡寨底村

驾车从京深高速公路沙河出口下，往西沿褡石公路至寨底村即可

观音寨位于北小西天主峰南侧，是小西天奶奶顶的姊妹峰，海拔1052米。观音寨山势险峻，状若坐莲观音，俗称观音寨。山下有一村庄，其位置最低，名为寨底村。观音寨景区地形复杂，植被种类繁多，有小麦、棉花等各种经济作物和药材，观音寨景区内还有丰富的煤和铁等矿藏资源。

秦王湖

三峡四沟五十景

沙河市蝉房乡

邢台北汽车站乘邢台至邯郸的长途车，在沙河下车，转乘去秦王湖的中巴

秦王湖始建于1969年，原名东石岭水库。因秦王李世民曾在此打赢了一场著名

的沙洺之战，主战场就在沙河一带，故名秦王湖。秦王湖景区群山雄伟耸峙，有“三峡四沟五十景”之称。在众多景观中尤以寨峡旋瀑为最，瀑布景观和洞穴景观融为一体，其中“洞中之洞”和“玉练三叠”景色尤为迷人。

北武当山
流传着众多道家传说

沙河市西南与武安市交界处

从沙河市区乘车西行到大欠站下车，南行50米到北武当山景区

北武当山主峰海拔1437.3米，俗称“老爷山”。山中自然风光秀美，山势奇特，有太行山中罕见的面积达2000万平方米的松林。山顶处有真武庙，庙内供奉真武大帝。北顶为老爷顶，南顶为奶奶顶，中间有一天桥连接。山中的药王庙、碧霞丹君庙、真武庙，无不体现着武当道教和太极养生文化，北武当山也是神话《北游记》故事的发源地，国内著名的道教圣地。

崆山白云洞 AAAA
奇异的溶洞景观

临城县白坚乡

从临城火车站下车，可坐出租车到景区，也可在邢台火车站站北汽车站乘公交车前往

旺季120元，淡季100元

崆山白云洞是中国北方一处难得的岩溶洞穴景观，也是融山、水、洞、林为一体的综合性旅游区。目前已探明开放5个洞厅，依据特色不同，五个洞厅依次命名为人间、天堂、地府、龙宫、迷乐。洞内到处都是色彩斑斓的石钟乳、石笋、石帘，还有晶莹如珠的石葡萄、石珍珠等。整个溶洞景观给人以形态美、线条美、空间美等多种艺术享受，堪称“岩溶造型博物馆”。

玩家 解说

第一洞厅名为人间，宽敞宏大，有山有水，一片人间和平景象。主要景观有网状卷曲石、霸王鞭、擎天柱、悬空寺、金蝉戏金鱼等。洞内石笋、石塔、石钟乳、石柱遍布，最大的石柱高8.5米，胸围4.3米，被称为擎天柱。网状卷曲石更是崆山白云洞的一绝，在我国其他溶洞中极为罕见。

第二洞厅名为天堂，垂帘悬幕，富丽堂皇，犹如天堂，是溶洞内最大的洞厅。洞内景观主要有名为“阴差阳错”的石钟乳和石笋，有被称为崆山白云洞第二绝的“玉簪对银瓶”。另外还有万年灵芝、千年仙蘑、石琴、玉龙钻天、瑶池等景观。

第三洞厅名为地府，怪石林立，阴森恐怖，颇似想象中的地府。主要景观有独眼怪兽、判官、森罗塔、牛头等。流动的大水冲刷和溶蚀作用形成了这些怪石。

第四洞厅为龙宫，瀑布飞溅，水潭密布，很像龙宫。洞内岩溶造型齐全，溶洞形态瑰丽多彩，保存完好。这里的针状石花在其他溶洞绝无仅有，为溶洞一绝。

第五洞厅为迷乐，怪石嶙峋，曲折迂回，别有洞天，被国内外洞穴专家誉为“北方奇观”“地下岩溶博物馆”“世界喀斯特风景洞穴世博园”。崆山山脊的古溶洞石笋基群堪称“世界奇观”。

崆山白云洞

天台山景区

天台山景区距邢台市临城县崆山溶洞景区西北8千米，为临城八景之一，它包括大平台、五谷仓、石柱峰、天眼山、九尖山等诸峰，总面积约23平方千米，主峰海拔599米。远远望去，天台山就像一尊巨型睡佛。古时就有天台八景之说。主要景点有溪谷、瀑布、清泉、五谷仓、龙首峡、天圈、大天眼山、小天眼山、云海亭、半壁殿及南禅、北禅、慈云阁、仙岩庵、桃源洞等近30多处。

岐山湖

位于崆山白云洞西南2.5千米的岐山湖（临城水库）始建于1958年，是临城县农业灌溉用的人工水库，库容量为1.76亿立方米。湖水清澈无污染，水质为国家二级标准。该湖水面开阔，湖岸线长。这里有游泳、垂钓、戏水等游乐项目，自然条件得天独厚。岐山湖景区规划开发面积30平方千米，其中水域面积8平方千米。

小天池景区

位于临城县西部太行山中段的原双石铺乡境内，距县城50千米，距崆山白云洞44千米。该景区在海拔1000多米的东大梁上松林中有两个千年古池，犹如天池，故名“小天池”。由于特定的地质构造，在流水冲击崩塌为主的外应力作用下，景区形成了许多造型奇特的景观。

普利寺塔

北宋古塔中的杰作

临城县城关东北部

临城普利寺塔又名万佛塔，民国年间寺废，唯塔独存。该塔建于北宋皇祐三年（1051年），明嘉靖、万历年间相继维修，基本上仍保持了我国北方宋塔塔体雄伟、结构严谨、雕饰华丽的原貌特征。普利寺塔高约27米，坐北朝南，是一座方形七级密檐式仿木砖塔。塔基的砖墙上刻有974个小佛像，内壁四周砖刻佛像40个，故又名千佛塔、万佛塔。塔内有井，井内葬有志云异僧佛牙舍利，故又称舍利塔。

邢窑遗址

隋至五代时期的瓷窑遗址

内丘县境内

邢窑遗址位于内丘、临城两县境内，是一处隋至五代时期的瓷窑遗址。邢窑遗址发现于1980年，其中以内丘县城关一带的瓷窑遗迹最为集中。邢窑烧制的白瓷极为精致，这里的白瓷胎质细洁，色纯白而极坚硬。造型简约，不带纹饰。前人以“皎洁如玉”称邢窑之白。

玩家 解说

邢窑是唐代制瓷业七大名窑之一，也是中国北方最早烧制白瓷的窑场。据考证，邢窑始于北朝，衰于五代，终于元代，烧造时间大约为900多年。其技术水平在隋代已登峰造极，能够烧制出具有高透影性能的细白瓷，是中国陶瓷史上的一个重要的里程碑。

扁鹊庙 AAAA

保有元代建筑风格

内丘县神头村 ¥40元

8:30□17:30 6801237

扁鹊庙为祭祀中国古代神医扁鹊而建，是一座历史悠久、规模宏伟的古代建筑。扁鹊庙汉唐便已有之，始建不详。自汉至今，历代均有修葺，现存为元代建筑。扁鹊庙群总体呈长方形，由扁鹊殿、药王庙、回生桥等20多座单体建筑组成，总体布局结构紧凑，是北方典型的道教庙群。在扁鹊庙周围还有许多扁鹊采药、制药、做手术的遗址，从这些遗迹的保留完好上可见当地人对扁鹊的敬爱之情。

扁鹊庙

玩家 攻略

扁鹊庙大门外的对面有9棵巨大的古柏，也被称为“九龙柏”。古柏高耸参天，古柏下有一座回生桥，也是纪念扁鹊能够令人起死回生的神奇医术，目前很多游客走回生桥都是为了给自己祈求健康长寿。走过回生桥，便进入到庙宇内了。

玩家 解说

扁鹊庙坐北朝南，在群山环抱之中，右扶龙腾山，前临龙腾水。扁鹊庙前有九龙水从西向东流过，因上游有九条山川之水汇于此而得名，九龙河上曾有汉白玉石桥，名九龙桥，桥前有石麒麟相立。桥前还有九龙柏，是历经沧桑的9棵柏树，其形如巨龙，根须裸露于石上，犹如龙爪。过桥北上，越桥楼，过山门、献殿至扁鹊庙。庙内有扁鹊塑像，庙左有扁鹊墓，每年农历三月，八方人士云集祀之，香火极盛，达月余之久。

寒山风景区

邢台市最高山峰

内丘县侯家庄乡境内

寒山风景区属太行山主脉中南段，景区面积15平方千米。寒山主峰海拔1806.3米，是邢台市最高峰。寒山自然景区秀丽，以“雄、险、绿、幽、奇”称绝，其中以寒山云海、林海松涛、空中栈道、草帽仙山、虎影奇崖、劈山救母、悬棺古洞、情人幽谷八大景观而闻名。

长寿百果庄园

百余种名果的汇集地

内丘县柳林乡西石河村

长寿百果庄园占地200万平方米，引进了众多名、优、特、稀品种，分为桃树区、杏树区、李子区、核桃区、大枣区等，是首批全国农业旅游示范点。园内除了各色名品果种，还建有龟池、鱼跃龙门、钓鱼台及中国最大的真石假山——万寿山等景观。

景点推荐

邢台东部景点

洪教寺
寺内有壁画

任县冯村西南

原名蒲陀院，始建于汉代，金大定三年（1163年）更名洪教院，唐朝改为勤息院，明代称洪教寺。新中国成立初期拆除，现尚留一石幢底座。寺内有壁画《张仙送子》，高5米，长11.6米。洪教寺系任县境内最古之寺。

兴固寺
历史悠久的佛教圣地

平乡县城正东四千米窦冯马村

兴固寺东临漳河，是一处历史悠久的佛教圣地。该寺院占地面积7.2万平方米，寺内建有大雄宝殿、二殿、三殿、大悲殿、舍利殿等，规模宏大，蔚为壮观。据修缮残碑留有的“天竺白马以及金山石雍慈恩”字迹记载，兴固寺始建于西汉末年，为印度僧人所造。

白雀庵
观音菩萨女众道场

南和县东北10千米处白佛村

白雀庵始建于南北朝北周时期，庵院坐北朝南，占地面积7万多平方米。南北朝时期，此地是带状森林，沟渠遍布，白雀成群，江苏镇江的德真法师参学至此，感叹这里“不是江南，却胜似江南”，于是发愿在此建一处庵院，以解除众生凡尘苦难。建成后庵院女众僧人达500余人，香客如流。传说观世音菩萨曾以妙庄王之女现身顺德府（今邢台）白佛店，在此出家修行，又为父舍目疗疾，慈心至极。“白雀庵观音菩萨女众道场”

的世名由此而生。

南和古城
曾多次修葺

南和县境内

南和古城别称“嘉禾城”，民间又俗称“纱帽城”。南和县自西汉建县以来，此处一直为县治，唐武德元年作为南和州治。北魏时期，明正统十四年知县王渊重建四门，成化二十二年重修，创建石桥。弘治三年知县门宁重修城楼四座，正德年间重修，城高10米，池深6米有余，添设城楼、角楼各四座。崇祯十一年兵火后，只留城东楼，此后知县谢继迁重砌为砖城。清代曾几次加以修葺，民国后逐渐颓毁，中华人民共和国成立后拆平，改为环城公路，如今仅存古塔。

南和古城古塔

巨鹿公园
风景优美

巨鹿县新华北街328号

巨鹿公园坐落于巨鹿县县城北部，风景优美，占地广阔。里面有人工湖、白石桥、十二生肖塑像及篮球场等各种体育娱乐设施，是巨鹿市民休闲娱乐的主要场所之一。

普彤寺
建有中国最早的佛塔

南宫市北旧城村

普彤寺是一处历史悠久的佛教道场，毗邻华北最大的人工湖——群英湖。普彤寺是东汉初年第一批御准传法的高僧摄摩腾、竺法兰在南宫亲自主持修建的，是中国第一座佛寺，南宫也因此成为中原佛教文化的发源地。寺内有佛塔，称为普彤寺塔，始建于东汉永平十年（67年），距今已有1900多年历史。现普彤寺为1992年重新修建，寺内建有大雄宝殿、观音殿、天王殿、三门和其他附属建筑。

冀南烈士陵园
河北最早的烈士陵园

南宫市胜利路

冀南烈士陵园建于1946年3月，是河北省建园最早、占地面积最大的陵园之一。冀南烈士纪念塔高29.5米，塔盘用7000余块青石砌成，塔身正面有毛泽东同志的题词“为国牺牲，永垂不朽”，塔身背面是邓小平同志的题字“冀南烈士纪念塔”。

烈士纪念塔以北是冀南革命斗争纪念馆，馆内陈列着冀南革命初期至解放战争以来各个时期的革命斗争历程资料。馆北面是一座四合院，四合院的西厅和北厅分别为英烈堂和铭碑堂。陵园南部为墓区，每座墓均用花岗岩砌成，石板上刻有烈士生平介绍。

玩家 解说

冀南人民有着悠久的革命斗争传统。1925年，先后在邢台第四师范、大名第七师范、冀州市第六师范建立了中共党组织，从此点燃起了革命的星星之火。1935年历时一年多的冀南农民武装运动波澜壮阔，声势浩大，产生了深远的影响。抗日战争爆发后，一二九师开赴冀南，开创敌后抗日根据地，在异常艰苦的环境下，与日本侵略军进行了长达八年的艰苦斗争。解放战争时期，冀南人民为保卫胜利果实，争取全国解放，踊跃参军参战。后方群众则发展生产，节衣缩食，把大批的粮食、衣服、鞋袜等物品，源源不断地送上前方。在艰苦的战争年代里，冀南人民以5万多烈士的生命，换来了革命斗争的胜利。

武松公园

再现武松打虎情景

清河县三羊东街

武松是清河的骄傲。武松公园占地11万平方米，为园林式风格布局，有规模庞大的仿古式群景建筑，逼真的武松打虎雕像。整个园区植花木10万株，内有面积为8600多平方米的人工湖。公园总体布局形同二龙抱珠，气势宏大。园内共有亭、台、楼、榭、桥等景点30余处，其中武松打虎雕像、碑廊、三碗轩、醉仙桥及十二生肖院均采用汉白玉和花岗岩修建。

沙丘平台遗址

沙质堆积成丘而成

广宗县平台村南

沙丘宫平台遗址是一个长150米，宽70米的沙丘。广宗县境内地势平坦，土壤概系沙质，到处堆积成丘，故名沙丘。沙丘宫也得名于此。据史书记载，这片看似不起眼的土地，就是著名的“困龙之地”，不可一世的皇帝曾在此遇难，不甘心地结束了自己的一生。文人骚客在此留下了不少诗章：“武灵遗恨满沙丘，赵氏英名从此休”，“鱼分龙臭曾兹台，野寺清钟入夜哀”。清朝康熙年间广宗县吴存礼的《沙丘宫怀古》堪为其中代表。

义和团运动纪念馆

纪念义和团运动

威县城关义和广场南端

义和团运动纪念馆规划面积为10万平方米，距离邢台77千米，现有义和广场、纪念馆、赵三多故居、纪念碑、墓地、义和团议事厅，展出部分文物。义和团运动是中国近代史上的三大革命运动之一，孙中山称其为辛亥革命起到示范作用。

净域寺

临清河西八大寺之首

临西县仓上新村东约800米处

净域寺俗名月洼寺，是著名的佛家圣地，有很多具有传奇故事的神秘殿堂。净域寺遗址高出地平面近2米。遗址长、宽各127米，遗址面积1.6万平方米。净域寺被人们尊崇为明、清临清河西八大寺之首。

汉牡丹园

有千年历史的汉代牡丹

柏乡县北郝村

汉牡丹园占地面积3600平方米，园内建

汉牡丹园

汉牡丹园

有汉牡丹碑亭、书面展室、文物石刻碑等。除本地汉代牡丹、芍药外，还有从洛阳、菏泽移栽来的牡丹、芍药200多株，是继洛阳、菏泽之后又一个大型牡丹园林。1985年后，中央电视台及河北、邢台电视台皆以《天香国色一奇葩》做了专题报道。1992年，河北影视制作中心以汉牡丹园为背影，拍摄了电视剧《神花奇缘》。

玩家 解说

柏乡牡丹园内囊括了洛阳、菏泽以及日、美、法等国内外牡丹珍品九大色系上千个品种。柏乡汉代牡丹已有2000年的栽种历史。柏乡汉代牡丹的最大特色是同株异花，同株就有单瓣型、荷花型、菊花型、蔷薇型、千层型等花，其花大如盘，单朵花复瓣竟达200多瓣。

云台寺

祭奠东汉统一

宁晋县柏房村南

云台寺又名云台庵，古人称蝎子山。公元24年，刘秀来到此处，为了观星拜天完成统一天下目的，修建了这座云台，古人称之云台庵。第二年六月，刘秀在鄗（今柏乡县北郝村）称帝，后定都洛阳，史称东汉。

此后云台庵上建立了寺庙，住上了僧人。唐朝开元年间，云台庵进行了重修和扩建，云台庵被云台寺取代。“云台寺，蝎子山，松柏树，万万千，两边楼房七十二间”的歌谣流传到今。

元朝末年，爆发了红巾军起义，云台寺被毁。明永乐年间再次重修。清康熙七年宁晋县发生强烈地震，云台寺全部倒塌。现寺为重建。

董振堂将军纪念馆

纪念董振堂将军

新河县城西振堂公园内

董振堂将军纪念馆为纪念河北籍参加过长征的红军高级将领董振堂而建。纪念馆设施主要包括董振堂事迹陈列馆、董振堂铜像、广场、碑林、董振堂故居、墓地等六部分，整个项目分两期实施。一期建设完成了事迹陈列馆、铜像、广场、红色旅游专线等工程。二期建设了碑林、故居和墓地。纪念馆成为融爱国主义教育、红色旅游和文化休闲为一体的新景观。

唐陵

立有造型优美的石狮

隆尧县境内

唐陵又称建初陵，陵地不远处原有唐玄宗时建的光业寺和唐开元十三年（725年）立的大佛堂碑。该碑文记载，此处系唐玄宗李隆基的八代祖李熙、七代祖李天赐的陵墓。这里还保存有两尊闻名的唐代石狮。石狮高大，造型优美，威武雄壮，雕刻技巧精湛，充分显示了唐代石刻的艺术风格。唐陵石狮既是重要的历史文物，又是不可多得的艺术作品。

攻略资讯

- 交通
- 住宿
- 美食
- 购物
- 娱乐

邢台风光

交通

火车

邢台有三个火车站，分别为邢台站、清河城站和邢台东站。

邢台站：原名顺德府站，位于河北省邢台市市区桥东区，现有至广州、北京、汉口、郑州等地车次。乘1、2、3等路公交可到达。

邢台东站：主要运营高铁车次，每天有约30趟高铁车次经停，通往北京、邯郸、石家庄、武汉、广州等地。位于邢台市大吕村，在市区乘20、22路公交车到高速路口下即到。

汽车

邢台市区内有两个长途汽车站：邢台市中心汽车站和邢台市邢西汽车站。汽车站每天有开往北京、天津、河北、山东等地及周边县市的班车。

邢台中心汽车站：位于邢台市桥西区新华北路，乘1、15、16等路公交车可到。

邢西汽车站：位于邢台市桥西区中兴西路210号，乘3、5、6等路公交车可到。

住宿

在邢台市内住宿十分方便，市区内有不少价格实惠、卫生的旅馆酒店。高档星级酒店也有很多，可供选择。

●邢台大玺商务酒店

酒店设施齐全，交通便利，周边景点有清风楼、开元寺、达活泉公园等。✉ 邢台市桥东区火车站广场8号 ☎ 3688888

●邢台万峰大酒店

周围交通方便，离高铁站10分钟路程，

邢台火车站

邢台风光

酒店有游泳池，周边有郭守敬纪念馆、达活泉公园等。✉ 邢台市桥西区邢州大道3188号 ☎ 2569555

●邢台新光商务酒店

房间干净整洁，价格实惠。✉ 邢台市桥西区钢铁南路82号 ☎ 3778888

●更多住宿去处

邢台宾馆/邢台市顺德路201号/3666666

皇家酒店/邢台市邢州北路55号，107国道西侧/2137777

临城白云宾馆/临城县北环白云宾馆/7180999

美食

邢台美食有邢台锅贴、白牌烧鸡、威县火烧、广宗薄饼、临西饼卷肉、清河菜豆腐、邢台包、黑家饺子、隆尧羊汤、临城腌肉等。百年老店永盛魁创制的内邱挂汁肉酱香醇厚、咸鲜微酸、精于制汤，被誉为“河北名菜”。

正宗的涮羊肉是木炭火锅，顺德路的天方、北围城的友谊春都是代表餐馆。湘王府的剁椒鱼头汤鲜味美。福满楼的鲍鱼、鱼翅做工地道。红星街的火锅店很多。顺德路北头过十字路口再北行50米路西有家烤鸭店，味道不错，值得一试。

●道口烧鸡

道口烧鸡是邢台名品。邢台道口烧鸡，

道口烧鸡

鸡形完整，色泽浅红而微黄，肉质软烂，味美鲜香，存放2~5日色味不变，冬季存放时间更长。

●邢台锅贴

邢台锅贴为河北省10种地方名吃之一。1934年冯玉祥的厨师南宫人张汉英在邢台南关市场院开设了六合居饭庄，独家经营锅贴，因其外焦里嫩、油而不腻享誉牛城。

邢台锅贴

●黑家饺子

邢台黑家饺子皮薄馅大，风味独特，问世70余载，成为邢台饮食业的老字号。

黑家饺子

● 广宗薄饼

广宗薄饼，也叫风吹大油饼。直径50厘米的一张油饼，仅重一两百克。广宗薄饼金黄透明，薄厚均匀，卖相极佳，味香质软，极为可口。

购物

邢台的核桃小有名气，最好的数庄窝的核桃，内丘县岭头村的也不错。泥坑酒是河北地方名酒之一。巨鹿县是全国闻名的枸杞生产基地、全国最大的枸杞集散地。邢台还盛产串枝红杏、富岗苹果、邢台板栗、宁晋雪梨等。

主要购物场所有邢台新亚商城、华天超市等。

● 泥坑酒

此酒酿造历史源远流长，文字记载可追溯到唐代。大诗人李白修太白渠时路过宁晋，饮当地作坊自酿泥坑酒后赞不绝口，特书赠酒家："十里闻香三里醉，一杯进口五云飞。"

● 邢台枸杞及富岗苹果

邢台枸杞粒大、肉厚、色红、味甜、柔软，由于色红如血，又有"血杞"之称。富岗苹果生长于太行山深处，含有较丰富的磷、钾、钙、镁等元素，味道极佳。

邢台枸杞

● 邢台板栗

邢台板栗色泽光亮，味道甘甜，果大皮薄。板栗的营养价值很高，可生吃、煮吃、磨粉、炒吃均可，还能制成栗酱、栗羹等高档食品。

邢台板栗

● 宁晋雪梨

俗称雪花梨，属白梨系，个大味甜、洁白如玉，欺霜赛雪、品质珍贵，又称"象牙梨"，含有脂肪、蛋白质、矿物质、碳水化合物和各种维生素，营养丰富，甜脆可口。

宁晋雪梨

娱乐

邢台民间娱乐活动众多，内容丰富精彩。流传300多年的威县乱弹淳朴自然、唱腔优美；取材于农民生产劳动的隆尧秧歌活泼自然、柔美俏丽；源自汉末张角起义的太平道乐形式古朴、高雅厚重。此外划旱船、梨花大鼓、八仙七巧灯、龙灯狮子舞等众多民间娱乐活动也深受当地百姓喜爱。

发现者旅行指南

邯郸

概览

亮点

丛台公园

赵都历史的见证，古城邯郸的象征。丛台相传是战国时期赵武灵王观看军事操练和娱乐的场所。

黄粱梦吕仙祠

成语“黄粱美梦”和毛泽东诗词《清平乐·蒋桂战争》中的“一枕黄粱再现”均出于此地。

响堂山石窟

始凿于北齐年间，因石窟群在山腰，人们谈笑、拂袖、走动均能发出铿锵的回声，故名响堂山石窟，包括南响堂、北响堂。

娲皇宫及石刻

娲皇宫相传是“女娲炼石补天，抟土造人”之处，是中国最大、最早的奉祀上

娲皇宫

古天神女娲氏的古代建筑，自古就有“蓬壶仙境”之美誉。

广府古城

是中国历史文化名镇，城内有四大街八小巷及众多古迹，千畦苇岸，满袖荷香，加上行云流水般的太极拳式，定格了广府古镇的剪影。

必逛街道

陵西大街：北起贸易路，南至农林路，有很多饭店，如思特利（烤鸭）、东来顺（涮羊肉）、辣小妹涮锅，是品尝邯郸美食的绝佳去处。

线路

邯郸市区一日游

上午去响堂山风景名胜区，游览山腰处的石窟群。当地特产和村醋，色浓味香，可以购买。随后去黄粱梦吕仙祠，“黄粱美梦”成语和毛泽东诗词中的“一枕黄粱再现”均出于此。下午去赵苑风景区和丛台公园，品尝当地的特色小吃。

邯郸郊区两日游

第一天从邯郸市区出发，先去八路军一二九师司令部旧址，刘伯承、黄镇、徐向前、李达、王新亭、袁子

赵王城

钦、赵子岳七位将帅的灵骨均安放在此地的将军岭上。之后前往东山文化博艺园。晚上住在景区附近。

第二天前往坐落在陡峭山腰上的娲皇宫，背靠山崖处有8根铁索，将楼阁吊在悬崖峭壁之上，有“活楼”“吊庙”之美称。

为何去

丛台公园

历史文化名城邯郸是具有3000多年历史的古城，是全国著名的成语之乡、典故之乡。邯郸旅游资源丰富，文物古迹达400多处，其中有国家级、市级重点名胜、风景区百余处。武灵丛台、黄粱梦吕仙祠、赵王城遗址、学步桥、回车巷等古迹背后的故事，值得再三回味。邯郸的自然风光也毫不逊色，绵延起伏的太行山、水波浩渺的京娘湖，这一山一水给这座千年古城增添了不少灵秀之气。

何时去

春到赵王城

邯郸市位于太行山东麓，属暖温带半湿润半干旱大陆性季风气候。四季分明，雨量适中，春秋短，夏冬长。到邯郸旅游的最佳时间是春秋时节。春秋季气候宜人，到武灵丛台登山远眺，西边的巍巍太行山层峦起伏，西北便是赵国的铸箭炉遗址。站在丛台俯视丛台湖，碧水荡漾，荷花飘香，令人流连忘返。学步桥更使游人感受到魅力邯郸的悠久历史。

区域解读

区号：0310

面积：约12073km²

人口：约1051万人

地理 GEOGRAPHY

区划

邯郸下辖6个区（丛台区、复兴区、邯山区、峰峰矿区、肥乡区、永年区）、1个县级市（武安市）、11个县（鸡泽县、邱县、曲周县、馆陶县、涉县、广平县、成安县、魏县、磁县、临漳县、大名县）。

地形

邯郸市西依太行山南端，东跨华北平原北端。整体地势自西向东呈阶梯状下降，以京广铁路为界，西部为中、低山丘陵地貌，东部为华北平原。其中武安青崖寨为邯郸市最高的山峰，海拔1898米。邯郸境内的河流属海河水系，主要有北部的洺河、中部的滏阳河、南部的漳河及卫河等。

气候

邯郸市位于太行山东麓，属暖温带半湿润半干旱大陆性季风气候，四季分明，雨量适中。秋春两季短，冬夏两季长。春季风多干旱，夏季炎热多雨，秋季温和凉爽，冬季寒冷干燥。到邯郸旅游的最佳时间是春秋时节，气候宜人，适合出行。

历史 HISTORY

历史大事记

●远古时期

约7800多年前，新石器时代早期，磁山先民们就在邯郸这一带建立了自己的家园，创造了举世闻名的“磁山文化”。

●先秦时期

商时，商纣王在邯郸建离宫别馆，成为商王朝的一处政治活动之地。

晋定公十二年（前500年），晋国正卿赵鞅将邯郸纳入自己的势力范围，从此，邯郸便成了赵氏的世袭领地。

战国时期，公元前422年，邺县令西门豹引漳灌邺（今临漳县邺镇），使邺县成为富庶地区。

前386年，赵敬侯迁都邯郸。

前354年，魏国大军包围邯郸。齐国军队“围魏救赵”，赵国经历“邯郸之难”。

前307年，赵武灵王胡服骑射，开改革之先河，使赵国位居战国七雄之列。

●秦汉时期

秦始皇十九年（前228年）秦军破邯郸，赵王迁降秦，邯郸属秦国，二十六年（前221年）秦灭赵。次年，秦始皇统一六国，将全国

青崖寨

分为三十六郡，邯郸是邯郸郡的首府。

汉高祖四年（前203年）立张耳为赵王，都城仍设邯郸。九年，刘邦封其子如意为赵王，并重建邯郸宫城。一直到西汉后期，除国都长安之外，邯郸城与洛阳、临淄、成都、宛（今河南南阳）齐享全国五大都会盛名。

建安十八年（213年），汉献帝册封曹操为魏国公，曹操于邺城建都，修城扩地，使其成为北方军事和政治中心，繁荣一时。

三国后期，后赵、冉魏、前燕、东魏、北齐等六个朝代相继在此建都。

●唐宋时期

唐代，邯郸境内的大名府逐渐崛起，成为“河北重镇”“畿辅八府之首”。

宋仁宗庆历二年（1042年），建大名为京都开封的陪都。并由此成为黄河以北地区的中心城市。

邯郸市博物馆

●近现代

1906年4月，伴随着京汉铁路的通车，邯郸成为冀南区域中心。

解放战争时期，刘伯承、邓小平率八路军一二九师转战千里太行，创建了以邯郸为中心的晋冀鲁豫解放区。

中华人民共和国成立后，邯郸经济迅速发展，处于晋冀鲁豫四省交界处的邯郸成为冀南地区重要的工业城市。

名单 邯郸历史名人

- 赵国国君武灵王
- 赵国名将廉颇
- 赵国名相蔺相如
- 著名思想家荀子
- 千古一帝秦始皇
- 太极宗师杨露禅

赵国之都，历史辉煌

邯郸历史悠久，从公元前386年到公元前158年，历经八代君王，邯郸在赵国存在的200多年的时间里，大部分时间均是赵国的都城。邯郸市区的武灵丛台是邯郸这座城市的象征。

赵文化源于春秋，兴于战国，延至两汉，在历史的长河中流淌至今，形成了独特的风韵。这里商业发达，城市繁荣，孕育了荀子、公孙龙、慎到等一代学术大师，涌现出赵武灵王、廉颇、蔺相如、赵奢、魏征等一批慷慨悲壮的历史人物和英雄人物。

三家分晋后赵国建立，赵王名赵雍，赵武灵王是我国历史上比较有作为的君主之一，后世评价也相当高。赵王即位时赵国屡受匈奴侵扰，他深知国家必须进行改革才可壮大，于是他力排众议，推行胡服骑射，奖励耕战，从此赵国国力日益增强。梁启超认为赵武灵王是黄帝以后的第一伟人，1903年梁启超著《黄帝以后的第一伟人——赵武灵王传》。历史学家翦伯赞在《登大青山访赵长城遗址》一诗中写道："骑射胡服捍北疆，英雄不愧武灵王。"

赵国灭中山国，逐鹿中原得益于赵武灵王的改革壮举。赵武灵王开拓进取、改革创新的精神，对于当今社会仍然具有重要的现实意义。

赵文化与燕文化共同构成了中国古代华夏文化与北方文化的概貌。目前赵文化开发项目众多，主要有赵王城遗址、赵王陵、平原君赵胜墓、赵武灵王阅兵的武灵丛台、邯郸学步的发生地学步桥、将相和故事发生地回车巷等。

文化 CULTURE

中华成语典故之都——邯郸

邯郸作为国家历史文化名城有着辉煌的历史、深厚的文化积淀，千百年来，披沙拣金，凝聚成为一个个脍炙人口的成语典故。邯郸街头立有众多雕塑，每一个雕塑背后，都有一个广为人知的历史故事。

据不完全统计，与邯郸相关的成语、典故达1600多条，如"胡服骑射""邯郸学步""完璧归赵""负荆请罪""黄粱美梦""毛遂自荐""纸上谈兵""围魏救赵"等，这些成语富于哲理、耐人寻味。这些成语典故中，具有完整故事情节的多达500条。另外邯郸还有众多的成语典故遗址景观。

成语典故苑位于邯郸市赵苑景区内，占地6万多平方米，以园林为载体，以发生在邯

邮票

郸的成语典故为主题，以碑刻、浮雕、绘画、自然山石象形喻义等多种艺术手法为表现形式，将发生在邯郸的成语典故再现世人面前。它以古喻今，鞭策鼓励后人，是中国唯一的以成语典故为主题的文化园林。2005年经中国文联批准，中国民间文艺家协会授予邯郸市“中国成语典故之都”称号。

中华瑰宝，广府太极

杨氏太极拳历史悠久，是太极拳的重要流派之一，由邯郸永年人杨露禅及其弟子发展创编。

发源于永年广府的杨氏太极拳是一代宗师杨露禅在陈式太极拳的基础之上发展而来的。杨氏太极拳拳架舒展简洁，结构严谨，身法中正，动作和顺，轻灵沉着兼而有之；练法上由松入柔，刚柔相济，形成独特的风格。由于杨氏太极拳平正朴实，练法简易，深受广大群众热爱，在群众中开展得最为广泛。

除传统的太极拳套路外，杨氏太极拳还有太极推手、大履、太极散手、太极拳内功等流传于世。另外，为了配合现代人的健身习惯，杨氏太极拳还逐渐发展有24式、46式、竞赛48式等。杨氏太极拳的拳架有高、中、低之分，初学者可以根据不同的年龄、性别、体力条件，采用不同的拳架适当调整运动量。因此，杨氏太极拳既适于体力较好者用来增强体质，又适用于体弱者作为疗病和保健的手段。

目前，全世界大约有3亿多太极拳爱好者，其中85%以上练习的是杨氏太极拳。邯郸永年区广府镇是杨、武式太极拳的发祥地，这里是太极宗师杨露禅、武禹襄两大派太极拳创始人的故乡，驰名百年，门徒满天下，是世界太极弟子们心中的圣地。广府先后被国家授予“世界太极拳夏令营基地”“太极拳之乡”“太极拳圣地”等称号。2007年在此地拍摄的《广府太极传奇》电视剧也很受观众喜爱。

广府太极

景点推荐 邯郸城区及近郊景点

丛台公园 AAAA

大型园林

丛台区中华北大街

乘1、3、29等路公交可达

丛台公园是以赵文化遗址武灵丛台为中心的一座大型公园。园内亭台楼榭绿树掩映，是融古迹游览、花卉欣赏、儿童游乐为一体的综合性休憩娱乐场所。丛台公园的主要景观莫过于武灵丛台，武灵丛台是古城邯郸的象征。丛台高26米，南北皆有门。丛台的凉亭、雕花门窗等无不透露着深厚历史文化的底蕴。丛台公园正中有一个丛台湖，湖水清澈无波，湖边有长廊、假山、花圃，或临湖垂钓，或湖上泛舟，均有无穷乐趣。

玩家 解说

丛台之名来源于当时的许多亭台楼阁连接成片，据载“连接非一，故名丛台”。丛台始建于战国赵武灵王时期，距今已有2000多年历史，为赵武灵王观看歌舞、检阅兵马操练之地。它是赵国历史的见证，是古城邯郸的象征。

丛台

丛台是当时赵国国力强盛的标志，高26米，南北皆有门。从南门拾级而上，东墙有“滏流东渐，紫气西来”八个古体大字，正门外有郭沫若1961年秋登临丛台时题写诗句的碑刻。从北门沿着用砖和条石铺成的踏道，步步登高跨过门槛，迎门而立的碑刻正面刻有清代乾隆皇帝《登丛台》的一首律诗，背面是他的古风《邯郸行》词。

从台湖

从台湖位于公园正中，面积26.6万平方米，湖中建有苑在亭、曲栏桥、西湖亭、望诸榭等，湖边建有长廊、假山、花圃等。从台湖中心有座小巧玲珑的六角攒尖式建筑，名叫望诸榭，是清朝雍正年间为纪念战国时期名将乐毅而建的。

二度梅园

从丛台正门南向过拱桥，有一座风格别致的小园，名为“二度梅园”。园的主体建筑是一尊白水泥双人塑像，为邯郸市园林处雕塑创作室刘杰根据二度梅故事于1988年创作。此塑像表现了男主角梅良玉、女主角陈杏元二人含情脉脉、悲悲切切、生死别离、难分难舍的情景。

丛台公园

学步桥

学步桥

成语“邯郸学步”出处

丛台区北关街沁河上

乘25路公交可到达

学步桥是成语“邯郸学步”的发生地，现在的学步桥是一座拱券石桥。桥的规模虽不大，但结构坚固，造型美观，具有中国桥梁建筑的民族风格。学步桥长30余米，宽9米，共有七孔拱券，三孔大券，四孔小券。桥孔中心处雕有向下俯视的狮头。桥面两旁各有19块栏板和18根望柱，柱上雕刻石狮等兽形。桥北头立有“学步桥”石碣、“学步”石雕雕像和石牌坊。

链接

邯郸学步

战国时，燕国有位寿陵少年，家里不愁吃穿，长相也好，可他就是缺乏自信心，经常无缘无故地感到低人一等——衣服是人家的好，饭菜是人家的香，站相、坐相也是人家高雅。

有一天，他在路上碰到几个人说说笑笑，只听得有人说邯郸人走路姿势美。所以，寿陵少年不远千里来邯郸学步。一到邯郸，他感到处处新鲜，简直令人眼花缭乱。看到小孩走路，他觉得活泼，学；看见老人走路，他觉得稳重，学；看到妇女走路，摇摆多姿，学。就这样，不过半月光景，他连走路也不会了，路费也花光了，只好爬着回去了。

后人用“邯郸学步”来比喻模仿别人不得法，反而把自己原有的本领忘掉了。

回车巷

蔺相如为廉颇让路地

丛台区串城街南段

从邯郸火车站乘3路公共汽车，南关口下车沿串城街向北即到

回车巷位于邯郸道南段，全长75米，相传战国时赵国上卿蔺相如曾在此处为大将廉颇回车让路，故名蔺相如回车巷。明代万历十二年（1584年）邯郸知县萧察写了“蔺相

如回车巷”六个石刻大字，镶嵌在墙壁上。1981年这里进行维修并建石碑亭，碑亭高4.4米，宽2.3米，碑文记载了蔺相如以国家利益为重，多次为廉颇回车让路将相和好的历史故事。

玩家 解说

战国时期，七雄争霸，秦国最强，常扰赵境，公元前282年秦又遣使入赵，言愿以十五城换赵国和氏璧，蔺相如奉遣携璧入秦，当面揭露秦昭襄王的阴谋并完璧归赵，立了大功，被列为上卿，位居大将廉颇之上。廉颇不服，扬言见面时要给蔺相如难堪。蔺相如为顾全国家大局，对廉颇处处忍让。一日，二人途中相遇，因道路狭窄无法相让，蔺相如便主动退入小巷，请廉颇先行。后来廉颇明白了蔺相如的用心，十分感动，便背着荆条到相府门前请罪，从此将相和好，二人同心协力，共卫国家。这也就是为后世广为传颂的“负荆请罪”的故事。

广济宫

民间诸神所在地

📍 丛台区黄粱梦镇，与吕仙祠东西相对

广济宫始建于明，盛于清，分南北两院，与吕仙祠东西相对。1989年春，于旧址重修广济宫，当地民众集资，促其大成，古殿重现新颜。广济宫采用古典建筑布局，主殿宏伟壮丽，侧殿对称严谨，朱墙碧瓦，雕梁画栋，松柏成荫，是修身养性、静意澄怀之佳所。

黄粱梦吕仙祠

以梦文化为主题的景区

📍 丛台区黄粱梦镇

🚌 乘6、17、59路旅游公交可到达

¥ 30元

黄粱梦吕仙祠是国内唯一以梦文化为主题的景区。景区内古建筑形式多样，泥塑蜡像传神，园林风格独特，民间传说丰富，是了解邯郸以及中国古代民间文化的窗口。景区内现存建筑群为明清建筑风格，祠院内朱垣

黄粱梦吕仙祠

掩映，碧波荡漾，景色秀美。黄粱梦吕仙祠坐北朝南，大门外有高大的二龙戏珠琉璃照壁。黄粱梦吕仙祠是为供奉吕洞宾而修建，祠内大殿塑有吕祖金身神像。

玩家 解说

自《枕中记》问世以来，黄粱梦的故事一再被人续写改编，唐代有《南柯记》，宋代有《南柯太守》，元代有马致远的杂剧《黄粱梦》，明代有汤显祖《临川四梦》中的《邯郸记》，而清代蒲松龄的名著《聊斋志异》中的《续黄粱梦》，则塑造出一个与卢生相反的典型人物，黄粱梦对《红楼梦》也产生了深刻的影响。金代诗人元好问针对这些作品写了一首《题卢生庙》的诗：“死去生来不一身，定知谁妄复谁真，邯郸今日题诗者，犹是黄粱梦里人。”

赵苑风景区 AAAA

成语典故园独具特色

📍 复兴区联防西路

🚌 乘坐26、31、60路公交在赵苑南门站下

¥ 免费

赵苑是一处融古代文化与现代科技为一体的综合旅游区。景区内包括名胜遗址区、现代游乐区、苑囿区和度假区四部分。邯郸是一座历史文化名城，早在2300多年以前以梦文化为主题的景区是战国七雄之一赵国的国都。景区名胜遗址区展示了赵国文化的独特魅力，遗址区内至今仍保存有插箭岭、

梳妆台、铸箭炉、皇姑庵、照眉池等古文化遗址。另外，园区内的成语典故苑、将相亭等是对古邯郸经典历史故事的再现。

链接

胡服骑射

胡服骑射指学习胡人的短打扮服饰，同时也学习他们的骑马、射箭等武艺。“胡服骑射”这个典故告诉人们不要故步自封，应学习别人的长处，勇于改革。

赵武灵王是战国时赵国的一位奋发有为的国君，他为了抵御北方胡人的侵略，实行了胡服骑射军事改革。改革的中心内容是穿胡人的服装，学习胡人骑马射箭的作战方法。胡服多为贴身短衣，长裤和革靴，衣身紧窄，便于活动。为此，他力排众议，带头穿胡服，习骑马，练射箭，亲自训练士兵，使赵国军事力量日益强大，此后赵国西退胡人，北灭中山国，成为战国七雄之一。

将相亭

将相亭是一处古老建筑。赵武灵王在晚年将王位传给了幼子赵何，称赵惠文王。赵何广纳人才，知人善任，他在位期间，赵国涌现了一大批贤臣良将，蔺相如和廉颇就是其中最为人们熟悉的两位。将相亭就是为纪念这二人而建。

南北梳妆楼

梳妆楼曾是战汉时代的两座宫殿建筑，分南北两楼，中有复道相连，俗称前楼、后楼。相传为赵王到此演练骑射或游猎时休憩和欣赏歌舞的场所。目前尚存南北相连的两个夯土台基、柱础和散水等基址，留给人们在此凭吊千古兴衰、感怀风物旧事。

大乘玉佛寺

玉佛多、单体大、玉质好

复兴区铁西大街北段

乘26、27、31路公交在赵苑南门站下

大乘玉佛寺原称大佛寺，主体建筑为明清风格，古朴典雅。寺庙始建于南北朝大象年间，距今已有1400余年。这里曾一度名僧云集，香火旺盛，为中原名寺大刹。后几经兴衰，毁于战乱。1994年动工重建，重建后的大乘玉佛寺，规模宏大，楼堂殿阁雄伟壮观。主体建筑有大雄宝殿、天王殿、观音殿、卧佛殿和藏经楼，另有佛学馆、禅院、念佛堂。这里珍藏佛经三部、碑刻28通。

邯郸故城

保存完好的战国古城址

邯山区西南部，南环路旁

乘8、13、25路公交可到

邯郸故城是我国战国时期赵国国都。据考查，故城兴建于春秋时期，战国时加以扩充，曾是战国后期黄河以北人口众多、商业繁荣的著名城市之一。邯郸故城包括赵王城及大北城两部分，总面积1888万平方米。赵王城为赵都宫城遗址之一，是主体部分。

玩家 解说

邯郸故城是战国时期赵国都城，也是当时最繁荣的城市。“邯郸”之名初见于《春秋·梁传》，卫献公弟姬专逃到晋国，“织绚邯郸，终身不言卫”。此城先属卫国，后属晋国，三晋分家后属赵。自公元前386年赵王敬侯迁都于此，到赵国被秦所亡，历经八代，共159年。

赵王城里曾发生过众多流传千古的故事：

邯郸故城

赵武灵王力排众议，大刀阔斧地进行胡服骑射改革；文臣蔺相如不辱使命，完璧归赵；武将廉颇攻城野战，所向披靡……著名的历史典故“完璧归赵”“胡服骑射”“邯郸学步”“将相和”“围魏救赵”等均出自邯郸的赵王城。

□ 赵王城

赵王城是邯郸故城的宫城，分东、西、北三城，呈“品”字形布局。至今赵王城的周围仍保留有高3～8米的夯土城墙，城内有许多大型夯土基址，布局规整有序，是宫殿建筑的遗址，宫殿左右对称。

□ 大北城

即赵邯郸故城的郭城，位于赵王城的东北，面积比赵王城大，呈不规则的长方形，东西宽约3200米，南北长约4800米，周长1.54万余米。

大北城是赵邯郸故城居民居住并从事手工业、商业活动的城邑，西北段现存有部分城墙。遗址大部分埋在地下。地上遗址有王郎城、插箭岭、梳妆楼、铸箭炉、灵山及武灵丛台、温明殿等。

晋冀鲁豫烈士陵园

规模颇大的烈士陵园

邯山区陵园路中段

3022896

晋冀鲁豫烈士陵园是为纪念晋冀鲁豫边区、八路军总部前方司令部和政治部、一二九师及晋冀鲁豫军区牺牲的革命烈士，由晋冀鲁豫边区参议会决议修建的。陵园入口处巍然耸立着高24米的烈士纪念塔。陵园内还有人民英雄纪念碑、左权将军墓、左权将军纪念馆、烈士纪念堂等建筑。它是抗日战争胜利后共和国的首座规模宏大的烈士陵园，也是老一辈无产阶级革命家的题词最多的烈士陵园。

邯郸市博物馆

展示邯郸历史文化的殿堂

丛台区中华大街中段，与赵武灵王丛台相望

邯郸市博物馆成立于1984年，是河北省爱国主义教育基地和国家重点博物馆。博物馆集中展示了邯郸的历史文化。其主体建筑的前身是1968年建成的“毛泽东思想

晋冀鲁豫烈士陵园

胜利万岁邯郸展览馆”，1984年改建为市博物馆。

馆舍建筑总面积1.1万平方米，展馆分为新石器早期的磁山文化、赵国两汉时期的赵文化、北朝至宋元时期的中国磁州窑瓷器、北朝时期的茹茹公主墓、唐宋时期的邯郸古代石刻艺术五大部分。

滏阳公园

滏河春色为古代邯郸一景

邯郸市滏河大街南段

乘24路公交车在滏河公园下

滏阳公园始建于1992年，是一座以大型古建筑为主的公园。公园以湖景为主，配以亭台楼榭，山水相间，绿树成荫。滏河春色为古代邯郸一景。现公园分东山、前后湖等8个游览区，并配置了24处各具特色的景点。整个公园以常绿植物和名贵花草为主，园内灌木点缀，亭台楼阁错落有致，滏河碧波荡漾，河边桃柳成行，是一个以山水和绿地造型为特色的大型休闲娱乐场地。

磁州窑遗址

宋元时期的民间瓷窑

邯郸市西南40千米的磁县及峰峰矿区境内

磁州窑从古老的磁山文化陶器源起，至今已有7000余年的历史，历史悠久。到10世纪，磁州窑以制瓷精美一跃成为我国宋代北方民窑的代表，当时州以“磁”名，以窑场兴盛而闻名于世，并有“十里彭城，日进斗金”和“南有景德，北有彭城”之美称。

玩家解说

磁州窑瓷器以黑白对比为主要特点，典雅朴实、苍劲浑厚，白釉黑花独树一帜，并创造性地以图案的装饰画法把人物、鸟兽、虫鱼、山水等景物绘在瓷器上，为我国瓷器彩绘装饰开创了新纪元。现在的磁州窑瓷器，除继承了过去的特色外，又有新的发展。磁州窑产品畅销全国各地和世界各地。

响堂山石窟 AAAA

中国石窟史上的传承之作

峰峰矿区和村镇，鼓山西麓和南麓

8:00～17:30

75元

8333811

响堂山石窟位于邯郸市峰峰矿区和村镇，它是河北省迄今为止发现的最大石窟响堂山石窟，代表了北齐（550—577）的佛教造像艺术，被学术界誉为“北齐造像模式”。响堂山石窟分南北两处，现存石窟10余座，有摩崖造像以及大小造像数千尊，尤其以南响堂石窟最为吸引人。南响堂石窟内有华严洞、阿弥陀洞、千佛洞等洞窟，其中千佛洞是响堂山石窟中塔形窟保存最好的洞窟，从石窟的门、廊柱到石窟洞内形态各异的造像都堪称经典。

链接

石窟

石窟原是印度的一种佛教建筑形式。佛教提倡遁世隐修，因此僧侣们选择在崇山峻岭的幽僻之地开凿石窟，以便修行。印度石窟的格局大抵是以一间方厅为核心，周围是一圈柱子，三面凿几间方方的修行用的小禅室，窟外为柱廊。

中国的石窟起初是仿印度石窟的制式开凿的，多建在中国北方的黄河流域。北魏至隋唐是凿窟的鼎盛

响堂山石窟

时期，尤其是在唐朝时期修筑了许多大石窟，唐代以后逐渐减少。这段时期，黄河流域是中国政治、文化、经济的中心。甘肃敦煌莫高窟、甘肃天水麦积山石窟、山西大同云冈石窟和河南洛阳龙门石窟被称为中国四大石窟。

峰峰古地道

宋金时期的军事防御工程

峰峰矿区临水镇

峰峰古地道又名“躲金洞”，相传在宋代晚期，人们为了躲避金兵，专门挖出来的一个庞大的地下军事防御工程。峰峰古地道是河北迄今为止发现的规模最庞大、构造最复杂、保存最完好的一处古地道遗址。这些古地道结构较为复杂，有的地方分为上、中、下三层，上下相通，巷道弯弯曲曲。除了巷道之外，地道的主要结构还有供人出入的竖井（包括水井、旱井和地道中的暗井），用作生活设施的各种洞室（包括寝洞、储粮洞、炊灶洞、作坊洞）和洞龛（包括井龛、瓮龛、壁龛、灯龛），以及通气孔等。

峰峰玉皇阁

砖瓦结构无梁拱盝建筑

峰峰矿区临水镇纸坊村西南

乘邯郸市区开往峰峰矿区的公共汽车然后打车前往

纸坊玉皇阁原称“玉帝四明无梁阁”，于明隆庆年间（1567—1572）为祭玉帝而建。阁身呈方形，高11米，为仿木琉璃瓦砖结构，建在高8米的东西向过街石筑券台上。这里的砖雕和瓦顶琉璃脊饰，体现了高超的工艺水平。玉皇阁古旧的石材表面有手工打磨的痕迹，依稀能看到匠人辛劳的汗水。

黑龙洞风景区

泉水竞涌，清潭明月胜景

峰峰矿区滏阳河边

从市内乘5路公交车到新市区站下车即到

峰峰矿区有两座山，南北对峙，其谷口称“滏口陉”，陉口南部的峭岩绝壁下有一天然石洞，传为主宰人间旱涝的黑龙的洞府，名为黑龙洞。黑龙洞的龙洞珠泉与鼓山的广胜泉、滏阳泉及八字涧汇流为滏阳河的发源地。黑龙洞是石灰岩溶洞，由地下水常年流经而形成，后由于地下水位下降和地壳变动而露出地面，泉水改从洞下的沙层涌出，形成现在的黑龙洞。黑龙洞深邃幽谧，清泉从岩缝喷涌，故又有龙泉之称。据碑文记载，洞上的黑龙庙始建于唐代，大殿原供龙神。

黑龙洞风景区

乐毅墓

战国时期名将乐毅之墓

邯山区代召乡境内大乐堡村北

乐毅墓俗称将军墓。乐毅是战国时期著名的军事家，乐毅死后，赵孝成王用玉匣作棺，厚葬乐毅于如今的墓地。后人在墓前刻了石狮、石牌坊，栽了数千株松柏，整个陵墓占地2万平方米。大乐堡村的练剑房、磨剑石、磨剑池遗址仍存，剑池新月是古赵十景之一。

乐毅墓陵中有一望诸榭，原名“望诸君祠”，也是为纪念乐毅而建的。

玩家 解说

乐毅的兵术、谋略都很高超，诸葛亮非常敬佩他，曾把乐毅的战术应用到作战中。乐毅本是赵国人，后来到燕国为将，晚年回到故乡，效力于赵国，赵王封他为“望诸君”，并把观津（今河北武邑东南）作为封地赐给他。望诸榭是根据乐毅封号而得名。

古石龙风景区

发掘的古石龙堪称一绝

邯郸市西北10千米

古石龙风景区是融自然景观、历史遗址、休闲度假为一体的综合性旅游风景区。主要景点有罗敷潭、龙饮湖、赵王跑马场、龙兴寺、真武大帝庙、卧龙庙等30多处。景区目前已开掘出一大九小十条石龙，为首的大龙总长369米，高2.5米，堪称一绝。

圣井岗古建群

古代建筑群

邯郸市西北10千米，邯武公路北侧

圣井岗古建群整体布局以中轴线为主，东西两侧对称统一。中轴线上有戏楼、山门、前殿、后殿；中轴线东侧有钟楼、东道房、东配殿、送子奶奶庙；西侧有鼓楼、西道房、配殿、眼光奶奶庙。圣井岗建筑群的建筑均为青砖绿瓦，古朴典雅。建筑布局错落有致，层次分明。尤其是戏楼建筑结构独具特色，为卷棚式悬山式灰瓦顶，侧面的结构以前后两个单体叠压在一起，而顶部南北面坡又形成一体。

紫金山

战国名将赵奢葬于此处

邯郸市西北15千米处

紫金山也叫紫山，战国名将赵奢死后葬于此山，因山体裸露的巨岩和峭壁多为紫色、金黄色和褐色的紫石英，故称紫山。赵奢被赐封为“马服君”，所以紫山亦名马服山。马服君是汉族马姓之始祖，因此紫山亦是马姓之起源地。紫山亦是佛、道教之圣地，山上有林寺、佛光寺、玉宝观等寺庙殿堂。

链接

邯郸之源

古赵都会，西峙紫山，东环滏水，得紫山之灵气，自古人杰地灵，英才荟萃，有“长与古都传紫气，乡贤辈出竞光辉”之说。在古赵人民的心目中，紫山是一座圣洁的神山。

古人认为“邯郸”二字就源于紫山：“邯”，古为“甘”字，意为山中有甘甜之水；“郸”，古为“丹”字，指山体紫红颜色，“邯郸”本意其实就是“甘丹”，邯郸民间有紫山的紫石可生紫气的传说。现在邯郸市丛台西壁上题写的“滏流东渐，紫气西来”的“紫气”就是指紫山生出的紫气。

炉峰山

有“炉峰朝霭”之景

磁县陶泉乡

炉峰山俗称“小金顶”，海拔1087.6米，因山形似香炉而得名，为冀南第一高峰。炉峰山上有明、清亭台、庙宇和宫廷建筑遗址及古碑70余通。炉峰山雄伟奇特，森林植被较好，漳河水绕山而过。这里集黄山之奇特、泰山之雄伟、华山之险要、庐山之秀丽于一身，远望大山起伏，层峦叠翠，近观似刀劈斧砍，令人叫绝。

炉峰山

讲武城遗址

曹操曾在此筑城练军

磁县城南10千米处的讲武城乡讲武城村

磁县在唐以前称武城，宋代以后改称讲武城，是历代兵家必争之地。三国时曹操击败袁绍占据邺城后，把此地作为培养武将的基地。讲武城呈平行四边形，除南墙及东墙南段被彰河冲毁外，其余大部分尚存。20世纪50年代后期发掘出土有板瓦、筒瓦等建筑构件和罐、盆等生活用品，根据出土文物专家分析，此地为战国古址，汉代以后曾经补筑、改造或扩建，以后继续沿用。

玩家 解说

讲武城在李唐以前称武城，直到宋代才改称讲武城，金朝大诗人元好问曾感慨于讲武城沧桑变化，作诗曰："作计千年复万年，似嫌蒸土不能坚。只今讲武人何在，衰柳残阳有乱蝉。"

当年的讲武城地理位置十分重要，它南达郑卫，北通燕赵，是一个军事交通要道，自然也是历代兵家必争之地。三国时，魏武帝曹操在官渡以少胜多，击败袁绍之后，占据邺城，就在这里大规模地兴建了很多的土木建筑，其中就包括讲武城。从那时起，曹操的兵马就经常活动在这里，把此地作为培养武将的基地，据说他曾经在这里演讲军事战术。

北朝墓群

神秘的"七十二疑冢"

磁县讲武城镇漳河沿岸

先从邯郸汽车站乘车前往磁县县城，再乘到讲武城镇的中巴

北朝墓群分布于磁县的东部，墓葬密集区位于磁县的东南部区域，南北绵延达15千米，东西约14千米，这一带遍布着大大小小的土丘100多处。最大的有天子冢、皇姑坟、磨盘冢青冢等，此前曾认为是曹操七十二疑冢和曹军墟粮堆，经发掘证实是东魏、北齐贵族墓葬群。东陈村东魏墓共有四座，当地俗称"四美冢"。

北朝墓群

链接

七十二疑冢

在漳河北岸讲武城一带广阔的原野上，有许多大小不一的古墓，大者封土高隆，小者封土略存，近乎平地。这些旷野中的荒冢，经过1000多年的历史风雨洗礼之后，蒙上了一层层神秘的面纱，影响最广的便是“曹操七十二疑冢”之说。

《三国演义》第七十八回写道：“(曹操)遗命于彰德府讲武城外，设立疑冢七十二，‘勿令后人知吾葬处，恐为人所发掘故也。’嘱毕，长叹一声，泪如雨下，须臾气绝而死，寿六十六岁。”在州府、县志中，也有类似记载。

另有民间传说。汉朝末年，曹操与袁绍打仗，袁绍认为曹操粮尽草绝，乘胜追击。曹操逃至磁县一带，偶生一计，指令三军星夜将土收集成堆，用草席盖好，伪以军粮。袁绍远观粮堆遍地，以为中了曹操诡计，立即下令将士后退四十里，不战而撤，从此便传说这些土堆是曹操的虚粮堆。

兰陵王墓

传奇人物高肃之墓

磁县磁州镇刘庄村，县城南郊5千米

兰陵王墓是邯郸北朝墓群之一，是北齐高欢之孙高肃之墓。兰陵王高肃，字长恭，是北齐末期文武双全的名将。兰陵王墓有颇具北方建筑风格的碑楼、围墙、古墓、碑亭以及兰陵王塑像等。

链接

兰陵王高肃

兰陵王高肃，字长恭，是北齐末期文武双全的名将。他一生忠以事上，和以待下，屡建战功。先后被封为徐州兰陵郡王、大将军、大司马、尚书令等职。因为兰陵王容貌出奇俊美，像个美丽的女子，所以在战斗中往往被敌人所轻视。于是兰陵王为了震慑住敌人，命人打造了面目狰狞的面具，以后每次出战，兰陵王都戴上狰狞的面具。

广府古城 AAAAA

欣赏古城风韵

永年区广府镇

乘29、605路公交可到

广府古城是中国北方唯一的旱地水城，自然风貌独特。老城有面积为3067万平方米的洼淀，“九里十三步”的永年古城就

广府古城

广府古城

坐落在洼淀的中央。广府古城又称卧牛城，始筑于隋末，距今已有2000多年的历史。古城周长4.5千米，墙高10米，厚8米，地势低洼，周围环水，易守难攻，为历代兵家必争之地。

玩家 解说

永年广府还是杨氏、武氏太极拳的发祥地，被国家体委命名为“太极拳之乡”。杨氏太极拳创始人杨露禅、武氏太极拳创始人武禹襄的故居现保存完好。杨氏太极舒展大方，武氏太极小巧紧凑，两种拳式均以柔中寓刚、刚柔相济见长，被称为“活的雕塑，流动的音乐，体育运动的阳春白雪。”

朱山石刻

河北最早的西汉石刻

永年区合会镇吴庄村村北约1千米处

朱山石刻镌刻于永年区吴庄村北朱山顶上的一块天然石面上，和山体相连，是西汉文帝后元六年（前158年）赵国大臣为赵王祝寿时所刻，是河北最早的西汉石刻。

朱山石刻长1.5米，宽0.52米，为长条状摩崖石刻，刻字崖面依山倾斜，石刻石面向西，上镌刻“赵廿二年八月丙寅群臣上酬此石北”一行15个小篆体大字，石刻文字记载了汉高祖刘邦之孙赵王遂与群臣在朱山饮酒应对的情景。

弘济桥

赵州桥的姊妹桥

永年区广府镇东2.5千米处

弘济桥东西横跨滏阳河，结构与赵州桥相似，系单孔双敞肩石拱桥，主拱券似长虹飞架，其两端各肩负两个小券，造型宏伟壮观。建于宋元时期的弘济桥和赵州桥有着相同的规模和形制，蔚为壮观，保存完好，并在桥面石板上发现了大量古生代时期的角石类、三叶虫等化石。

石北口遗址

全国重点文物保护单位

永年区临洺关镇北石北口村西南

永年石北口遗址为新石器时代仰韶文化遗址，遗址台地东西长约700米，南北宽为300米。石北口遗址是豫北冀中南地区最富有明显地方特征的新石器时代遗存之一，不仅大大丰富了后岗一期文化的内涵，而且为进一步探讨该遗存同磁山文化的渊源关系提供了新的线索。

弘济桥

景点推荐

涉县旅游区

娲皇宫 AAAAA

供奉女娲氏的古建筑

涉县索堡镇唐王峧山上

可乘邯郸开往涉县或长治方向的长途公共汽车或火车 ¥70元

3922210

位于涉县的娲皇宫是中国最大的供奉中华始祖娲皇圣母的古代建筑群。建筑群分山下、山上两部分，中间以十八盘山道相连，由朝元宫、停骖宫、广生宫、娲皇宫四组建筑组成。这里不仅建筑宏伟独特，而且还有保存完好的、国内罕见的摩崖刻经，是一处不可多得的自然和人文景观。

娲皇阁外的山崖上，有北齐摩崖石刻群，刻有《法华经》《神密解脱经》《妙法莲花经》《盂兰盆经》《十地经》等10部真经，13多万字，字迹工整秀丽，有"天下第一壁经群"之称，对研究我国佛教历史、书法等方面具有很高的价值。

玩家 解说

关于娲皇宫，传说当年李世民当了皇帝，寻遍中国的山山水水，认为涉县皇山是最好的风水宝地，于是在山上插了一把宝剑。女娲也看中了这个地方，看到李世民留下的宝剑，知道自己来晚了，宝地被皇帝占了，于是，脱下一只绣花鞋放在了宝剑的下面。

后来，李世民来此，准备建造别院。女娲说，这是我的地盘。李士民指着宝剑道：你看，我早占下了，有我的宝剑为证。女娲娘娘不慌不忙地说：你拔下宝剑看看就知道了。李士民连忙拔下宝剑，看到剑下还带着一只绣花鞋。女娲娘娘说，看我的绣花鞋还在下面呢，这山是不是我的呢？李士民无奈，只好让出了此山另觅他处了。

链接

女娲

女娲，中华上古之神，人首蛇身。传说很久以前自然界发生了一场特大灾害，天塌地陷，猛禽恶兽都出来残害百姓，女娲熔炼五色石来修补苍天，又杀死恶兽猛禽。还有传说女娲用黄土仿照自己造成了人，创造了人类。另传说女娲制造了一种叫笙簧的乐器，于是人们又奉女娲是音乐女神。

《风俗通义》记载女娲替人类建立了婚姻制度，使青年男女相互婚配，繁衍后代，因此被传为婚姻女神。关于女娲的传说很多，一直流传至今，影响甚为广泛深远。至今中国云南的苗族、侗族还将女娲作为本民族的始祖崇拜。

补天湖

补天湖是在娲皇宫河谷地带引清漳河水建设的人工湖，水域面积为12万平方米。它的建成，形成了娲皇宫三面环山一面水的优美生态格局，而且能使游客仿佛亲临女娲当年在清漳河畔抟土造人、取清漳河水五色神石补天的场景。

朝元宫

朝元宫建于清康熙四十一年（1702年），由天王殿、大乘殿、华佗庙、三官庙等建筑组成。大乘殿是该宫正殿，内塑维那神泥像，俗称千手千眼佛像，据说维那神是主管僧众庶务、威仪纲纪的神。

娲皇宫

娲皇阁

娲皇阁是娲皇宫的主体建筑，为四层楼式结构，通高23米，依悬崖峭壁据险，以巧夺天工称奇。娲皇阁既汇聚了山川的钟灵毓秀，又凝集了古代建筑的精华，为河北省古建筑十大奇观之一，素有“活楼”“吊庙”的美称。

青龙洞

6亿年前形成的钟乳石奇景

涉县涉城镇北郊青龙山下

青龙洞分上、中、下3层，全部是6亿年前形成的千奇百怪的钟乳石。洞内有一组钟乳石似瑶池畔的西王母在等待群仙为其祝寿，还有珍珠塔、望天吼、灵芝坡、金菊迎宾、深谷塔楼、犀牛望月、玉树琼花等景观。洞内的龙形钟乳石随处可见，有二龙戏珠、群龙合璧等。

九龙槐风景区

号称“天下第一槐”

涉县县城西4千米处

九龙槐风景区以一棵树龄达千年的古槐为主体，因古槐树枝苍虬，形似九龙而得名，古槐高达39米，整个古槐根深枝壮，号称“天下第一槐”。树干外侧栈道环绕，悬崖峭壁，令人生畏。景区处处体现“奇、雄、险、绝”，以槐仙洞最为出名，众多善男信女到此朝拜祈祷。

八路军一二九师司令部旧址

中国第二代领导的摇篮

涉县河南店镇赤岸村

从邯郸客车站乘坐到涉县的客车；到涉县县城换乘开往索堡镇的班车中途在将军路口下车可达

8:00–17:00 50元

八路军一二九师司令部旧址由一二九师

司令部旧址、将军岭和一二九师陈列馆三部分组成，占地面积20万平方米。旧址由三座相邻的具有北方民族风格的农家四合院组成，下院是司令部办公的地方，北屋正房为会议室，西屋为刘伯承的办公室。

玩家 解说

1940年八路军为抗击侵华日军，挥师挺进太行山区，一二九师司令部12月底迁驻赤岸村，刘伯承师长、邓小平政委、李达参谋长等老一辈无产阶级革命家在此领导广大军民，彻底粉碎了日军对根据地的残酷扫荡。解放战争中，刘伯承、邓小平在这里指挥了平汉等战役，为取得解放战争的胜利作出了巨大的贡献。中华人民共和国成立后，先后有近百名一二九师领导人担任了党和国家重要职务，这块红色热土因此被誉为“中国第二代领导的摇篮”。

将军岭

将军岭位于一二九师司令部旧址西北角百米处。1986年以后，刘伯承、黄镇、徐向前、李达、王新亭、袁子钦、赵子岳7位将帅的灵骨陆续安放在庙坡山上，从此，庙坡山改名为“将军岭”。1990年10月，邓小平同志亲笔为“将军岭”题写了岭名，为刘伯承元帅纪念亭题写了亭名。

一二九师陈列馆

一二九师陈列馆位于将军岭北侧山坳，由1个序厅、5个展室和1个半景画馆组成。这里从不同角度再现了一二九师将士当年在太行山战斗和生活的精神风貌。

千佛洞

保存千余佛像

涉县石门乡曲里村西山腰的石岩下

千佛洞因凿岩壁百窟、内雕3000尊佛像而得名。石窟坐西朝东南，据洞门外刻石推测，千佛洞约建于明代。窟内正中一坐佛，高3米，两侧共有46尊高0. 3至1米的佛像，窟壁四周、台阶、石柱上雕有小佛像3000余尊。所有佛龛、佛像、供桌、石柱等均为凿洞时原刻，其设计精巧，工艺精湛，形态逼真。

成汤庙山门及戏楼

河北省为数不多的木建筑

涉县井店镇井店村

涉县成汤庙山门建于金大定四年(1164年)，明嘉靖三十四年（1555年）维修，山门面阔三间，进深三间。成汤庙山门是河北省为数不多的早期木构建筑之一，现保存完好。成汤庙的戏楼为悬山琉璃瓦剪边顶，木质结构，戏楼有青石台基。

九峰山森林公园

风景秀丽的森林公园

涉县城东北12千米处

乘邯郸开往涉县或长治方向的长途公共汽车在更乐下

九峰山有望月、卧狮、南北武士、佛指、玉玺、虎象、神龟9座奇峰，9座山峰如猛兽，似人形，惟妙惟肖，故称九峰山。山脚下有

九峰山森林公园

碧霞祠，已有800多年历史，祠内常年香烟不断，香客如云。在九峰山森林公园，游人可尽情体验过索桥、登云梯、跨栈道、入林海、攀绝壁、坐滑道、观百米峡的乐趣。

黄花山

风景秀丽，四季皆景

涉县固新镇西山

黄花山位于冀、晋、豫三省交界处的涉县，山势险峻，绿树掩映，风光秀丽，四季皆景。黄花山因春天遍地黄花而得名。景区包括黄花山、紫云洞、清泉寺、静因寺。鹰头山、九龙潭等景观形态逼真，松林密道、八百云梯蔚为壮观。更神奇的是紫云洞和白龙洞，洞内景物千姿百态，栩栩如生。

鹰头山

黄花山的第一个景点是鹰头山。莽莽山野中，鹰头山山峰拔地而起，像一只雄鹰在翘首远望。在鹰头山的背后有座小山峰像一头象，传说是被雷公电母劈死的神象。

清泉寺

清泉寺始建于汉代，初名累通寺，唐改名净化寺，梁宋时改为清碧寺，明清以后改称清泉寺。寺内有龟石龙碑、对联匾额、文人题诗、天王石像、字壁经文等遗物。

静因寺

静因寺风景秀丽。传说，袁天罡、李淳风生于此寺。寺内凌云白塔内放有天书、天子剑。传说寺内一长老聚蛇为床，享清凉之福。一日长老上城赶集，徒儿偷书弄蛇，因误了时辰，蛇跑出寺外。所以又称莽仙蛇寺。

韩王山

韩信曾屯兵于此

涉县城东5千米处

韩王山因汉将韩信曾屯兵于此而得名，韩王山主峰海拔1200米，山顶常年云雾笼罩，以“高、险、秀、美”的自然景观和丰厚的文人景观闻名于世。景区奇峰耸立，依形而命名：韩姬盼夫、韩王归营、师椅峰、刘邦拜将、韩信点兵、韩将守营、萧何月下追韩信、韩王帅印、韩王剑、仙人下棋、神龟探海等。从韩王山半山腰到山顶，山路每个拐角处都有一石碑，石碑上分别刻写了三十六计的解释及关于典故。可以一边赏景，一边研习兵法，十分有趣。

黄花山

景点推荐

武安旅游区

妙觉寺舍利塔

河北南部最高佛塔

武安市市区

妙觉寺舍利塔亦称武安舍利塔，塔高38.71米，共13层。通体砖砌，平面呈正八边形，造型优美，古朴幽雅。每层东南西北四面正中有券门，出檐下有砖砌斗拱，各层斗拱数垛，尺寸大小不一。塔基之下有地宫，方形、穹隆顶，内壁有10尊石佛，并有“宋祐六年重修十方佛记”的题词，可由此推断塔的建造年代。据文献记载，妙觉寺舍利塔始建于宋代，虽经多次大地震，但至今仍矗立不倒。

东山文化博艺园 AAAA

堪称东太行第一园

武安市市区东北角

乘武安16路和808北路公交车可到达　¥20元

东山文化博艺园是一座新型的、高品位的文化博艺园。园内设有文化园区、地质园区、植物园区、风情文化娱乐园区等八大园区，其中文化园区是东山文化博艺园的精髓所在。该园区记载了武安数千年的文明进程，是进行革命传统教育、爱国主义教育的理想场所。园内有三大展馆，即武安文史馆、武安近代史馆和武安三君馆。在武安文史馆游客可以参观戏剧艺术展厅、传统民居馆、民间工艺馆等特色展厅。

朝阳沟 AAAA

豫剧《朝阳沟》创作地

武安市管陶乡列江村

旅游旺季每天都有从市内发往这里的旅游专线车

8:00—17:00　70元

朝阳沟距离邯郸市约90千米，是一处山水相依的自然风景区。朝阳沟是著名戏剧家及导演杨兰春的家乡，是豫剧《朝阳沟》故事的创作地，朝阳沟也因此被人熟知。这里山川景色秀丽，还有剧作中著名人物的旧居可供参观，是游玩的好去处。

玩家 解说

朝阳沟风景区分5个景区、5条线路，主要景点80处、景观160个。特色游览景点有豫剧《朝阳沟》主人公杨兰春、栓保、银环旧居，以及阳坡垴、东山头、野草湾、跌水岩，其他主要景观还有原始森林公园、山寨遗址、黑龙溶洞、马头山、狮子峰、五圣庙、饮马泉、百步天梯、一线天及朝阳湖等。

链接

豫剧名曲《朝阳沟》

朝阳沟因豫剧《朝阳沟》而声名远扬。《朝阳沟》是豫剧现代戏的杰出作品，全剧共8场，描写高中毕业生银环到未婚夫栓保的家乡朝阳沟参加农业生产，遇到了一连串困难，思想上发生动摇的过程。在党支部领导和群众的帮助下，她在劳动中产生了对土地和农村的感情，她认识到农村也是知识青年贡献力量的广阔天地，终于在农村扎下根来。全剧表现出新旧观念的尖锐冲突，展示了社会主义时代新农民的精神风貌，反映了知识青年的特定历史足迹。全剧不仅语言富有个性特点，而且充满了浓郁的生活气息和地方色彩。

朝阳沟

摩天岭

武安五大山脉之主峰

武安市活水乡阳鄄村

摩天岭因其峰高耸入云而得名。主峰玉皇顶海拔1747.5米，四周悬崖峭壁。汉代这里曾是军事战略要地。此山为武安五大山脉之主峰，又为南、北洺河发源地，是洺河源省级森林公园重要组成部分。夏日站在峰顶，凉风扑面，暑气顿消。举目远眺，山如丸，河如带，云雾时而在身边缭绕，时而在脚下翻腾，使人有飘飘欲仙之感。玉皇顶上遗有瓦片、砾石，据专家考证，古时这里曾是汉代军事战略要地。

武华山

山清水秀，万木葱茏

武安市活水乡后柏坡村南

从邯郸西站乘808公交车到武安汽车站，转乘武安至长寿村的公交车可到

35元

武华山也称小华山，位于邯郸武安市西北52千米的活水乡境内，与京娘湖、长寿村等景区距离不远。武华山北与闻名遐迩的摩天岭接壤，南与七步沟罗汉洞毗邻。武华山生态环境优越，是候鸟理想的栖息地，山上有珍禽异兽近百种，各种蘑菇、山果、花椒和中草药遍布林中。春天百花争艳，夏日草长莺飞，深秋红叶尽染，冬季银装素裹，四季景色美不胜收。

长寿村

长寿村喝长寿茶

武安市活水乡艾蒿坪村

乘邯郸市的旅游专线车或小公共汽车　45元

长寿村是邯郸武安市活水乡的一个小村

长寿村

庄，自建村以来，这里村民的寿命均在85岁以上，长寿村因此得名。这里以空气好、水好而闻名遐迩。村中有一长寿泉，泉水为天然雨水经草木濡养，经岩石渗滤，喷涌而出。泉水富含多种微量元素，据说这就是村民健康长寿的原因。长寿村还拥有南太行最高峰青崖寨和南太行第二高峰摩天岭。长寿村以山称奇，以水增寿，以寿闻名。

玩家 攻略

长寿茶是长寿村的特产，可在茶厂或老乡家里买到。长寿醋是用长寿泉水酿造的，不妨带几瓶回家。

长寿村没有宾馆，但有民居可以投宿。

玩家 解说

长寿村即艾蒿坪村，因自建村以来，村民世世代代长寿，平均寿命均在85岁以上，故称长寿村。在村边山崖旁有一长寿泉。用泉水冲泡村民自制的茶叶，有养生保健的作用，此茶被称为长寿茶。

定晋岩禅果寺

环境优美的古寺遗址

武安市活水乡寺沟村定晋岩下

定晋岩禅果寺禅院环境优美，松柏常绿，当年的梵王宫殿壮丽，高僧云集，游人如织，其胜景有碑刻记之。据碑文记载：定晋岩禅果寺始建于东魏高欢渤海王时期，是东魏至清末近千年间的佛教圣地。现禅果寺已废，仅有遗址和附属文物。

古武当山

神在庙中坐，庙在云中行

武安市活水乡杨庄村

邯郸市乘808路公交车到武安汽车站，转乘武安至古武当山的公交车可到

60元

古武当山是一座道教历史名山。古武当山自然风光秀美，文物古迹众多，山势奇峻，草木茂盛，庙宇掩映在林木之间。真武庙就坐落在主峰山顶处，庙内供奉着真武大帝和太极宗师张三丰。山下的药王庙也体现着武当道教的太极养生文化。古老秀美的山川，神奇悠久的传说，以及浓厚的文化底蕴，越发增添了古武当山的神秘色彩。

南天门

南天门景区修建有盘龙道，另外还有重修灵官庙、五龙祠、重达20多吨的南天门青石牌坊等建筑，形成了一道靓丽的步行道。在通往龙头峰步道上建有休闲长廊，既可休闲还可欣赏到古武当山景区的神龟探海、双龟对背、太极神掌、茶壶峰等景点。

摩天仙桥

摩天仙桥架在海拔1400米的山顶两峰之间，置身其上，可感受一下“人从桥上过，魂在天上飞，不是神仙，胜似仙”的感觉。桥北通往金顶古庙群，桥南通往钟鼓楼和碧霞宫大殿。在这里还可体验道教最高神真武大帝得道成仙的彩虹桥。

金顶

古武当山主峰金顶海拔1438米，金顶上分别有上、中、下三个寺院，建有真武大帝殿等众多古建筑群及历代功德碑38通。明朝

古碑记载“由隋唐而还至于我，此古武当山也”。南顶建有三清观，南北顶之间有古天桥连接，正前有香炉山，两侧有青龙山、凤凰山相衬。

朱家庄园

保存较完好的建筑群

武安市淑村镇淑村

朱家庄园是民国早期的建筑，由14座院落组成，占地1.3万平方米，其最具艺术价值的是每座院落阁楼的砖雕匾额。庄园形成于光绪初年，大规模扩建是在晚清至民国初年。综观整个庄园内的建筑，高大的房屋庄严肃穆。小巧的院落清雅别致，温馨舒适，再加上镶嵌在建筑物上精美的砖雕、木雕、石雕以及寓意吉祥的匾额刻绘，富有哲理和教育意义的名言警句，处处体现了建造者的文化品位和经营事业的巧妙结合。

京娘湖 AAAA

相传是赵匡胤千里送京娘之地

武安市西北部山区的口上村北

从邯郸西站乘808路公交车到武安汽车站，转乘武安至古武当山或长寿村的公交车

70元

京娘湖景区层峦叠嶂，水深林密，是一处天然的避暑胜地。整个景区分为水上游览区、休闲度假区和自然保护区三大区域，其中水上游览区是景区的精华所在。京娘湖湖面呈倒“人”字形，分东西两支，两岸峭壁林立，有高峡平湖、仙灵峡、危岩藏经等多处景点。泛舟湖上，可以看到整个景区内茂密的植被将赤峰尽染，给这里的红山绿水增添了风采，构成了一幅壮丽的山水画。

玩家攻略

看戏：武安西南山区一带在元宵节期间会开展大型民俗活动，俗称“捉黄鬼”，其表演角色有百余个，参加表演的村民达四五百人之多。整

京娘湖

场表演自凌晨2点开始一直进行到晚上，场面十分壮观。你如果赶上了，可以在一旁看热闹，也可以拿个刀、棍儿什么的，跟着老百姓满街跑着"捉黄鬼"。

特产：去京娘湖的路上，正好从活水乡醋厂经过。活水乡米醋、香醋是当地的特产，可以顺便买点儿回家。

屏风山

屏风山山崖如刀削斧劈一般，活像一扇巨大的屏风。每当夜深人静之时，在屏风山下睡觉还能听到犬吠鸡鸣、人喊马嘶，有人说那是赵匡胤送京娘时与贼人的厮杀声，还有人说晚上能隐约看到金碾子、银碾子等宝贝。

贞义岛

贞义岛以山地自然风光为主，岛上拥有保存完好的天然次生林，一年四季野趣盎然，是不可多得的天然花园。山上林木蔽日，清凉幽静，有山猪、野鸡、松鼠、画眉、布谷鸟等动物和鸟类。

中共晋冀鲁豫中央局军区旧址

解放战争的后方指挥部

武安市冶陶镇

这里在1946—1948年为中共晋冀鲁豫中央局、晋冀鲁豫军区驻地，是解放全中国的唯一后方指挥部，刘伯承、邓小平、李达、薄一波、董必武、徐向前等老一辈革命家曾在此战斗和生活。著名的华北财经会议、大军挺进大别山南征会议、土地会议、整党整风会议均在此召开。

磁山文化遗址

新石器时代早期遗址

武安市磁山村东南部

磁山文化遗址距今约8000年，属新石器早期文化遗存。这里的陶器以夹砂红陶为主，火候较低，质地粗糙，器表多素面。陶器多采用泥条盘筑法，器形不规整。器形有椭圆形陶壶、靴形支架及盂、钵等。磁山文化遗址的发掘是中国半个世纪以来考古工作的重大突破，它把新石器仰韶文化考古年代上溯了1000多年。

玩家 解说

磁山文化遗址出土的文物中，有三项世界之最：一是粟的发现，证明我国黄河流域是世界上由人工培植粟类最早的地方；二是家鸡骨的发现，证明我国是世界上最早饲养家鸡的国家；三是出土的炭化核桃，纠正了核桃是汉代张骞通西域时传入中国的说法，将中国产核桃的记载上推了5000多年。

磁山人生活场景复原

景点推荐

邯郸东部景点

毛遂公园

毛遂故里

鸡泽县毛官营村

融入了鸡泽县悠久历史文化元素的毛遂公园占地33万平方米。公园内的凤山龙岛景观分为一湖、一山、三岛、八景、九区，并融入了晋侯盟台、凤山晓月、古城幻影、石佛神池等8个历史文化特色景观。毛遂是鸡泽人，毛遂自荐的故事家喻户晓。毛遂公园广场上的毛遂塑像是整个公园的中心，吸引了不少游客前来。

玩家 解说

据史料记载，毛遂自荐的故事里共有毛遂自荐、锋芒毕露、脱颖而出、两言可决、九鼎大吕、一言九鼎、三寸之舌、歃血为盟8条成语，被后人所传颂。

链接

毛遂自荐

公元前257年，秦昭王派兵围攻赵国都城邯郸。赵孝成王派平原君去楚国求援，临行前，平原君准备挑选20名文武门客随同前往，已选中19人，尚缺一人。这时，门客毛遂自告奋勇，愿与平原君同往。平原君问："毛先生至赵国几年？"遂答："三年。"平原君又问："先生若为圣贤之辈，三年未曾被人称诵，是先生无才能也。"毛遂答："吾乃囊中之锥，未曾露锋芒，今日得出囊中，方能脱颖而出。"平原君心悦诚服，率毛遂等20人前往楚国。后人将这段史实称为"毛遂自荐"。

鹤度岭风景区

有“鹤度仙踪”之称

邱县境内

鹤度岭风景区位于县城西部80千米处，与山西省接壤。这里山势峻峭，有“鹤度仙踪”之称，因此叫“鹤度岭”，也称“仙人台”，主要景点有鹤度岭、明长城、玉龙泉、鹤度岭隧道等。

苏三墓

留下王三公子与苏三的爱情佳话

曲周县城西里处

在曲周县城西2千米处原来有一处大型墓园叫“王家坟”，南北长300多米，东西宽200多米，神道上立有石牌坊、石人、石马，气势宏伟。据《曲周县志》记载：王家坟在清咸丰年间曾遭土匪抢掠。新中国成立后遗迹尚存。在王家坟北头西侧有一孤冢，传说是苏三墓，可惜均被平毁，只留下王三公子与苏三的爱情佳话在这里代代流传。

窦默墓碑

记载窦默生平

肥乡区城西村

窦默墓碑立于元至元二十五年（1287年），篆额“昭文馆大学士正议大夫窦公神道碑”，青石质地，龙首，通高4.7米。碑首为四龙蛟蟠，龙首与碑身连为一体，碑文阳面和阴面共1695个字，刻36行，每行30～60个字不等。碑文由名家王盘撰文，文笔流畅，楷书遒劲有力。

玩家解说

碑文内容主要记述了窦默年轻时，元军南下，窦默家破人亡逃亡在外，后应忽必烈召，封为侍讲学士、昭文馆大学士，是忽必烈的主要汉人顾问之一。碑文还记述了其同姚枢、许衡等人的交往。其碑文记载翔实，为研究元史，特别是研究窦默提供了丰富的史料，具有一定的学术价值。

窦默墓碑

卫运河

冀、鲁两省边界河道

馆陶县内

漳、卫河于徐万仓汇流后至四女寺一段的河道称为卫运河。河道长157千米，两岸堤防总长320.5千米，是冀、鲁两省边界河道。卫运河是典型的复式断面蜿蜒型半地上河，历史悠久。秦汉时期称为清河，为黄河故道，因水清而得名；隋唐两代是永济渠的一部分，宋代称御河，元代成为著名京杭大运河的一段，民国后始称卫运河。

平原君赵胜墓

战国平原君之墓

肥乡区元固乡西屯庄

平原君赵胜墓现存封土高2.5米，占地面积16平方米。赵胜是战国时期赵惠文王之弟，号平原君，他与齐国孟尝君、楚国春申君、魏国信陵君合称“战国四君子”，卒于赵孝成王十三年（前25年），葬肥义之乡（今肥乡）。唐《元和郡县志》及肥乡历代县志均载赵胜墓在肥乡城南八里西屯庄。

元符寺

安放有二祖慧可大师灵骨

成安县城西北9千米东二祖村村北

据《磁县县志》记载，元符寺始建于唐贞观十六年（642年），开元二十年（732年）在寺内建塔安放二祖慧可大师灵骨。唐元和十二年（817年），昭义军监军使李朝正在塔前立碑。唐元复二年、宋嘉祐二年曾两次重新建塔。宋明道二年（1033年）钦赐寺名曰“广慈禅院”，后改今名。据佛教史籍记载，菩提达摩来华传经，不遇高徒而面壁九载。慧可立雪断臂而求真传，是为禅宗后第一代传人。

邺城遗址

魏晋南北朝六朝古都之一

临漳县邺镇三台村

邯郸乘班车至临漳县，转乘公交车至景点

40元

邺城位于临漳县境内，始建于春秋齐桓公时，曹魏、后赵、冉魏、前燕、东魏、北齐先后以此为都。邺城遗址分为邺北城和邺南城。南北两城虽然兴建时间不同，但整体布局严谨合理，成为我国六朝名都之一。由于漳河河床高且平坦，常年洪水泛滥，使漳河多次改道，邺城城址屡遭冲击。现存地表以上的建筑，除邺北城的金凤台遗址保存较完整外，铜雀台、冰井台和其余建筑多毁于洪水和战火，淤埋于地表以下。

链接

邺城的建城史

邺城由南北二城组成。北城始筑于春秋齐桓公时（前685—前644）。战国时，西门豹为邺令，曾在此投巫修渠。东汉建安九年（204年），曹操攻占邺城后，兴建宫殿，在城内高筑铜雀、金虎、冰井三台。铜雀台高30多米，有殿宇百余间，曹操命其子曹植登台作赋，有“飞阁崛其特起，层楼俨以承天”之语。城内宫殿、衙署、苑囿等建筑众多，规模宏大。相传以纹石为墙，金作柱，银作槛，珠作帘，玉作壁，并在铜雀台上建筑五层楼阁，高数十丈，顶置铜雀高5米，舒翼展翅，凌空若飞。台下深挖二井，井间有铁梁地道相通，井内贮藏着各种奇珍异宝。铜雀台东北建有9座豪华的宫殿，名“九华宫”。东晋十六国时，后赵、西魏、前燕先后以此为都。

至东魏时期，以北城为蓝图，增修邺南城。至北齐时拓建后，城市建筑规模宏大，殿宇豪华富丽，相传宫殿的门窗皆以金银为饰，以玉为石，椽伏斗拱用沉香木制成，浮雕奇禽异兽，房瓦以胡桃油浸泡，墙壁用丁香粉涂刷。城西的仙都苑中有五岳、五海，殿阁巍峨，气势非凡。五海之一的北海设置密作室，室内有各种木制人，有的会演奏乐曲，有的会行礼烧香，奇妙无比。北周时邺南城为杨坚焚毁。

金凤台遗址

位于邺北城西北隅，建安十八年（213年）修造，原高20多米，有房屋135间，为当时曹操大宴群臣、举行大典的主要场所。目前残存夯土高12.5米，南北长122米，东西宽78米，上建有仿古建筑14间，现设有建安文学展、六朝帝王展。

铜雀台遗址

位于金凤台北80米处，建安十九年（214

邺城遗址

年）造，东西长60米，南北宽20米，高30米。为三台之主台，有房屋109间，是当时曹操登台赋诗、处理政务、检阅军事操演的要地。目前保存夯土高5米，南北60米，东西22米。

地下潜伏城门

位于邺北城南墙下，漳河河床内，南北长52米，砖砌券顶高4.7米、宽4米，城内外地面落差7.2米，外为古代战壕。

曹魏古柏

位于邺南城朱明门大道右侧的三教堂院落，高21米，树冠面积达26平方米，粗6米，实为中原罕见。

北朝皇家寺院遗址

位于邺南城朱明门大道左侧，面积30万平方米，目前仍保存有夯土塔基、砖涵、柱刹石。夯土南北长40米，东西长36米，高5米。整个院落位于地表下1.2米，有山门、僧房、围墙遗存。2002年中国社科院考古所、河北省文物研究所对塔基进行了发掘，出土大量珍贵文物，属当年全国十大考古新发现，是中国最早的地宫埋葬制度的实物。

云霄雁塔

与西安大雁塔相似

广平县境内

古时千佛寺内还有一座镇寺古塔，据传与西安大雁塔相似，由于年代久远，此塔详貌不清，但高爽诗中做了这样的描述："露形今已久归空，毕竟须思未有同。若使有无国一信，铃铎何日不摇风。"

临漳北街日光寺

曾经的邺城佛教圣地

临漳县北街

日光寺原为六朝故都邺城佛教圣地，始建于北齐，原址在古代邺南城。现在的日光寺是北街村民集资修建的，建筑规模不大。进入日光寺山门，首先是5间大殿，供奉有城隍、四大天王等。天王殿上边又起一层殿宇，供奉着济公活佛。穿过天王殿，便可看到大雄宝殿，大殿底层供奉着释迦牟尼塑像和十八罗汉塑像。这里香火不断，常可看到有香客和信徒焚香许愿。日光寺后院还有一个文物陈列室，据说藏有一些唐宋时期青石柱。

五姓店古城

城内文物古迹众多

魏县境内

五姓店古城原城址即今魏城。明洪武三年（1370年）建，古城垣初为夯土墙，周长2600米，高7米，宽8米，护城河深5米，设东西南北四门。弘治四年（1491年）建门楼4座，东为"迎恩"，西为"南宾"，南为"望远"，北为"拱辰"。城内文物古迹众多。有各种庙宇18处，衙门5处，牌坊8处，古桥梁5处，古塔1处。古城存387年，乾隆二十二年（1757年）毁于水灾。

大名五礼记碑

我国现存最高、最大的碑

大名县城东3千米处

五礼记碑形体庞大，通高11.95米，宽3.04米，厚1.13米，据考证为我国现存最高、

大名五礼记碑

最大的碑，现保存于大名县石刻博物馆。该馆内收藏有各朝代石碑、石牌上百件。

玩家 解说

五礼记碑原是唐碑，为著名书法家柳公权奉唐文宗之命为魏博节度使何进滔撰写的德政碑，立于唐开成五年（840年）。北宋末年宋徽宗御做《五礼新仪》，大名府尹梁子美为讨好皇帝，竟把柳公权字磨掉，刻了徽宗的《五礼新仪》。梁磨碑时，可能是因碑楼掩盖，两侧柳公权写的字才保留下来。历经千年的侵蚀，这些剩下不多的字迹，仍可辨出刚劲秀丽的柳体风格。

大名府

宋代都城遗址

大名县城东北6千米处的大街乡一带

大名府是古运河岸边上一颗隐逸的历史文化明珠，春秋时期称五鹿城，至唐中期天宝年间，这里人口多达110多万人，成为全国闻名的大都市。如今的大名府城址，占地面积约36平方千米，作为宋代古遗址，被国务院公布为第六批全国重点文物保护单位。遗址以大街、御营、双台3个村为中心，运河在城东临城而过。城内有两处为重点保护区，即府城墙遗址和大街遗址。

城墙遗址

城墙遗址位于铁窗口村东南，村内地表保存有一段城墙，高6至7米，宽15至17米，长约140米。能看到城墙明显的夯土层，土质坚硬，附近随处便能看到瓷片、陶片及当年的砖头。

大街遗址

大街遗址包括大街、御营、双台3个村及双台村北宫殿区遗址，全部埋于地表以下3至5米，地表1米以下即可到达丰富的文化层，宫殿区遗存有丰富的陶瓷等文物残件。千年的岁月沉积，不仅埋藏着珍贵的遗物，更写满了历史沧桑。

朱熹写经碑

朱熹写经碑又名“朱子太极石刻”，位于大名县石刻博物馆内，此碑从翻刻至今，已有500多年的历史，从整体碑文仍能看出朱熹字体风格古朴，笔力遒劲，神韵俊逸，具有重要书法价值和艺术价值。

大名兴化寺

兴化寺位于大名府城西门外，寺院中间有一尊三面观音。寺中的大寂光殿坐东朝西，均为木结构，其北、东、南三面的外墙上画满了佛教故事壁画；殿内东面供奉着3尊菩萨塑像，塑像金碧辉煌；殿的北面供奉着孩童时的释迦牟尼，他站在大象身上，一手指天，一手指地。

大名府故城

攻略资讯

- 交通
- 住宿
- 美食
- 购物
- 娱乐

交通

飞机

邯郸机场位于邯郸市西南11千米处的马头镇。机场与重庆、大连、成都、广州、上海、杭州、西安、厦门等地已通航。

可坐5路、50路公交车往返于机场和市区。从机场乘机场班车可直达工人剧院（邯郸大剧院），约需1小时。

火车

京广线、京广高铁、邯济铁路、邯长（治）铁路在邯郸交会。邯郸市有邯郸站和邯郸东站两个火车站。

邯郸站：位于邯郸市邯山区浴新大街75号，即浴新大街与和平路交叉口西南角处，始建于1903年，是京广线上的车站，现为一等站。

邯郸东站：位于邯郸市高开区站前大街，是京广高铁河北省内除石家庄车站以外规模最大的车站，也是河北省内除石家庄市第二个具有始发车的高铁站。有11、49、21路等公交车经过。

汽车

邯郸市主要有两个长途汽车站，分别为长途汽车总站和东站。

邯郸长途汽车站：位于邯郸市浴新南大街29号，在火车站（邯郸西站）南边，班车主要发往邯郸西部县区和省外地区。

邯郸长途汽车东站：位于邯郸市雪驰路东头，班车发往邯郸东部县区和山东等地。

邯郸东站

从台公园

住宿

邯郸酒店业发达，有各式高中低档酒店，住宿非常方便。宾馆酒店主要集中在市中心、机场附近和高新区一带。市中心酒店大多集中在商业繁华路段，有许多青年旅舍和连锁快捷酒店。机场附近酒店交通便利，周围有许多中低档的宾馆。高新区酒店闹中取静，周围环境安静舒适。

●邯郸宾馆

是一家近50年的旅游饭店，位于邯郸市中心地段，距离丛台公园和邯郸市博物馆很近，交通便利。✉ 中华北大街与人民路交叉口北行 ✆ 2113888

邯郸城市风光

●太阳花酒店

靠近邯郸火车站，北临丛台公园、龙湖公园、千禧大厦，地理位置十分优越，交通便利。

✉ 邯郸市丛台区光明北大街12号 ✆ 3168888

●邯郸金都饭店

视野开阔，出行方便，干净卫生，是融餐饮、住宿、娱乐、健身休闲为一体的大型酒店。✉ 邯郸市高新技术开发区联通南路18号 ✆ 6098888

●更多住宿去处

邯郸大酒店/邯郸市人民路117号

迎宾大酒店/邯郸市人民路159号/5908888

武安宇宙宾馆/邯郸市武安县桥西路589号/5551088

涉县宾馆/涉县牌坊路633号/3826111

美食

深厚的文化底蕴造就了邯郸独特的饮食文化，同时这里还成了南北风味汇聚的美食之都。人们在津津乐道于广府全驴宴、临英扒兔、二毛烧鸡、五百居香肠、郭八火烧、武安抻面等当地传统美食的同时，也能品尝到川、鲁、粤、淮、扬等南北各地的特色名菜。

美食小吃

●广府全驴宴

“天上龙肉，地上驴肉”，北方流传的这句民谚就是对驴肉的赞美。广府全驴宴集驴肉之大成。驴肉营养价值丰富，具有补气养血、养颜、滋阴补肾和利肺等多种功能。

广府全驴宴

●二毛烧鸡

原名珍积成烧鸡，是邯郸十大知名小吃之一，中华老字号之一，属于冀菜系，远近闻名，享有盛誉。二毛烧鸡精选活鸡，用多种名贵药材及百年老汤制成，嫩烂醇香，色、香、味、形俱佳。

二毛烧鸡

●五百居香肠

创于1812年，色泽纯正，食而不腻，回味悠长，经久耐放，是邯郸大名县著名的汉族传统风味名吃。

五百居香肠

●郭八火烧

制作精细，风味独特，层多且薄，外表金黄油亮，吃起来皮酥里筋，焦香可口，味香诱人。大名人摆宴待客时，都少不了郭八火烧作为主食。

郭八火烧

美食去处

康业小吃一条街：邯郸历史最悠久、最有名的美食街。在这里可以品尝到邯郸当地传统美食，其中最有代表的有磁州面馆、老饺情饺子屋、南沿村食尚面吧、天然居等。

稽山新天地美食街：位于邯郸市中心，是美食和小吃的天堂。在这里不仅能吃到邯郸传统美食，还有各种新式的美食。

购物

邯郸盛产农副产品。鸡泽的辣椒，永年的大蒜、驴肉、无公害蔬菜，魏县的鸭梨，大名的花生、小磨香油，曲周的甜玉米、小杂粮，涉县和武安山区的花椒、柿子、山羊、野味，黑龙洞的河蟹，滏泉湖、岳城水库、京娘湖的大银鱼，都是邯郸有名的特产。工艺品有磁州窑瓷器、大名草编、磁县剪纸等。

●磁州窑艺术瓷

磁州窑窑系庞大，黄河南北均有此类风格制品，清末民初，此窑大量生产青花制品。现主要产品有兰花花碗、盘等用品。

磁州窑艺术瓷

●大名核桃纹乌枣

产于河北大名。一般在9月中旬前后挑选新鲜、果形端正、个头均匀的团枣制作。成品呈卵圆形，乌黑光亮，肉质柔韧，味香甜、耐贮存，不易变质。

大名核桃纹乌枣

●涉县核桃

果仁含有丰富的蛋白质、脂肪、钙、磷、铁、钾以及胡萝卜素、维生素等。除生食外，可作为糕点、糖果的原料，还可用来榨油。

涉县核桃

娱乐

邯郸是一座历史文化名城，这里的文化娱乐生活也同样丰富，既有古老的传统艺术表演，又有现代化的娱乐休闲活动，颇值得一来。

●冀南皮影戏

邯郸市的肥乡是冀南皮影戏的发源地，冀南皮影入选国家级非物质文化遗产名录后，这一古老技艺又焕发了活力，现在每逢节假日期间，肥乡的街头巷尾经常会有古老的皮影戏演出。

●曲周龙灯闹元宵

曲周龙灯是曲周县独具特色的传统民间舞蹈，每年正月元宵节前后，曲周县城都会举办盛大的正月新春舞龙灯活动，十分热闹。

●邯郸市文化艺术中心

是邯郸新的地标建筑，分为三部分，分别为邯郸大剧院、邯郸图书馆和邯郸市城市规划展览馆，文化艺术中心的落成为城市增添了不少现代化文化气息。邯郸市人民路东段399号 3095000

节日和重大活动

节日	地点	时间
元宵节	邯郸西部	农历正月十五
乞巧节	磁州附近	农历二月初二
丛中花会	丛中	农历二月十四至二月十六
六月六敬谷神	邯郸西部的武安一带	农历六月初六

邯郸市文化艺术中心

发现者 旅行指南

保定

概览

亮点

■ **直隶总督署**

是中国目前保存最为完好的清代省级衙署，是清代直隶总督的办公处所，历经182年，可谓是清王朝历史的缩影。

■ **清西陵**

清朝帝王两大陵寝之一，是清代自雍正时期起四位皇帝的陵寝，共有14座陵墓，被列为世界文化遗产。

■ **野三坡**

是北方极为罕见的融雄山碧水、奇峡怪泉、文物古迹为一体的景区。以自然的山水泉洞、林木花草为主，凸显一个“野”字。

野三坡

■ **白洋淀**

是华北平原上最大的淡水湖，是观赏荷花、观看渔民拉网捕鱼、休闲度假、品尝水产品的好去处。

● **必逛街道**

裕华路商业街：保定最繁华的路段，有华联等大型商城，裕华路小商品城及各种服饰、土特产商店。

线路

■ **保定市区一日游**

上午参观具有明显江淮建筑风格的淮军公所，然后逛繁华的裕华路商业街，顺带参观直隶总督署，感受清王朝历史的兴衰。下午游览古莲花池，可品尝糖葫芦王。再游览大慈阁，晚上到奇芳阁吃饭。

■ **保定深度四日游**

第一天上午进入鱼古洞中，曲折迂回的通道在灯光的照射下宛若地下龙宫。下午游览被誉为“北方奇景小桂林”的拒马河，晚上看《印象·野三坡》演出。第二天早上去被誉为“天下第一峡”的百里峡。下午去有14座清朝皇家陵寝的清西陵。第三天早起去大慈阁，参观河北最高的古建筑，之后去直隶总督署。下午去古莲花池。第四天开始白洋淀文化之旅。

直隶总督署

为何去

清西陵崇陵

历史文化名城保定，地处北京、天津、石家庄三角地带，素有“京畿重地”“首都南大门”之称。保定有着丰厚的文化底蕴，有戏曲之乡、游泳之乡、长寿之城、冠军之城等美誉。

保定城不大，却处处透露沉稳大气的儒家文化气息，直隶总督署、古莲花池诉说着昔日的辉煌；清逸脱俗的野三坡，飘扬着芦苇絮与荷花香的白洋淀，风水聚敛的清西陵，又给这颗华北明珠增添了几许浪漫气息。

何时去

白洋淀荷花

保定属暖温带季风气候，四季分明，冬季寒冷有雪，夏季炎热干燥，春季多风沙。夏秋季是到保定游玩的最佳时节，避开了春季的沙尘天气和冬日的严寒，虽然天气较为炎热，但是白洋淀、野三坡等景区都在山水之间，荷花绽放、植被茂密，适宜避暑游玩。另外，每年3月底野三坡举办开山节，每年7月23日至9月23日是白洋淀荷花节。

保定旅游示意图

区域解读

区号：0312

面积：约2.2万km²

人口：约1046万人

地理 GEOGRAPHY

区划

保定下辖5个区（竞秀区、莲池区、满城区、清苑区、徐水区）、4个市（涿州市、定州市、高碑店市、安国市）、15个县（安新县、高阳县、唐县、涞源县、易县、涞水县、定兴县、容城县、雄县、顺平县、阜平县、望都县、博野县、蠡县、曲阳县），有一个国家级新区（雄安新区）。

地形

保定地势由西北向东南倾斜，地貌分山区和平原，约各占一半。西部为中山区，最高山峰为海拔2286米的歪头山（阜平），中山区东南部是低山区和丘陵区，向东南逐步展为平原。境内河流主要为永定河和大清河水系。永定河流经东北部边界。大清河分为南北两支，河道众多，呈扇形分布。白洋淀在保定市辖区东部，为天然积水区。

气候

保定属温带大陆性季风气候，四季分明，年平均气温12℃，年降水量550毫米。冬季寒冷，夏季高温多雨，春季多风沙扬尘天气。保定降水主要集中在夏季，年际变化大，时有雷暴、风雹以及暴雨等极端天气，甚至有些年份春季会有沙尘暴袭扰。

历史 HISTORY

历史大事记

●史前文明

距今约1万年前，有徐水南庄头新石器时代早期文明。

●宋元时期

宋建隆元年（960年），因清苑为宋太祖赵匡胤祖籍，又为北宋军事重镇，故于清苑县治所设保塞军，因此时地处宋辽交界之地，置保塞军和保州，故取保卫边塞之意为名。

宋淳化三年（992年）李继宣知保州，筑城关，浚外濠，葺营舍，疏一亩泉河，造船运粮，保州开始发展成为都市。

金贞祐元年（1213年），成吉思汗率蒙古军南侵，破保州城，保州成为废墟。

元太祖二十二年（1227年），张柔主持重建保州城池，重新划市井，定民居，建衙署，筑寺庙，造园林，修筑土城墙，疏浚护城河，引一亩泉河水入城，既起到防御作用，又改善了城中水质，并利用水能在城外建水力石磨，奠定了保定城的基础。新建的保州城，成

白洋淀

为京师门户，为燕南一大都市。

元至元十二年（1275年）正式命名保定城，取永保安定之意。

●明清时期

明惠帝建文四年（1402年），都督孟善加固城墙，以砖石砌城，筑女儿墙堞口3710雉。

明隆庆年间（1567—1572），张烈文等三任知府将土城逐步改建成砖城，加固并增筑城楼。从战略防御出发，根据当时条件和地利，确定城的形制，城周基本呈方形，唯西城南部向外呈弧形凸出500米，整个城池形似足靴，故有"靴城"之称。

清雍正时期在莲池边设莲池书院，为直隶最高学府，知名院长有黄彭年、张裕钊、吴汝纶等，后期并开设英文、日文专科班，有日本人来此留学。书院造就了一大批文人学士。

●近现代

1912年，曹锟受袁世凯指使发动兵变，保定兵匪乘机抢掠府库，焚烧街市，连续烧抢两昼夜，火光冲天，官民财物被劫掠一空，后由驻军入城镇压始息。

1913年，直隶省会迁天津；1935年，河北省政府由天津迁至保定。抗战胜利后，国民党河北省政府由北平迁保定，1947年10月迁回北平。

名单 保定历史名人

- 古壮士荆轲
- 燕大夫郭隗
- 三国蜀王刘备
- 宋太祖赵匡胤
- 地理学家郦道元
- 数学家祖冲之
- 京剧艺术家盖叫天

狼牙山革命精神永存

1941年，侵华日军对晋察冀根据地河北易县的狼牙山地区抗日根据地进行了连续的"扫荡"，实行惨绝人寰的"三光"政策。同年9月24日，3500名日伪军突然包围了狼牙山地区，将易县、定兴、徐水、满城4个县的游

狼牙山五勇士雕塑

击队以及周围人民群众共2000多人围困，形势十分严峻。

为解救游击队员与当地百姓，7连班长马宝玉带领葛振林、宋学义、胡德林、胡福才4名战士决定拖住日伪军，边打边向棋盘陀方向撤退，把日伪军引向悬崖绝路。当他们退到棋盘陀顶峰时子弹已经全部打光，他们就举起石块向日伪军砸去。日伪军发现他们已经没有子弹了，蜂拥向山顶冲来，想活捉他们。马宝玉、葛振林、宋学义、胡德林、胡福才五人宁死不屈，为了不让日伪军活捉，他们砸碎枪后，高呼“打倒日本帝国主义”等口号，纵身跳下悬崖。马宝玉、胡德林、胡福才三人壮烈牺牲，但副班长葛振林、战士宋学义被山崖上的树枝挂住，幸免于难。从此，狼牙山以八路军五勇士浴血抗击日寇的英勇事迹闻名于世，现山上建有五壮士纪念塔。

文化 CULTURE

莲池书院，书香弥漫

保定市历来有文化古城之誉。宋代高州学、金代名医刘守真均曾在此行医，著有《刘河间集》。元代建万卷楼。明代建二程（程颐、程颢）书院、金台书院、上谷书院和三贤书院及县学、大宁都司学等。清代雍正年间，直隶总督奉诏建莲池书院，这里曾为北方最高学府。

保定莲池书院在清代被称为北方最高学府，是距北京最近的书院，和京城有着很深的文化渊源。

清初，入主中原的顺治、康熙两位皇帝深知，要想稳固自己的统治，就必须学习汉族的文化。恰在此时，官学、私学开始衰退，书院的逐渐兴盛引起清廷重视，于是官府开始利用书院来培养人才。京南门户、直隶督署衙门所在地保定的莲池书院应运而生。

1733年，雍正敕令各地建立省级官办书院。当时的直隶总督正是“模范督抚”李卫，传说李卫乞丐出身，文化不高，却十分重视教育，在浙江为官时就建造过紫阳、敷文两书院。到保定后，他立即把各级官员召集在一起，协商创办书院事宜。省城保定“楹接垣连，择地不易”，莲池“林泉幽邃，云雾苍然，于士子读书为宜”，故将院址选在莲池，

莲池书院

孙犁像

因地取名为“莲池书院”。后来的清末最后一个状元刘春霖、清史馆总纂王树楠以及民国风云人物冯国璋等均曾就读于此。

英法德意四国侵略军在20世纪初侵入保定时，将莲池书院古园中的珍贵文物抢劫一空。中华人民共和国成立后，经人民政府主持修缮，莲池书院逐渐恢复了昔日的光彩，成为保定重要的文化遗产。

文坛史上的绚丽色彩——白洋淀派

白洋淀是革命老区，抗日战争时期，活跃在白洋淀的水上游击队——雁翎队，利用有利地形，驾小船出没于芦苇荡中，辗转在茫茫的白洋淀上，谱写了一曲曲抗日救国的壮歌。白洋淀不仅是著名的风景区，在文学上更有一个主要以白洋淀为题材的文学流派——白洋淀派。

作家孙犁于1944年在延安《解放日报》上发表了《荷花淀》《芦花荡》等短篇小说，为风沙弥漫的西北高原带来了白洋淀水乡的清新之风，同时，充溢其中的爱国爱家乡的情怀、浪漫主义精神和灵动脱俗的清新风格，给残酷战争条件下的抗日根据地军民以心灵的鼓舞和精神的提升。此后他又陆续创作了长篇小说《风云初记》、小说与散文集《白洋淀纪事》、中篇小说《铁木前传》。

20世纪50年代，京、津、保定地区有一大批青年作者积极主动地学习孙犁的写作风格，效仿孙犁的路子写小说，即通过描写儿女情、家务事反映时代的变化，其中突出的有刘绍棠、丛维熙、韩映山、房树民等，形成了一个很有特色的作家群体。后来，人们把这个作家群体称为“荷花淀派”，也称“白洋淀派”，他们的努力铸就了一个文学时代的辉煌，成为我国现代文学史上一道绚丽奇特的景观。

景点推荐 保定市区景点

直隶总督署 AAAA

保存完整的省级衙署

莲池区裕华路

乘坐6、35路公交车至古莲花池（总督署）站下

30元

2010528

直隶总督署是中国目前保存最为完好的清代省级衙署。这座衙署于雍正七年（1729年）启用，清亡后废止，历经182年，可谓是清王朝历史的缩影。其历史内涵非常丰富，有“一座总督衙署，半部清史写照”之说。总督署严格按照清制修建，分为东、中、西三路，主体建在南北向的中轴线上，一些辅助建筑如花厅、幕府院等分列在东西两路。这些建筑均为布瓦顶、小式硬山建筑，是一座典型的北方衙署建筑群。

玩家解说

直隶是天子脚下的畿辅重地，其地位较其他省为重，统兵是总督的专责，直隶总督统兵除了维护地方安全外，还负有保卫京师的重任。

元代置保定路，以保卫大都安定天下而得名。明清于保定设总督。直隶总督署正式启用于雍正，清亡后废止，历经182年。这里先后有74人、99任次直隶总督。总督作为朝廷派出的官员，并逐渐形成官制是从明代定都北京以后，直隶总督、巡抚的设置进一步走向制度化，清初有一段时期曾经是督抚并存。不久，总督由临时派遣转为定制，由专管军务发展到综理军民要政，实际已成为地方最高军事、行政长官。

在清代，直隶总督的权力很大，一般为正二品官员，凡加尚书衔者，为从一品。直隶总督中著名的有李卫、方观承、刘墉、那彦成、曾国藩、李鸿章、袁世凯等。其中李鸿章任期最长，他3次受命，先后达28年之久。

大慈阁

保定古八景之一

莲池区裕华路，紧邻古莲花池

大慈阁又名大悲阁，始建于元，历经多次重修，现存大慈阁通高25米，重檐三层，檩枋均绘旋子彩绘。大慈阁背后有一座始建于明代的关帝庙，原名汉寿亭侯庙，现存的关帝庙是1985年原地重修的建筑。因其坐南朝北，故称倒座关帝庙，在全国罕见。大慈阁是保定古建代表作和象征，曾经有“不到大慈阁，等于未曾到保定”之说。

鸣霜楼

保定现存最古老的建筑

保定市裕华路，紧邻大慈阁

市区乘8、20、26等路公交车在钟楼商厦下即达

鸣霜楼又叫古鸣霜楼，紧邻大慈阁，背后是钟楼商厦。楼内藏钟，钟体通高2.55米，口径2米，唇厚17厘米。铸成于金大定二十一年（1181年）。该钟造型庄重，比例科学，选料考究，以生铁为原料，采用我国传统工艺——无模铸造法浇铸而成。千百年来经受了无数次的撞击和风雨沧桑，至今完好无损，体现了我国古代精湛的冶炼技术。

大慈阁

玩家 解说

钟的顶部设有八个洞眼，是为了铸钟时钟体不至于破裂而设计的，还起到共鸣的作用，不仅能使钟声好听，而且使钟声洪亮、悠长。神奇的大钟上下可发出不同的声音，人们能从声音中分辨多种音符，音波起伏，尾音长达五分钟之久。

古莲花池

全国十大古典名园之一

莲池区裕华西路

火车站乘1、4、8、22路公交车到古莲花池站下

8:00–17:30

30元

古莲花池是与苏州拙政园、北京颐和园、圆明园等齐名的十大历史名园之一，是国家级文物保护单位。莲花池自古就环水置景，以水为胜，因荷得名。园中诸景建制小巧玲珑，优雅别致，汇集了中国南北古建筑园林风格的精华。莲花池堪称中国北方古代园林明珠，这里的山、水、楼、榭等参差错落，组成了著名的莲池十二景，博得了“城市蓬莱”的美称。同时，莲池书院又为园区增添了厚重的文化色彩。

玩家 解说

“莲叶托桃”是古莲花池中亭顶的独特造型。绿色翻卷的大莲叶正中，托着一只大红桃，这一构制新奇而又自然。传说八国联军进北京时，慈禧太后扮成村妇，连夜出逃。有一位老工匠，便在莲池设计了“莲叶托桃”的亭顶样式，谐“连夜脱逃”之音，意在揭露慈禧太后丧权辱国的丑行。慈禧太后回京路过保定，看到“莲叶托桃”，恼羞成怒，当即传旨要查办是谁的指使，杀无赦。这位老匠人为了不连累他人，自缢身亡，连个姓名都未留下。

链接

莲池书院

清雍正十一年（1733年），在莲花池北部建直隶省最高学府——莲池书院。书院院长多为学识渊博之士，如章学诚、祁韵士、张裕钊、吴汝纶等，开设西文（英语）、东文（日语）学堂，招收外籍留学生，聘请外籍教师等，学院声播四方，“四方贤隽担簦负

古莲花池

笈受业门下者，趾踵相接”，培养出一批经世致用的人才。

留法勤工俭学运动纪念馆
热血青年纪念地

莲池区金台驿街

乘1、2、3等路至市邮政局站下

免费

留法勤工俭学运动纪念馆主体建筑是一座典型的清末时期砖木结构的四合院。“留法勤工院学运动文物史料陈列”是该馆的基本陈列。另外，纪念馆还设有影视厅，放映相关内容的影视节目，给观众以身临其境的感受。

链接

留法勤工俭学

1916年袁世凯倒台后，被迫流亡海外的蔡元培、李石曾、吴玉章等人相继回国，开始在国内大力宣传和组织赴法勤工俭学。经过艰苦的努力，留法预备学校和预备班在全国先后建起了20余所。其中，1917年，保定高阳县布里村成立了第一所留法工艺学校。学校设有实习工厂，中国共产党早期创建人之一的蔡和森就毕业于此校。

1917年秋天，保定育德中学附设了留法高等工艺预备班，该班教学质量之高，教学设备之良，赴法人数之多，是其他留法学校不能相比的。革命前辈刘少奇、李维汉、李富春等湖南学生就先后毕业于此班。1918年，北京、长辛店设立了高等法文专修馆，赵世炎、何长工等就毕业于此馆。

淮军公所
近代优秀建筑

莲池区环城西路220号

淮军公所是李鸿章为纪念淮军在镇压太平天国和阵亡的将士而建的昭忠祠，并兼有安徽会馆之功能。李鸿章死后改为李鸿章祠堂。淮军公所规模宏大，整体呈不规则矩形，南北长200米，东西宽140米。令人注目的是祭场后院的两个垂花门。门为月亮门，上有门楼，下边的柱子为透雕的狮子滚绣球；两个垂柱，为花篮形，中间的倒挂楣子，满刻花鸟，极为别致。上边的屋脊，高高翘起，玲珑剔透。

链接

淮军

淮军是李鸿章于清同治元年（1862年）创建的一支地主武装，在镇压太平天国农民运动中发展起来，日益强盛，逐渐由地主军事武装组织演变为左右时局的政治集团。李鸿章和他的淮军为晚清政府支撑了近40年的局面，在对内对外战争、巩固近代国防、开展洋务运动、维护祖国统一、发展近代文化等方面作出了一定贡献。

在淮军的辉煌时期，曾担负北自天津、保定，南迄上海、吴淞，南北数千里江海要地的防守。中日甲午战争中，丁汝昌指挥的北洋海军和叶志超、卫汝贵统率的陆军遭到惨败，淮军势力遂逐渐衰落。

满城汉墓景区 AAAA

西汉诸侯王墓

满城区满城镇西南郊1.5千米陵山上（距保定市18千米）

保定乘10路公交车到满城汉墓路口下，步行150米即达

125元（含索道费）。

7160188

满城汉墓是西汉时期中山靖王刘胜和妻子窦绾之墓。满城汉墓规模宏大，是极为罕见的汉代陵寝。陵寝主要由墓道、库房、后室、马房等组成，室内拥有众多奢侈的豪华葬品，如铜器、银器、玉器等万余件。其中金缕玉衣、朱雀衔环杯、长信宫灯等就出土于此，欧美、亚洲等10多个国家和地区人士的大批游客曾到此观赏。

满城汉墓景区

玩家 解说

1.西汉中山国有十代王，刘胜是第一代王。他是西汉景帝刘启之子，汉武帝刘彻的异母兄长。他在景帝前元三年（前154年）被封为中山王，统治中山国达42年之久。在《三国演义》中，刘备做自我介绍时常说“孝景皇帝玄孙、中山靖王之后”，中山靖王指的便是刘胜。

2.中山靖王之墓是经过精心设计的，是一座豪华的地下宫殿，随葬品的数量很多，不仅有实用的车和驾车的马，还有狗和鹿。除此之外还有大量的铜、陶、铁、金、银、玉石、漆器以及帷帐、俑、五铢钱等。

3.金缕玉衣是汉代规格最高的丧葬殓服，我国目前已经出土玉衣的西汉墓葬共有18座，而金缕玉衣墓只有8座。其中最具代表性的就是满城一号墓出土的刘胜的金缕玉衣。

玉衣的起源，可以追溯到东周时的“缀玉面幕”“缀玉衣服”，到三国时曹丕下诏禁用玉衣，共流行了400年。皇帝及部分近臣的玉衣用金线缕结，称为“金缕玉衣”，其他贵族则使用银、铜线缀编称为“银缕玉衣”“铜缕玉衣”。

4.长信宫灯出土于窦绾墓，外形是个宫女跪坐执灯的形象，高48厘米，通体鎏金，此灯最显著的特点是能根据需要调节光亮大小和照射的方向，宫女体内中空，烛火的烟滓可以通过宫女的右臂进入体内，使烟滓停滞在灯身中，用以保持室内的清洁。

链接

满城汉墓出土的中国之最

满城汉墓中的文物创造了多项全国之最：4枚金针、5枚银针、“医工盆”，以及小型银漏斗、铜药匙、药量、铜质外科手术刀等，组成了迄今发掘出土的质地最好、时代最早、保存最完整的一整套西汉时期医疗器具；计时器铜漏壶是迄今出土的年代最早的一个古代天文学器物；一个由石磨和大型铜漏斗组成的铜、石复合磨，是我国至今所见体积最大、时代最早、设计科学、构思奇妙的铜石复合粮食加工工具；500多件兵器中，有我国最早采用刃部淬火新工艺的铁剑，而刘胜的铁铠甲，也是迄今考古发掘中所见到的

保存最完整的西汉铁甲；一件玻璃盘和两件玻璃耳杯是迄今考古发现最早的国产玻璃容器。

龙潭峡谷景区
有“北方小桂林”之称

满城区神星镇 在保定乘坐开往满城市区的班车，再在满城市区包车前往

龙潭峡谷景区包括龙门湖和龙潭峡谷两个景点，景区风光旖旎，青山秀水，有“北方小桂林”之称。龙潭峡谷两岸，石壁陡峭，顺峡谷而下，有仅能容一人通过的“一线天”。谷底河谷蜿蜒，波光粼粼。浅水处可观鱼垂钓，深水处可划船游泳。龙门水库位于城区北25千米处，是河北省北部少有的人工湖泊，素有“北国西湖”之称。

木兰溶洞
传说花木兰率军驻扎此地

满城区西北20千米处，距保定市38千米

保定乘10路公交车到满城市区，换乘区10路城乡班车到达景区 60元

木兰溶洞在山清水秀的木兰峪的幽静之处，群山环抱，景色秀丽。传说当年替父从军的女英雄花木兰曾率大军驻扎此地，因而得名木兰溶洞。溶洞内全长300米，石笋、石钟乳比比皆是，胜似南方喀斯特景观。石花、石柱、石锥、石树，像质地上乘的美玉一样流光溢彩，清亮透明。溶洞内还出土了5万年以前的熊、鹿、猎狗等古生物化石。

链接

花木兰

花木兰是北魏人，北方人喜欢练武。花木兰的父亲以前是一位军人，从小就把木兰当男孩来培养。木兰10多岁时，他就常带木兰到村外小河边练武、骑马、射箭、舞刀、使棒。空闲时，木兰还喜欢看父亲的旧兵书。

关于她的姓氏，有人说是姓朱，有人说是复姓木兰，有人说是姓魏，明代徐渭在《四声猿传奇》中说她是姓花，名木兰，父亲花弧是一个后备役军官，大姐花木莲，幼弟花雄，母亲姓袁，一家五口，这是至今仍为大家所接受的一种说法。

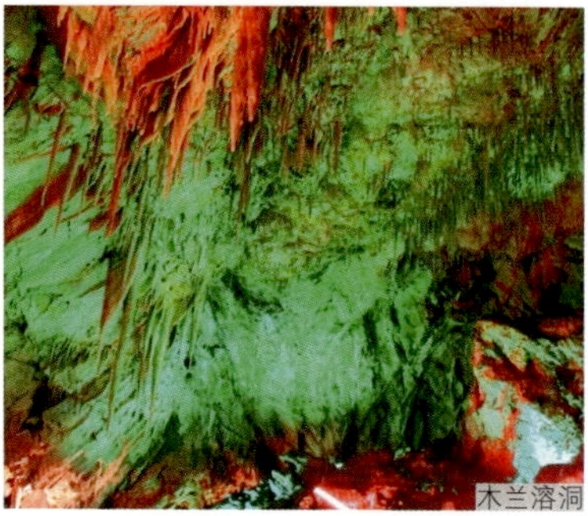
木兰溶洞

花木兰的事迹传至今，源于北朝民歌《木兰辞》，这篇长篇叙事诗歌颂了花木兰女扮男装替父从军的传奇故事。北魏时期，社会经济得到了发展，人民生活较为安定，但是，当时北方游牧民族仍然不断南下骚扰，北魏政权规定每家出一名男子上前线。木兰的父亲年纪大了，没办法上战场，家里的弟弟年纪又小，所以，木兰决定替父从军，从此开始了她长达多年的军旅生活。木兰隐瞒自己女儿身身份，与男人们一起杀敌，数十年后凯旋回家。

曹仙洞
相传为曹国舅成仙之所

满城区西北20千米处的曹家峪村大展山上

保定乘10路公交车到满城，换乘区10路公共汽车可达

曹仙洞相传为八仙之一曹国舅修道成仙之处。洞内冬暖夏凉，景观众多，有玉柱、猪仙、龙冒石碑、仙人戏名、小天河、地龙等景观，此外还有曹国舅修炼的居室、膳房，得道成仙的上天石、群龙戏海、八仙讲经台等自然景观，颇具神话色彩。曹仙洞洞顶有许多孔洞与外界相通，使洞内空气清新如洗。另外，洞的尽头有一小洞，为洞中之洞，有仙人室、炼丹房、炼丹炉等景观。

链接

曹国舅

曹国舅乃北宋枢密使曹彬之孙、吴王曹玘之子。曹玘之女曾被宋仁宗册封为皇后，而后曹皇后之长弟曹佾成为曹国舅。根据此历史记载，曹国舅为邢台宁晋人，曹皇后之弟。后世被尊奉为道教八仙之一。曹国

舅是道教八仙中地位最尊贵的人物，尽管地位很高，被封为国舅，而且天资聪明，但是他并不喜欢享受富贵的生活，不喜欢利用特权，而是喜好道教的修行。

曹国舅为一心修道，将家财散尽，周济贫苦之人。最后，他辞别家人和朋友，身着道服，隐迹于山岩，修身养性。数年之后，他已达到心与道合、形随神化的境界。突然有一天，汉钟离和吕洞宾游至他修道之处，问他："你闲居时修习什么？"国舅答："其他的无所作为，只修道而已。"二仙问："道在哪里？"国舅指着天。二仙又问："天又在哪里？"国舅指着心。钟离笑道："心即天，天即道，你已经洞悟道之真义了。"于是授他《还真密旨》，令他精心修道。不多久，他由汉钟离、吕洞宾引入仙班。

冉庄地道战遗址

巧夺天工的"地下长城"

清苑区冉庄镇冉庄村

乘保定至阳城或李庄的班车到冉庄下

9:00～16:30（周一休息）

8036158

冉庄地道战遗址是为纪念著名的冉庄地道战而建立的。遗址保护区内仍保留着20世纪三四十年代冀中平原村落环境风貌，完整保留着高房工事、牲口槽、地平面、锅台等各种作战工事。地下完整保留着当年作战用的地道3000米，以及卡口、囚笼、地下兵工厂等地下作战设施。在冉庄地道战纪念馆，游客可以参观冀中冉庄地道战展厅、地道遗址及地下作战设施和地上遗址保护区等。

玩家 解说

地道战是冀中平原抗日斗争的光辉典范和缩影。冉庄现仍保留着20世纪三四十年代冀中平原村落的环境风貌，保留着当年构筑的地道多路及各种作战工事。许多影视片如《地道战》《烈火金刚》《敌后武工队》《平原游击队》《刘关张传奇》等都曾在此拍摄。

村口的古槐树和大钟是冉庄地道战遗址的标志。冉庄地道以十字街为中心，顺沿东、西、南、北大街挖成4条干线地道，再由干线延伸出20多条支线，还有西通东孙庄，东北通姜庄的联村地道；有向东南通隋家坟和河坡的村外地道。全长约15千米，形成了村村相通、四通八达、能进能退、能攻能守的地道网。

冉庄地道战遗址

景点推荐

涿州周边景点

京都高尔夫旅游度假区

融休闲娱乐为一体

涿州市西部，距北京天安门60余千米

从京深高速中央电视台涿州拍摄基地口下，向西沿高尔夫大道行驶25千米即达

免费

3705090

京都高尔夫旅游度假区中心占地347万平方米，36洞全面开场。度假区包括高尔夫球场、高尔夫别墅群、阳光星级酒店、高尔夫学院、联体公寓等，是旅游度假、休闲居住、打球娱乐、商务活动之地。

张飞庙

有桃园三结义雕像

涿州市涿州城南两千米107国道附近

涿州古称范阳，是刘备、张飞的故乡。张飞庙中有山门、马殿、正殿、墓冢等建筑。庙后有张飞井，据说为张飞储肉用井，上面盖着一座翠绿瓦的多角亭，四周围绕着洁白的石栏杆。张飞墓后面有一片茂盛的桃林，有一组桃园三结义的彩色雕像，刘、关、张三人各举着大碗喝酒。

玩家 解说

我国的张飞庙很多，有阆中张飞庙、云阳张飞庙等，其中云阳张飞庙比较有特色，在全国的张飞庙中比较有名。

张飞，字益德，东汉涿郡涿县人，为三国蜀汉大将，与刘备、关羽结为异姓兄弟，共同收复汉室江山，以成霸业。张飞曾在虎牢关与关羽、刘备一起迎战吕布；长坂坡桥头上一声吼，吓退曹操百万军；葭萌关夜战马超，后大战严颜，一支丈八蛇矛勇冠三军。刘备入川以后拜他为车骑将军，封西乡侯。221年为替二哥关羽报仇，同刘备起兵攻伐东吴。临行前，因鞭挞士卒被部将范疆、张达刺杀，死时只有55岁。

涿州双塔

涿州标志性的历史建筑

涿州市市区东北角

两塔均为八角形砖仿木构楼阁式舍利塔，南北对峙，南塔称“智度寺塔”，北塔称“云居寺塔”。两塔皆因寺得名，但寺院不知毁于何时，各仅存佛塔一座，合称“涿州双塔”。南塔五级，通高44米，始建于辽太平十一年（1031年）。北塔六级，通高56米，始建于辽大安八年（1092年）。

双塔时代特征明显，颇具辽代建筑风格，在国内有一定影响。涿州双塔是中国现存辽塔中保存较少的楼阁式砖塔，完全模仿木构楼阁，辽代双塔做工精细，内部结构为套筒式，塔内各层均设八角形回廊。

玩家 解说

我国古代佛塔的层数几乎都是奇数，这与我国古代阴阳学有关。《周易》曰：“阳卦奇，阴卦偶。”阳卦指有利的条件、环境和机遇，阴卦指各种因素都不利，条件十分艰苦。我国古代阴阳学说把奇数作为“阳”的象征，把偶数作为“阴”的象征。如“阳”代表白天，人生属“阳”；“阴”代表夜晚，人死属“阴”。所以我国佛教中许多事物都采用奇数，以表示清静、吉祥或顺利之意。在佛教中具有特别意义的塔，其层数的设置更是如此。

三义宫

纪念桃园三结义

涿州市松林店镇楼桑庙村

沿京深高速公路涿州口下道或107国道南行8千米即达

张飞庙

¥ 20元

三义宫又名昭烈帝庙，始建于隋，后经唐、辽、元、明、清各代不断修葺，距今已有1400多年的历史。三义宫是为纪念刘、关、张桃园结义而建的。千百年来，拜谒者络绎不绝，同时也留下了许多脍炙人口的诗篇，成为人们寻千古一拜、觅忠义之魂的最佳去处。每年三义宫庙会之时，附近百姓云集至此，热闹非凡，是为涿州八景之一，人称“楼桑春社”。

开善寺

辽代建筑风格的佛寺

✉ 高碑店市市区旧城东北隅

开善寺俗称东大寺，是一座保留有辽代建筑风格的佛寺，现仅存建于辽代的大殿和后代修缮的天王殿、金刚殿。大殿内立柱用材粗壮，具有明显的侧脚和升起，各柱卷圆润，殿顶为出檐深远、弧度平缓的庑殿顶。为了扩大视野，大殿在建造过程中使用了辽金建筑中常见的减柱法。殿内仅有立柱4根，视野宽阔，适应了在殿内布置众多佛教群像的需要，充分体现了辽代佛殿内部结构安排与实用要求紧密结合的设计思想。此外，殿内还保留有辽代壁画。

义慈惠石柱

难得的北朝时代建筑遗作

✉ 定兴县定兴镇西郊10千米

义慈惠石柱又名北齐石柱，建于北齐大宁二年（562年），是杜洛周、葛荣起义军遗骨埋葬之处。石柱造型奇特，雕工粗壮有力，雕刻带有强烈南北朝风格。

石柱用石灰石垒搭而成，通高6.65米，分基础、柱身和石座三部分。柱顶还有一座殿堂模样的石屋。有彩绘于石屋底部，色彩鲜艳。刻在石柱各面的“标异乡义慈惠石柱颂”具有很重要的史料价值。此文共3400余字，记叙了自北魏孝昌元年至永安元年间的一次大规模的农民起义，颂文虽是站在封建地主阶级立场上所写的，但却反映了当时农民起义波澜壮阔的情景。

三义宫

景点推荐 白洋淀周边景点 AAAAA

安新县圈头乡

保定中心客运站有多班班车前往安新县城

每年4月至11月

5115729

白洋淀是中国海河平原上最大的湖泊，是在太行山前的永定河和滹沱河冲积扇交汇处的扇缘洼地上汇水形成的，现有大小淀泊97个，因白洋淀在所有的淀泊中面积最大而得名。白洋淀以大面积的芦苇荡和千亩连片的荷花淀而闻名，著名的景点有鸳鸯岛、民族岛、荷花淀、九龙潭、元妃荷园等。白洋淀是典型的北方湿地，自古以来就以物产丰富著称，是鸟的王国、鱼的乐园、多种水生植物的博物馆，素有“华北明珠”之誉。

玩家攻略

每年7月23日至9月23日是白洋淀荷花节，也是旅游旺季。白洋淀荷花节有三大主题：出水芙蓉（7月）、白里荷香（8月）和荷塘月色（9月）。在这如诗如画的环境中，可在白洋淀垂钓园参加垂钓比赛或参与“百里荷香笔会”和“荷花情”书画摄影作品展。同时还可以观看到精彩的白洋淀之秋文艺汇演和水乡民俗风情故事会活动。

白洋淀景区面积较大，内部的纵深有几十千米，淀内有一些小岛，被开发成几大景区。小岛与陆地之间没有通路，只能通过游船前往，所以进入白洋淀景区必须乘船游玩。

来白洋淀，可购买一些特别的工艺品。芦苇画的制作经过十几道工序，每道工序都是精心设计，手工制作。其最大特点是天然、环保，不变形、不褪色，典雅古朴、新颖别致，既可馈赠亲朋好友，又有收藏价值。另外，白洋淀苇席苇帘也是欣赏与实用结合的工艺品，值得购买。

玩家 解说

白洋淀水产资源丰富，是著名的淡水鱼场，盛产鲑鱼、鲤鱼、青鱼、虾、河蟹等40多种鱼虾，水生植物遍布，野鸭大雁栖息。这里的人们可以捕捞鱼虾，采挖莲藕，一年四季，这里都是一片繁忙，故被称为“日进斗金，四季皆秋”的聚宝盆。

众多的历史典故，给白洋淀平添了不少历史内涵：清朝康熙和乾隆皇帝曾多次来白洋淀水围；抗日战争时期水上游击队——雁翎队，留下了不少脍炙人口故事，《小兵张嘎》就取材于雁翎队；著名作家孙犁的《荷花淀》，孔厥、袁静的《新儿女英雄传》也均以白洋淀为题材而创作。

链接

白洋淀传说

相传，天上有位非常美丽的仙女，她掌管着世上所有的河川湖泊。她心地善良，常常为穷苦的百姓播云布雨，解救百姓干旱之苦。每逢皓月当空，她身着洁白的裙纱，手捧玉瓶到处巡视。有一天她来到一块广袤无垠的大地上空，看到大地因干旱而干裂，禁不住发出了一声声叹息。于是她微倾玉瓶向下倾倒，却不经意将玉瓶摔在了地上。玉瓶碎成99块，瞬时幻化成了连在一起的99个大淀。瓶中插着的花，变成了香气袭人、粉白相间的荷花，这荷香又引来了无数水鸟，从此这里就变成了紧紧相连的99个大淀。这就是今天的白洋淀。

荷花大观园

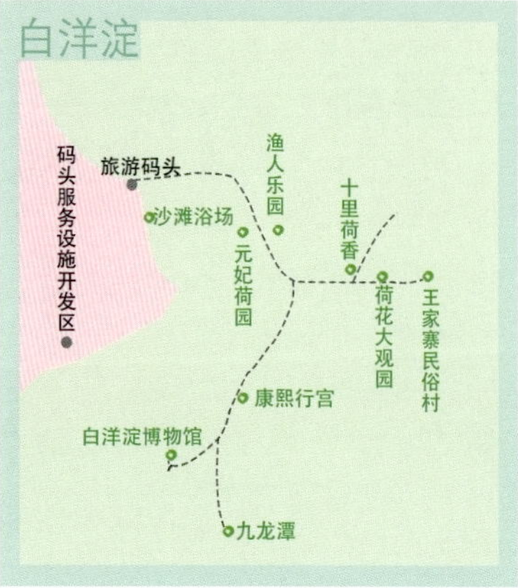

荷花大观园

荷花展示基地

园内荟萃中外名荷366种，是我国目前面积最大、品种最齐全的荷花展示基地。花的颜色有红、黄、白、粉、淡绿等。花型有单层、双层、多层，有小到可置案头的碗莲，有大到能负重几十斤的南美王莲。荷花淀到花开之季，这里便是一片“接天莲叶无穷碧，映日荷花别样红”的美景。

玩家 攻略

荷花大观园内有20座观赏亭，48个休闲湾供游人划舟荡桨。6月至9月荷花盛开的时候是来这里赏荷的最好时期。

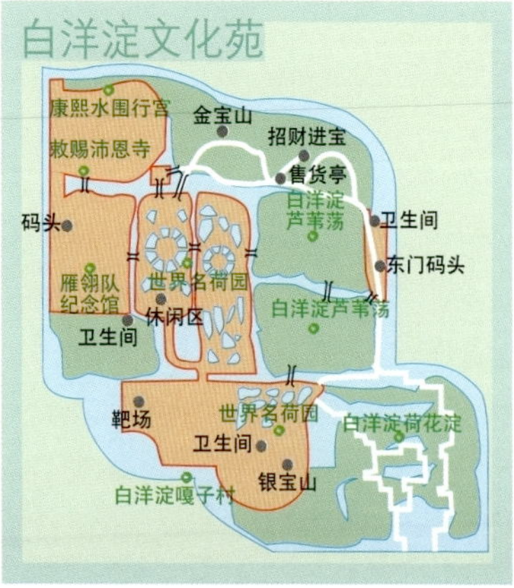

白洋淀文化苑

涵盖四大文化

白洋淀文化苑将生态文化、历史文化、革命文化、民俗文化融为一体，有八大景观：康熙行宫、沛恩寺、钱屏、东堤烟柳、西淀风荷、水生植物园、芦花寨度假村、雁翎队纪念馆。文化苑是融爱国主义教育、旅游等多功能为一体的综合型景点。

异国风情园

娱乐性极强的娱乐园

异国风情园是一个娱乐性、参与性极强的娱乐园，可以欣赏泰国民间歌舞、欧洲女子泥跤、泰国斗鳄、狮子捕食等表演，还可参与海豹喂食、海盗船等项目。

玩家 攻略

游客可亲临海豹区投喂海豹，参与险渡鳄鱼湖，享受刺激、体味浪漫。在看鳄鱼表演时不要大声喊叫，因为这是一场危险的表演。

看完歌舞表演后可以和演出者拍照留影。

白洋淀宝岛

观光休闲的水上乐园

白洋淀宝岛水上乐园融娱乐观赏性、知识性为一体，具有极强的参与性、挑战性。这里古有“北地西湖”之称，今有“华北明珠”“北国江南”“鱼米之乡”之誉，是帝王将相巡幸之地，也是“荷花淀”派诞生之地，雁翎神兵曾在此扬威。

鸳鸯岛

白洋淀景区王牌景点

鸳鸯岛为白洋淀景区王牌景点，占地6.4万平方米。淀内有世界上最大的同心锁，还有年轻人求证爱情的月老祠，这里有世界各地的鸳鸯。岛上风景宜人，其中“鸳鸯晓月”为今白洋淀八景之一。

白洋淀之窗位于鸳鸯岛上，该馆分六大展厅，以翔实的历史资料、珍贵的历史照片和丰富的实物，展示白洋淀悠久的历史文化，生动再现了小兵张嘎和淀上神兵雁翎队的光辉足迹，这里还详细介绍独具特色的淀区文化、朴实淳厚的渔民生活，充分展现了白洋淀的自然资源和水乡美景。

玩家 攻略

鸳鸯岛可定时定点观看鱼鹰捕鱼表演、水乡婚俗表演、白洋淀民俗表演等。登上鸳鸯楼，既可平眺白洋淀远景，又可鸟瞰岛上全貌。

在鸳鸯岛还可乘坐缆车，从空中俯瞰碧波荡漾的水面。

元妃荷园

元妃荷园
规模较小的荷花观赏园

元妃荷园位于白洋淀码头南侧，南北长1750米，东西宽1300米。这里水域辽阔，水质清澈，四面芦苇环绕，水中荷花满园，是白洋淀生态旅游景区中最美的景观。荷园内荷花叶片大，茎秆挺拔，花瓣肥厚，颜色鲜艳。

渔人乐园
体会渔人生活的好去处

渔人乐园史称“烧车淀”，是宋代名将杨延昭抗金御辽的古战场。景点内的水域宽广，水质清澈，周围芦荡摇曳，水中荷花绽开，风和气清，百鸟翔集，是典型的湿地观光景点。

玩家 攻略

渔人乐园离旅游码头较近，这里可以划船，看鱼鹰捕鱼表演。

还可以去看看漂流小屋，这种小屋特别适合情侣居住，小屋不大，但设施比较齐全。

宋辽古战道
堪称“地下长城”

雄县境内

雄县历史悠久，北宋名将杨延昭曾在这里驻守16年，在与辽军周旋中，修筑了一条地下战道。从初步发掘情况看，古战道始于雄县圆通阁之八角琉璃井，经大台、祁岗向东北延伸至霸州和永清。地道内有洞室5间，5个分支：位于西侧两间为迷魂洞，设有翻板等军事设施；第三室为兵器室；由此往东第四室为议事厅；再往东第五室，为面积较大

渔人乐园

的藏兵洞。这样巨大的地下防御性军事工程的发现，填补了史书记载的空白，堪称“历史奇观，地下长城”。

上坡遗址
磁山文化生活遗址

容城县城南1千米处上坡村南50米的台地

上坡遗址属新石器时代至商代遗址，遗址为长方形，南北长100米，东西宽20米。其文化层堆积一般为1~3米，从上至下依次为磁山文化、仰韶文化、龙山文化、商文化共四层，出土文物有陶器、石器和骨器500多件。这些遗迹揭示了3000年前商民居住和生活的场景。上坡遗址的发掘，把磁山文化的分布范围由豫北冀南扩大到保定以北地区，具有极为重要的历史和考古价值。

上坡遗址

辛庄烈士陵园
缅怀革命先烈

高阳县城南15千米处

辛庄烈士陵园主要建有烈士纪念塔、碑亭、烈士墓、烈士纪念碑等，是河北省重点文物保护单位。

玩家 解说

1932年8月下旬，在北方党组织的领导下，这里爆发了闻名华北的高蠡暴动，8月31日遭到反动军队的围剿。宋洛署、蔡书林等17名烈士于此壮烈牺牲。而后国民党反动派又疯狂剿杀突围的战士，有29名战士惨遭杀害。这次暴动虽然失败了，但在这块沃土上撒下了革命的种子，给后来动员民众进行抗日战争和解放战争打下了良好的思想基础。

高阳纺织博物馆
见证“纺织之乡”织造史

高阳县城内西街

高阳纺织始于明末，高阳被誉为“纺织之乡”。高阳纺织博物馆是我国北方一流的纺织历史博物馆，馆内共有藏品1368件，均系原馆藏文物和从民间征集的珍品，展示了高阳400余年的纺织文化历史。

玩家 解说

高阳土布始于明代晚期。万历年间，高阳县种棉、纺线、织布已遍及城乡，这里出产的土布很受欢迎，直到现在，县城的街巷仍有花市街、缯市街等，反映了当时商民在此交易的热闹景象。

高阳纺织在清代得到长足发展，表现在印染技术上，不仅有蓝、红等各种色彩，还出现了扎染、蜡染工艺，新式花形图案受到人们的喜爱。经过清代200多年的发展，至民国初，高阳纺织业达到全盛。显著的标志是开始从德国、日本进口洋纱和铁轮织布机，从而代替了手工线机和木制品机，先进的提花机也开始使用，生产能力得到成倍提高，涌现出一批懂技术、善经营的知名企业人士，他们创造了当时国内纺织工业的多项第一。

景点推荐

定州周边景点

开元寺塔

砖木结构古塔

定州市区南门里东侧

定州火车站乘1路公交车到人民商场下车南行100米即达

开元寺塔又称定州塔、料敌塔，位于开元寺内，距今已有900余年的历史，有“中华第一塔”之称。塔为八角形楼阁式建筑，高83.7米，共11级。塔身分里外两层，中间有阶梯，四面盘旋一直到塔顶，可用于瞭望军情。塔内有碑刻、题记，有号称“北宋建筑彩画重要遗存”的斗拱彩画。

玩家 攻略

从京广铁路乘火车，或从京深高速公路乘坐汽车，都可以看到开元寺塔高耸入云的雄姿。前人曾有诗赞叹此塔之高：“每上穹然绝顶处，几疑身到碧虚中。”

玩家 解说

开元寺塔建造十分精巧，塔身分内外两层，外观为白色，东、西、南、北四面设券门，外观挺拔秀丽，比例适当，结构严谨，细部手法富于变化，是宋代砖塔中的佳作。全塔越向上塔径越小，层高越矮，上部轮廓呈弧线内收，略近梭形。开元寺塔不仅高绝于世，其建筑形式亦独具一格，塔身由内外层衔接而成，之间以回廊相连，形成塔内藏塔的奇特结构，内设穿越塔心的阶梯，绕回廊盘旋可至塔顶。

我国古塔类型

楼阁式塔：在中国古塔中的历史最悠久、体形最高大、保存数量最多，是汉族所特有的佛塔建筑样式。这种塔的每层间距比较大，一眼望去就像一座高层的楼阁。塔内一般都设有砖石或木制的楼梯，可以供人们拾级攀登、眺览远方，而塔身的层数与塔内的楼层往往是一致的。有的塔外还有意制作出仿木结构的门窗与柱子等。西安市的大雁塔就是楼阁式塔的代表作。

密檐式塔：在中国古塔中的数量和地位仅次于楼阁式塔，形体一般也比较高大，它是由楼阁式的木塔向砖石结构发展时而演变来的。这种塔的第一层很高大，而第一层以上各层之间的距离则特别短，各层的塔檐紧密重叠着。塔身的内部一般是空筒式的，不能登临眺览。有的密檐式塔在制作时就是实心的。即使在塔内设有楼梯可以攀登，而内部实际的楼层数也要远远少于外表所表现出的塔檐层数。富丽的仿木构建筑装饰大部分集中在塔身的第一层。西安的小雁塔和河南登封市的嵩岳寺塔就是密檐式塔。

亭阁式塔：是印度的覆钵式塔与中国古代传统的亭阁建筑相结合的一种古塔形式，也具有悠久的历史。塔身的外表就像一座亭子，都是单层的，有的在顶上还加建一个小阁。在塔身的内部一般设立佛龛，安置佛像。由于这种塔结构简单、费用不大、易于修造，曾经被许多高僧们所采用作为墓塔。北京潭柘寺的墓塔就是此种风格。

花塔：花塔有单层的，也有多层的。它的主要特征是在塔身的上半部装饰繁复的花饰，看上去就好像一个巨大的花束，可能是从阁式塔的顶部和楼阁式、密檐式塔的塔身发展而来的，用来表现佛教中的莲花藏世界。它的数量虽然不多，但造型却独具一格，目前全国保存较少，著名的有北京房山坨里花塔和河北正定广惠寺花塔。

覆钵式塔：是印度古老的传统佛塔形制，在中国很早就开始建造了，主要流行于元代以后。它的塔身部分是一个平面圆形的覆钵体，上面安置着高大的塔刹，下面有须弥座承托着。这种塔由于被西藏的藏传佛教使用较多，所以又被人们称作“喇嘛塔”。又因为它的形状很像一个瓶子，还被人们俗称为“宝瓶式塔”。北京北海公园的白塔就是覆钵式塔。

金刚宝座式塔：这种名称是针对它的自身组合情况而言的，而具体形制则是多样的。其基本特征是：下面有一个高大的基座，座上建有五塔，位于中间的一塔比较高大，而位于四角的四塔相对比较矮小；基座上五塔的形制并没有一定的规定，有的是密檐式的，有的则是覆钵式的。这种塔是供奉佛教中密教金刚界五部主佛舍利的宝塔，在中国流行于明朝以后。四川彭州龙兴舍利宝塔就是金刚宝座式风格。

过街塔和塔门：过街塔是修建在街道中或大路上的塔，下有门洞可以使车马行人通过；塔门就是把塔的下部修成门洞的形式，一般只容行人经过，不行车马。这两种形制都是在元朝开始出现的，所以门洞上所建的塔一般都是覆钵式的，有的是一塔，有的则是三塔并列或五塔并列。门洞上的塔就是佛祖的象征，那么凡是从塔下门洞经过的人，就算是向佛进行了一次顶礼膜拜。这就是建造过街塔和塔门的意义所在。江苏镇江市西津渡街的西津渡石塔就是过街塔。

定州南城门
定州城的象征

定州市中心南街南段

开元寺塔西行，中心街南关即达

定州南城门又称“迎泰门”，建于明洪武初年，距今已有600余年历史。当年，定州都督平安为了加强抵御北方外族入侵而修筑

定州南城门

旧城，开东、西、南、北四门，分别建瓮城、月城。后历经多次修葺，随着历史变迁现仅存部分城墙及三道城门。

定州文庙
有“中山庙学甲天下”之誉

定州市刀枪街1号

定州火车站乘1路公交车到人民商场下，北行100米即达　10元

定州文庙又称“先师庙”“孔子庙”，始建于唐大中二年（848年），是祭祀和供奉孔子的场所。今存东、西、中三个毗邻的北院，呈中轴式格局，这些建筑基本保持了明代以前的建筑群风貌。定州文庙建筑气势恢宏，院内苍柏林立，花草相依，环境幽雅。著名的“东坡双槐”，传说是宋代大文豪苏东坡在此地做父母官时亲手种下的，现在仍然郁葱繁茂。

定州清真寺
为砖无梁殿结构

定州市中山中路与清风街交会处

定州清真寺又名礼拜寺，由垂花门楼、南北讲堂、正殿（主体建筑）组成，经历代重修保留至今，其后窑殿仍然保留部分元代建筑形式，是我国现存最早的砖无梁殿结构。清真寺内保存着石碑四通，是伊斯兰教在中国古代流传的重要史料。

定州贡院
选拔秀才和贡生的考场

定州市市区中山东路北200米　定州火车站乘1路公交到定州中学东边下，北行100米即达

定州贡院是我国北方目前唯一保存较为完整的封建社会选拔秀才和贡生的考场，现存有中轴线上的影壁、大门、魁阁号舍（贡院的主体建筑）、大堂、后楼五座建筑。

玩家 解说

贡院平面呈方形，占地221万平方米。主体建筑由号舍、魁阁两组建筑组合而成。号舍以山面为正面。魁阁在号舍南面，正中攒尖顶，两侧依次降低，形成奇特外观，成为定州贡院的突出特点。魁阁中的二层阁楼，是供奉“魁星”的地方。大堂紧挨着号舍的北面，是考生交卷、考官封卷的地方。后楼是考官观看武生比试的地方，兼住宿用。

链接

贡院

贡院最早始于唐朝。现存有北京贡院、南系江南贡院、河北定州贡院、川北道贡院等遗址。为什么我国古代的考场叫“贡院”呢？原来就是通过考试选拔人才贡献给皇帝或国家的意思。在古代，凡是献给皇帝的物品叫贡品。唯独贡院是贡献人才的。

定州贡院

定州碑林
历代碑刻荟萃地

定州市商业街与中山中路交会处

定州火车站乘1、2、3路公交车到大世界购物中心下，北行100米即达

定州碑林园内保存大量汉代石刻及历代碑刻，其中回廊四壁镶嵌的488块汉代带铭石刻是定州北庄子东汉中山简王刘焉墓中出土的。此外，还有乾隆御碑、关羽风雨竹碑、苏东坡雪浪石、苏东坡雪浪石图石刻、王维阴阳竹石刻、宋韩魏公祠堂绘画记等著名石刻。院中封土之下还保存着一座完好的东汉墓室，距今已有1700年的历史。

安国药王庙
纪念历代医圣的建筑群

安国市市区城南路东（原南关）

8:00–18:00 ¥10元 3552375

安国市古称祁州，是我国历史上著名的中药材集散地之一，素有“药都”和“天下第一药市”之称。安国药市的兴盛，起源于药王庙。凡参加药市的人，总要去瞻仰、拜谒药王庙。安国药王庙始建于北宋太平兴国年间（976—984），至今已有千年的历史，建筑群坐东向西，结构严整，由牌坊、马殿、钟鼓楼、药王墓亭、碑房、十大名医殿、药王正殿、后殿组成。药王庙建成后，进香参拜者纷至沓来，逐渐形成安国庙会。

玩家 解说

药王庙在全国旅游资源中拥有三个之最：一是全国最大的药王庙建筑群；二是药王墓建于庙院，这在全国独一无二；三是庙外广场上立有高达24米、每根重15吨的铸铁旗杆，旗杆上铸有两只盘龙，三重刁斗，顶铸翔凤，中部挂有一副铸铁对联：“铁树双旗光射斗，神庥普荫德参天。”此造型全国唯一。

安国药王庙

链接

药王庙的来历

安国药王庙的来历，有一个神话传说。相传宋秦王得疾，久治不愈，“药王”邳彤显灵治愈，宋秦王问其姓名，告之“祁州南门外人也”，宋秦王“遣使即其地，始知为神”，遂封王建庙祀之。北宋建中靖国元年（1101年）追封邳彤为侯，后改封公，南宋咸淳六年（1270年）又加封为“明灵昭惠显王”。随着帝王对邳彤的不断封赐，“药王”影响越来越大。

关汉卿墓
纪念戏剧家关汉卿

安国市城南15千米处的伍仁村

关汉卿陵墓为砖基大墓，四周遍植松柏，墓碑刻“伟大戏剧家关汉卿之墓”。相传村西北角为关宅遗址，俗称“关家园”，另有关家渡、关家桥、普救寺等遗址，现存“蒲水威观”石匾，传为关汉卿手迹。

链接

关汉卿

关汉卿（约1225—1300）是我国戏剧史上著名的戏剧家，为元代祁州伍仁村（今安国市伍仁村）人。他一生著有杂剧63种，比英国戏剧家莎士比亚早300年，剧作多一倍。1958年被世界和平大会理事会定为世界文化名人。现存剧本18种，有的被译为法、日、德、捷克等多国文字，至今久演不衰，深得人们的喜爱。关汉卿的代表剧作为《窦娥冤》。

大百尺遗址
仰韶文化遗址

蠡县大百尺村东100米处

大百尺遗址有一高台，当地群众称“烽火台”，经勘察定为仰韶文化（新石器时代）遗址。此遗址占地面积25480平方米，现存遗址已发掘到石器、骨器、角器和大量彩陶片、黑陶片等。

景点推荐

野三坡风景区 AAAAA

✉ 涞水县三坡镇
¥ 百里峡115元
☎ 4563966
ⓔ www.ysp.gov.cn

野三坡是中国北方极为罕见的融雄山碧水、奇峡怪泉、文物古迹、名树古禅为一体的风景名胜区。其以“雄、险、奇、幽”的自然景观和古老的历史文物，享有“世外桃源”之美誉。这里自然景观奇特，人文景观丰富，既有北方山水的高亢，又有着南方山水的婉约。整个野三坡由百里峡、拒马河、百草畔、佛洞塔、龙门峡、金华山以及近年开发的三黄山7个功能景区构成。

野三坡雄踞紫荆关深断裂带北端之上，多期强烈的构造运动和岩浆活动留下了一个个奇特的地质地貌：雄伟、险峻、神奇、幽深的百里峡构造—冲蚀嶂谷和气势磅礴、巍然矗立的龙门天关花岗岩断裂构造，以及深邃莫测的鱼谷洞岩溶洞泉构造，体现了其内容丰富、类型齐全、典型独特的地质遗迹特点。

玩家攻略

到野三坡来旅游，除了观赏美丽迷人的自然风光，还有众多的休闲娱乐项目可供选择，如骑马、滑沙、蹦极、攀岩等，晚上还可以参加放烟花、烤全羊、篝火晚会等活动。另外，每年3月底举办的野三坡开山节是野三坡重要的节庆活动之一。

如果在春季前往野三坡，可以看到造型奇特而原始的独根草。如果在夏天前往，建议去百

里峡景区，峡谷幽深，特别凉爽。从景区门口进入峡谷，可选择景区电瓶车或自行车，若体力允许可选择步行。

在野三坡可以品尝到特色农家生态饭，凉菜有炸花椒芽、蒜拌河菜、炸山杏核等，热菜有干煸河虾、焖河鱼、三坡豆腐等。野三坡美酒不容错过。另外，在此还可买到野三坡“三件宝”（核桃、杏扁、伏花椒），还有柿子等特产。

玩家 解说

野三坡风景区是中国北方独有的自然山水景观，以自然的山水泉洞、林木花草为主，凸显一个“野”字。百里峡素以“世外桃源”著称，拒马河文物古迹与自然风光相融合，佛洞塔以洞中佛得名，百草畔原始森林素有太行“绿色明珠”之称，龙门峡以历代军事遗址及摩崖石刻为主体，金华山以古朴别致的清禅寺独具特色，三皇山旅游区为近年新开发的景区。

百里峡景区 AAAAA

以幽深的峡谷景观著称

百里峡由三条峡谷组成，峡谷分布形如鹿角，最外边一条被称作“蝎子沟”，因沟内遍生蝎子草而得名；中间一条被称作“海棠峪”，因沟内遍布海棠花而得名；第三条被称作“十悬峡”，因沟内分布着数十处弧形的悬崖而得名。

玩家 行程

游客游玩百里峡一般都是走大循环路线，即从一条峡谷进，另一条出，全程大约8.5千米，需要行走4~5小时，途中也可以选择乘坐单程或双程索道缆车。若乘坐单程缆车则推荐下山时乘坐，因为在陡峭的天梯步行，下山要比上山更费力。时间或体力不足的游客也可以走小循环，即仅游玩一条峡谷，不走天梯，在天梯脚下即原路返回，小循环的长度3千米，走1.5小时。若走小循环，推荐选择海棠峪路线，这条峡谷的景色相对丰富一些。

玩家 解说

海棠峪峡谷是景区内景色最集中的地带，这里的峡谷幽深狭窄，峡谷内有溪水、深潭，还有悬挂在岩壁上的瀑布，环境优美。峡谷内有老虎嘴、爽心瀑、一线天、金线悬针、回首观音、虎泉等众多景点。其中的一线天非常壮观。回首观音则是自然形成的神似观音立像的石柱，也可以好好参观一下。另外，每到八月，峡谷内还会有野生海棠花盛开，可以前来观花拍照。

◘ 海棠峪

百里峡中间的一条峡谷为海棠峪，因沟内遍布海棠花而得名，全长17.5千米，此处奇峰高矗，直插云天，令人望而生畏。每逢仲夏时节，野生海棠花开满沟谷，清香四溢。

◘ 百里峡天梯

百里峡天梯共2800阶，全长1200米，相

百里峡景区

对高度270米。天梯是连接海棠峪峡谷与十悬崖峡谷之间的一条路段。天梯两侧是原始次生林，遍布黄檀与灌木类植物。别看有的树木直径才碗口粗，可它已有上百年树龄。

十悬峡

因沟内分布着数十处弧形的悬崖而得名，全长22.5千米。峡谷内有抻牛湖瀑布、灵芝山水帘洞、弧形悬崖形成的“不见天”、令人费解的怪峰、形象逼真的雄狮出世等景点。

拒马河景区

诗海画苑、北方小桂林

拒马河是一条回旋曲折的河流，清澈见底，长流不息。沿岸群山竞秀，环境清幽。有弥勒四眺、层楼朝爽、东塔松涛、阁院钟声、镇海晚霞等七大美景。

玩家 攻略

春、夏、秋三季去拒马河旅游最佳。春天冰川消融，草长莺飞；夏天姹紫嫣红，可以在拒马河漂流；秋天空气清爽，满山红叶。此外，拒马河是长年不断的河流，冬天不封冻，这在北方是很少见的。

龙门天关风景旅游区

素有“疆域咽喉”之称

龙门天关沿小西河逆流而上，此地山峰挺拔，悬崖峭壁高耸入云，山谷中清泉溪流激浪奔腾，景色尤为壮观。自古以来，这里是京都通往塞外的交通要道和兵家必争之地，金、明、清各代都把此地视为军事要塞，并有重兵把守。景区有大龙门城堡、蔡树庵长城、摩崖石刻等众多历史文化遗址，有“文化长廊”之称。

玩家 解说

甘露瀑布（第二瀑）：我国北方干旱时节，附近百姓就会纷纷来此求雨，而且每求必应，但每年仅限一次，求雨时要杀猪宰羊，鞭炮齐鸣，巫师作法，场面庄严肃穆，充满神秘色彩，同时古人也有“天下太平，则天降甘露”之说，故称“甘露”瀑布。

思过瀑布（第五瀑）：哪吒因触犯天规被罚思过崖悔过，其瀑布故取名“思过瀑”。人非圣贤，孰能无过，大家以前犯过的错误，在此诚心悔过，只要面壁虔诚地忏悔，以前的一切都会烟消云散的。

莲花瀑布（第八瀑）：之所以称其为“莲花瀑”，一是由于瀑布前面的莲花峰似莲花宝座；二是每逢雨季水量增大时，水流湍急，浪花四溅如朵朵盛开的白莲而得名。

百草畔

一山有四季，上下不同天

7:30～19:00

4552132

百草畔是野三坡的制高点，主峰海拔1983米，与北京的百花山遥相呼应，属姊妹峰，是京西四大高峰之一，也是野三坡境内一处保存较好的森林旅游区，有“一山有四季，上下不同天”的景观，堪称太行“绿色明珠”，并有天然植物标本库、野生动物王国的美誉。

玩家 行程

大循环是游客来百草畔景区普遍选择的方

百草畔

式，即从西侧入口进入，通过步行或索道爬山，游览清凉谷、蚂蚁岭、五指峰等景点，到达空中花园、刺天峰和百草畔主峰区域，后从东侧栈道下山到东侧的出口离开。东边栈道两旁有白桦林、冰川杜鹃等景色可以观赏，游玩一圈大概12.5千米，需要5~6个小时。

小循环前半段与大循环相同，都可以选择步行或乘索道缆车上山游玩，只是游玩山顶区域后不去东侧栈道，而仍沿西侧下山回到西侧入口离开，全程约5千米，游玩时间约3小时。

佛洞塔景区（鱼谷洞）

鱼谷洞泉所在地

佛洞塔是一座山峰的名字，因山形似塔，峰上有洞，洞中有佛而得名。佛洞塔集幽、险、秀、壮于一身，古朴幽静，山顶部有一座建于明代的娘娘庙，庙前有一罗汉洞，内有十八尊泥塑罗汉造像。

玩家 解说

鱼谷洞泉水甘洌清凉，以每年谷雨季节前后向外喷鱼而被列为世界奇闻，是河北省“八大怪泉”之一，喷鱼最多时达1000多千克，当地人称它为“石口鱼”。每年喷鱼季节当地老乡便会背筐携篓来捕捞。鱼谷洞泉不仅有着奇特的喷鱼景观，还富含有益人体的矿物质元素。

金华山景区

有林海、瀑布、古寺

野三坡金华山景区位于野三坡腹地，有一望无际的林海，最出名的就属拉拉瀑布，这种瀑布水帘断续下泻，很是壮观。景区有被称为“活化石”的千年银杏，还有一座清禅寺，寺内壁画栩栩如生，画技和工艺都堪称一绝。

佛洞塔景区

景点推荐 保定北部景点

白石山世界地质公园 AAAAA

大理岩峰林地貌独一无二

涞源县下北头乡插箭岭村，距县城15千米

乘车到涞源县城后转乘班车到景区

168元（包括上行索道）

5366056

白石山现为世界地质公园，以白石山大理岩峰林为特征，辅以十瀑峡花岗岩瀑布群和拒马源构造泉群等地质遗迹。白石山可以说是一座“山上山”，其下部为红色的花岗岩，中上部为白色大理岩，为双层地质结构。景区内拥有奇松、怪石、云海、佛光及珍稀动植物，游客不仅可看到白石山的雄伟，也能看到它秀丽的一面。

玩家解说

白石山峰林景观有四奇。峰多，在不到3平方千米的区域内，山脊谷峰多成丛、成簇。壁峭，直上直下，有棱有角，陡直壁立，如刀削斧劈。形异，如柱、如帆、如笋、如剑、如人、如兽、如神仙鬼怪。势险，有的上大下小，有的倾倒而不倒，有的状如垒块。

白石山之怪，或怪在其形，如坐佛石、象石、猪头石、人头石、蜗牛石、断剑石、将军石，惟妙惟肖，妙趣横生；或怪在其质，如馒头石、千层石、龙壁石，不同石质，形态各异；或怪在其位，如悬石，遗孑崖壁一小坎上，半身在外，似大声说话会被震掉。

白石山最高峰白石顶，每年夏季出现“佛

白石山世界地质公园

光”的机会较多。“佛光”出现要求的条件比较苛刻，要求人所处的位置正好略高于云雾，又正好有太阳将人体的影子投射到云雾上，这样便可看到在人影的头部罩着一个七彩光环，正像佛教彩绘中佛顶的光环，光环随人的移动而移动，而且每个人只能看见自己的光环。

链接

白石山为何多白石？

白石山因白石多而得名。白石山的白石是如何形成的呢？岩浆侵入运动时，炙热的岩浆烧烤白云岩，使白云岩发生重结晶等热变质，变成了晶粒均匀的洁白大理石。但白石山顶部因距岩浆较远，虽发生了热变质，但未形成纯大理岩，仍为层层叠叠的白云岩貌。

兴文塔

涞源县标志性建筑

涞源县涞源镇东部、涞水源北侧

乘车到达涞源县，步行可到达

兴文塔位于泰山宫内，始建于唐天宝三年。经考证兴文塔结构样属于辽代建筑，形式为八角五级阁楼式实心砖塔，修缮后经过重新测量，通高27米。全塔除角梁为木质外，均为砖结构的仿木构件。兴文塔是一种仿照佛塔形状而建造的砖塔，但它本身并不具有宗教性质，而是一种“风水塔”，是集佛道两教文化于一身的斜刹塔。

玩家解说

全国许多地方都有这种建筑物。这种建筑物都是位于州城或县城的东南方向，因为中国人的习俗，东南方是主文的。但凡没有出过在全国有名的文人和大官的州县，为振兴地方文化，使以后能多出人才，都会筹资兴建文昌阁或兴文塔一类的建筑。

空中草原

山顶上的大草原

涞源县西北部的老虎山风景区

由涞源县城向西北通往空中草原的旅游公路行驶50千米即达

空中草原位于涞源西北部的老虎山风景区，是一个大平顶山的山顶，海拔2158米，周

空中草原

围是陡峻的山坡，山顶是面积达2400万平方米、坦荡如砥、绿草如茵、野花遍地的大草原。草原上还有一个万年冰洞，三伏天还有万年玄冰，沁人心脾。

玩家 攻略

自驾车可停在南空中草原半山停车场，最后500米需徒步攀登而上。

草原上有一个万年冰洞，三伏天还有万年悬冰，值得一看。

夏天草原繁花似锦，秋日秋草掩映，蓝天白云，非常适合骑马、露营。但这里海拔较高，温差较大，需注意防晒防寒。

玩家 解说

空中草原有两个，中间隔一条峡谷，北边的属蔚县，南边的属涞源县。蔚县的空中草原有公路通山顶，面积为30多平方千米。

阁院寺

年代较早、规模较大的古寺

涞源县涞源镇西北隅，旧县城鼓楼西侧城墙内

乘车到达涞源县，步行可到达

阁院寺东汉时创建，唐时重修，现存最早的建筑是辽初修建的文殊殿，是全国不多的超过千年的土木建筑之一，现存建筑有天王殿、文殊殿和藏经楼，附属文物有辽代铁钟一口，经幢二通。其中文殊殿是阁院寺主要建筑。

玩家 解说

文殊殿有三宝：一是殿本身独特的建筑风格。二是堪称木雕孤品的格心棂花门窗。在文殊殿正门，有两处历经千年风吹日晒至今仍保持完好的辽代格心棂花门窗，这是中国最古老的、保存完好的、仍在使用的木窗棂之一，被称

清西陵崇陵

清西陵

为木雕孤品。三是壁画佳作。文殊大殿内，东西北三壁上皆是大幅壁画，因其用黄泥覆盖，得以长久保存至今。从泥坯脱落处露出的内容看，画面属佛教故事，画风保留有浓郁的唐代风格。其画技之精湛，似不是出于民间艺人之手，应是皇宫画院大师的杰作。

链接

阁院寺八最

全国现存最古老的土木结构建筑。

辽初最典型的官式建筑。

全国唯一的三开间、方形、减柱造殿宇，这种格局是全国唯一。

代表辽代最高水平的、单体佛像尺幅最大的壁画。

现存年代最早的格心棂花门窗。

代表中国古建最高水平的斗拱结构。

年代最早的青绿色为主的外沿彩绘。

全国唯一的有明确铭文纪年的辽代大钟。

崇陵建筑工巧，陵园仪树中有罕见的罗汉松和银松，地宫中葬着光绪帝和隆裕皇后。

六柱五间式牌楼门，上覆黄色琉璃瓦顶。

清西陵 AAAA

清帝王两大陵寝之一

易县西陵镇永宁山下

五景点联票旺季120元，淡季80元

www.qingxiling.com

清西陵是一处规模宏大的清朝皇家陵寝建筑群，这里有宫殿千余间，石建筑和石雕刻百余座，共建有帝陵4座，后陵3座，王公、公主、嫔妃、阿哥园寝7座。每座陵寝均严格遵循清代皇室建陵制度，皇帝陵、皇后陵、王爷陵均采用黄色琉璃瓦盖顶，王公、嫔妃、公主、阿哥园寝均为绿色琉璃瓦盖顶。此外，这里还有华北地区最大的古松柏林，数以万计的古松、古柏将整个景区装点得清秀葱郁、古朴庄严。

玩家 行程

永福寺（皇家寺庙）—崇陵（内葬光绪皇帝，地宫开放）—端王园寝（解密清代皇子教育）—泰妃园寝（雍正21位嫔妃）—泰陵（内葬雍正皇帝，西陵首陵）—昌陵（内葬嘉庆皇帝，隆恩殿花瓣石地面）—昌西陵（内葬嘉庆的孝和皇后，回音壁回音石）—慕陵（内葬道光皇帝，楠木雕龙）。

玩家 解说

清朝皇帝的陵墓群有三处：北陵、东陵和西陵。清朝除宣统溥仪未建陵外，其他的皇帝分别葬在东、西二陵。

清北陵位于沈阳，是清太宗皇太极和他的后妃的陵墓。清东陵位于唐山遵化市境内，建有顺治帝的孝陵、康熙帝的景陵、乾隆帝的裕陵、咸丰帝的定陵、同治帝的惠陵，以及慈禧太后的定东陵；清西陵包括雍正的泰陵、嘉庆的昌陵、道光的慕陵和光绪的崇陵。

清西陵是清代自雍正时期起4位皇帝的陵寝之地，共有14座陵墓，包括雍正的泰陵、嘉庆的昌陵、道光的慕陵和光绪的崇陵。此外还有3座后陵，3座妃园寝，4座王公、公主园寝。它与清东陵一起被列入世界文化遗产名录。

链接

雍正另辟陵区之谜

清朝自顺治皇帝入关，在河北遵化境内修建了第一座陵寝，之后康熙也随其父葬在那里，但雍正却远离自己父祖，将陵寝建在河北易县，究其原因何在？

对此事后人众说纷纭，一说雍正改调墓位，葬于康熙景陵旁心虚不安；一说世宗（雍正庙号）好大喜功，杀戮成性，居功自傲，另辟陵区为突出自己。这种说法和史实是不相吻合的。但他为什么要迁陵呢?据《工科史书》记载，为了废掉九凤朝阳山陵址，雍正曾传谕：“此地近依孝陵、景陵，与朕初意相合，及精通堪舆之人再加相度，以为规模虽大，而形局未全，穴中之土又带砂石，实不可用。”所以，派贤亲王允祥和两江总督高其倬另选陵址，到易州太平峪，认为是“坤聚秀之区，阴阳合会之所，龙穴砂石无美不收，山脉水法条理详明，形势理气诸吉咸备，洵为上吉之壤。”雍正也担心这样做与古典祖制相违背，这时一些善体上意的大臣们找出了许多远离父祖建陵的例子，并说太平峪为万年吉地，虽与孝陵、景陵相去数百里，但易州及遵化州地界与京师密迩，同居畿辅，并列神州，其地实未遥远。据此，雍正决定在易州太平峪建陵。

乾隆认为如自己也随其父在西陵建陵，就会使已葬于清东陵的世祖顺治帝、圣祖康熙帝受到冷落；如果在东陵建陵，同样又会使其父雍正皇帝受到冷落。为解其难，乾隆皇帝定下了“父东子西，父西子东”的建陵规制，如父亲葬东陵，则儿皇帝葬西陵，父葬西陵，则儿皇帝葬东陵，此称之为“昭穆相间的兆葬之制”。也正是由于这种墓葬制度才形成了清东陵、清西陵现有的格局，造成了清东陵、清西陵两大陵墓群与中国明朝以前历代皇家建陵制度的不同。

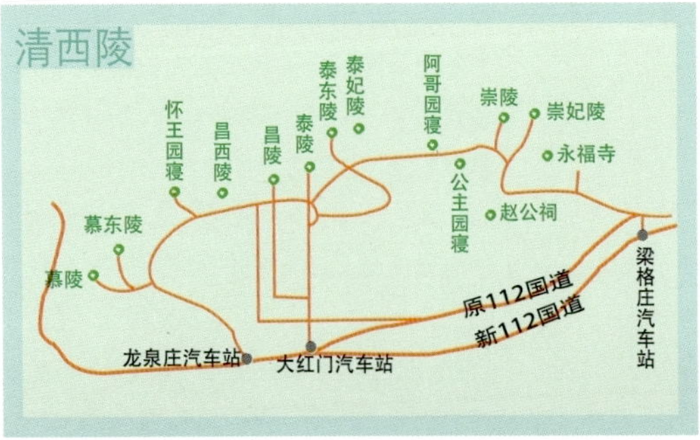

五塔镇燕山

存有荆轲的衣冠家

易县县城南部

从易县县城沿易（易县）满（满城）路向南走2千米，再向西步行1千米到荆轲山村即到达

在易县县城南部，自东南而西南，依次呈弧形排列着五座塔：燕子塔、镇灵塔、黑塔（于1996年大雨倒塌，现尚未修复）、白塔和荆轲塔。这五座塔的修建，都和纪念战国时期燕国的历史人物有关，建筑风格各异，巍然挺立于易水河畔，被称为“五塔镇燕山”。

链接

荆轲

自古燕赵多慷慨悲歌之士，悲歌之士始自荆轲。“风萧萧兮易水寒，壮士一去兮不复还”的千古悲歌从古唱到今。

荆轲，战国时卫国人，受燕太子丹之托入刺秦王，因为被夏侯且的药囊击中，且自身为谋士不擅

狼牙山

武艺，被秦王拔剑所杀，行刺失败，秦王杀他时连刺八下才停手。但荆轲“尊贤重义”“勇于拼搏”，是为燕国而死的，这一义举千古流传。

狼牙山 AAAA

以群山为基石的英烈丰碑

易县西南部的狼牙山镇，距县城40余千米

易县县城乘到管头镇的中巴，在狼牙山路口下然后换乘去东西水村的班车到达

80元

8861888

www.lysjq.com

狼牙山坐落在太行山东麓，因其奇峰林立、峥嵘险峻，状若狼牙而得名。狼牙山主峰莲花峰与擎天柱、小石林、红云崖等自然景观毗连，风景秀丽。尤其是西天门山附近，多奇峰怪石洞穴，景色独特。另外，景区内还有狼牙山五壮士陈列馆、五勇士纪念塔、红玛瑙溶洞等著名景点。狼牙山以八路军五勇士抗击日寇舍身跳崖而闻名于世。

玩家 攻略

狼牙山最佳游览时间为4月中旬至10月中旬，游览时间需3~4小时。

景区个别景点道路陡峭，所以一定要穿旅游鞋。个别区域移动通信信号不良。遇有雷雨时不能开手机，防止雷击。

狼牙山主峰莲花瓣，西、北两面均为峭壁悬崖，山势险峻；东、南两面稍缓，各有一条羊肠小路通向主峰，“阎王鼻子”“小鬼脸”等险要之处逾越难度大。

山下的村子中每个季节都会举行一次大型庙会来纪念狼牙山五壮士。

玩家 解说

在通往主峰棋盘坨顶峰的一处悬崖旁，有一块天然形成的酷似棋盘的岩石，约一米，石面纹理纵横。传说孙膑与其师傅鬼谷子常在此布棋为乐，棋盘坨因此而得名。后来，又在距此不远处的另一块平面岩石上人工凿成一副棋盘，供游人对弈。现在两块石棋盘边上各生有虬枝苍劲的古柏一棵，如二人在此对弈。一侧为悬崖峭壁，一侧为古树虬枝，身旁云雾缭绕，置身于此，如临仙境。

位于半山腰的红玛瑙溶洞，是我国首次发现的红玛瑙质构成的自然景观，形成距今已有16亿多年的历史。溶洞通高90米，宽50米，共设6个景厅，有仙女下凡、八仙贺寿、塔林月夜等40多个景点。进洞拾级攀缘而上，既能观赏洞内惊险奇绝的景观，又是攀登狼牙山的必经通道。

棋盘坨顶峰巍然矗立着五勇士纪念塔，塔高21米，正面刻有聂荣臻元帅书写的“狼牙山五勇士纪念塔”9个金光闪闪的大字，塔底层有5勇士头像浮雕。沿塔内钢梯登上塔顶凉亭，俯瞰群山，千峰竞立，浮云缭绕，狼牙山雄姿尽收眼底。

龙门天关景区

大面积的摩崖石刻

涞水九龙镇大龙门村

龙门天关景区山地山峰挺拔，高耸入云，山谷中清泉溪流奔腾，景色尤为壮观。自古以来，这里是京都通往塞外的交通要道和兵家必争之地，金、明、清各代都把此地视为军事要地，并派重兵把守。

景点推荐

保定西部景点

皇平天生桥风景区 AAAA

我国北方最大的瀑布群

- 阜平县龙泉关镇
- 定龙公路东下关取道至景区的旅游专线公路即达
- 8:00～18:00
- 7855555

阜平天生桥风景区既是生态观光、避暑休闲的旅游胜地，又是科学普及、地质学野外教学的理想地区之一。该景区由朱家营天生桥瀑布景区和龙泉关景区构成，这里拥有中国最大的变质岩天生桥和北方最大的瀑布群两大地质奇观。景区内瀑布众多，错落跌宕，落差均在50米以上。天生桥冰瀑犹如巨幅白练垂挂，堪称奇观。另外景区内还有原始次生林、冰川遗迹、明长城、晋奉古战场等自然和人文景观。

玩家 解说

天生桥瀑布是我国北方最大的瀑布群，有30多个瀑布，其中瑶台山天桥银河瀑布落差高达112.5米。景区内的主景天生桥长27米，宽和拱高均为13米，是中国最大的片麻岩天生桥。景区主峰百草海拔2144.5米。龙泉关是明长城真保镇重要关隘，南北走向，总长1000米，中间是关门，两边马道、战台、敌楼各一，砖石结构，定龙公路穿墙而过，现残损严重。

阜平天生桥风景区

阜平天生桥风景区

苍山石佛堂

河北八大名窟之一

阜平县城南15千米的苍山村西侧

阜平县县城乘公共汽车到苍山步行攀登

7225273

苍山石佛堂共有8个石窟，建筑在险峻陡峭的山峰巅崖上，总称为“石佛堂”，窟内

宋代五大名窑

汝窑：北宋后期的宋徽宗年间建立的官窑，前后不足20年，窑址至今没有发现，为五大名窑之首。汝窑以青瓷为主，釉色有粉青、豆青、卵青、虾青等。汝窑瓷胎体较薄，釉层较厚，有玉石般的质感，釉面有很细的开片。汝窑瓷采用支钉支烧法，俗称“芝麻支钉”，瓷器底部留下细小的支钉痕迹。器、物本身制作胎体较薄，胎泥极细密，呈香灰色，制作规整，造型庄重大方。器形多仿造古代青铜器式样，以洗、炉、尊、盘等为主。汝窑传世作品不足百件，因此非常珍贵。汝窑瓷器最为人们称道的是其釉色。后人评价“其色卵白，如堆脂，然汁中榨眼隐若蟹爪，底有芝麻细小挣针”。

官窑：宋徽宗政和年间在京师汴梁建造，窑址至今没有发现。官窑主要烧制青瓷，大观年间，官窑以烧制青釉瓷器著称于世。主要器型有瓶、尊、洗、盘、碗，也有仿周、汉时期青铜器的鼎、炉、觚、彝等式样，器物造型往往带有雍容典雅的宫廷风格。其烧瓷原料的选用和釉色的调配也甚为讲究，釉色以月色、粉青、大绿三种颜色最为流行。官瓷胎体较厚，天青色釉略带粉红颜色，釉面开大纹片，这是因胎、釉受热后膨胀系数不同产生的效果，这是北宋官窑瓷器的典型特征。北宋官窑瓷器传世很少，十分珍稀名贵。宋代官窑瓷器不仅重视质地，且更追求瓷器的釉色之美。釉层普遍肥厚，釉面多有开片，这种开片与同期的哥窑有很大不同，一般来说，官窑釉厚者开大块冰裂纹，釉较薄者开小片，哥窑则以细碎的鱼子纹最为见长。

哥窑：确切窑场至今尚没有发现。据历史传说为章生一、章生二兄弟在两浙路处州、龙泉市各建一窑，哥哥建的窑称为“哥窑”，弟弟建的窑称为“弟窑”，也称章窑、龙泉窑。有的专家认为传世的宫藏哥窑瓷，实际上是南宋时修内司官窑烧制的。哥窑的主要特征是釉面有大大小小不规则的开裂纹片，俗称“开片”或“文武片”。细小如鱼子的叫“鱼子纹”，开片呈弧形的叫“蟹爪纹”，开片大小相同的叫“百圾碎”。小纹片的纹理呈金黄色，大纹片的纹理呈铁黑色，故有“金丝铁线”之说。其中仿北宋官窑的瓷器为黑胎，也具有“紫口铁足”。常见器物有炉、瓶、碗、盘、洗等，均质地优良，做工精细，全为宫廷用瓷的式样，与民窑瓷器大相径庭。传世哥窑瓷器不见于宋墓出土，其窑址也未发现，故研究者普遍认为传世哥窑属于宋代官办瓷窑。

钧窑：分为官钧窑、民钧窑。官钧窑是宋徽宗年间继汝窑之后建立的第二座官窑。钧窑广泛分布于河南禹县（时称钧州），故名钧窑，以县城内的八卦洞窑和钧台窑最有名，烧制各种皇室用瓷。钧瓷两次烧成，第一次素烧，出窑后施釉彩，二次再烧。钧瓷的釉色为一绝，千变万化，红、蓝、青、白、紫交相融汇，灿若云霞，宋代诗人曾以“夕阳紫翠忽成岚”赞美之。这是因为在烧制过程中，配料掺入铜的汽化物造成的艺术效果，此为中国制瓷史上的一大发明，称为“窑变”。因钧瓷釉层厚，在烧制过程中，釉料自然流淌以填补裂纹，出窑后形成有规则的流动线条，非常类似蚯蚓在泥土中爬行的痕迹，故称之为“蚯蚓走泥纹”。钧窑瓷主要是供北宋末年“花石纲”之需，以花盆最为出色。

定窑：是继唐代的邢窑白瓷之后兴起的一大瓷窑体系。主要产地在今河北省曲阳一带。定窑品种繁多，产品以白瓷为主，也烧制酱、红、黑等其他名贵品种，皆为在白瓷胎上，罩上一层高温色釉而成。定窑器装饰技法以白釉印花、白釉刻花和白釉划花为主，还有白釉剔花和金彩描花等，纹样秀丽典雅。

有浮雕、石像、壁画、泥塑及碑刻等，有极高的文物和观赏价值。石佛堂还有一线天、悬空树、登天梯、飞来石、风动石、八戒探海等自然景观。

定窑遗址

宋代五大名窑之首

曲阳县灵山镇涧磁村一带

曲阳县城乘开往灵山镇的汽车可到达

4389425

定窑因曲阳宋代属定州管辖而得名，其遗址规模最大、最集中的窑场在涧磁村北一带，东西长达10千米，总面积10余平方千米。至今，瓷片、窑具、炉渣、瓷土等堆积仍很多，有13处高大堆积，分晚唐、五代和北宋三个时代。

北岳庙

庙内有大型壁画

曲阳县恒州镇　曲阳县城乘1路公交可到达

4212155

北岳庙始建于南北朝，是皇家贵族为祭祀北岳恒山之神而建立的，故名北岳庙。北岳庙拥有众多人文景观，庙内古建筑成群、碑碣林立。庙宇规模宏大，其建筑面积达380万平方米，是中国古代寺院中少见的宏伟大寺。北岳庙的建筑布局是以中轴线为主的田字形布局，方方正正，现存的古建筑有德宁之殿、飞石殿遗址、御香亭、凌霄门和山门等。其中德宁之殿是这里的主体建筑，也是最大的建筑，透露着元代的建筑风格。殿中还保存着一幅巨大的壁画，是绘画艺术中的瑰宝。

北岳庙御香亭

玩家 解说

北岳庙最为壮观的是德宁之殿内的壁画，殿内东、西两壁有高大的壁画，高6.5米，长17.6米，有唐代画圣吴道子所画的《天宫图》。北山墙背后绘有巨幅彩色壁画《北岳恒山神出巡图》，壁画高8米，长27米。东西两侧壁画各高8米，长18米。东壁画为《云行雨施》，绘有众多天神、地祇兴云布雨，普降甘霖，为民造福的形象，最大的人物高达3.3米；西壁画为《万国咸宁》，画的是众天神胜利完成兴云布雨的任务后愉快回宫的情景。

倒马关

“内三关”之一

唐县倒马关乡，距县城75千米

经保定，走保涞线西行90千米即达

倒马关因山路险峻，战马到此经常要摔倒而得名。倒马关最初战国时置，称鸿之塞，汉代称常山关，北魏叫铁关，亦名鸿山关，明代以后通称倒马关。现存倒马关城始建于明景泰三年（1452年），后于成化元年（1465年）又进行了一次大规模的维修。整座关城依地势而建，唐河水由西、北、东三面环绕倒马关城而流，平面呈东西长方形，分为上下两城。

晋察冀烈士陵园

保定爱国主义教育基地

唐县城西北45千米处的军城南关村西

晋察冀烈士陵园内苍松翠柏，花果飘香，庄严肃穆，林荫下长眠着伟大的国际主义战士白求恩、柯棣华，国际友人琼·尤恩女士和36名抗日烈士。

链接

晋察冀根据地

晋察冀根据地也叫晋察冀边区，是抗日战争时期中国共产党领导的敌后抗日根据地之一。平型关战役后，八路军第一一五师的一部2000余人，在聂荣臻率领下展开游击战争。1937年11月，建立了以五台山为中心的晋察冀军区，创建了第一个敌后抗日根据地。以后，随着游击战争的进行，晋察冀边区进一步扩大，西起同蒲路，东至渤海，北起张家口、多伦、宁城、锦州一线，南至正太、德石路。包括山西、河北、察哈尔、热河、辽宁等五省之各一部，面积40万平方千米，人口2500万人，县治108个，成为华北敌后最大的抗日根据地。

腰山王氏庄园

华北规格最高的民居建筑群

顺平县腰山镇南腰山村（保定市西27千米处）

腰山王氏庄园是王氏先祖王锡衮所建，距今已有近400年历史。腰山王氏庄园是中国现存规模最大、最完整的清代将军府邸和巨商的豪门巨宅，现为全国重点文物保护单位。该庄园建筑既不同于皇宫官府，又不同于一般民居，是我国北方民居的极品。在此地拍摄过《大决战》《青春之歌》《天下粮仓》《曹雪芹》等10余部影视剧。

玩家 解说

王氏庄园建筑上最重要的特点之一是它精美的雕刻，这些雕刻有砖雕、石雕和木雕，内容全部以福、禄、寿为主题，通过所雕物体的谐音来组成吉祥的祝福。据说当年造屋时，王家从各地聘来能工巧匠，一个工匠一天只能磨一块砖，一个窗花木雕需用几十个小时。

王氏庄园建造技术也很高超，譬如说磨砖对缝的运用，当年磨砖要求外大里小，里面抹灰，外面严丝合缝，为了黏结牢固，白灰膏里还掺入了鸡蛋清和糯米汁。仁和堂正门对面的大照壁，就全部采用磨砖对缝的工艺，长约9米，在我国北方实属罕见。

伊祁山

踏青赏花好去处

顺平县西北5千米处

万顷桃园环绕伊祁山四周，具有生态旅游和历史民俗文化的双重资源优势。传说，这里是尧母部落居住地，是上古帝王尧的出生地。每逢正月十六（尧诞生日），当地人依然保留在此山中祭奠尧帝的传统。伊祁山中龙王阁、圣水井、尧母洞、仙乐台等景点均与尧和其子丹朱的传说有关。

玩家 解说

顺平县是林果大县，果树面积近200平方千米，仅桃园就有130平方千米，2001年8月被国家林业局命名为“中国桃乡”。每年三、四月桃花节之时，游人云集这里踏青赏花。伊祁山游览线是主要的观赏桃花路线。

腰山王氏庄园

攻略资讯

- 交通
- 住宿
- 美食
- 购物
- 娱乐

交通

火车

保定火车站位于市中心，是京广线上的重要一站，有动车组在此停站。南下的列车多数都经过这里，在此可以乘坐火车前往西安、成都、武汉、广州等城市。车站位于竞秀区阳光南大街与百花东路交会口，乘1、2、4等路公交车可到。

汽车

保定的长途汽车站主要有客运总站和客运北站。

保定客运总站：位于保定市莲池区建华南路1号，主要是发往各省、各县的长途车。

保定客运北站：位于保定市莲池区建设北路，主要是发往北京的高客。

住宿

保定的酒店业比较发达，从星级宾馆到经济实惠的小旅馆，各种档次都有。

●保定途家斯维登度假别墅（美芦庄园）

酒店临近白洋淀景区，景色优美。配置豪华别墅区，设施齐全，房间舒适。适合家庭、集体游玩入住。保定市白洋淀温泉城11号路 5302991

●保定电谷国际酒店

位于市中心，临近购物区，方便交通和购物。五星级酒店配置，配备有高级自助餐厅。保定市朝阳北大街1888号 8631666

保定商厦夜景

保定东站

●保定秀兰饭店

具有保定特色的老牌酒店，传统古典与现代时尚相结合。酒店配有免费大型游泳池。周边有竞秀公园、海森水上大世界等。

保定市乐凯南大街388号 3277888

●更多住宿去处

华北电力大学接待中心/保定市青年路204号/7523011

保定大酒店/保定市新华路45号/2026918

美食

保定餐饮以浓香口味为主，清真卤煮鸡、槐茂酱菜与驴肉火烧是必尝的特色菜。另外，保定的小吃冰糖葫芦、高碑店豆腐丝也是远近闻名，令人回味无穷。

保定市内的美食山、天一宫、中银等饭店环境较好，价位也相对高；吃火锅的较好的地方有东来顺、老城根儿；吃正宗的卤煮鸡，除马家老鸡铺外，就要到清真寺街上，其中又以刘氏三兄弟的鸡最为著名，在这儿也可买到刚出锅的羊肉、羊蹄及羊杂等。

●驴肉火烧

源自河北保定的驴肉火烧是华北地区很受欢迎的小吃，在河北各地都能吃到很正宗的驴肉火烧。吃时把熟驴肉夹到火烧里食用，火烧口感酥脆，驴肉肥而不腻。

驴肉火烧

●清真卤煮鸡

卤煮鸡是一道色香味俱全的清真菜肴，属于河北菜。此鸡形美丰满，色泽红艳，浓香味醇，肉嫩鲜美，软而不烂，骨脆透香，食后开胃健脾。

清真卤煮鸡

●槐茂酱菜

出产于保定市槐茂酱菜园，早在清康熙十年就因味道鲜美而远近闻名。槐茂酱菜腌制方法相当独特，先选择品质好的鲜菜，然后配以花生仁、杏仁、核桃仁、姜丝、石花菜等，咸甜适度，既脆又嫩，是佐餐佳品。

槐茂酱菜

●白洋淀松花蛋

白洋淀松花蛋有百年历史，据传在清朝，当地就开设了很多作坊加工松花蛋、青果（咸鸭蛋）。白洋淀松花蛋以个大、风味独特和营养丰富而著称。味美适口，食之不腻，当地有“没有松花不成席”之说。

白洋淀松花蛋

购物

保定特产有铁球（保定特产之首）、面酱、春不老三大宝。另外，曲阳石雕、易县易水砚、定窑陶瓷、白沟箱包、高阳毛纺品、蠡县皮毛、唐县毛绒玩具等都是适合送礼的佳品。白洋淀还有白洋淀苇编工艺画以及河蟹、藕、白花菜、松花蛋、咸鸭蛋等。

保定市内的购物场所比较集中，在古莲花池附近的裕华路上就有许多商家，可以买到铁球。欲购工艺品，可至裕华路上的工艺美术商店。若购保定特产的面酱与酱菜，可至任何食品店、超市及大的商店，里面均有精装或简装的各种品类。

●保定铁球

保定铁球（俗称健身球）既是娱乐工具，也有健身功能。球的外表明光锃亮，其内部结构复杂。拿在手中运转，音响各异，有高有低，清脆悦耳，既能收到调气理神之功效，还能在铁球的悦耳音响中陶冶性情。

保定铁球

●保定面酱

保定面酱始产于清康熙十年，距今已有近400年历史，质量优良，久负盛名，是理想的烹饪调料。保定的甜面酱由优质面粉酿造而成，质稠味甜，色泽红褐，盛入碗中倒置不流。

保定面酱

●保定春不老

春不老，亦名雪里蕻，是保定三宝之一。腌制后无论存放多久，既不生筋，也不长柴，无苦涩味道，颜色嫩绿新鲜，为冬春季节不可多得的腌制蔬菜。

保定春不老

●白洋淀苇编织品

苇编织品是白洋淀传统的手工艺品，取材于白洋淀洁白的苇子，且具有浓厚乡土特色。出口的苇编织品包括立帘、线帘、篱笆帘、苇天花板等品种。

白洋淀苇编织品

娱乐

保定的娱乐业发达，娱乐场所遍布全市。保定丰富的民间娱乐活动更是不能错过，在城内各大剧院经常有各类演出。

●《印象·野三坡》

大型舞蹈史画《印象·野三坡》是野三坡剧场的核心演出剧目，演出巧妙地将野三坡的山水实景融入音乐、舞蹈、武术、杂技、魔术、古乐、电影特技等元素，真实再现了野三坡自远古文明的开始到华夏民族的诞生、人类社会的进步到今天的发展繁荣。保定市涞水县野三坡景区百里峡景区 4563615

●《嘎子印象》大型户外情景剧

《嘎子印象》是一部大型武打搞笑情景剧，以白洋淀雁翎队水上伏击日本鬼子为背景，有除汉奸、端岗楼、打伏击等情节，以小兵张嘎、罗金宝等为主要人物，是一部融现代武打、高空威亚、实景烟火、夸张搞笑为一体的大型户外情景剧。保定市安新县白洋淀旅游码头

节日和重大活动

节日	地点	时间
保定敬老健身节	保定市	10月1日至10日
白洋淀荷花节	安新县	7月23日至9月23日
顺平桃花节	顺平县	4月
安国国际药材节	安国	5月
满城华北航空旅游节	满城汉墓景区	5月
满城金秋红叶柿子节	神星柿子沟	10月

白洋淀荷花节

第
Grand

发现者旅行指南

冀东南

（廊坊、沧州、衡水）

概览

亮点

天下第一城

是一处外仿北京古都城垣风貌，内集华夏古今文化精华的大型综合旅游景区。

自然公园

以原始森林为依托，设计建设别具一格的自然风景园林。

宋辽古战场旅游区

宋辽边关的“地下长城”，以最长的地下古战道入选上海大世界吉尼斯纪录。

吴桥杂技大世界

以真人绝技表演为主，是中国规模最大的表演类型的旅游景点，也是世界上唯一的杂技主题公园。

天下第一城

沧州铁狮子

铁狮子背负巨盆，姿态雄伟，昂首阔步，历逾千载。为我国古代铁铸工艺一大珍品。

武强年画博物馆

是全国第一家年画专业博物馆，武强县也被誉为中国木版年画之乡。

衡水湖

水面辽阔，水质优良，是众多珍稀鸟类的栖息地，也是华北平原上较大的淡水湖之一。

线路

廊坊两日游

第一天上午前往天下第一城，游览具有浓郁中式风格的仿皇城建筑园林。下午到风景优美的自然公园游玩，然后参观廊坊市文化艺术中心。

第二天上午去永清宋辽古战场旅游区，参观宋辽交战时期的地下古战道，下午到茗汤温泉度假村泡温泉。

沧州两日游

第一天在沧州市区游览沧州铁狮子、清真北大寺、沧州纪晓岚墓等景点，时间充裕的话还可去沧州博物馆和金丝小枣观光园。第二天上午前往吴桥杂技大世界，尽情观赏各具特色的杂技、马戏、戏法、气功等艺术表演，下午游览东光铁佛寺。

衡水湖

衡水经典一日游

上午游览生物丰富多样的衡水湖。下午参观河北古代四宝之一的景州塔。然后参观武强年画博物馆，它既是年画艺术之乡的象征，又是展示、研究农耕文化的艺术殿堂。

为何去

衡水湖

廊坊素有“京津走廊上的明珠”之称。屈家营古音乐被誉为中国民间音乐的瑰宝，有天下第一城等众多优秀的主题公园，还有见证历史的永清宋辽古战道、王家大院、清真寺等旅游资源。

沧州又称“狮城”，铁狮子象征着它的古老文明。沧州有“三水”之称，东临渤海，西靠华北明珠白洋淀，中国古代四大水利工程之一的京杭大运河在境内中部蜿蜒穿行。

衡水历史悠久，文物古迹众多。冀州古城是西汉时期残留至今的古城遗址，衡水湖风景区有“北方江南”之称，武强年画博物馆是目前亚洲最大的年画博物馆，还有景州塔、竹林寺等特色景观。

何时去

衡水湖须浮鸥

廊坊、沧州、衡水三地属暖温带大陆性季风气候，四季分明。夏季炎热多雨，冬季寒冷干燥，春季干旱多风沙，秋季秋高气爽，冷热适宜。秋季为到此旅游的最佳季节。出行前应注意天气变化，准备好雨具。

区域解读

廊坊区号：0316
沧州区号：0317
衡水区号：0318
面积：约28663km²
人口：约1675万人
主要少数民族：回族

地理 GEOGRAPHY

区划

廊坊下辖两个区（安次区、广阳区）、6个县（香河县、固安县、永清县、文安县、大城县、大厂回族自治县），代管2个县级市（三河市、霸州市）。

沧州下辖2个区（运河区、新华区）、10个县（沧县、青县、献县、东光县、海兴县、盐山县、肃宁县、南皮县、吴桥县、孟村回族自治县），代管4个县级市（泊头市、任丘市、黄骅市、河间市）。

衡水下辖2个区（桃城区、冀州区）、8个县（枣强县、武邑县、武强县、饶阳县、安平县、故城县、景县、阜城县），代管1个县级市（深州市）。

地形

冀东南三市地处海河冲积平原，地势自西南向东北缓慢倾斜，除北部有极少低山丘陵外，其余均为平原。境内水系发达，河流众多，有潮白河、大运河、永定河、大清河等。生态环境保持较好，适合观光旅游。

气候

冀东南地区属暖温带大陆性季风气候，四季分明。夏季炎热多雨，冬季寒冷干燥，春季干旱多风沙，秋季秋高气爽，冷热适宜。全年降水多集中在夏季，秋季时有连绵阴雨天气发生。

历史 HISTORY

廊坊历史大事记

廊坊境内有距今约6000年的新石器时代早期三河孟各庄遗址、新石器时代晚期三河刘白塔遗址。

距今约4000多年的华夏文明时期，“黄帝制天下以立万国，始经安墟”，“安墟”即在现廊坊市安次区常道村附近。

距今约2000年的青铜时代，有香河庆功台村夏家店下层文化。

战国时期，燕国在今文安韩村、大城王轴北村以及郭底村境内修筑燕南长城。

明朝中叶，文安人刘六、刘七在霸州揭竿起义，狂飙席卷半个中国，令明京都三次戒严。

清光绪二十三年（1897年），京山铁路（北京至山海关）建成通车，并在此设站，廊坊由一个偏僻小村逐渐发展为集镇。

光绪二十六年（1900年），英军首领西摩尔率八国联军沿京山铁路北侵，义和团奋起

衡水湖

迎击，取得了震惊中外的“廊坊大捷”。

1989年4月廊坊成为省辖地级市，是河北省最年轻的地级市之一。

名单 廊坊历史名人

今文诗学开创者韩婴

北宋名相吕端

元朝开国功臣史天泽

八卦掌创始人董海川

京剧表演艺术家李少春

现代革命烈士陈然

百岁老将军孙毅

沧州历史大事记

北魏熙平二年（517年），此地取沧海之名建沧州。沧州之名由此开始。

后周广顺三年（953年），铸建沧州铁狮。沧州亦被称为“狮城”。

隋代开通了京杭大运河，大运河贯通今沧州市南北全境，给沧州的发展注入了活力。至唐代，沧州已是重要商埠，南北客商云集，东西物资流散。

明清时期，沧州成为畿辅重地，北京通往外地的五条御道，有两条经过沧州，再加上大运河的漕运便利，使沧州成为武林豪杰荟萃之地，沧州尚武之风日盛。

1988年沧州被国务院批准为沿海经济开放区。

名单 沧州历史名人

战国神医扁鹊

元代剧作家马致远

清代大学士纪晓岚

晚清重臣张之洞

抗日民族英雄马本斋

京剧名旦荀慧生

国学大师张岱年

沧州铁狮子

衡水历史大事记

衡水的冀州，是大禹治水以后划分的古九州之一。

三国时期，袁绍于冀州屯兵百万与曹操抗衡，并在衡水湖一带操兵修炼。

1945年12月14日，衡水解放。

1996年，设衡水地级市。

2010年12月24日，大广高速公路G45线京衡段通车，衡水成为河北省第二大交通枢纽。

名单 衡水历史名人

西汉儒学大师董仲舒

北燕国开创者冯跋

北魏改革家冯太后

唐代经学家孔颖达

唐代边塞诗人高适

全聚德创始人杨寿山

著名文学家孙犁

龙飞凤翔之地，六朝宰相故里

龙河凤河环城而过，廊坊境内双河竞秀、万物勃兴。当年曹操北伐乌桓路过廊坊时，大赞廊坊是处“龙飞凤翔”之地。朱棣“燕王扫北”时来到廊坊，要不是刘伯温的劝阻，甚至在此建下了都城。后来，从晋朝到民国，这片祥瑞的土地上，一共出了6位宰相。真可谓是人杰地灵。

廊坊城市风光

晋朝宰相张华（232—300），字茂先，固安人。他一生有影响的主要是两件事：第一件事是他力劝晋武帝征伐东吴，结束了“三国鼎力”的分割局面，统一了中国；第二件事是他协助晋惠帝平息了贾皇太后秘密指使的楚王造反事件，避免了社会动荡，维护和保持了社会的稳定。

北魏宰相周惠达（？—544），字怀文，文安人。他一生好读书，志气远大。南北朝动荡时期，他为北魏筹谋武器装备，征集粮草，挑选战马；在和平时期，他还为国家编修礼乐篇章。

辽国宰相韩延徽（888—959），字藏明，安次人。他曾建议辽太祖皇帝筑城郭，发展农业，这些建议成为辽国的基本国策。

宋朝宰相吕端（935—1000），字昌直，安次人。他曾经解决太宗是否要封乳母为夫人一事的心结。后又不计名利，主动奏请圣上将相位让给寇准，自己做个有职无权的参知政事。太宗去世后，他还做了一件至为重要的事情，那便是解决王位继承险情，拥立太子真宗继位。如今，他的众多故事在廊坊仍传为美谈。

元朝宰相史天泽（1202—1275），字润蒲，永清人，元朝开国功臣，也是元朝唯一官至丞相的汉人。历史上，蒙古军第二次占领真定府（今定州）后，因恨当地百姓反复多变，要把百姓驱赶出城屠杀示威。史天泽竭力保护，使全城百姓免遭杀害。忽必烈在位期间，经常采纳史天泽建言的治国方略。

民国国务总理张绍曾（1879—1928），字敬舆，大城张思河人。张绍曾指挥三路军队抗击入侵的外蒙古库伦军队，取得了百灵庙大捷，维护了国家的统一。

千年运河，连通古今

沧州是京杭大运河流经的20个城市中里程最长的城市，全长253千米。

古运河沧州段最早开凿于三国时期，北起青县，南至吴桥，流经了整整7个县市，几乎是大运河全长的1/8。在沧州的两个市辖区中，有运河流过的地方被划分为运河区，这是大运河流经的所有城市中，唯一以运河命名的市区。

京杭大运河纵穿沧州，作为南北漕运要道，北达京都，南通齐鲁、京济、京大要道，贯通南北。沧州各县为南北水旱交通要冲，沧州城依运河而兴旺昌盛，为官府巨富走镖要道，故沧州镖行、旅店、装运等行业兴盛。清末，“镖不喊沧”，已为南北镖行同遵之常规。

京杭大运河流经沧州市区的这一段至今仍具备输水功效，而且在必要时还担负着为京津两市供水的任务。大运河更是孕育了沧州独特的民俗、民风，留下了丰厚的历史文化沉淀。

汉代儒学大师董仲舒

董仲舒，广川（今景县境内）人，著名政治家、汉代儒学大师，年轻时就刻苦学习，并流传有“三年不窥园”的故事，后来成为当时深受皇帝青睐的饱学之士。

董仲舒于汉景帝时被任命为经学博士，汉武帝时他又以“天人三策”的策论成为“举贤良第一”，其“罢黜百家、独尊儒术”的政治主张，深得汉武帝的赞赏。为了吸取“七国之乱”的教训，汉武帝先后派其出任江都王相和胶西王相，匡正了两个桀骜不驯、图谋不轨的同姓王的行为，对巩固西汉政权发挥了重要作用。董仲舒赋闲在家后，汉武帝常派人前去请教。

董仲舒继承并发展了以孔子为代表的先秦儒家学说，融合法家、道家、阴阳家、墨家等多家学派的思想，建立了新的儒学体系，是继孔孟之后儒家学派最有影响的代表人物。董仲舒的思想集中体现在“尊儒”“德政”“尚礼”“崇学”等方面，内涵极为丰富，从自然界到人类社会，从社会的人际关系到个人的道德修养，几乎涵盖了整个宇宙，是华夏传统文化不可缺少的组成部分。他的“独尊儒术”政治主张和“三纲五常”的治国理论，在中华民族传统思想和道德发展中，都曾产生过重大影响。

董仲舒将三纲与神权结合，形成一套统治人民的精神枷锁，对历史的发展，虽然有过不良的影响，但在封建社会，对安定社会、封建大一统有过积极的作用。自从汉代武帝后，儒家思想成为此后中国封建社会意识形态的主导思想，影响中国历史达2000年之久，对中华文明做出了杰出贡献，对世界文明也产生了重要影响。

后世研究儒家思想，不能不研究董仲舒；探讨中华民族的传统道德，不能不探讨

董仲舒故里

三纲五常。在汉代，董仲舒没有担任过任何要职，但各种史料中，他都被重重书写了一笔。他在中国传统文化发展历程中具有里程碑式的地位。

文化 CULTURE

古老的屈家营音乐会

廊坊固安的屈家营村虽是一个极其普通的小村庄，却拥有震惊世界音乐界的屈家营古音乐。创始于元明之际的屈家营古音乐，源于佛教寺院音乐，是宋元以来南北音乐交流的产物，主要是用于祭祀和丧礼仪式。

屈家营古乐是一种吹奏、打击乐，演奏乐器有管、笛、笙、云锣等传统乐器，其记谱方式完全是古代工尺谱，历代保留至今。在今天固安屈家营村，仍保留有古乐演奏队。音乐会始建于明永乐至清嘉庆年，距今已有500多年的历史。屈家营音乐会在历史上最辉煌的时候是在清康熙年间，音乐会应邀入宫，康熙赐龙、凤旗各一面，黄罗伞一把、笙两攒、8孔玉管一只、笛两只，其中8孔玉管至今还在使用。

屈家营古乐与西安仿唐乐舞、湖北编钟乐、北京智化寺音乐并称中国四大古乐，是我国保存最完整的古代音乐之一。现存《玉芙蓉》《纣君堂》《骂玉郎》等13支套曲，《金字经》《讨军令》等7支大板曲，《五圣佛》《贺三宝》等20多支小曲和一套打击乐。

农历七月十五中元节是这里的传统节日，固定节目是举行放河灯、祭河神等演奏活动。除此之外，现在音乐会多在大年初一和正月十五演出，平时也在丧事和大型活动中出现。

沧州铁狮，古都名片

铁狮子是沧州的城市名片，坐落在沧州

沧州铁狮子

市东南20千米沧州旧城开元寺前，已有1000多年的历史。它是我国最大的铸铁艺术品，狮身高3.8米，身躯宽3.17米，铁狮的总重量为29.3吨，堪称我国最大的铁狮子。铁狮躯体高大，面朝南，昂首挺胸，怒睁双目，巨口大张，四肢叉开，似停似走，威武雄壮。铁狮身披障泥（防尘土的垫子），肩负巨大莲花盆，莲花盆底部直径1米，可拆卸下来，相传是文殊菩萨佛像的莲座。

据研究发现，这是古人采用一种特殊的“泥范明铸法”分节叠铸而成的。铁狮腹内光滑，外面拼以长宽三四十厘米不等的范块，逐层垒起，分层浇注，共用544块拼铸而成。1000多年前的手工冶铸技术，就能铸造出如此庞然大物，足见当地的制模、冶炼、浇铸工艺之高，沧州也因此拥有了“铸造之都”的美誉。

据《沧县志》记载，铁狮系周世宗北征契丹时罚罪人所铸，“以镇州城”。另外一种说法称古时沧州一带濒临沧海，海水经常泛滥，海啸为害，民不聊生，当地人为清除这无情的水患，自动集资捐钱，请当时山东有名的铸造师李云铸此狮以镇遏制海啸水患，并取名“镇海吼”。

铁狮子象征着坚强、勇敢、正义和智慧，它是沧州人的精神图腾。

衡水老白干，享誉海内外

老白干酒如今是衡水的城市象征，这个历史悠久、质地纯正的衡水特产在北方各省享有盛名，从而衡水这个地理名称便和老白干酒联系在一起，成为名产和地方互为声誉的代名词。

衡水在东汉时期属冀州，该地由于酒水质地好，买卖数量很大，酿酒用粮特别多。面对当时粮食奇缺、兵饥民荒的状况，汉元帝“诏禁冀州沽酒”，下令禁酒。对于老白干酒的质地，清代《宝颜堂秘籍》中曾记载：汉献帝时，大将军袁绍在冀州任总兵，有一日大会宾客，郑玄最后到达。袁请他饮酒一斛。郑饮过之后，“眉目秀明，仪容温伟”。

衡水酒在唐代曾被列为御酒，有“隔壁三家醉，开坛十里香”之美称。直到宋代，衡水的酿造业依然兴旺未减。县城乡集，到处酒旗高悬。后来由于衡水被契丹族占领，人民生活困苦，百业近于衰没，酒的生产也随之跌停若灭。那种不景气的状况，一直持续到元末明初。

当地酿酒业在明代再度兴起。特别是天顺年间，滏阳河上架起“衡水老桥”之后，衡水城出现了“古桃成，虽不大，烧锅却有十八家”的盛况。各家制作工艺与用料也不相同，有的用井水制作，有的用河水烧成，有的取坑水酿造。据传，“老白干”的美名便始于这时。

清代以后，衡水酒的声誉日更宏远。据传，清乾隆年间重建衡水石桥，竣工时，直隶总督方观承、冀州知府单功，命令衡水知县陶叔犒赏工匠人等，即用本地老白干酒。到了清宣统二年（1910年），衡水老白干酒开始远销新加坡，享誉海内外。

衡水老白干

景点推荐

廊坊南部旅游区

自然公园 AAAA

以原始森林为依托的园林

安次区西北郊广阳道

火车站乘坐1、7路公交车到达

8:00–18:00

0316–2263586

自然公园是廊坊市内唯一的自然景观园林，公园中部为占地6万多平方米的人工湖。以人工湖为中心，湖西土山上新建文化碑林，湖北设有动物观赏区，湖东草坪上大小各异的8尊汉白玉大象雕塑栩栩如生，东北部建有岩石园，南侧建以清代四合院格局的京韵风情俱乐部，古色古香。园内包括青年林、亲子林、市民林等多块纪念林地，成为市民和游客假日休闲、陶冶情致的好去处。

玩家 攻略

来自然公园旅游最好选择5月到10月。

从4月底至6月初，自然公园举办民俗风情艺术节，其中包括各民族民俗表演、杂技绝活、动物表演等十余项活动。

都市里生活压力大的年轻人可以在自然公园里玩真人CS，公园内有彩弹枪射击场，可供年轻人娱乐。

自然公园

公园大门主路两侧设置儿童游乐区，有碰碰车、卡丁车、森林漂流、海盗船等游乐项目。公园大门口可以租儿童小推车、家庭自行车、双人自行车、电瓶车等。

廊坊市文化艺术中心

由著名设计师设计建设

广阳区和平路与北外环路交会处

8路、13路、16路等公交车可到

0316-6085001

廊坊市文化艺术中心主要由自然循环公园、梦幻湖公园、艺术公园、益智水上乐园、智慧名言及书法大道五个景区组成。整个艺术中心的设计体现了当今广场艺术的精华与厚重的文化底蕴，包括自然、艺术、戏剧、文学等。园区内的喷泉景观为一大胜景，这些喷泉造型各异，五光十色，精彩的喷泉表演，令人心灵震撼。

玩家 攻略

文化艺术中心最值得关注的就是广场的喷

廊坊市文化艺术中心

廊坊市文化艺术中心

泉设计，喷泉的设计组合达到百余种之多。包括主喷、副喷、海燕造型喷泉、跑环造型喷泉、纵摇摆式喷泉和20组圆柱造型小喷泉。每一组喷泉都有各自的象征和寓意。

玩家 解说

总体规划由世界著名的德国GMP公司设计，景观由澳大利亚S.事务所、香港何显毅建筑师楼地产有限公司合作设计，体现了当今广场艺术的精华与厚重的文化底蕴。园区景观设计的主题是“启示”。涵盖认知、文明、理解、教育、知识、学习、文化、思想开放、教学以及智慧等内容，游览者通过多方位、多角度、多领域的观察思考，可在自然、艺术、戏剧、文学等方面受到启迪。

廊坊博物馆

区域内综合性博物馆

广阳区和平路238号文化艺术中心院

乘14、16路公交车到文化艺术中心站下车

0316-2228012

廊坊博物馆是一座综合性博物馆，是廊坊市文物、文化艺术品、标本的主要收藏机构和宣传教育机构和科学研究机构。三楼两个展厅展示的是廊坊地区义和团运动资料及实物，重点突出的是廊坊大捷；二楼两个展厅展示廊坊通史；一楼两个展厅是廊坊市经济社会发展成果展。

馆藏文物上溯远古，下迄近代。馆内展品以廊坊市区域内历史遗存的文物、文献史料及研究成果为基础，重点展示了廊坊历史文化的发展轨迹。

宋辽古战场旅游区

宋辽交战时的古战道

永清县瓦屋辛庄

在廊坊市区乘坐开往永清的班车

宋朝时期，永清县位于三关（淤口关、益津关、瓦桥关）以北，为宋辽古战场之一，宋辽古战场旅游区便在此基础上建成。景区由宋辽古战场浓缩景区、宋城《清明上河图》一条街、地下古战道修复保护区、疗养健身中心等组成。

玩家 解说

永清县宋辽边关地道——古战道，为我国军事史上的重大发现，堪称“地下长城，国之瑰宝”。2007年年初，宋辽古战道以最长的古战道入选了上海大世界吉尼斯纪录。

链接

地下长城——古战道

古战道是北宋初年用于抗击辽国南侵的军事防御工程，距今已有1000多年的历史，主要分布在永清、霸州、文安、固安、雄县等五个县市境内，东西延伸约65千米，南北宽10~20千米，分布的总面积有1300多平方千米。在瓦屋辛庄一位刘树甲老汉院中发现的古战道现在开辟为“永清县宋辽边关古战道遗址”。

宋辽交战时，杨六郎镇守雄县的瓦桥关、霸州的益津关和信安的淤口关，与辽军形成对峙局面。宋国为了收复失地，秘密地修筑了地下古战道。在地面上兴建瓦屋，而地下却暗修战道。不足半年的时间，远看瓦屋一片，实际是内藏精兵数千，而瓦屋新庄便由此得名。后来由于瓦屋新庄在宋军营盘中排序第八，故而把新旧的“新”改为了“戊己庚辛”的“辛”，意为第八位，一直沿用至今。

古战道是由规格和质量基本统一的青砖构筑而成，隐蔽性强，利于突然性袭击敌人。战道内部构造错综复杂、巧妙独特。古战道往往起到“一夫当关，万夫莫开”的作用。在宋辽交战的数百年来，辽军一直都没有发现这个工程，作为国家的秘密工程，史册上没有记载，所以永清县宋辽古战道的发现和发掘，也填补了我国军事史上的一个空白。

宋辽古战场旅游区

李赢个人收藏馆

品种齐全的民间收藏馆

永清县城南北辛溜乡李庄子村

这是永清县农民收藏家李赢的个人藏馆，号称“集古斋”。李赢老先生是李庄子村的一名普通农民，自幼喜欢民间收藏，他从16岁开始搜集整理各种民间藏品，到现在已近半个世纪。他的藏品最突出的特点就是品种齐全，数量巨大。目前，藏品数量已经达到了数万件，成为华北地区藏品最多的个人收藏家。

玩家 解说

藏品种类囊括了瓷器、陶器、铜器、木器、书画、壁挂、服饰、文具、乐器、武器、钱币、票据、照片等几十个大类。从年代上讲，既有战国时期的陶钵，又有近年才被淘汰的脚踏木风琴；从价值上讲，既有琉璃厂专家几次登门重金求购的官家饰品，又有标有毛泽东语录的平民家书；从类别上讲，既有古时大家闺秀穿的三寸金莲绣花鞋，又有农家妇人织布纺线用的木质纺车，应有尽有。

茗汤温泉度假村 AAAA

拥有大小温泉池100多个

霸州市经济开发区106国道路东

乘943、霸州5路公交可到

8:00至次日凌晨1:00

268元　0316-7231111

茗汤温泉度假村以著名的霸州温泉为

茗汤温泉度假村

基础，建设了高档舒适的温泉酒店，是京津一带泡温泉的好去处。温泉区有108个分体温泉池，其中包括6000平方米的室内椰树热带风情温泉区及3万平方米的室外松树露天温泉区。度假村设有气泡区、花草区、养生药浴区、SPA理疗区、VIP散客专用区、露天温泉区、个人汤屋区等不同的温泉区。另外，茗汤温泉度假村还设有餐饮、健身、娱乐等设施。

玩家 解说

茗汤温泉属于苏打地热温泉，为碳酸氢钠泉。井口水温约60℃，水质清澈无味，水中含有多种对人体有益的微量元素和矿物质，如锂、锶、锌、碘、偏硅酸、偏硼酸、氡等。浸浴可保持肌肤洁白且富有弹性，对关节炎、肩周炎、神经性骨痛、类风湿等多种疾病有一定辅助疗效，能起到舒筋活络、强身健体、润肤养颜、抗衰老等保健作用。

益津书院

休闲娱乐旅游景观

霸州市益津中路

乘943路公交车至益津书院下

益津书院始建于元朝至顺二年（1331年），原在宫家庄（即今雄县宫岗），为宫君祺所建。院落坐西向东，有6间讲堂，门额写着“养根堂”，大门上写着“益津书院”。2006年年初，霸州市重建书院。新建成的书院由开放式文化广场、书画院和展厅三部分构成。书画院的主体建筑为典型的北方四合院联合结构，内设有画家许鸿宾画室、韩文来画室和其他书画创作室。

大围河清真寺

传说为香妃修建的清真寺

文安县大围河回族满族乡

大围河清真寺始建于明朝永乐年间，清朝乾隆年间重修。古寺经过历代修缮，尤其是最近大修后，更加气势雄伟、富丽堂皇。迎门大殿中六柱耸起，四面挑角作为脊楼。脊角梁头镶有龙头等兽头装饰，花纹绚丽，玲珑剔透，基本保持了乾隆年间的建筑风格。

平原森林观光区

大型生态农业观光区

大城县臧屯乡野固献廊泊路

平原森林观光区是以开发经营生态型、环保型种养殖业为基础，融休闲、娱乐、观光为一体的大型生态农业项目，包括休闲垂钓区、植被观赏区、健身娱乐区、骑射狩猎区等四大主功能区。目前，园区已引进并种植近70种树种约80万株，形成了大规模的景观生态林区。

景点推荐 廊坊北部旅游区

三河人民公园

民俗与历史园林

三河市迎宾北路

乘930路公交车至三河总站下车

三河市人民公园以现代园林为主，兼容三河民俗风情、历史古迹，是一座现代化、多功能、综合性公园。公园设计充分体现了三河优秀的历史文化和名胜古迹。公园有六重塔、彭公祠、皇叔院、滴水堂、铁索晃桥、万花谷等景点。

灵山风景区

风光秀美的山景古迹

三河市灵山乡大唐回村

灵山海拔877米，是燕山余脉。山虽不高，但风景秀丽，东面与整个燕山相接，其余三面皆为平原，有泉水从灵山之南麓涌出，是京东首处融山、水、林、古迹为一体的自然景区，尤以泉水为盛，山脚下三面有泉，泉水清澈甘甜，汇流成溪，环绕九十九湾入洵河，有“灵山素玉”之美称。

链接

灵山寺的历史

原灵山寺建于何年，已无证可考，清同治元年正月至二年四月，当地重修了灵山寺的正殿和东西配殿。此工程于同治二年阴历四月十五日竣工，所以这一天被定为“灵山庙会”。每年这一天，灵山山前山后，山上山下，游人云集，善男信女，烧香拜佛，民间艺人演戏走会，文人墨客吟诗题字，热闹非凡。

原寺有三层殿和东西跨院，共有40间房。大殿为菩萨殿，西配殿为达摩殿，东配殿为关帝殿。南面有倒座房5间，大殿前东西两厢各3间，另有东西跨院。山门外有一钟鼓楼。此外，在山的南麓还建有戏楼一座，坐南朝北，人们坐在山坡上可居高看戏。在戏楼东侧，还建有娘娘庙一座。这些建筑，除戏楼保留到新中国成立后被拆除外，其余连同灵山寺一起被日本侵略者一把大火烧为灰烬，此处只留下山上孤塔和一些庙基，昔日红墙黄瓦、殿堂钟楼已荡然无存。

灵山塔

位于灵山顶端，建于辽代，距今已有1000余年历史。塔分五级，高13米，形为八角，砖木结构。塔座雕有牡丹、芍药花，其花形叶脉雍容大方；塔基上部砌有连云图案，线条自然流畅。

灵山寺

位于灵山西北半山腰处，抗日战争时期被毁，1998年在原址上重建。新建成的灵山寺正殿三层四座，东西配殿、钟鼓楼及庙堂、诵经室、论佛室等处共15座89间，各殿内共塑佛像37尊。

三河大峡谷

位于三河灵山东北处，面临磕头岭，东通蒋福山，在2000米长的峡谷内，峭壁如削，沟谷纵横，怪石突兀。因沟内有龙潭，当地人称之为龙潭沟，这里由西向东，三潭浑然天成，均为原始景观。

天下第一城 AAAA

明清老北京城微缩景观

香河县安平开发区

8:00–16:30　0316–59427577

天下第一城是一座规模宏大、具有浓郁的中式风格的仿皇城建筑园林。第一城按明清北京城垣格局，采取“缩地不缩景”的建设原则，将22座错落有致的城楼镶嵌在5千米长的空腹城墙之上。加上圆明园景区、宅府院落点缀在城池之中，整个建筑群体彰显出中国建筑之异彩。在这由传统文化风格的建筑群和独具匠心的皇家园林组成的景园内，亭台楼榭，雕梁画栋，集中国南北古典园林艺术于一身，虽由人作，宛若天成。

玩家 攻略

天下第一城作为中国电影基金会的重要外景基地，吸引了众多的影视、广告剧组前来拍摄，迄今已有《雍正王朝》《铁齿铜牙纪晓岚》等20多部影视片在这里拍摄。

第一城内的宫殿既是旅游景观也是休闲娱乐的大酒店，酒店内有各式美食餐厅、高档娱乐设施、会议场所，是旅游观光、休闲度假、亲友聚会的理想选择。

天下第一城极具历史文物价值，城中广设古玩店、文物展，向广大游客展售各种古色古香的古旧物品。

玩家 解说

天下第一城除了有较高的文物价值，同时注重人文景观建设，除常规的百官朝拜、清宫乐舞、中华龙鼓、吴桥杂技等皇家和民间的系列文艺表演外，还经常举办各种大型文化活动，如新春爆竹庙会、中秋赏月歌舞晚会、中国旅游欢乐节等。

链接

香河县名的由来

香河县位于有“京津走廊”之称的廊坊市的北部，西与北京接壤，南部、东部与天津毗连。据《香河

天下第一城

县志》记载："县东南滨水，多栽芰（茭）荷，夏秋之间，其香馥郁，因名香河。"香河县建制可追溯到辽宋时期，辽太宗在这里设立淑阳郡。夏秋之间，城东南的滨水河荷花盛开，捧起河中之水，便觉阵阵清香，香河县便因此得名。

明成祖朱棣还是燕王的时候，曾带人路过淑阳镇。时值六月，淑阳四面小河环绕，水中荷花盛开，景色秀丽，香气袭人，燕王赞不绝口："此处真乃香河也！"

圆明园景区

天下第一城圆明园景区位于外城东部，力图恢复昔日"万园之园"的风采，再现明清皇家的文化神韵。布局巧妙的圆明园景区错落有致地分布着圆明园的八大著名景观——平湖秋月、九州清宴、正大光明、万方安和、上下天光、大水法、远瀛观、万花阵，富有诗意的名称充分体现了这些园林建筑的意境。

城前广场

天下第一城广场占地4.5万平方米，呈放射状，喻义天下第一城敞开大门广迎天下宾客。城前五座精美的汉白玉金水桥分外夺目。城外有护城河，宽12米，深2米，总长达5000米，似翡翠玉带环绕城池。

前门大街景区

以老北京市井文化为主题，基本上按明清时期前门大街的风格修建，古朴典雅，店铺林立。这里有30多家在北京历史上最负盛名的老字号店铺，经营珠宝玉器、古玩字画、笔墨纸砚等。

天下第一城

北方峨眉大安寺

大安寺是天下第一城中非常值得一去的景点之一。原大安寺已毁，重建的大安寺占地16675平方米，建筑面积1.6万平方米，为一门十三殿的建筑格局的佛教寺院。其中弥勒殿、大悲殿、大雄宝殿、五方佛殿、舍利宝殿分别位于中心建筑——万法归宗阁的一至四层。寺内各殿供奉造像共133尊，造像采用錾铜贴金、手工彩绘、镂空、雕刻等工艺。整体建筑按照传统的寺庙结构建造并配用现代化设备，使其古色古香又具现代气息。

北坞清真寺

河北十大清真古寺之一

大厂回族自治县北坞村西

北坞清真寺始建于明代万历年间，历史悠久。古寺坐西朝东，门前有座小石桥，造型清秀，人称"天心桥"。万历年间供职京师的穆斯林官吏一内翰侍太监李仰泉所立石碑一块，碑文是古寺内最早的文字记载。北坞清真寺是座砖木石结构的古寺。北坞清真寺连接大殿的最高部位采用我国的古典亭楼式，把阿拉伯和我国的建筑风格融为一体，形成大厂清真寺建筑的独特风格。

香河家具城

北方最大的家具集散地

香河县淑阳大街

香河家具城地处京、津、唐三角洲腹地，是北方最大的家具集散地。家具城有大型家具展厅20多个，展厅总面积40万平方米，城内参展企业来自香港、广东、山东等地，有近2000家，形成了家具产业产、供、销一条龙的市场格局，人称"南有顺德，北有香河"。

景点推荐 吴桥杂技大世界 AAAA

沧州市吴桥县京福路1号

春秋季8:30–18:00，夏冬季8:30～17:30

160元 www.wqzjdsj.com

吴桥杂技大世界是世界上唯一的杂技主题公园，也是中国规模最大的表演类型的旅游景点。大世界占地200万平方米，规模宏大，建有江湖文化城、魔术迷幻宫、杂技博物馆、民俗风情园等八大景点。其中江湖文化城是杂技大世界最具特色的中心景区，在这里游客可以尽情观赏各具特色的杂技、马戏、戏法、气功等艺术表演。这里还有历史实景展示：身着清朝服饰的吴桥艺人们，述说着当年卖艺求生的往事，再现了过去艺人四海为家的生活情景，展现了杂技之乡古老的民间文化风采。

玩家攻略

吴桥杂技大世界景区很大，并且由于是表演类旅游景点，游览会受时间的限制。游玩时可根据自己的爱好选择，可以一日游，也可半日游；如果想要仔细游览杂技大世界，不妨选择两日游，可以办理一张会员卡，一年之内随时可以在大世界游览、观看。

半日游路线推荐：江湖文化城—跑马场。

一日游路线推荐：江湖文化城—滑稽动物园—游览魔术迷幻剧场—红牡丹剧场—杂技博物馆—马戏游乐园。

吴桥二日游路线推荐：第一天吴桥接团，游览杂技大世界江湖文化城—滑稽动物园—财神庙—普济寺等，宿吴桥。第二天游览小泰山—魔术迷幻宫—红牡丹剧场—马戏游乐园—杂技博物馆—民间杂技学校。

吴桥县有很多民间小玩意和特产，在县城或是吴桥杂技大世界里都能买到，如杂技、魔术用的小道具，玩具、仿古绣等。吴桥薄脆饼是当地有名的传统小吃，工艺简单却制作精细；吴桥贡面，细如发丝，口感好，过去是向朝廷进贡的挂面。

玩家 解说

在吴桥，杂技艺术俗称“耍玩意儿”。民谣说：“上至九十九，下至才会走，吴桥耍玩意儿，人人有一手。”吴桥人对杂技有着特殊的爱好，不论大人小孩，不论休闲还是工作，总喜欢随意耍两下。有的孩子去商店打酱油买醋会把装满酱油和醋的瓶子置在小拇指上托着走，下雨天会有小学生将雨伞顶在鼻尖上行走。

关于吴桥杂技由来的传说很多。唐代书生纪晓堂两次进京赶考，因不图贿赂，中了进士，又被除名，一气之下，只身云游四海。行至终南山下，正遇杂技之祖吕洞宾，便拜师学艺，学会了360套戏法把戏。出师后，浪迹至吴桥，安居在一座道观里，收徒传艺。从此，师传徒、父传子、人人学，家家练，世代相传，越来越多。

其实，吴桥人喜爱杂技也和他们过去的生活环境有关。吴桥县位于古黄河下游，西有大运河，东靠四女寺河，纵横河流占去大片土地，并且当地土地贫瘠，水灾频繁，战乱连连，人民生活苦不堪言。为了谋生计，百姓只好打个跟头，变套戏法，耍耍大刀，玩玩猴子、哈巴狗之类的小动物，浪迹江湖、卖艺糊口。

链接

中国吴桥国际杂技艺术节

中国吴桥国际杂技艺术节是国际杂坛顶尖艺术节庆，艺术节期间设有国际杂技理论研讨中心和国际杂技商演项目交易中心。

吴桥国际杂技艺术节是河北省最具国际影响力的文化品牌，也是中国四大国家级国际性文化节庆之一，是国际公认的世界三大杂技比赛赛事。杂技艺术节设金狮、银狮和铜狮奖，成为杂技艺术家向往和不断追求的荣誉。

杂技艺术节创办于1987年，每两年一届，举办时间为10月底至11月初，节期一般为9天，举办地点在河北省石家庄市。从2009年开始，杂技节除石家庄设立主会场之外，在沧州市吴桥杂技之乡同时设立分会场。

江湖文化城
老江湖杂耍的缩影

江湖文化城是吴桥杂技大世界最具特色的景区，是吴桥杂技历史的缩影。文化城重现了当年北京天桥、天津三不管、上海大世界、南京夫子庙四个民俗文化集散地的表演特色和江湖文化景观，各种气功绝活、说书唱戏、算卦抽签、传统地摊杂技，包罗万象、无奇不有。文化城的建筑风格也再现了吴桥旧县城的古老文化特色。

玩家 攻略

江湖文化城中有著名的江湖八怪，江湖文化城也是杂技大世界的核心景区，不得不看。

江湖文化城的大门前是一排古色古香的仿明清式店铺，可以在这里购买到吴桥特产和杂技表演用的小道具。

吴桥杂技大世界

江湖文化城

魔术迷幻宫

用魔术讲述历史故事

魔术迷幻宫建有魔术宫综艺剧场，以历史神话传说、传奇故事为展示内容，利用历史和现代魔术的经典技艺，展示了千年魔术

吴桥江湖八怪

江湖八怪不是吴桥杂技大世界中的景点，而是8位招牌杂技艺人。他们身怀不同的绝技，其功夫让人瞠目结舌、拍手叫绝。

第一怪：王宝合——两手三球跟鬼赛

王宝合是"江湖八大怪"之首。他5岁学艺，7岁登台，擅长表演三仙归洞、口中吃针引线、软功缩骨，人送绰号"快手王"，被列为"世界非物质文化遗产"传承人。

杂技大世界中有个"鬼手居"，环境幽静。一位老人已年过六旬，坐在小屋的前面，两个瓷花碗，三个小红布包，一张铺着毯子的平台，这些就是王宝合的表演道具了。吴桥的传统节目"三仙归洞"是王宝合的招牌节目。表演"三仙归洞"，不同于大台节目，它与观众近在咫尺，且由观众参与进来，重在"卖口儿"（即语言表达），难在"救戏"（即收回无意或故意露出的马脚）。它要求表演者手法运用灵活，头脑反应迅速，语言表达机智。但这对王宝合来说是轻车熟路，到了炉火纯青的地步。2002年他应邀到香港演出，被香港特别行政区行政长官董建华誉为"鬼手"。

第二怪：高福州——白肚皮上切青菜

大世界第二大怪高福州，喜欢在表演开场时拿着个破锣卖口，表演形式幽默滑稽，人送绰号"小钢炮"。擅长表演头顶开瓶、肚皮切白菜、单掌劈砖等节目。

小钢炮高福州的绝活在肚皮上切青菜，刀起刀落，菜叶横飞，肚皮却毫发无损。

第三怪：李印怀——眼里扎出骨针来

李印怀老人8岁当学徒，15岁就登台表演民间绝技，他擅长表演吞铁球、吞宝剑、二龙吐须等节目，人送绰号"皮包骨"。

他的绝活是将骨针从鼻孔里送入，然后从眼睛里冒出，惊险奇异，让人目瞪口呆。

第四怪：何书森——鼻奏唢呐震中外

何树森10岁随父学艺，15岁开始练习鼻奏唢呐，人送绰号"吹破天"。他表演时，口中吐烟雾，鼻子还能吹出声乐来，这种鼻口齐用的绝活，极是少见。

第五怪：魏春华——千斤大缸蹬得快

魏春华最擅长的是脚上蹬缸的功夫。她看上去娇小，却可以蹬起180千克的大缸，并能灵活地将其翻转——正转、反转、侧转、竖转，轻松自如。现在，她的蹬大缸表演已被收进世界吉尼斯大全。

第六怪：郭树桐——老鼠提水碾荞麦

郭书桐师从著名驯化大师张凤楼，深得大师真传，绝技惊人。他先后到北京、南京等地演出，人送绰号"老鼠郭"。

郭树桐的"训白鼠"是吴桥大世界江湖文化城的开场戏，在郭大师幽默语言的引导下，小白鼠的旅游故事开始。白鼠四五只，附会民间故事如刘全进瓜、李三娘坠井、洞房花烛等，表演各种精彩动作。

第七怪：李亮——刀山爬到云霄外

李亮出身于杂技世家，与李印怀是父子关系。他15岁登台演出，擅长表演上刀山等节目，人送绰号"怪腿李"。

刀山是用一把把钢刀架起的长梯，李亮要赤脚在刀刃上做很多高难度动作，并且极其危险。

第八怪：廖鹏——双手书法唱梅派

廖鹏，是一个年仅18岁的男孩，他的表演最具文化特色。他能唱5个剧种的戏，并在唱戏的同时，双手并举挥毫泼墨。

廖鹏6岁登台，擅长双手书画，演唱的评剧《人面桃花》、河北梆子《钟馗》和梅派京剧《贵妃醉酒》令人叫绝，人送绰号"六岁红"。

的神奇奥妙。魔术迷幻宫有人体三分、穿越钢板、倒悬行走、空桶取物、大变活人、捆绑逃脱等20多个魔术节目。

杂技奇观宫
再现杂技历史

杂技奇观宫以杂技表演反映中华民族自远古黄帝时代至现代数千年的杂技发展史。其中，有反映5000年前杂技雏形场面的“黄帝战蚩尤”；表现汉代杂技兴盛时期娱乐场面的“汉水百戏”；体现杂技宫廷表演艺术的“唐明皇观舞马”“隋炀帝观水饰戏”“秦二世观角抵”和再现吴桥杂技兴盛时期的清朝“南苑庙会”等22个场景。

红牡丹剧场
观赏惊险的杂技表演

红牡丹剧场是展示融现代声、光、电及各种高科技技术为一体的大型综艺性杂技表演剧场。舞台与观众只有1米左右的距离，可以近距离观赏惊险的杂技表演。

马戏游乐园
有惊险刺激的马戏表演

马戏游乐园内有来自内蒙古大草原16匹威武剽悍的骏马。表演者在马场上策马奔驰，为观众表演群马列队、跳华尔兹等节目，同时还有十几名专业马术演员配合，表演马上倒立、马上大站、独站双马、倒骑摘花等。同时，在马戏游乐园中游玩还可亲自上马试骑，体验骑马的乐趣。

滑稽动物园
动物表演绝活

滑稽动物园主要以各种动物的表演为主，动物的表演滑稽幽默，令人捧腹。主要有老虎骑马、非洲狮穿火圈、大象按摩、狗熊耍大刀、山羊走钢丝、狼狗认字、猴子骑单车等。

杂技博物馆
记录吴桥杂技的历史

吴桥杂技博物馆是中国乃至世界上唯一的杂技博物馆，在博物馆里可以全面了解杂技之乡吴桥的历史，了解吴桥杂技的起源、发展和千年辉煌。

博物馆中共有序厅和9个功能厅，展示了吴桥杂技的历史沿革。展示厅中有影视欣赏，有珍贵的杂技艺人照片和杂技传袭下来的道具，馆藏杂技文物有200多件。在博物馆中还能欣赏到书画艺术家的双手执笔书画表演和以杂技为主题的绘画表演，精彩绝伦。

红牡丹剧场杂技表演

杂技博物馆

景点推荐

沧州旅游区

清真北大寺

历时18年建成的清真寺

新华区解放东路14号

乘3、16、22路等公交车可达

清真北大寺位于沧州回民聚居区的中心，该寺始建于明朝建文末年，历时18年，于1420年正式落成。北大寺建筑面积3200平方米，其中礼拜大殿庄严宏伟，由前中后三殿和古棚组成。殿顶上有“五脊六兽”，雕刻精细，栩栩如生。后窑池有三亭，中间高，两边低，为驼峰式，别具一格。

沧州铁狮子

我国现存最大的铁铸文物

沧县旧州镇东关村

在沧州汽车客运总站乘坐到旧州的汽车，下车后向东步行1千米　¥ 20元

沧州铁狮子铸于后周广顺三年（953年），身长6米，体宽3米，通高6米，重29.3吨，是中国历史上年代最久远、体积最大、形态最精美的铸造工艺珍品。铁狮使用的铸造工艺是“泥范明铸法”，在铸造过程中，共用去了30~50厘米见方的铸范近600块。它为

研究中国古代的冶金、雕塑和佛教史提供了珍贵的实物资料，在世界冶炼史上也占有重要的地位。

玩家 解说

沧州铁狮子铸造于后周广顺三年（953年），其用途历来存在着多种说法。一说是后周世宗北伐契丹时，为镇沧州城而铸造的铁狮。另一说则认为铁狮位于沧州开元寺前，腹内有经文，且背负莲花宝座，故应为文殊菩萨的坐骑。还有人根据铁狮的别名“镇海吼”，推测是当地居民为镇海啸而建造的异兽。

曾有考据家认为《沧县志》记载的周世宗为讨伐契丹而铸此铁狮的说法不可信，因为周世宗并不信佛，所以认为铁狮应为开元寺中物或者是李云捐造以壮寺观的。沧州市民间有传言说是当地人为消除水患请人铸造的。旧沧州一带濒临渤海，经常发生海啸，洪水浩劫，民不聊生。当地劳动人民为消除水患，自动捐钱，请名师李云铸此狮，以镇海啸，名曰“镇海吼”。从狮身外面铸有农民捐钱姓名和具体数字来看，即可证实这一说法。

纪晓岚墓

“铁齿铜牙”的墓冢

沧县崔尔庄镇北村

纪晓岚，清末著名学者，《四库全书》总编纂。其墓前石碑刻有：“皇清太子少保协办大学士礼部尚书纪文公神岛碑”。纪晓岚是沧县景城纪氏后裔。纪氏墓地始建于明代永乐年间。墓地南北长300米，东西宽100米，有坟墓1194座，墓碑136块。墓地在“文革”期间遭到严重破坏，现仅存残碑10余块。后又出土了由纪晓岚撰文，由刘墉、董浩、翁方纲等著名书法家书写的墓志铭3块。据资料考证，埋于地下的墓志铭还有若干。

纪晓岚像

链接

纪晓岚

纪昀，字晓岚，晚号石云，道号观弈道人，谥号文达，乡里世称文达公。

纪晓岚儿时居景城东三里的崔尔庄。4岁开始启蒙读书，11岁随父入京。他21岁时中秀才，31岁考中进士，入翰林院为庶吉士，受任编修，办理院事。乾隆三十三年，受命为《四库全书》总纂官，历经13年完成编纂。

在主编《四库全书》期间，纪晓岚由侍读学士升为内阁学士，并一度受任兵部侍郎，改任不改缺，仍兼阁事，甚得皇上宠遇。嘉庆八年，纪晓岚80大寿，皇帝派员祝贺，并赐上方珍物。纪晓岚卒后，筑墓崔尔庄南五里之北村。朝廷特派官员，到北村临穴致祭，嘉庆皇帝还亲自为他作了碑文，极尽一时之荣哀。

献县汉墓群

汉代墓葬群落

献县境内

献县汉墓群是汉代河间王及其子孙、乐成侯、中水侯等葬于献县境内墓葬的总称，现存37座汉墓。献县自西汉建立河间国，直至南北朝时，一直是王封之地。1937年以前，献县辖境面积较大，境内号称有大小72冢，主要有献王墓、孝王墓、刘淑墓、刘英墓、毛公墓、贯公墓等。

玩家 解说

河间献王刘德，是汉景帝之子，汉武帝之兄，生于西汉前期。他精通史书，多才多艺，汉景帝时被封为河间王。在秦始皇焚书坑儒后，刘德招集学士，收集上朝遗书，对保护文化遗产起了巨大作用。刘德死后，被追谥为“献王”，献县也就因此得名。

盘古庙

祭祀盘古的古庙

✉ 青县城南6千米大盘古村

沧州民谣："一文一武，一国宝，一人祖。"人祖即盘古。盘古庙始建于元世祖至元十五年，传说中盘古在此定居，因而建有此庙。盘古庙经历代重修，现设于秋祠西南方。盘古庙于1947在战火中被毁，20世纪90年代，当地居民组织重修古庙，以供来往人们朝拜。传说盘古九月初九生，三月初三归天，因此，盘古庙每年的这两天设两次庙会。

古贝壳堤

世界三大古贝壳堤之一

✉ 黄骅市南排河镇赵家堡

黄骅的古贝壳堤是目前世界上保存最为完整的，这里自西向东分布着6条与岸线基本平行的古贝壳堤，它是渤海西岸7000多年来成陆过程中的重要产物。古贝壳堤是由贝类、孢粉、藻类、有孔虫、介形虫等生物群组成，形成于距今1000年至6000多年。据科学家考证，这些古贝壳堤是渤海潮起潮落时波浪中夹带大量的贝壳及其碎屑经过长期风化形成的天然海堤。

冯国璋故居及墓葬

民国大总统府第

✉ 河间市西诗经村

冯国璋故居始建于1913年，为四合院式建筑，建有屋舍400余间。将军第门楼为磨砖对缝结构建筑，并配有砖雕图案，门前两侧有雕花汉白玉拴马桩、上马石和两只醒狮。其中东院叫"将军第"，又名"总统府"，南北长210米，东西宽108米，分为三进院。

冯国璋墓位于将军第北2千米处，建于1917年，曾几度被毁。墓内的一幅冯国璋戎装画像、一把指挥刀、两个石雕玉器以及玉簪、夜明珠、玉香炉等文物，现在省历史博物馆保存。

链接

冯国璋

冯国璋，直系军阀，毕业于北洋武备学堂，曾任北洋步兵学堂总办兼督练营务处总办。1903年在中央练兵处任军学司正使，后历任统制和第一军总统。辛亥革命时率领北洋军镇压武昌起义，曾奉命率军进攻南京，镇压"二次革命"。后出任江苏都督，坐镇东南。袁世凯称帝后曾任命他为参谋总长，后来又让他代替段祺瑞兼任征滇总司令，他均未履职。

冯国璋反对袁世凯称帝。袁世凯死后，黎元洪继任大总统，经过国会补选冯国璋为副总统，在南京办公。后黎元洪与段祺瑞府院之争，引发张勋复辟，为段祺瑞所镇压。黎元洪辞职，冯国璋进京任代理总统，段祺瑞复任国务总理。

古贝壳堤

铁佛寺

内有我国最大的坐式铁佛

东光县城关镇普照寺公园内

东光火车站乘环城小公交车即可

铁佛寺由山门、天王殿、大雄宝殿及东西配殿组成。大雄宝殿正中的释迦牟尼佛像为铁铸佛像，高8米有余，重48吨，是中国最大的坐式铸铁佛像。大殿东西两厢对称排列着十八罗汉塑像。这些塑像如真人大小，泥塑全身，神态各异，栩栩如生。现今的铁佛寺以其红色的山门、红色的围墙、红色的圆柱、红色的窗棂显示出独特的风采，是镶嵌在沧州原野上的一颗红色宝石。

泰山行宫

明代道教建筑群

盐山县庆云镇西关村

泰山行宫始建于明洪武七年（1374年），是河北省唯一一处明代道教建筑群体。泰山行宫坐北朝南，行宫筑有行宫门楼，底层为大拱孔门，顶层为殿宇式建筑，四角飞檐，柱廊环绕。行宫建筑布局采用中轴对称式，由南向北依次为门庭、照壁、行宫大殿、铃铛阁。泰山行宫的主体建筑是行宫大殿、铃铛阁，其他建筑有照壁、西厢房、铃铛阁两侧平房和魁星楼。

海兴小山

地质地貌景观遗迹

海兴县苏基镇

海兴小山又名马骝山，元代时改名海兴小山。海兴小山海拔高度34.8米，是距今260万年第四纪以来4次火山喷发堆积而成的火山孤丘，是河北平原独一无二的火山地质地貌景观遗迹。小山是中国东部沿海平原仅有的两个晚第四纪火山之一，其地质记录完整，穿插有海洋、河流沉积等内容，在距今1万年的全新世以来依然有活动。

中央华北局城工部旧址

解放时期的城工部

泊头市大运河畔解放桥旁

解放战争后期这里曾是中共中央华北局城工部所在地，中央华北局城工部由刘仁任部长，以“华北建设公司”的名义在此开展工作。城工部旧址因记载了这一段彪炳史册的功绩而在革命史上留下光辉的一页。整个院落建筑是青砖青瓦的四合院，原是清末的商业当铺。当时这里是连接北平、天津等华北城市与中共中央所在地西柏坡的桥梁和纽带。

白洋淀千里堤

“华北明珠”上的千里堤防

任丘市七间房乡　乘京九铁路火车到任丘站下，换乘去白洋淀的汽车

白洋淀千里堤亦名千里长堤，又名万柳金堤，位于白洋淀东岸。千里堤保护着冀中八县，天津市及津浦铁路的安全，全长250千米，为国家一级堤防，其中临白洋淀部分20.7千米。

白洋淀千里堤景色四季多变，各有特色。春来鸟飞鱼跃，夏日红莲出水，秋天芦苇织金，冬季冰船飞驰，是休闲度假的胜地。风景秀丽的白洋淀千里堤水域有大片的荷花，是白洋淀千里堤的一大景观。电影《小兵张嘎》便是在这里取景拍摄。

白洋淀千里堤

景点推荐

衡水旅游区

衡水湖 AAAA

内陆淡水湿地生态系统

冀州区北侧

乘坐18路公交车，在衡水湖站下车

衡水湖俗称“千顷洼”，为华北平原第二大淡水湖，也是华北平原唯一保持沼泽、水域、滩涂、草甸和森林等完整湿地生态系统的自然保护区。这里的生物丰富多样，有植物370种，鸟类近300种，以及众多的昆虫、鱼类、兽类、浮游生物等，以内陆淡水湿地生态系统和国家一、二级鸟类为主要保护对象。景区内有国家一级保护鸟类丹顶鹤、东方白鹳、金雕，以及国家二级重点保护鸟类大天鹅、灰鹤等。衡水湖的主要景点包括衡水湖湿地公园、三生岛、梅花岛、鸟岛、荷花淀、芦苇荡、灵秀山庄、沙滩水世界、大理想拓展训练基地、河北省青少年科技教育基地、采摘园等。

玩家攻略

去衡水湖旅游最好选择秋季，那时的芦苇荡景色最美。如果喜欢看荷花，不妨选择七八月荷花盛开之际。

在衡水湖中的小岛上住上一晚，是个不错的选择。衡水湖傍晚日落景色十分优美，在岛上过夜更能体会大自然的静谧与安详。不过，岛上没有住宿设施，需要自带帐篷并且备足饮用水和防蚊水。

玩家 解说

衡水湖流传着许多的民间传说。据说衡水湖是当年大禹治水时留下的。相传大禹治水时在衡水湖处挖了一块土，于是这里便留下了一大片坑洼。随着时代的变迁，这片坑洼就演变成了现在的衡水湖了。也有传言说，在远古的时候，衡水湖曾是东海龙王敖广的故乡。后来，黄河沙泥淤积在此，于是变成了一片低洼地。龙王于是搬了家，但还将龙宫留在地下，而地上的土地，便被当地农民用来耕种。

衡水湖五岛

衡水湖内有5座小岛，现已开发3座——三生岛、梅花岛和鸟岛，5座岛均位于东湖实验保护区。三生岛旅游景区位于保护区内东北角，岛屿面积3.3万平方米，以原生态旅游为主，有成人竞技、垂钓、民间斗鸡、东北二人转等数十种娱乐项目。梅花岛是五岛中最大的岛屿，因其土地适宜种梅花而得名，岛上有东方白鹳、鸳鸯、云南孔雀、澳洲鸵鸟、梅花鹿等动物。

荷花淀

衡水湖荷花淀总面积6.67万平方米。现有数十种国内外知名荷花品种和荷花盆景，是融观光、休闲娱乐、生产科研、荷文化展示为一体的荷花生态专类园。

衡水湖

沙滩水世界

沙滩水世界分为休闲区和戏水区两大部分。休闲区内设有淋浴间、租赁用帐篷、浮床、吊床等便捷设备，并有乘凉、休息用桌椅。戏水区分为皮划艇区域和水上乐园两部分。

衡水内画展览馆

内画艺术专业展馆

桃城区人民中路

衡水火车站有旅游巴士可直达展览馆

免费

衡水内画展览馆是目前国内外唯一一座展示内画艺术的专业展览馆。展览馆共分四层，集中展示了中国古代料器、玉石、有机物、金属、陶瓷、内画六大类鼻烟壶。

一楼是以展示、观赏、销售为一体的经营大厅，展区主要介绍鼻烟壶及内画艺术的历史形成过程，内画烟壶的流派和冀派内画的兴起、现状以及衡水的内画艺术作品，其中重点展示内画艺术大师王习三的内画艺术精品。二楼以上设有书法、字画、古玩、奇石等多功能展厅。

玩家 解说

内画主要分为四大派系：京派、冀派、鲁派和粤派。冀派内画主要以动物、山水、花鸟、草虫、人物肖像等绘画为主，立意深邃，构图严谨，线描技法丰富，设色协调精润，书画并茂。并且冀派内画从绘画工具到绘画技法及绘画形式有了三项创新：金属杆钩毛笔、油彩内画和系列烟壶。

竹林寺

依照海市蜃楼幻景修建

冀州区北关村

竹林寺遗址位于衡水湖东北处一小岛之上，为冀州古城的四大名寺之一。遗址原来三面环水，南面有一狭长通道通向对岸。衡水湖蓄水后，通道被淹，遗址成为湖中一

竹林寺

岛。遗址仅存有寺碑一块，现由冀州区文物所收藏。

宝云寺
王之涣曾栽下“千年不死草”

桃城区河沿镇旧城村

宝云寺位于衡水市区西南部。据寺内碑石记载，该寺始建于隋代，但其实早在南北朝时，此处已有寺庙。宝云寺内有一塔，叫宝云塔。塔高36.5米，塔体为八面棱锥体砖木结构，自四层以上四面有门，塔的各层建筑风格各异，有鸳鸯斗拱，有梅花斗拱。塔顶可供人攀登。唐代诗人王之涣曾在寺内栽下“千年不死草”——皇帝草。

庆林寺塔
国内仅存的几座花塔之一

故城县饶阳店村东

庆林寺塔也称饶阳店塔。庆林寺塔在该地的庆林寺内，现其他建筑已被毁，仅余一座宝塔。据专家考证，此塔为北宋时期建筑，为十四级青石楼阁式砖塔。从造型上来看，它属于花塔类型，重要特征就是在塔身上半部分装饰有各种繁复的花饰，看上去好像巨大的花束。这种类型的塔形成于宋辽金时期，元朝后几乎绝迹，庆林寺塔是国内现存为数不多的花塔中造型最奇特、装饰最华美的一座。

武强年画博物馆 AAAA
年画专业博物馆

武强县武强镇新开街1号

衡水汽车总站每天早7:00到晚18:00间有班车前往武强县

8:30～11:30，13:30～17:00　0318-3822491

武强年画博物馆是全国第一家年画专题博物馆。它既是年画艺术之乡的象征，又是展示、研究农耕文化的艺术殿堂。博物馆现有5个展厅和一个仿古年画作坊，馆藏文物1万余件。展馆陈列共分六部分：年画的源流与发展；年画历史的辉煌成就；近、现代武强年画；年画发展新格局；各地年画；传统工艺作坊。整个陈列新颖别致，既富有新的时代气息，又有浓厚的民间特色。武强年画艺人将我国四大发明之一的雕版印刷术这一古老工艺很好地传承下来，武强县也因此被文化部命名为“中国木版年画之乡”。

玩家 解说

博物馆馆藏的年画各有特色，有灯方类、窗花类、字谜类等十余种门类。

灯方：灯方是糊灯笼的画，四个灯方糊一个灯，画面有故事和谜面，通常来自戏曲、小说等。《渊明爱菊》灯方故事以陶渊明弃官归隐为原型，描绘陶渊明和童子们在田野中兴致勃勃观赏菊花，表现了诗人对菊花的挚爱和高尚的情操。《羲之爱鹅》描绘的是大书法家王羲之从家鹅行水悟出了用笔的方法。为了掌握执笔运笔的技巧，王羲之养成了爱鹅的癖好。画中表现的是他正在观察鹅的动作，思考如何将其运用到书法中去。

窗花：窗花是过年的时候贴在窗户上的花纸，多以剪纸为主，也有用年画的，是人们用来增加节日喜庆气氛的。《打金枝》这套小窗花表现的是唐朝名将郭子仪之子郭暧，因升平公主自恃高贵而不赴郭子仪之寿宴而殴打公主，公主愤然进宫，郭子仪缚子上殿请罪的情景。《锦上添花》画面绘有花瓶、花篮及梅、菊、莲及喇叭花等，附有柿子、葡萄、佛手、南瓜等，花团锦簇，果实丰盛。

神码：神码是年画中用来表达对自然神的崇拜，囊括了儒、道、佛的各路神灵。《六佛头》所绘的是天地全神神码，主神分四层排列，最上层为佛教中之三世诸佛：过去燃灯佛、现世释迦牟尼佛、未来弥勒佛；第二层为道教中之三清：玉清元始天尊、上清太上道君、太清太上老君；第三层为玉皇大帝，两旁为天府四相及北斗、南斗、东斗、西斗星君；第四层为关帝，两旁为周仓、关平、赵累、王甫。再下则为神牌，两侧侍立温、刘、马、赵四天君。此图风格古朴，形象突出，线条刚劲，构图排列有序，具有很强的乡土气息。

武强年画《连年有余》

安平党支部纪念馆
全国第一个农村党支部纪念馆

安平县台城村凯华路

台城村是中共安平县第一个党支部诞生地，河北省第一个中共县委诞生地。安平党支部纪念馆建筑面积200余平方米，分为火种、星火燎原、建设家园三个部分，展出图片、照片等资料200余幅，收藏实物200多件，其中有毛主席用过的皮箱。

玩家 解说

台城村党支部创建人弓仲韬，1923年4月由李大钊介绍入党，回祖籍安平县台城村进行革命活动，发展本村农民弓凤洲、弓城山加入了中国共产党，同年8月三人成立了安平县第一个党组织。1924年8月15日，在此建立了河北省第一个中共县委——中共安平县委。1938年4月第一次冀中党代表会议在安平召开，选举成立了冀中区党委。

深州盈亿义仓
晚清时期民间粮仓

深州市博陵路107号

深州盈亿义仓始建于清光绪二十四年（1898年）。义仓采用我国北方传统的四合院的建筑形式，分为东西两院，西院为仓库区，东院为辅助建筑。主要建筑包括门庭、厢房、宴休堂、仓神祠、听事房、西仓、南仓和北仓。东仓于1942年被日本侵略军的飞机炸毁，现仅存南仓、北仓、西仓、听事房。据测算，全仓可容纳谷物2.6万多石，折合150多万千克。该义仓在建筑选址、仓房通风、防潮、防火、防碱、抗震等方面非常科学、合理，体

深州盈亿义仓

现了晚清时期民间建筑所特有的典型特点，是河北省目前发现的唯一保存较好的清代粮仓建筑。

逯家庄壁画墓

东汉时期大型壁画砖墓

安平县逯家庄

逯家庄壁画墓是东汉时期的一座大型竖穴多室砖墓。逯家庄壁画墓由甬道、墓门、前室、中室、后中室、后室、北后室组成。在前室右侧室、中室和中室右侧室中绘有壁画。壁画以红、黄、青、白、黑等颜色为主，描绘了墓主出行、日常生活、下属官吏治事、谒见等。墓室券砖上书写有《急救篇》《论语》《孝经》等句章，为白色汉隶文字，笔画秀雅而刚健，工整却不呆板，是鲜见的文物珍品。

景州塔

河北古代四宝之一

景县景新大街

景州塔全名释迦文舍利宝塔，简称舍利塔，景州塔是当地人的俗称。河北中南部流传着“沧州的狮子，景州的塔，真定府的大菩萨”三大古迹的说法。景州塔与沧州铁狮子、赵州大石桥、正定县隆兴寺大铜菩萨被誉为河北古代四宝。

窦氏青山墓

孝女窦太后为父修建的墓冢

武邑县青冢村

窦氏青山墓又名安成侯墓，俗称青冢。此墓为汉文帝皇后窦猗房的父亲窦青的坟墓，因窦青被汉室封为安成侯，故又称安成侯墓。窦氏青山墓今高22.9米，周长490米，占地面积3万平方米。窦青是古观津（今武邑县东部）人，死后葬于故里。其女儿被封为文皇后以后，窦青被追封为安成侯。文皇后做了皇太后之后，为其父扩建墓冢，升高封土，为的是能“西望长安”。窦氏青山墓南坡原有玉皇庙、仙爷庙、仙姑庙和孔庙等庙宇建筑，庙宇、碑刻后被毁。

景州塔

攻略资讯

- 交通
- 住宿
- 美食
- 购物
- 娱乐

交通

火车

●廊坊

廊坊位于京津走廊，从北京或是天津到廊坊都十分方便。

北京或天津方向的列车必过廊坊火车站，廊坊站是京沪高铁自北京南站始发后第一个经过的车站，位于廊坊市广阳区解放道55号，乘坐2、3、4路公交车可以到达。

●沧州

沧州的铁路交通十分便利，京沪、京九两条铁路线穿过沧州市，沧（沧州）骅（黄骅）铁路从市区直通港区。从北京坐火车至沧州一般都是在北京站，北京西站有两趟开往沧州的火车。沧州市内及各县均有火车站点。

沧州站：位于沧州市新华区新华东路44号，乘坐1、2、10路公交车可到。

沧州西站：即京沪高速铁路沧州西站，2011年7月正式运营，只运营动车及高铁列车。位于沧州市以西窎庄村西侧，乘16、31路公交车可到达。

●衡水

衡水站有“京南第一大站”之称，有开往北京、上海、天津、哈尔滨、杭州等全国各大中城市百余次旅客列车，位于衡水市桃城区中心大街1号，乘2、3、5等路公交车可到。

汽车

●廊坊

廊坊长途汽车站有发往市内各县、乡镇

廊坊站

沧州西站

和省内石家庄、保定、唐山、沧州、张家口等市以及北京、天津的长途汽车。汽车站位于廊坊市广阳区解放道63号，乘5、6、10等路公交车可到达。

●沧州

沧州汽车客运总站有开往不同省市及各县的班车，省内班车包括石家庄、廊坊、邯郸等，外省班车开往北京、天津、郑州等地。位于沧州市新华区交通南大道。乘1、10、11等路公交车均可到达。

●衡水

衡水汽车站位于火车站广场东面，除发往各县及省内其他城市的班车外，还有发往北京、天津、上海、沈阳以及河南、山东、山西部分省市的长途客运班车。位于衡水市站前东路106号。

住宿

廊坊

廊坊市内住宿十分方便，各种档次价位的酒店、旅馆都有。市内的小旅馆价格实惠，干净整洁；高档的酒店、度假村，可以享受到一流的服务。

●廊坊阿尔卡迪亚国际酒店

交通便捷，酒店有温泉。周边有文明中华园、迎宾广场、艾力枫社高尔夫球会等。

廊坊市祥云道83号 0316-2509898

●廊坊和平饭店

酒店设施完善，房间整洁，周边有新世纪步行街、文化艺术中心等。 银河北路附近

●更多住宿去处

国际饭店/广阳区和平路81号/0316-2173456

沧州

沧州各主要县市的旅游景点都有星级饭店或旅游定点饭店，另有多家旅行社，也能提供住宿。

●沧州天悦大酒店

酒店位于市中心，交通便利，建筑富有特色，房间宽敞整洁，周边有沧州文庙、清真北大寺等。 沧州市御河路3号市委旁 2069999

●沧州金狮国际酒店

在市区沧州铁狮子旁，距离高铁站和汽车西站距离较近，酒店设施齐全，环境舒适。

沧州市迎宾大道18号 0317-5630888

●更多住宿去处

沧州颐和大酒店/沧州市运河区西外环颐和庄园内/0317-5508888

浮阳大酒店/沧州市运河区新华中路69号/0317-3025188

衡水

衡水市内住宿不是很贵，有不少连锁宾馆，价格在100元上下。高档酒店也有很多，可以就个人情况自行选择。

●衡水泰华博悦大酒店

酒店位于衡水市区南部衡水湖畔，距离景区很近，配有室内、室外温泉池。

衡水市东湖大道3888号 0318-2888888

●衡水迎宾馆

酒店地理位置好，交通便捷，服务周到，早餐丰富，周边有宝云寺、内画展览馆等。衡水市桃城区前进南大街1688号 0318-6888888

●更多住宿去处

阳光大酒店/衡水市桃城区新华中路38号/0318-2113403

衡水宾馆/衡水市桃城区新华中路54号

美食

廊坊有不少特色美食，除了餐馆供应的菜肴外，还有许多当地特色小吃，如香河肉饼、西域糕点、熏肉、小熏鸡、胜芳松花蛋等。

沧州市的特色饮食十分多，海产品相当丰富，主要有对虾、毛虾、梭子蟹、海蜇、巴鱼等。另外，沧州美食还有红烧狮子头、河间驴肉火烧、河间芝麻花、小鱼辣酱、任丘熏鱼等。

衡水美食有冀州焖饼、熏肉、葡萄鱼、油爆虾、饶阳金丝杂面、素烤鸭等，是来衡水游玩必尝的美味佳肴。

廊坊市内饭店餐馆林立，各种口味、档次的餐厅遍布市区各地，其中以群安道、广阳道、新世纪步行街附近最为集中。

●香河肉饼

香河肉饼面少肉多，一张大饼是用0.5千克面、1千克肉、0.5千克大葱烙成的。偌大的肉饼无一露馅之处。香河肉饼颜色焦黄、外酥里嫩，吃起来油而不腻、香醇可口。

香河肉饼

●胜芳松花蛋

松花蛋又名皮蛋，源于明朝，清朝传入天津，后又传入胜芳，成为当地著名的土特产品之一。胜芳松花蛋的特点是个大、味美，蛋中心呈橘红色。

胜芳松花蛋

●铁狮子头

是沧州红烧狮子头的别名，色泽红亮、香味诱人。沧州铁狮子名闻天下，所以红烧狮子头也就叫铁狮子头了。

铁狮子头

●河间驴肉火烧

“天上龙肉，地下驴肉”是赞驴肉味之美。在驴肉火烧中，数河间的驴肉火烧为上品。驴肉经过慢火细炖，然后将烧饼一分为二，把驴肉切片和配料夹起来，即可慢慢享用，味道极美。

河间驴肉火烧

●故城熏肉

故城熏肉历史悠久，它以鲜猪肉、牛肉为原料，加入几十种药材和调味品精心加工而成。做出的熏肉色泽棕红，皮烂肉嫩，肥而不腻，瘦不塞牙，味道醇香。

故城熏肉

购物

廊坊特产有胜芳松花蛋、金都牌蜜瓜、鸭广梨、古洼绿珠牌红小豆、固安柳编等。

在沧州除了可以购买海产品外，地方特产还有金丝小枣、沧州冬菜、泊头鸭梨等。还可以在沧州购买当地的特产酒：沧州铁狮王、御河春白酒、盐山千童枣酒、东渡老酒等。

衡水市民间工艺品众多，侯店毛笔、冀派内画鼻烟壶、衡水金鱼独具特色，被称为衡水“三绝”。武强年画出自民间艺人之手，取材广泛，人物传神。土特产有衡水老白干、安平丝网、深州蜜桃、阜城鸭梨等。

冀东南特产

●固安柳编

固安柳编果盘、花篮、茶几等色调和谐，编纹紧密清晰，图饰优雅大方，轻便、结实实用。其仿古花瓶及宫灯造型古朴，图饰秀美，具有浓厚的民族风格。

固安柳编

●沧州金丝小枣

因干枣剥开时有金黄丝相连，入口甜如蜜，外形如珠，故称金丝小枣。金丝小枣可煮食、熬汤或作为炖品的配料，大多加工成蜜枣、脆枣、熏枣、枣酒等食品或饮品。

沧州金丝小枣

● 沧州冬菜

选用优质青麻叶大白菜嫩帮菜叶切块、晒坯，加红皮大蒜和特制去卤盐发酵精制而成，咸淡适口，味道鲜美，具有增加食欲的功能。

沧州冬菜

● 内画鼻烟壶

出自中国衡水习三内画艺术院的内画鼻烟壶，以其小巧玲珑的造型，丰富多彩的材质，精美绝伦的工艺，匠心独具的装潢，被国际工艺界人士誉为集中国多种工艺之大成的袖珍艺术品。

内画鼻烟壶

● 衡水老白干

衡水老白干选用本地优质高粱为主料，采取清烧混蒸老五甑工艺精心勾兑而成，具有清香味浓而不烈、度低（58度）绵软而不淡、入口甘洌回味悠长的特点。

衡水老白干

冀东南购物场所

廊坊有著名的新世纪步行街，全长5千米，被称为京津走廊的小巴黎；香河的天下第一城内有古商业街，仿北京前门商业街，囊括了北京许多老字号店铺。

沧州的商业中心位于顺城街、南大街附近，这里聚集了华莎商场、沧州商城、渤海大厦、华北商厦等众多大型购物场所，是人们休闲购物的首选之地。

衡水的主要购物场所有红旗商厦（位于衡水市红旗大街）、爱将购物中心（位于衡水市和平中路32号）等。

娱乐

廊坊的民间娱乐活动历史悠久、内容丰富。拥有千年历史的庙会上，传统的扭秧歌、走旱船、放焰火等节目异常精彩，而每年春节期间当地社火中的主角龙灯和狮子舞则充满了喜庆的气氛。

沧州有不少传统民俗娱乐节目，除了吴桥的杂技表演，每年过年还有盛大的评剧表演。元宵节还会上演木偶戏。另外，沧州市的现代化娱乐场所也有很多。

衡水各种现代化的娱乐场所众多，规模宏大的城市广场、设施齐备的高尔夫球场、温泉度假村都是人们旅游度假、休闲放松的好去处。

●廊坊王务跑马场

位于市区南8千米处，占地面积12万平方米，融跑马、垂钓、采摘、食宿为一体，是理想的休闲娱乐之所。内养名优种骏马200余匹，马道周长800米，可体验骑马驰骋的感觉。

●廊坊温泉

廊坊境内蕴藏着分布面积达240平方千米、富含多种矿物质的地热资源。目前，已开发出霸州茗汤养生乐园、京都温泉城、康益泉温泉度假村、固安金海温泉度假村、大厂京东第一温泉度假村等规模较大的温泉项目。

●廊坊高尔夫球场

目前投入使用的已达189洞，其中东方大学城高尔夫球场81洞、第一城高尔夫球场27洞、华堂国际高尔夫球场18洞、京津花园高尔夫球场9洞。球场设计创意独特，各具风采和魅力。

节日和重大活动

节日	地点	时间
廊坊热气球节	廊坊会展中心	10月底左右
吴桥国际杂技文化节	沧州吴桥	10月底至11月初

廊坊高尔夫球场

发现者旅行指南

张家口

概览

亮点

暖泉古镇

古镇因有一年四季水温如一的泉水而名“暖泉”，是河北省保存最完整的明清古镇。

大境门

大境门为一座以条石为基础的砖砌拱门，是万里长城各个关口中唯一以“门”命名的关隘。“登上大境门，一生都太平”是在张家口流传古今的一句谚语。

中都草原

是内蒙古锡林郭勒草原的组成部分，保存完好的原始草原，有“风吹白草天无际”之赞誉。

崇礼滑雪场

崇礼区以多家滑雪场闻名，这里是北京周边雪季最长的天然雪场。

中都草原

小五台山

因东、西、南、北、中五个突出的山峰而得名，春天的山花、夏天的碧草、秋天的落叶、冬天的雪山是景区四季精华。

必逛街道

武城街：位于张家口市区最繁华的中心地段，交通便捷，闹中取静，百货大楼、新华大厦、张家口饭店等商业设施林立。

线路

张家口市区一日游

上午到中国万里长城中四大关口之一的大境门，然后前往堡子里参观保存完整的明清建筑城堡，下午到有“小桂林”之称的安家沟生态区游览。

张家口两日游

第一天游览小五台山，景区具有古、野、秀、险等特点。第二天上午参观中都遗址，感受元代三大都城之一的历史风貌。下午到中都原始草原度假村，欣赏丰富多彩的草原风情。

鸡鸣驿

张家口生态三日游

第一天上午到万龙滑雪场，体验惊险刺激的滑雪。下午到“关外第一泉”赤城温泉，使身体和精神双重放松。第二天和第三天在沽源金莲川草原旅游区游览，入住度假村，品尝草原上特有的美食，观看赛马、射箭等表演，欣赏美丽的草原风景。

为何去

张家口有“塞外山城”之称，古遗址数量很多，滑雪场遍布。古长城“大境门”是张家口市的象征。蔚州和宣化是著名古城。黄帝战蚩尤战场、泥石湾旧石器时代遗址、明代建筑清远楼等驰名中外；塞外明珠官厅湖、坝上草原度假村、翠云山滑雪场尽显一派北国风光，是旅游休闲的胜地。

沽源草原风光

何时去

张家口市属大陆性气候，特点是四季分明、雨热同季。受季风气候影响，冬季南北温差很大，夏季普遍高温，秋季最宜人。秋季到张家口游玩最佳，冬季来此可到崇礼滑雪。

草原风光

张家口旅游示意图

区域解读

区号：0313

面积：约36873km²

人口：约465万人

地理 GEOGRAPHY

区划

张家口下辖6个区（桥东区、桥西区、宣化区、下花园区、万全区、崇礼区）、10个县（康保县、沽源县、尚义县、张北县、赤城县、怀安县、阳原县、蔚县、涿鹿县、怀来县）。

地形

张家口全市地势西北高、东南低，南部为太行山北端，阴山山脉横贯中部，全市划分为坝上高原区和坝下高原平原过渡区两个自然地理区域。小五台山是桑干河与拒马河的分水岭，海拔2882米，为河北省最高峰。坝上河流多为内陆季节性河，一般流程短、河床宽、河槽浅，由南向北注入内陆湖泊，如安固里河、大青河等。坝下最大河流为桑干河，属永定河流域。

气候

张家口市属温带大陆性气候，四季分明，雨热同期。春季干燥多风沙，夏季炎热短促，降水集中，秋季晴朗，冷暖适中，冬季寒冷而漫长。张家口市昼夜温差大，夏季比较凉爽，冬季较长。来此旅游要及时添加衣物，注意保暖。

历史 HISTORY

历史大事记

●远古时期

约200万年前，阳原县马圈沟就有了人类活动的足迹；约100万年前，张家口西南部的泥河湾盆地有古人类聚居。

发生在张家口境内的涿鹿之战、冀州之战、阪泉之战是对中华民族的形成具有奠基意义的三次战争，战争的主要领袖黄帝和炎帝从此被尊为中华民族的始祖。

●秦至清朝

大约3000年前，北方少数民族北戎的一支在今张家口市的蔚县一带建立起奴隶制政权，历史上称为代国。据史籍记载，代国为商汤所封，并赐姓姜。代国先战国七雄而称王，立国约600年，周元王二年（前475年）被赵国开创者赵襄子所灭。

北宋时，张家口地区宋辽战争不断。南宋时属辽代。

辽代以后，金朝以及元朝都曾在此建立过夏宫。沽源县现留有元代“梳妆楼”。

1429年，万全右卫指挥张文始筑城堡，名张家口堡。这是“张家口”名字的首次出现。

明隆庆五年（1571年），明朝与蒙古鞑靼

中都草原

俺答汗之间“茶马互市”，张家口被辟为蒙汉“互市之所”。

明万历四十一年，张家口堡的一侧筑来远堡，以张家口堡和来远堡为基础，张家口逐渐发展成为蒙汉民族贸易交往的中心。

清康熙十五年，清军击垮噶尔丹，打通漠北商道，立大境门为蒙古与本部贸易的场所。后贸易频繁，商业繁荣，张家口逐渐发展为誉满中外的“皮都”。张家口“口羔”“口皮”驰名国际市场。

●近现代

1909年，京张铁路通车，交通的便利使得张家口商业贸易逐步达到鼎盛。

1928年，设察哈尔省，张家口为省会，同时国民政府将张家口改称张垣。

1948年12月24日，张家口解放，并恢复张家口原称。

名单 张家口历史名人

狼牙山五壮士之一马宝玉

舍身炸碉堡的战斗英雄董存瑞

追本溯源泥河湾

泥河湾文明被刻在北京中华世纪坛甬道上中华文明发展史的第一个台阶上。

人类起源“亚洲说”于20世纪初风靡世界。1924年，法国古生物学家德日进和桑志华在考察萨拉乌苏（今内蒙古乌审旗境内）的返途中来到张家口阳泉市，会同生物学家巴尔博在泥河湾进行了短暂的地质考察。在科学报告中，巴尔博将盆地内的河湖沉积物命名为泥河湾层，率先为泥河湾赋予了科学含义。1965年，中国考古学家发现了旧石器时代晚期虎头梁遗址群，从此真正叩开了泥河湾古人类活动的大门。1974年发掘了旧石器时代中期许家窑、侯家窑遗址，1978年又发掘了旧石器时代早期的小长梁遗址。

一个又一个令人震惊的考古发现从泥河湾传出：2001年10月，泥河湾遗址发现大量旧石器时代的石制品以及动物骨骼化石；2003年8月，泥河湾盆地马圈沟遗址首次发

泥河湾

现大象足迹；2005年年初，马圈沟草原猛犸象化石年代确定为约166万年前，是该象种的全球最早记录，改写了猛犸象起源于欧洲的国际权威学术观点，并将其起源时间向前推进了50万年；2005年年末，在马圈沟遗址第三文化层之下，又发现了第四、第五、第六文化层，将泥河湾盆地旧石器文化年代又向前推进了10万年。

如此集中的早期人类遗存在全世界都是绝无仅有的。在阳原东西长82千米、南北宽27千米的广大区域内，已先后发现早期人类遗址共80多处，其中在全国已发现的25处100万年以前早期人类遗址中，泥河湾就占21处。

这些远古的文化遗址几乎记录了人类的起源和演变的全过程，是一个天然博物馆，囊括了古人类学、旧石器考古学、古生物学、第四纪地质、古地磁学、古气候学和年代测定等多个学科。特别是马圈沟遗址的发现，在探索我国早期人类起源上有了重大突破，其绝对年代为距今近200万年，比北京周口店猿人要早120多万年。这是迄今为止我国发现的最早人类起源地。同时这也表明了人类不仅从东非的奥杜维峡谷走来，也有可能从中国的泥河湾走来。

文化 CULTURE

雅俗共赏二人台

东路二人台是流行于张家口一带的二人台，因与内蒙古呼和浩特以西流行的二人台有许多区别而得名。东路二人台主要传统剧目有《回关南》《割红缎》《拉骆驼》《探妹妹》《三女拜寿》《串河湾》《撒荞麦》《卖碗》等。

自康熙年间开始，清政府放宽了出塞垦荒的禁令，河北、山西、陕西等地的农民涌

二人台《挂红灯》

入张家口长城一带垦荒，有的打短工春去冬归，有的携家小长期定居。与此同时，一些小商贩、小手工业者和民间艺人也流入该地，使坝上形成了一个蒙汉杂居的地区。冬闲时，人们演唱民歌和民间传说以自娱，称丝弦坐腔（与蒙古族好来宝相仿）。后来，艺人在丝弦坐腔的基础上，借鉴融汇社火的表演，把叙事性的民歌加以延伸，引编成情节简单的故事，以第一人称进行表演，约于光绪初年形成了以小生、小旦、小丑为主的二人台。艺人组成五六个人的小班，生擎霸王鞭，旦舞彩扇手绢，演出小戏和民间歌舞，当时被称为唱蹦蹦儿。民国初年，打地摊的小班渐多，剧目也丰富起来。张家口北市场、南市场以及茶坊酒肆多有演出。中华人民共和国成立后，将蹦蹦儿改名二人台，由打地摊搬上舞台演出。

1977年是二人台最辉煌的一年，当时康保县二人台剧团移植现代豫剧《朝阳沟》，改编成二人台现代戏。在各县演出后，又到市内大众影剧院连演40天，每天一场，场场爆满。但随着多元文化表现形式的出现，曾经辉煌的二人台，与其他不少剧种一样，逐渐由鼎盛走向低迷。目前康保县大约有50个民间演出班子，有五六百名民间艺人，他们一部分是民间艺人，一部分是原来康保县剧团的演员。2006年康保二人台被列入国家级非物质文化遗产名录。

蔚县剪纸，民间瑰宝

张家口蔚县是“中国剪纸艺术之乡”，蔚县剪纸相传草创于清代光绪年间或再早些时候，它是农耕文明向工业文明过渡时期，在蔚县这样具有特定文化积淀和艺术氛围的地方，由民间艺术家们所创造的一门新的剪纸艺术。

蔚县剪纸是全国唯一一种以阴刻为主、阳刻为辅的点彩剪纸。蔚县剪纸中阴刻的部分有空莲花、空梅花等；也有阴阳结合的刻法，如戏曲人物铠甲，鱼鳞。鱼鳞片是阴刻，鳞边是阳刻。蔚县剪纸的妙处就在于不仅使用单纯（单色）阴阳对比关系，同时运用复合（彩色）阴阳对比关系，而且把这两种对比关系巧妙结合起来描述世界，反映物象，所以具有更动人更强烈的艺术效果。

蔚县剪纸作品内涵丰富，有劳动人民喜闻乐见的历史故事、民间传说以及人物，北方特有的文化背景和民俗风情等内容。蔚县剪纸在继承传统刀工精细、色彩浓艳的基础上，突破剪纸原有的形式，采用民间工艺与现代文化相结合的手法，使剪纸与现代家庭装饰融为一体，从而使剪纸更贴近了人们的生活。

蔚县境内有很多剪纸专业村，代表性的有“南有南张庄，北有北水头”。南张庄被誉为“中国剪纸第一村”，北水头则是远近闻名的“中国剪纸加工第一村”。

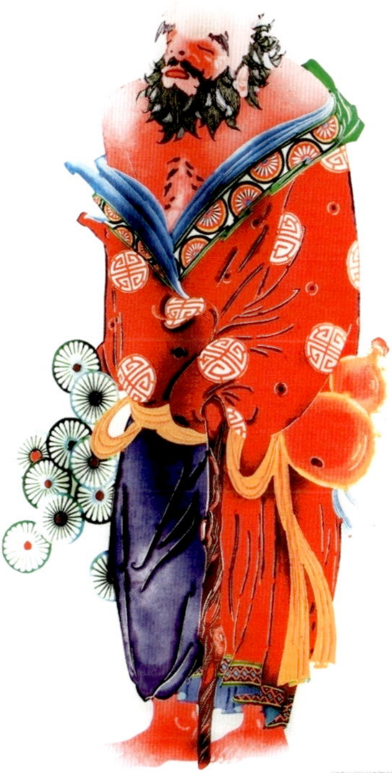

蔚县剪纸

景点推荐 张家口城区景点

大境门 AAAA

扼守京都的北大门

桥西区东河套街

张家口市区乘坐16、32路公交车至大境门站下

13元

大境门是中国万里长城中四大关口之一，也是各个关口中唯一以“门”命名的关隘。大境门造型朴实厚重，门外东、西太平山巍然对峙，地势十分险要，是扼守京都的北大门，连接边塞与内地的重要枢纽。现在大境门仍为通往口北的交通要道。大境门不仅有宏伟的建筑和秀丽景致，它同时也是多元民族文化友好交流的场所，在清代这里是北方十分重要的商业都市，被称为“陆路商埠”。

玩家 攻略

大境门旅游的最佳季节当推初夏，张家口六七月的天气比较凉爽，届时站在关口上登高远望，满山草木郁郁葱葱，崇山峻岭之上，巨蛇般的长城依着山形逶迤而行，塞外风光尽收眼底。

玩家 解说

张家口市境内存有战国、秦、汉、北魏、北齐、唐、金、明等朝代的长城1476千米，是全国保存长城遗址最多的省辖市，素有“长城博物馆”之称。更为珍贵的是，在张家口市区北端还有一条与明代长城同样走向的地下长城，成为塞外山城的一道亮丽风景线。

大境门是中国万里长城中四大关口（大境门、山海关、居庸关、嘉峪关）之一，在历史上曾占有重要地位。张家口市区长城是明成化二十一年（1485年）修建的，全长450千米。其中属于桥西境内长城全长3700米，皆沿山势修建，就地取材，以石垒筑，灰浆勾缝而成。大境门外东、西太平山巍然对峙，地势十分险要，历史上这一带是兵家的必争之地，是扼守京都的北大门，连接边塞与内地的交通要道。

链接

地下长城

地下长城是指与西太平山上明代长城同一走向的人防工程，北端东起大境门，西至万全区境，全长十几千米。这项工程是20世纪70年代在“深挖洞，广积粮，不称霸”的形势下修建的。它与地上长城一样，也是一种军事防御工程。

堡子里

张家口的标志性符号

张家口市桥西区

堡子里是张家口堡的俗称，建于明宣德年间，至今已经有近600年的历史。据考察，堡子里现存文物古迹达700余处，是全国大中城市中保存最为完整的明清建筑城堡之一，堪称北方民居博物馆。民居可分三类，一为京都四合院模式，二为山西晋南风格，三为中西合璧造型。堡子里内建筑格局庙宇、官衙依北方京都旧制，高低错落，宽窄有规。

玩家 解说

张家口即为“武城”，城堡内当时就已建有守备署、协标署、中营署三处屯兵营房及军用粮仓、草场等。现存的玉皇阁、文昌阁及大批民居，均建于明中后期及清代，而且玉皇阁等还有着明显防御功能。堡子里还有着大大小小为数众多的四合院，主要集中在鼓楼东、西两条街上，且风格各异，是研究我国建筑史、军事史难得的珍贵遗产。

堡子里

安家沟生态区 AAAA

有“小桂林”之称

桥西区北部石匠窑村北

30元　8166668

安家沟生态区有“小桂林”的美誉。全沟由西向东延伸，沟长4600余米，流域面积约4.25平方千米，共分出10多条支沟，包括鸳鸯洞、清风亭、乡情园、风岭瀑、盘龙道等20多个景点。这里被大面积的植被覆盖，各种各样的植物动物共存，营造出了多样的自然风光。另外，景区不仅风景秀丽、气候宜人，游客置身其中，还可以感受到浓郁的山野风情和乡土特色。

玩家 解说

安家沟是源于一个古老的传说。很久以前神女私下凡间，几经波折与小石匠在此沟安家，她用法力使整个西沟一带风调雨顺，人们从此安居乐业。

安家沟生态区

赐儿山云泉寺

寺内庙宇众多

桥西区南瓦窑大街

太平桥站乘9路公交可达

10元

赐儿山山峰秀丽，风景如画，隐于张家口市区西部群山之中。山腰深处有一古寺，名云泉寺，是取“白云深处有清泉”之意，建于明洪武二十六年（1393年），至今已有600余年历史。云泉寺是佛道共建的寺庙，上部为道，下部为佛。寺内有子孙娘娘殿，旧时每逢农历四月初八庙会，来此登山焚香祈求“赐儿”的人络绎不绝，故称此山为“赐儿山”。

水母宫

纪念水母娘娘的恩德

张家口市桥东区

展览馆乘2路公交可到达

水母宫建于清乾隆四十七年，建筑古朴灵秀，极富特色。宫前一座青砖牌坊，上书“水母宫”，两侧则书“有求”“必应”。穿过水母宫红墙碧瓦的山门，取中径拾级而上，便可到达庙中。抗战期间，爱国将领冯玉祥、吉鸿昌曾在此居住，园东南有冯玉祥的别墅，建有冯玉祥雕像，并辟有吉鸿昌烈士纪念馆。

察哈尔烈士陵园

筹建较早的烈士陵园

桥东区陵园路中段（市文化广场）

乘6路公交车到陵园路下

察哈尔烈士陵园为纪念抗日战争、解放战争、抗美援朝战争中察哈尔省的1.7万多名死难烈士而建，主要建筑有革命烈士纪念塔、牌坊和李子秀烈士墓碑。纪念塔高31米，塔身正面有“革命烈士纪念塔”七个大字。纪念塔正厅内安放着一尊1米多高的银质革命烈士纪念鼎。在墙壁上记录着在抗日战争、解放战争和抗美援朝战争中英勇牺牲的6703名烈士的姓名。

爱吾庐

冯玉祥在张家口的故居

桥东区德胜西街45号

爱吾庐曾是冯玉祥在张家口读书学习、研究写作的图书室。主建筑为一栋高基、青砖、带地下室的两接顶平房。爱吾庐是冯玉祥举办高级将领研究班、接待国内外贵宾的“署外之府”，也是李大钊8次来张家口的住宿地。在第一次国共合作中，爱吾庐是冯玉祥西北国民军联俄的重地，也是中共建党初期在北方革命活动的重要地点，为名副其实的“京西第一庐”。

赐儿山云泉寺

景点推荐 张家口近郊景点

宣化古城
古代军事重镇

✉ 张家口市宣化区

宣化是北京西北方向的一座古代军事重镇，享有“京西第一府”的美誉。宣化古城历史悠久，现保存下来的城墙建于明代。境内现存三座有名的城楼，即镇朔楼、清远楼和拱极楼。其中拱极楼被誉为“宣化区的门户”。古城外下八里村有辽墓壁画，其中的星象图十分准确。

链接

宣化古城的前世今生

最早出现“宣化”名称是在金代，“宣化”名称的再次使用是清康熙三十二年（1693年），寓意为“宣扬朝廷德政，感化黎民百姓”，并且沿用至今。明代宣府镇是著名的长城九镇之一，清朝改为直隶省宣化府，是全国72府之一，被誉为“京西第一府”。

宣化的大规模扩城是在明朝。朱元璋的第19个儿子被封为谷王而后来到封地宣化，开始大规模扩城，将城池展筑为方圆12千米，并设有7个城门，至今宣化城保留下的旧城墙仍是当时所建。

镇朔楼

又名鼓楼，得名于明永乐七年镇守宣府

总兵官的封号“镇朔将军”。镇朔楼是一座重檐九脊歇山顶式建筑。镇朔楼是宣化古城内最高大、最宏伟的古代建筑，修建于明代早期，至今已有近600年历史。楼内原有一面大鼓，故又俗称鼓楼。

清远楼

又名钟楼，位于宣化古城正中，始建于明成化十八年。全楼总高25米，气势雄伟，造型别致，结构精巧，有“第二黄鹤楼”之称。楼内高悬一口铜钟，高2.5米，重达2.5吨，用四根通天柱架于楼体上层中央。每当敲钟之时，钟声悠扬，可传10余千米。

拱极楼

又名著耕楼，是古时中原通往大漠的交通枢纽。城楼置于宣化城墙之上，为城防建筑，楼高14米，楼体二层，墩台9米，下有南北走向券洞，与清远楼、镇朔楼两楼连成一轴线。

宣化古城

立化寺塔

塔身高14米，为五层八面，下有莲花座，顶部为铸铁宝顶，二层每面有佛龛一尊，各

宣化古城清远楼

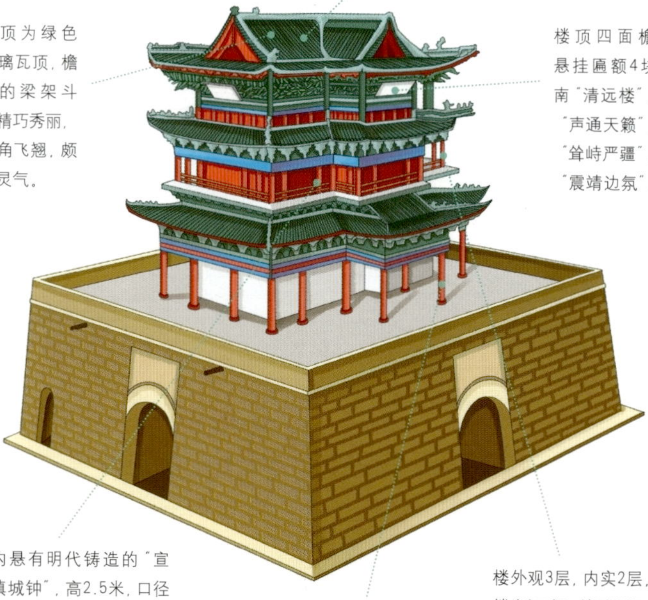

角有合角吻兽，造型美观，工艺精细。

辽墓壁画
反映契丹、汉族交融

宣化区下八里村北一里

宣化辽墓由墓道、墓门和前后二室组成，室内壁画有80平方米，分布于墓室四壁和顶部，内容有仙鹤、花卉、人物、瓶花、天象等，人物形象及服饰，反映了契丹、汉族两种习俗并存交融的地方特色。

宣化烈士陵园
爱国主义教育场所

宣化区西北部

宣化烈士陵园中央矗立着15米高的烈士纪念碑，碑文写着“革命烈士永垂不朽”。纪念碑东西两侧建有烈士遗物陈列室。纪念碑南面是2500平方米的广场。每年清明节前后，各界人士要来此举行纪念活动。

鸡鸣山
塞外最高的孤山

下花园区境内 可乘坐火车或班车前往下花园区，然后打车前往 ¥55元

鸡鸣山是塞外最高的孤山，有“飞来峰”之美称。鸡鸣山山势突兀，草木繁茂。景区包括三楼四柱牌坊、永宁寺、玉皇阁、鸡鸣塔等几十处景点。其中永宁寺由天王殿、大雄宝殿、三圣殿组成，可满足居士、香客进行各种佛事活动的需要，也是大德高僧修行之场所。现保存完好明代的鸡鸣塔，是一处将不同时期、不同建筑特色的宗祠、民居集中异地保护的民居苑。

鸡鸣山

玩家 行程

鸡鸣山的相对海拔并不很高，从山脚到山顶需要步行一个多小时，主要是台阶路和石板路，难度不大。山间由下而上有山神庙、萧太后亭、观音寺、骆驼峰、卧龙石等，在山顶处参观修建在峭壁旁的寺院，新颖独特。在山顶还可以俯瞰周围的平原景色和远处的鸡鸣驿城等，景色十分壮观。

鸡鸣山永宁寺

玩家 解说

鸡鸣山自古即为名山，北魏文成帝、唐太宗、辽圣宗、萧太后、元顺帝、明英宗等历代帝王都先后登临鸡鸣山，观赏北国风光。鸡鸣山顶存有清乾隆四十六年（1781年）的一通古碑，碑文中有：“唐太宗驻跸其下，闻雉啼而命曰鸡鸣。”即是说鸡鸣山为唐太宗所命名。清圣祖玄烨自康熙三十五年至四十五年（1696—1706）的10年间，曾4次驾临下花园，两次登临鸡鸣山。他休息过的卧龙石至今仍静卧小道旁，让游人遐想无限。

鸡鸣山每年农历四月十三至四月十八为庙会日，香客和旅游观光者络绎不绝，形成当地一大风景线。

悬空寺

依山傍水的古寺

宣化城北泰顶山西侧山崖之下

悬空寺是一座两层砖木结构建筑，依山而建，下层建筑已成废墟，寺前为一片平坦的空地。整个建筑充分利用山壁的空间，设计巧夺天工，美观的造型，合理的结构，无不向后人展示了我国古代劳动人民的聪明才智。悬空寺四面环山，山间有柳川河弯曲流淌。夏秋季节，山谷长满了绿绿的草和五颜六色的花朵，空中散发着浓浓的花香，景色十分优美。

柏林寺

千年古刹

宣化区崞村镇柏林寺村

柏林寺原称石佛寺，始建于唐正德年间，距今已1200多年。主要建筑是位于北山坡上的3座石窟和一座多宝佛塔。石窟内现存大小石佛300余尊，雕刻精细，栩栩如生。多宝佛塔高12米，八角形七层实心石塔，第一至第四层为在岩石上凿刻而成，第五层用8块石料雕刻后安装，塔顶和塔刹也为石料雕刻后装配而成。

青边口

长城要塞

桥东区东望山乡青边口村

青边口是明代宣府镇长城的一个重要隘口，经历次修筑，形成了三边三墙、九门九关布局奇特复杂的边墙工事。青边口的城

青边口

堡外有古村落的遗址，还有10多处长城砖窑的遗址。青边口附近曾发现了战国古墓。此外，在圣泉谷中，一片片的沙棘长成乔木，其中最高的高5米，树干直径30厘米，堪称沙棘之王。

凤凰山风景区

有野生花圃的美称

宣化区赵川镇大白阳

凤凰山主峰海拔1997米，最高峰。站在凤凰山主峰顶，张家口主城区、宣化、下花园一目了然。凤凰山传说是凤凰栖息之地，长城在此一跃而过，形成了金龙飞腾、彩凤起舞的独特景观。山上有野兔、狐狸、狍子、獾子、松鼠等；林中飞翔着七彩山鸡、野鸽、杜鹃、黄雀等飞禽。春夏之交，山间野花竞相开放，香飘云际，有“野生花圃”的美称。

万全城

历代兵家必争之地

万全区翠屏山长城脚下

万全城保存完好，至今已有600多年的历史。这是倚顺山坡而建的一座卫城，《野火春风斗古城》《哀乐江湖》《小骑兵历险记》《冯玉祥》等影视剧曾在此取景拍摄。万全卫城俗称“轿子城”。因为该城只开南、北二门，且两门外均有瓮城。东、西两侧虽然无门，却也筑有突出城外的类似瓮城一样的城墙，仿佛轿子两边的杠穿。两条自然形成的河床分置两边，又如同两条轿杆将轿子抬起。

昭化寺

壁画堪称一绝

怀安县怀安城镇西大街路北

昭化寺是一处以传播佛教为主的大型古刹，整个寺院由山门、天王殿、大雄宝殿、后殿、偏殿以及钟楼、鼓楼、碑楼等组成。大雄宝殿内东西墙壁和后墙壁绘有近百平方米的壁画36组。其中大雄宝殿内壁画相传为民间画师任朝所作，面积达100多平方米，所画人物500多个，几乎包揽了儒、释、道三教中的主要神、佛、仙。壁画人物形态逼真，栩栩如生。

昭化寺中的壁画

景点推荐 张家口北部草原

中都草原

距北京最近的天然草原

张北县北郊

5353288

中都原始草原又名“张北坝上草原”，是内蒙古锡林郭勒草原的重要组成部分，是距北京最近、保存最完好的原始草原，有“沙平工时远望不尽”“风吹白草天无际”之赞。景区有安固里草原度假村、中都原始草原度假村等不少度假村，游客可体验蒙古族风情。中都草原还有元中都遗址、中都湖、大圪塔石柱群等景点。

玩家 解说

中都是元代与大都（北京）、上都（开平）齐名的三都之一，中都草原是皇室宗族巡幸避暑胜地。张北中都草原生态系统完整，天然花草有30多种，其中羊草、皮碱草、冰草、无芒雀草都是最优质的牧草。草甸上盛开着金针花、野苜蓿、马兰、千枝梅等，争芳斗艳。中都草原天空常见的鸟类有野鹭、云雀、凤头百灵等，草丛中还有跳兔、鼢鼠、沙狐等野生动物。

中都草原

野狐岭要塞
中国北线第一堡垒

张北县野狐岭

野狐岭要塞地处张北要冲，地势险要，积淀着深厚的军事文化。这里与苏蒙联军烈士陵园、野狐岭古战场遗址、六代长城古遗址共同构成大军事旅游区。野狐岭要塞占地60万平方米，分为军事展馆区、地道游览区、营房游览区、拓展训练区等6个参观游览区域。其中，户外军事展区内展示了“八○二”华北大演习中使用过的已退役的飞机、大炮、坦克、装甲车等轻、重型武器。景区内还设立了真人CS大战俱乐部。

元中都遗址
元朝三大都城之一

张北县馒头营乡

元中都曾作为元代三大都城之一，历史极短，从定为都城到被降格成皇家行宫，仅仅4年，其建设还并未全部完工。元中都遗址对研究元中都的兴废具有重大学术价值。遗址继承了宋代都城的建筑风格，由宫城、皇城、郭城呈“回”字形相套，是我国传统都城“三重城”建制。现今宫城城垣保存完整，皇城城垣成土垄状，宫城内呈露在地面上的27处原建筑基址保存较完好。此外，遗址还出土了大批石、陶、木、砖雕等建筑构件及铜、铁、骨器。

玩家 解说

中都是元代三大都城之一，始建于元大德年间，与当时的元大都（今北京）、元上都（今内蒙古锡林郭勒盟正蓝旗）齐名。它的建造者为元世祖忽必烈的孙子元武宗海山。海山在即位10天后就下令撤销上都，建行宫中都于此。

实际上，在元武宗建立元中都之前，蒙古元帝国已经有三座帝都，成吉思汗时期的哈剌和林、元世祖忽必烈登基的上都开平以及大都。自忽必烈始，元朝历代皇帝都是冬春住在大都，夏秋住在上都，实行两都巡幸制，再建一座都城似乎并无必要。

为什么元武宗那么迫不及待地要再建一座都城？这是一个历史之谜。史学界也是众说纷纭：有的说为纪念1211年成吉思汗讨伐金朝在野狐岭一役大败金军的胜利；有的认为这是元武宗以其先人成吉思汗、忽必烈为榜样，建造一个属于自己的都城；还有的认为这里水草丰美，西达西域，北连草原，南控中原，对于统治者来说，确实是理想的建都之地；更有人认为元武宗和皇族久居大都，已不习惯上都的严寒和清寂，但又不敢违背祖制，便选在这个草原与汉地的接合部建立中都。

无论最初的原因是什么，但随着元武宗的一声令下，十几万军士、工匠、百姓历时4年艰辛劳作，最终建成巍然屹立、金碧辉煌的宫殿。但因为这里地处偏远塞外，建制宏大，砖石木瓦等建筑材料多不能就地取材，其修建耗费之巨是无法计算的，工程十分艰苦，劳工“死于木石者甚多”。

元武宗在位4年，至大四年（1311年），武宗之弟爱育黎拔力八达登位即仁宗，马上改弦更张，“罢城中都”，又以民愤太大为由，“还中都所占民田”。

就这样，元中都的修建工作立时停了下来，继而降格成了皇家的行宫。后任英宗、泰宗、文宗、顺帝等多位皇帝曾到此巡幸、议政、作佛事。直到至正十八年（1358年），反元起义军红巾军烧毁中都宫阙，使其成为废址。

元中都遗址

桦皮岭
坝上最高峰

张北县东部（与沽源、崇礼、赤城接壤）

桦皮岭主峰海拔2128米，比泰山高出80多米，是坝上最高峰，有“子天山”之称。这里年均气温只有4℃，盛夏7月温度也只有15℃，夏天是到桦皮岭最美好的季节。桦皮岭的背坡原始桦木葱葱郁郁，各种山花野草有1米多高，有野黄花、金莲花、野玫瑰、芍药花、干枝梅、凤帽菊、蘑菇等野生植物300多种。

沽源金莲川草原
避暑胜地

沽源县东北部

沽源金莲川草原因八百里金莲川而得名，闪电河缓缓地流过草原，草原上有闪电湖、草原湖、囫囵淖尔等美丽的湖泊，随着旅游地开发，草原上兴建了金莲山庄、塞外庄园、沽水福源度假村、草原乐园度假村、冰山梁度假村、草原湖度假村、金莲川度假村、五女河度假村和蒙古大营等景区。

金莲川草原曾经是辽、金、元三代帝王的避暑胜地。金莲川地处正蓝旗闪电河沿岸，是辽朝皇帝和契丹达官贵族们的游猎避暑之地。元代建都于此，称元中都。忽必烈于1251年曾在此建金莲川幕府，后称开府金莲川。

塞外庄园
草原草甸观光风景区

沽源县县城东6.5千米处

5821188

塞外庄园占地54万平方米，分休闲区、娱乐区和自然风光区三大景区。休闲区建筑风格以北方民居为主，辅以造型迥异的贵宾院、石牌坊、石蒙古包、楼台亭阁等。娱乐区内有大型娱乐广场。自然风光区有浩瀚的闪电河水库、古老的炭山、辽阔的草原，尽显坝上得天独厚的自然风光。

天鹅湖旅游度假村
综合性水上乐园

沽源县城北2千米处

天鹅湖旅游度假村融食、住、游、娱、行为一体，是休闲避暑的理想之所。娱乐项目有自驾艇、沙地摩托、马队、民族歌舞、吉普越野车等40余种。春秋季节，上万只天鹅会聚集于此游弋嬉戏。

沽源金莲川草原

沽水福源度假村 AAAA

皇家乐园、度假天堂

沽源县城东10千米处(闪电河水库西岸)

60元

5829999

沽水福源度假村地处塞北大草原东北部，有辽代梳妆楼、滦河源头闪电湖、金代景明宫等景观，曾是《中华文明上下五千年》《寻秦记》《母亲是条河》等影视剧的拍摄基地。康熙大帝对此曾有“八百里金莲川百花争艳”的赞誉。

玩家 攻略

景区内有三处不同风格的大小餐厅，还有豪华蒙古包雅间。席间蒙古族、侗族不同民族奏起马头琴，吹起芦笙，唱起祝酒歌，献上哈达。品尝美食的同时还可欣赏精彩的民族歌舞表演。

奶制品和肉是典型的蒙古族饮食，手把肉、烤全羊、奶茶、黄油、奶豆腐、炒米和醇厚香甜的奶酒都会让您胃口大开。

闪电湖盛产40余种野生鱼类，以湖中当即捕捞的鲜鱼烹制的全鱼宴乃真正的一口鲜；全羊席加之原始的蒙古族仪式更是款待贵宾的最高盛宴。除此之外，还有最具坝上风味的莜面窝、莜面鱼、炖口蘑、山野菜等地方小吃。

萧后梳妆楼

现保存完好，形如一蒙古包，全部用青砖砌筑。梳妆楼北面尚存有围墙和建筑基础。登楼可远视金莲川(闪电河)和碧波千顷的囫囵淖(白海)，壮丽的行宫遗址映入眼帘。

玩家 解说

萧后，即辽景宗后萧绰，也就是历史上有名的辽圣宗之母萧太后。萧绰摄政后，在统和九年至统和二十五年(991—1007)的连续16年间，辽帝、太后及部族大臣都在沽源避暑，并建行宫。

闪电湖

坝上分坝头、坝中、坝尾三部分，在坝尾会看到一个美丽的湖泊，当地人叫它闪电湖。蓝天、白云、绿草、碧水交相辉映，这里还有一段闪电湖仙女的凄美爱情传说。

沽水福源度假村

草原湖度假村

寻访古迹，夏季避暑

沽源县城东北部15千米处

草原湖度假村位于草原湖附近，它是一处由草原、河流与湖泊组成的具有独特草原风光的休闲度假地。这里曾是历史上著名的金莲川腹地。千百年来这里曾繁育生息了许多北方少数民族。至今尚保存较完整的辽、金、元、清各代行宫及马场遗址，如辽萧太后梳妆楼等。此外，草原湖地区还有众多植物，如金莲花、野罂粟、桔梗、北柴胡等药用与观赏植物，更有营养丰富的牧草，如野大麦与直立黄芪等。

察汗淖蒙古度假村

坝上草原风情

尚义县三工地镇

察汗淖蒙古度假村有毡房、木屋、鸳鸯帐篷供游客住宿，肉食品、奶制品依然沿袭传统的工艺制作，还有歌舞、摔跤、赛马、射箭、篝火晚会娱乐活动项目，形成了独具一格的坝上草原风情。

景点推荐

张家口南部景点

蔚州古城

保存完整的古城

蔚县蔚州镇

蔚州古城是京西现有的保存最为完整的一座古城，目前蔚州古城的南、东城墙已全部拆毁。剩余保存较好的是北城墙和西城墙的北段，约长1600米。东、西城门已毁，仅存南门。万山楼和城内文昌阁为1997年恢复重建。护城河东、西、南三段基本存在，三门外的石桥仍存。古城内最有名的景点是玉皇阁、释迦寺和南安寺塔，还有真武庙（蔚州城西北隅）、灵岩寺等也是旅游的好去处。

玩家 解说

蔚县史上有八百城堡之说，可谓是有村便有堡，见堡则是村。规模较大的以八大集镇古堡最为典型，规模较小的以沙涧堡、大固城堡等为代表。蔚县几乎村村有戏楼，现存200多座，形式多样，种类齐全。

玉皇阁

被称为京西第一阁，分前后两院，依次为天王殿、玉皇阁正殿，排列在同一条中轴线上。玉皇阁规模宏大，布局严整。登临玉皇阁可眺望塞外大好风光。玉皇阁是历代文人墨客游览胜地。

释迦寺

又称卧佛寺，现存天王殿、大雄宝殿、卧佛殿等建筑。大雄宝殿为元代建筑，现辟为蔚县博物馆。

南安寺塔

蔚县历来有“先有南安寺，后有蔚州城”的传说。现存为辽代重建物，塔形为平面八角，实心十三级密檐塔，高28米。

常平仓

位于蔚州城鼓楼西侧，常平仓平时高价购进谷物贮藏，等荒年减价出售，"常平"从宋代开始成为固定制度。

飞狐峪

峡谷以山峰怪异闻名

蔚县宋家庄镇北口村南500米

飞狐峪即飞狐峡谷，这里两壁峭立，草木繁盛，蝶飞鸟鸣，拥有一线天、葫芦峪、八仙洞、黑石岭等多处景观。飞狐峪自然环境优美，各处景点如诗如画。历史上这里曾是南通华北平原、北去塞外大漠之要道。

玩家 解说

明崇祯时大学士、兵部尚书杨嗣昌的《飞狐口记》中，形容飞狐口的山势如"千夫拔剑，露立星攒"，山路"回首万变"，如"珠曲蚁穿"，高处"有如天门"，深处"令人旋踵转足"。清代吴糵昌《北口峪》游记中称"疑神疑鬼，为人力当不受"。飞狐峪当地百姓说："四十里飞狐七十二道弯，弯弯有洞天，处处含胜景。"

蔚州古城玉皇阁

玉皇阁建造至今已数百年，历经风雨剥蚀，战乱兵灾，虽几经修建重建，依然完整地矗立于高高的城垣之上，现存仍为明代建筑风格，充分体现了古代能工巧匠的高超技艺和智慧，是研究明初建筑艺术的重要实例。

楼阁飞檐斗拱，结构独特，宏伟壮观，是当地唯一现存完好的古代建筑。

重檐歇山琉璃瓦顶，阁高约17米，庄严古朴。

楼台殿阁建在高高的台基上，外观似三层，实为两层。

阁楼一层为三官大殿，二层供奉玉皇大帝。

蔚州古城

暖泉古镇

保存完整的明清古镇

蔚县最西部，距蔚州古城15千米　北京或石家庄乘汽车到蔚县，再从蔚县乘车到暖泉镇

暖泉古镇因有一年四季水温如一的泉水而名“暖泉”，是河北省保存最完整的明清古镇，尤其是西古堡，融古民宅、古寺院、古城堡、古戏楼为一体，是古蔚州800座庄堡中最为独特、保存最为完好的一例。站在暖泉门楼举目眺望，堡内青砖灰瓦，极尽“小屋平头墟里落，炊烟起处是人间”之古朴美。《鬼子来了》《不觉流水年长》《敌后武工队》《母亲是条河》等10多部电影、电视剧曾来此取景拍摄。

玩家 解说

蔚县是全国民间艺术之乡，除秧歌和剪纸艺术外，还有民间社火30余种，其中堪称京西民间社火第一绝的当属暖泉镇北官堡的“打树花”。每年农历的正月十四至十六是暖泉人“打树花”的传统日子。打树花是极具蔚县地方特色的元宵节社火活动，已有300多年的历史。

小五台山及金河口旅游区 AAAA

业余登山爱好者的入门山

蔚县桃花镇，跨到涿鹿县

78元

小五台山及金河口因其具有古、野、秀、险等特点，是人们登山探险、旅游休闲的一个好去处。小五台山为华北第一高峰，旅游资源丰富，古老的动植物、原始森林是其重要的组成部分，同时这里还遗留了大量的古遗址、古寺庙等。金河景区位于小五台山脚下，景区全长8000米，肚大口小，形状奇特，景区口是一线天。景区景点包括风动石、清凉峡谷、黑龙潭等30余处。

玩家 攻略

攀登小五台山是北京周边难度最大、强度最高的户外登山活动之一。要攀小五台必须具备良好的体能和顽强的毅力，有资深的领队，有丰富的登山、穿越等户外经验，对行进路线有详尽了解，且有充足的物质准备。

小五台山及金河口旅游区

多数登山者通常选择两个进山点：如果打算攀登西台或中台的话，从西金河口进山；如果打算攀登北台或东台的话，就应该从北侧的柳湾村进山。

登山前最好把队伍的行程、线路、时间等信息留在景区管理站，一旦出现意外，管理站会组织救援。

小五台山景区内树木有落叶松、油松、云杉、冷杉、五角枫、山槐、柏树等；花卉有牡丹、芍药、玫瑰、百合、菊花等；名贵药材有黄花、知母、藁本、朱苓、茯苓、天麻等；野猫、狍、獾等小动物经常出没于林间，有时还能看到金钱豹、斑羚等动物。

登上小五台山峰，可观赏到完整的战国赵长城，还有隐藏于山林间的金河十寺、台山晓日、金河晴月和七十二座塔林等景观。其中以台山晓日、金河晴月最为壮观。

玩家 解说

在2009年《中国国家地理》杂志社日前发布的"十大非著名山峰"榜单中，小五台山因其"草木丰美、生态优良、人文遗迹众多，是北方'驴友'的集结地，也是业余登山爱好者的入门山"而榜上有名。同时获此殊荣的还有湖南韭菜岭、广东船底顶、四川九顶山、甘肃扎尕那山、江西武功山、陕西鳌山、北京海陀山、云南雪岭、贵州佛顶山。

空中草原

万紫千红春常在

蔚县南部，距张家口200千米

空中草原处于高山之巅，草原南部怪石林立，中部是平坦壮阔的花海草原，北部是大片森林，野兔、狍子、山羊等出没其间，俨然一个天然的大植物园。这里的探幽崖、天池、万年冰洞等景点引人入胜。

黄帝城 AAAA

中华文化发源第一城遗址

涿鹿县矾山镇水磨村西

黄帝城即涿鹿故城，亦称轩辕城。遗址呈不规则正方形，长宽各约500米，城墙系夯土筑成。现存城墙高3~5米，南、西、北城墙尚在。黄帝城遗址内有大量陶片，除少量红陶外，大部分是泥质灰陶和黑陶。在这里，器物残件和陶鼎腿、粗柄豆柄等，到处都可捡到，有时还可拣到完整的石杵、石斧、石环等。遗址内的文化遗存体现了距今5000年左右的仰韶文化和龙山文化。

黄帝城

玩家 解说

据《史记》记载，黄帝杀死蚩尤服炎帝后，"邑于涿鹿之阿"，即建都城于涿鹿山下的平地之上。据传，黄帝城即黄帝所建华夏第一都城。

蚩尤祠

为纪念蚩尤而建

涿鹿县矾山镇

6740241

蚩尤祠是我国北方地区唯一一座专为蚩尤而建的祭祀祠堂。外观古朴大方，大殿倚着山势，与对面的万圣山遥遥相望，气势显得格外壮观。殿内高逾3米，重达3吨的铜铸蚩尤像栩栩如生。

链接

蚩尤

蚩尤是上古时代九黎族部落酋长，中国神话中的武战神。曾与炎帝大战，后把炎帝打败，于是炎帝与黄帝一起联合来战蚩尤。蚩尤率81个兄弟举兵与黄帝争天，在涿鹿展开激战。传说蚩尤有8只脚，三头六臂，铜头铁额，刀枪不入。善于使用刀、斧、戈作战，不死不休，勇猛无比。黄帝不能力敌，请天神助其破之。杀得天昏地暗，血流成河。蚩尤被黄帝所杀，帝斩其首葬之，首级化为血枫林。

后黄帝尊蚩尤为“兵主”，即战争之神。蚩尤勇猛的形象仍然让人畏惧，黄帝把他的形象画在军旗上，用来鼓励自己的军队勇敢作战，诸侯见蚩尤像不战而降。

黄龙山庄 AAAA

原始、自然如天然画卷

怀来县新保安镇于洪寺村北（鸡鸣驿东）

8:00～17:00

6811309

黄龙山庄景色优美，山上有大面积的北方原始林区，林中草木繁茂，山泉潺潺，并栖息着大批飞禽走兽。山庄由南向北，依次有宝匙门、胡神洞、长寿亭、渡仙桥、黄龙潭、飞来石、擒虎台、避雨石、云中草原、落鹰岩等景观，其中云中草原最具特色。

玩家 解说

黄龙山庄是一处有山川、草原和清泉的综合旅游区。来到这里可以登山锻炼，观赏高山草原，寻访古迹，还可以在度假村里体验篝火晚会、烤全羊的休闲娱乐项目，是京郊周末度假的好去处。

鸡鸣驿

有“世界第一邮局”的美誉

怀来县鸡鸣驿镇

鸡鸣驿始置于明永乐年间，是中国现存规模最大的一处古驿站。鸡鸣驿是中国邮传、军驿的宝贵遗存，具有很高的文物价值。这里现仍保存有较完整的东、西、北三面城墙及城门等设施。城墙表层为砖砌，里层是夯土。城墙四周均匀分布着4个角台，东西各开一城门，建有城楼，城外有石烟礅。城内的5条道路将城区分为大小不等的12个区域，分布有序，驿署区在城中心，西北区有马号，东北区为驿仓，城南的傍城有驿道东西向通过。城内还有古代遗留的商店和民居。

鸡鸣驿

玩家 攻略

农历四月十三至十八，这里都会举行隆重的鸡鸣山庙会，四月十五是最热闹的一天，常有京、津、晋、内蒙古等地的人们专门到此逛庙敬香，祈求平安。腊月十六、二十一、二十六是年集的日子，四面八方的人都来此交易。现在鸡鸣驿村居民生活已有很大改变，每逢农历初十、十六都是集日，不过交易地点已从原来驿城头道街迁到鸡鸣驿城西门外的集市大街上了。

玩家 解说

鸡鸣驿在明、清两代对我国的军事、政治、经济、通信等方面都起过极其重要的作用，其特殊的战略位置使之“独驿成城”，有“世界第一邮局”的美誉。1996年8月，国家邮电部为纪念中国邮政创办100周年，发行了纪念邮票《古代驿站》一套两枚，其中一枚就是鸡鸣驿。

古代驿站鸡鸣驿大受影视界青睐。《血战台儿庄》《血战长城》《大决战》《国士无双》《蓝色的花》《超级女谍》《大潮600天》等影视片先后在这里拍摄，其中《大话西游》最后那场戏就是在这个古城拍摄完成。西门那个有些破败的古城楼就是至尊宝和紫霞热吻的场景。

中华三祖堂

拜祖敬香、祭祀怀古之地

涿鹿县东部黄土塬上，黄帝泉北200米处

中华三祖堂由海外华人捐资兴建，是炎

驿站

驿站是古代供传递宫府文书和军事情报的人或来往官员途中食宿、换马的场所。我国是世界上最早建立组织传递信息的国家之一，不过邮驿历史虽长达3000多年，但留存的遗址、文物并不多。现存较完整的驿站遗址均属明代，孟城驿是一处水马驿站，在江苏高邮古城南门外。鸡鸣山驿在河北怀来，是我国仅存的一座较完整的驿城。

春秋时期，人们把边境内外传递文书的机构叫作“邮”。邮距为25千米，是一个成年人当天能往返的距离。

秦始皇统一中国后所设置的“十里一亭”，是乡以下以维持治安为主体的行政架构，用于实现国家的行政管理和治安职能，而在交通干线上的“亭”又兼有公文通信功能，被时人称为“邮亭”。这种“邮亭”就是秦代以步行递送公文的通信机构。

汉初“改邮为置”，即改人力步行递送为骑马快递，并规定“三十里一驿”，传递区间由春秋时的25千米扩大为150千米。为了扩大功能，满足国家管理的需要，汉代还逐步将单一置骑传送公文军情的“驿”，改造成为兼有迎送过往官员和专使职能的机构。

到了开放的唐代，国际交流频繁，各国使节和官员公差往来大为增加，朝廷干脆改驿为馆驿，以突出其迎来送往的“馆舍”功能。

到了元朝，由于疆域辽阔，发达的交通强化了驿站制度，这也成为统治者巩固政权的重要手段，这时驿站也叫“站赤”，实际“站赤”是蒙古语驿站的译音。

明代除开通沈阳至旅顺的驿站外，在其他干线道路上均设置了驿站。这与元代只在两条大干线上设驿站是不同的。明末崇祯帝曾在大臣建议下废除驿站，一度导致大量驿站工作人员失业，成为流民，这其中就有李自成。

清代末期，由于文报局的设立开始与驿站相辅而行，继而废除了驿站，同时有文报局专司其事，以后又设邮政局，而文报局也逐渐废止。

驿站使用的凭证是勘合和火牌。凡需要向驿站要车、马、人夫运送公文和物品都要看“邮符”，官府使用时凭勘合，兵部使用时凭火牌。使用“邮符”有极为严格的规定。对过境有特定任务的，派兵保护。马递公文，都加兵部火票，令沿途各驿站的接递，如果要从外到达京城或者外部之间相互传递的，就要填写连排单。公文限“马上飞递”的需要日行150千米，紧急公文则标明200千米，或者250千米、300千米字样，按要求时限送到。但不得滥填这种字样。驿站管理至清代已臻于完善，并且管理极严，违反规定，均要治罪。

黄后人拜谒祖先之地。三祖堂在结构上采用唐代建筑风格，堂内塑有黄帝、炎帝、蚩尤塑像，并陈列着在涿鹿之野出土的石斧、陶纺轮、石镞等人类早期生产用品和兵器。壁上绘有涿鹿之战、阪泉之战、合符釜山、定都涿鹿四大历史事件的大型壁画。

链接

鸡鸣驿

明成化八年鸡鸣驿站建土垣，隆庆四年砖修城池。驿城总体呈正方形，全城周长2330米，墙高12米，城墙全部包砌砖石。城墙除西城墙中部有段塌陷外，其余部分均整齐地矗立着，棱角分明。在东、西城墙还设有两座城门，门额分别为“鸡鸣山驿”“气冲斗牛”。拱洞高耸，宽厚的大门洞开，门上镶着的铁板、铁钉依然牢牢紧钉在门上。清乾隆三年将城墙重新修理，并在城东筑护城坝一道。直到1913年北洋政府宣布“裁汰驿站，开办邮政”，鸡鸣驿这个古驿站才退出历史舞台。

中华三祖堂

天漠旅游区

距北京最近的一处天然沙漠

怀来县东花园西南部的龙宝山

乘火车从北京南站出发，走丰沙铁路官厅站下车，再换乘汽车可到达

天漠是一块占地80多万平方米的大沙漠，它是因内蒙古高原沙尘在军都山受阻后飘落而形成的飞来沙漠。这里有两座壮观的大沙龙。东沙龙南北长300余米，西沙龙南北长近千米，宽度均在百米以上，高30米左右。果园、草滩中突兀而现的金色沙龙，与群山、湖泊等构成了一道特殊的风景线。这里有魅力独特的自然风光，并且拥有戈壁、群山、沙漠、古烽火台等景观。

卧牛山

尽享回归大自然的无穷乐趣

怀来县官厅水库北岸

6225986

卧牛山横卧在一碧如玉的官厅湖面，犹如一头雄健的巨牛，脖子伏在岸边为半岛，头伸向水中成为一个小岛，三面环水，与对面群山遥遥相望。卧牛山有着丰富的温泉和矿泉水资源。此外，官厅湖水产十分丰富，有鲤鱼、鲫鱼、鲢鱼、青虾、龙虾等，其中有专供国宴的官厅鲤鱼和龙虾，备受中外宾客的青睐。

天漠旅游区

官厅湖

素有京畿明珠之称

怀来县永定河上游

官厅湖面积225平方千米，湖中有月亮岛、卧牛山等。湖岸有甘家滩、小七营滩、容辰葡萄庄园等。还有大坝观光、游泳、划船、垂钓水上跳伞等多种项目。官厅湖渔业生产发达，湖岸果园成林。向南望，山势险峻，万里长城横卧山巅；往北眺，水天一色，烟波浩渺，山岳潜形。

泥河湾遗址群

旧石器考古基地

阳原县化稍营镇泥河湾村

泥河湾遗址群是旧石器时代的遗址。遗址东部是以东谷坨遗址为中心的旧石器时代早期遗址群，已发现24处旧石器地点。主要遗址有马圈沟、小长梁、虎头梁和侯家窑。

小长梁遗址于1978年被挖掘发现，为距今136万年的更新世早期地层和远古人类遗址，震惊世界。作为古人类活动最北端的见证，小长梁遗址被镌刻在北京中华世纪青铜甬道的第一阶。虎头梁形如卧虎，俯视着从脚下淌过的桑干河水。这里是华北地区新石器时代开始最早的地区，在我国华北地区新石器文化研究中占有举足轻重的地位。

玩家解说

泥河湾盆地东西长60余千米，南北宽约10千米。在200多万年前，这里是一个较大的湖泊，湖泊的周围，是古动物的世界。后来，湖水干枯，湖底裸露，由于河流的侵蚀作用，干枯的“古湖平原”变成了丘陵、台地、盆地，泥河湾盆地就是其中之一。此时，盆地周围的山地森林密布，气候温暖潮湿，野生动物密集，同时也是远古人类理想的生活场所。

景点推荐 崇礼滑雪旅游区

塞北多乐美地滑雪场

以桦树林雪道风光闻名

崇礼区四台嘴乡喜鹊梁峰北侧

崇礼区乘接待专车可达

4000-610-210 www.saibeiski.com

塞北多乐美地滑雪场是华北规模最大、设施最完善的滑雪胜地，各种滑道长7千米，可同时容纳近千人滑雪。各种娱乐设施齐全，以桦树林雪道风光闻名。

万龙滑雪场

硬件设施、雪道一流

崇礼区西湾子镇红花梁

在张家口长途汽车站乘坐中巴车到崇礼汽车站，之后转乘出租车前往

4785111 www.wlski.com

万龙滑雪场是中国国内的首家开放式滑雪场，占地面积约30平方千米，最高处海拔2000余米，垂直落差550米。这里庞大的人

万龙滑雪场秋景

工造雪系统覆盖了所有的雪道，再加上得天独厚的天然降雪，使万龙滑雪场成为中国开放最早、雪期最长、雪质最佳的滑雪场。场内有多条初、中、高级滑雪道，配置了1000多套新型滑雪板，并且建有双人吊椅式索道，可充分满足游客的娱乐需求。

玩家 攻略

万龙滑雪场的雪期大约从每年的11月到次年4月，此时有众多游客前来滑雪。这里的中级、高级道是北京周边地区最专业的，所以十分适合高阶的滑雪爱好者来此游玩。对于初学者，雪场内也会有教练指导。雪场内各项设施十分齐全，还有宾馆可以提供住宿，条件完备。雪场每年冬季都会有几天的专门培训班进行滑雪培训，详情可以在雪场官网了解。

翠云山滑雪场

以接待团队客人为主

崇礼区驿马图乡和平森林公园内

7:30从张家口市政府第一招待所门口有班车可直达雪场

翠云山滑雪场积雪厚度平均在1米左右，存雪期长达5个月以上。这里沟壑纵横，山势平缓，是理想的滑雪、休闲胜地，被称为华北的“亚布力”。翠云山滑雪场的最佳游季为每年的11月至次年3月，约130天。

翠云山滑雪场

滑雪常识

初学须知

滑雪是一项动感强烈、刺激的体育运动。初学者首先应该学好基本的滑雪技术，要请一名富有经验的滑雪教练对你进行系统的培训。初学者在选择滑雪场地时，坡度不能太陡，6度左右最好，滑雪道要宽，50米左右为宜，要有乘坐式索道来运送滑雪者（牵引式索道不利于滑雪者休息），雪质要好，要有大型雪道机对雪面进行修整和保养，这一点对初学者很重要。

在时间的安排上，学习滑雪的时间不应少于3天，在这期间主要学习高山滑雪器材的使用方法：三种基本的滑降技术，包括直滑降、斜滑降、犁式滑降；两种转弯技术，指犁式转弯技术、犁式摆动转弯技术。在初级滑雪道上对这些技术要反复练习，力求在实践中掌握要领，切不可只图痛快和刺激长时间玩直滑降，虽然直滑降很有乐趣，但时间再长，水平也不会有太大长进，应拿出大部分时间学习转弯技术，因为它是滑雪技术的精华所在。

滑雪路程

应仔细了解滑雪的高度、宽度、长度、坡度以及走向。由于高山滑雪是一项高速运动，看来很远的地方一眨眼就到了眼前，滑雪者不事先了解滑雪道的状况，滑行中一旦出现意外情况，根本就来不及做出反应，这一点对初学者尤其重要。

要根据自己的水平选择适合你的滑雪道，切不可过高估计自己的水平，要循序渐进，最好能请一名滑雪教练。

在滑行中如果对前方情况不明，或感觉滑雪器材有异常时，应停下来检查，切勿冒险。在结伴滑行时，相互间一定要拉开距离，切不可为追赶同伴而急速滑降，那样很容易摔倒或与他人相撞，初学者很容易发生这种事故。在中途休息时要停在滑雪道的边上，不能停在陡坡下，并注意从上面滑下来的滑雪者。

滑行中如果失控跌倒，应迅速降低重心，向后坐，不要随意挣扎，可抬起四肢，屈身，任其向下滑动。要避免头朝下，更要绝对避免翻滚。

视力不好的滑雪者，不要戴隐形眼镜滑雪，如果跌倒后隐形眼镜掉落，找回来的可能性几乎不存在。尽量佩戴有边框的由树脂镜片制造的眼镜，它在受到撞击后不易碎裂。

挑选器材

滑雪板价格有别。一般滑雪板有木质、玻璃纤维和金属之分，木质的轻且价格便宜，但易受潮变形，故使用前宜涂抹特制油脂，不易粘雪还可防止雪浸入。玻璃纤维滑雪板适合任何雪质的雪地，但价格较高。铝合金的金属滑雪板在深雪及冰面上回转轻便，价格也较高。目前有将这三种材质混合制成的滑雪板，最受滑雪爱好者欢迎。

滑雪杖用于保持平衡。其作用是帮助滑行及维持身体的平衡。选择时以质轻、不易断折、平衡感好、适合自己身高为原则。一般由拦雪轮起算，最长不过肩，最短不低于腋下。可将之穿过皮手环，握杖挥动时适手为佳。

长城岭滑雪场

降雪量大，雪质好

崇礼区西湾子镇盆底坑

4619088

长城岭滑雪场降雪量大，风力小，雪质好，地形陡缓适中，地下水资源丰富。滑雪场内建有3000平方米的综合服务楼和高原竞技体育训练场以及索道、雪道，并为游客提供高质量的雪板、雪地摩托等滑雪工具。

长城岭滑雪场索道

景点推荐 赤城温泉旅游区

金阁山

北方道教发祥地

✉ 赤城县赤城镇北郊11千米

☎ 6314213

赤城县多山地，县名以“山石多赤”而得名。在县城北11千米处的观门口村西，群山环抱的深幽山野里，有一处古老的道教文化遗址，它就是北方道教发祥地金阁山。相传，早年有金阁仙人修炼于此，故名金阁山。金阁山最负盛名的风景为长春洞，此外还有白云洞、钻天洞、石虎洞、望月洞等景点。此地是道家总领、全真道七真之一、大宗师丘处机的修炼与传道处。

玩家 解说

据记载，元太祖成吉思汗曾召见丘处机于雪山，尊为神仙，爵“太宗师”，总领道教。丘处机死后，元世祖忽必烈褒赠他为长春真人。北京白云观有其遗骨埋葬处。到了明代，这里还保存有宏伟的灵真观，闻名四方的大道长祁志成（丘处机的四传弟子）为住持，招贤纳士，传播道家思想。金阁山是北方道教发祥地，如今这里仍然较完整地保存着丘处机的道观和圣像。

赤城温泉 AAAA

史称“关外第一泉”

赤城县赤城镇北郊7.5千米处

北京西直门、德胜门汽车站有发往赤城的班车

赤城温泉也称汤泉，全年平均气温为12.6℃~26.1℃，有“取暖不用煤，纳凉不摇扇”之说。温泉沟藏于重峦叠嶂的山中，山中草木峥嵘，泉水淙淙，庙宇隐然。

温泉沟海拔942米，出水充足的天然温泉分为总泉、眼泉、胃泉、平泉、气管炎泉、冷泉6个泉，由于出落地区水温高低和所含化学物质各不相同，所以分为治疗皮肤病、胃病、眼病、呼吸道及风寒性疾病的不同的疗养区域。山上开辟了散步山路，还建了很多观景亭台。此外，山谷中还有一些宗教建筑，供奉了水母娘娘、碧霞元君等道教神祇。

玩家解说

北魏郦道元的《水经注》中曾记载“渔阳（今北京密云区西南）之北，实有汤泉，去燕京（北京）三百里”，可见赤城温泉历史悠久。这里碑刻、庙宇等古迹众多。康熙帝亲陪皇祖母孝庄文皇后在这里驻跸洗浴50多天，民国年间抗日名将吉鸿昌也曾来过此地。

朝阳观风景区

三教合一，特有的宗教文化现象

赤城县后城镇的滴水崖上

朝阳道观于明嘉靖三十年开始修建，经过5年多的大规模开凿，1557年初竣工。由于滴水崖山势巍峨，当曙色初启，大地还在朦胧之中，唯此崖上开凿的道观独得一片朝阳，故名朝阳观。朝阳观虽称之为观，但观内却是既有大雄宝殿、千佛洞等佛教宫殿和洞窟，也有泰山殿、三教殿等道教庙宇，三教殿内还供有儒家孔子的雕像。这种三教合一的祭祀现象，是张家口一带特有的宗教文化特色。

赤城温泉

舍身崖

以摩崖石刻而著称于世

赤城县云州村

舍身崖史称龙门峡或是独固门。舍身崖双峰对峙，壁立千仞。远而望之，若天门微启。这里山高形如天险，在东侧石壁上有许多石刻，有字大如屋的“朔方屏障”，有显示这里天险般境地的“龙门崖”，有描写这里交通要道的“三路咽喉”等，还有众多的碑刻。1971年赤城县在此凭借山势建起了一座大型水库。

玩家 解说

1449年8月的一天，土木之变时期，仓上堡千户田坤战死，其女痛君虏父亡，投崖自尽，悲壮千古，自此称此地为“舍身崖”。《烈女赞》盛赞道：“舍身难，舍身成仁尤难；舍身成义士难，女子尤难。”

独石口

“先有独石口，后有张家口”

赤城县北50千米

独石口为外长城南北的交通要冲，形势险要，因南有独石庙屹立平地，因城南山上有一方大石而得名。明初建城堡，为明朝抵挡漠北进攻的塞外雄关之一。今天，城墙保存基本完好，砖石砌筑，十分坚固，平面呈方形，每条边长500米，城垣高8.9米，衙署、寺庙等房屋部分仍留存。

大海陀

北京西北的绿色屏障

赤城县西南

6312137

大海陀主峰海拔2241米，是京北第一高峰。这里山势高峻，山峦起伏，植被分布明显，野生动物种类繁多。北魏地理学家郦道元在《水经注》中形容此山“高峦截云，云凌断雾双埠共秀，竞举群峰之上”。主要景点有塔林、海陀顶峰、黑龙潭、浑元洞。

龙潭飞瀑

领略壮丽的瀑布景观

赤城县西南

龙潭飞瀑位于海陀山东侧，浪花飞溅，别有一番神韵。夏季，景区内清风徐徐，格外凉爽，龙潭瀑布飞流直下，如丝如带，飞珠泼玉，直泻潭底，蔚为壮观。景区内有“巍巍云峰，仙境神能，飞瀑千尺，其若洪钟”的石刻，为此美景的深刻写照。

独石口

攻略资讯

- 交通
- 住宿
- 美食
- 购物
- 娱乐

张家口机场

交通

飞机

张家口宁远机场位于张家口市中心城区东南9千米处，为国内支线机场，飞行区等级为4C级，有飞往石家庄、上海、广州、西安、成都、海口等地的航线。

火车

张家口市有京包、大秦、京张铁路贯穿境内。有张家口南和张家口北两个火车站。

张家口南站：有到北京、大同等地的火车，是北京发往西北方向的过往车站，也是张家口的主要客运站。位于桥东区南站前街，乘1、10路公交车可到达。

张家口站：是张家口开往北京、石家庄等地的始发站。位于桥东区解放路与恒华路路口以北约100米路东，乘2路公交车可到达。

汽车

汽车客运北站：张家口主要客运站。有发往北京、天津、保定、石家庄、大同、乌兰察布、多伦等地的班车；还有发往各个县的班车，1小时一趟。位于桥西区西沙河大街100号，可乘2路公交车前往张家口火车北站。

汽车客运南站：有开往北京和张家口各个县城的班车。位于张家口市工业南路131号。

住宿

张家口住宿趋向大众化，星级酒店相对较少，其中小旅馆、招待所较多，价格较低，方便实惠。

●张家口威尼斯大酒店

酒店环境舒适高档，房间舒适，距离张家口堡景区、容辰庄园、堡子里等较近。地址：桥东区工业东街与滨河中路交叉口 电话：8072222

张家口城市风光

●张家口世纪饭店

在高速公路旁，交通便捷。酒店设施齐全，满足入住需求。周边有三祖堂、爱吾庐、张家口博物馆等。桥东区东兴街23号 2119999

●张家口奥霏斯大酒店

交通方便，到市中心10分钟车程，服务热情周到。桥东区五一东大街26号 4051111

●更多住宿去处

张家口迎宾馆/桥东区五一路72号/2015291

金桥宾馆/建设东大街26号/2056583

美食

张家口饮食接近东北和内蒙古口味，熏肉、口蘑是到张家口必定要品尝的美食，张家口地方风味小吃一窝丝、油炸羔、山药鱼、手把羊肉等，会使您大饱口福。

西坝岗美食街位于张家口西坝岗路，乘2、6、13等路公交车在平门下车可到。

●蔚县八大碗

八大碗一般为丝子杂烩、炒肉、酌蒸肉、虎皮丸子、块子杂烩、浑煎鸡、清蒸丸子、银丝肚等八类。八大碗有荤有素，烹饪精细，鲜美可口，是当地宴宾会客的名肴。

蔚县八大碗

●柴沟堡熏肉

距今已有200多年的历史。熏肉用柏木熏制而成，色泽鲜亮、爽淡不腻，味道独特。品种主要有熏猪肉（五花肉、猪头、猪排骨、下水），熏羊肉、熏鸡肉、熏兔肉等。

柴沟堡熏肉

●莜面

莜面吃法颇多，风味各有千秋，可以加工成窝窝、拿糕、馄饨、拨面、山药扁鱼子等，也可以加工成烙饼、炒面、糊糊、燕麦片、方便面等，是当地人的一种主要食品。

莜面

●烤全羊

烤全羊又叫全羊宴，是蒙古族最古老而隆重的一种宴席菜肴，一般只接待贵宾。烤全羊主要是取其完整、齐全之意，表示为对客人全心全意。

烤全羊

购物

过去张家口有三宝："山药、莜面、大皮袄。"现在张家口有口蘑、鹦哥绿豆、大杏扁、供佛杏、发菜、龙眼葡萄、牛奶葡萄等土特产，还有蔚县剪纸、阳原石雕、银制花丝摆件等工艺品。

在张家口桥西区的武城街、怡安街、得胜街、明德街等著名的商业街，有许多专卖张家口特产和手工艺品的商店。

●蔚县剪纸

蔚县剪纸是一种风格独特、在国内外享有盛誉的民间艺术。这种剪纸不是“剪”，而是“刻”，它是以薄薄的宣纸为原料，拿小巧锐利的雕刀刻制，再点染明快绚丽的色彩而成。

蔚县剪纸

●口蘑

张家口口蘑是生长在张家口坝上草原的一种白色伞菌，属野生蘑菇，一般生长在有羊骨或羊粪的地方，味道异常鲜美。

口蘑

●大杏

大杏口感属甜酸型，营养丰富，果实个大，果肉细密、汁多、味美，酸甜适口。也可加工制成杏脯、杏酱、杏丹皮、杏汁、杏罐头等各种食品。

●宣化葡萄

白牛奶葡萄因其果粒状似奶牛乳头而

大杏

得名，其果穗为分枝型，穗大粒硕。葡萄色泽绿中泛乳白，如碧玉晶莹，皮薄汁丰，味道清甜爽口，令人百吃不厌。

宣化葡萄

娱乐

张家口娱乐项目丰富，夏季有草原文化节、葡萄酒节等，每年冬季，崇礼滑雪旅游区热闹非凡，吸引了各地的滑雪爱好者。

●暖泉打树花

打树花表演者身穿羊皮袄、头戴斗笠，用特制的木勺将高温熔化后的铁水用力泼洒在坚硬的城墙上，1000多摄氏度的铁水打在冰冷的城墙上，迸溅出璀璨的朵朵火花，串起来呈树冠状，随后瞬间消失在漆黑的夜色中。打树花表达人们欢度节日和向往美好生活的愿望。

暖泉打树花

节日和重大活动

节日	地点	时间
崇礼国际滑雪节	崇礼区	11月中旬至次年4月中旬
张北坝上草原文化旅游节	张北坝上草原	6月下旬至9月中旬
怀来葡萄采摘暨葡萄酒节	怀来县	9月中旬至10月中旬
下花园鸡鸣山登山旅游节	鸡鸣山	6月中旬至10月上旬

发现者旅行指南

承德

概览

亮点

避暑山庄

原名热河行宫，俗称承德离宫，有“康乾七十二景”。被列为全国“十大名胜”之一。是我国最大的皇家园林，也曾是大清皇室的消夏胜地。

外八庙

是世界最大的皇家寺庙群，融多民族佛教建筑艺术之长，气势壮观。

木兰围场

全世界最大的皇家猎苑。这里每一个季节的每一片光影都可激发摄影师的灵感。

雾灵山

雄、奇、秀、美是对雾灵山的高度概括，这里最热月

金山岭长城

平均气温17.6℃，是华北“热海”中的“避暑凉岛”。

金山岭长城

原貌保存最完好的长城，建筑风格奇特，有“万里长城，金山独秀”之美称。

必逛街道

南营子大街：承德市的中心主干道，南起承德市附属医院，北至火神庙康熙铜像，火神庙附近的小吃在当地较有名气。

线路

承德市区二日游

第一天上午游览避暑山庄内的湖区、山区与平原区，下午游览宫殿区。

第二天上午游览外八庙的普宁寺、安远庙，下午游览普陀宗乘之庙与须弥福寿之庙，有时间再游览磬锤峰。

承德周边经典二日游

第一天上午前往金山

避暑山庄

岭长城，游览金山岭长城三绝——障墙、文字砖和挡马石。下午到有“京东第一山”之称的雾灵山。

第二天到木兰围场旅游区，感受草原美景和风情。

为何去

避暑山庄

承德是一座历史悠久、文化底蕴深厚的古城，风景优美，旅游资源丰富，有世界文化遗产避暑山庄及周边寺庙，世界最大的皇家狩猎场木兰围场，世界最大的木制佛千手千眼观世音，世界独一无二的石柱磬锤峰等。历史的承德，见证了康乾盛世的百年辉煌。承德是一座风景优美的塞外名城，是狩猎、度假的游览胜地，吸引着世人的目光。

何时去

茅荆坝森林公园

承德属温带大陆性季风型山地气候，四季分明，全年皆可游览，4月至10月为最佳旅游时间。夏季凉爽，雨量集中，基本上无炎热期，是旅游避暑胜地。

区域解读

区号：0314
面积：约39548km²
人口：约369万人
主要少数民族：
满族、蒙古族

地理 GEOGRAPHY

区划

承德下辖3个区（双桥区、双滦区、鹰手营子矿区）、4个县（承德县、兴隆县、隆化县、滦平县）、1个县级市（平泉市）、3个自治县（丰宁满族自治县、宽城满族自治县、围场满族蒙古族自治县）。

地形

承德市地势自北向南倾斜，北部为内蒙古高原的东南边缘，中部为浅山区，南部为燕山山脉。位于南部的雾灵山歪桃峰海拔2118米，有“京东第一山”之称，为承德境内最高峰。承德境内有滦河、潮河、辽河、大凌河四大水系，是京津唐的重要供水源地，其中北京密云水库一半以上的入库水源来自潮河。

气候

承德地处内蒙古高原与华北平原的过渡带，属温带大陆性季风型山地气候，四季分明。冬季寒冷少雪；春季干旱少雨；夏季温和，多雷阵雨；秋季凉爽，昼夜温差大。

历史 HISTORY

历史大事记

●远古时期至明朝

距今约5000年前，新石器后期红山文化，有围场下伙房，兴隆杨树屯等遗址，另外在平泉、双滦区均有文物出土。

明朝隆庆年间，明穆宗将抗倭名将戚继光调至北方，负责包括金山岭长城在内的长城沿线防务。在此期间，戚继光及其弟戚继美修长城、筑敌台，使金山岭成了一道坚固防线。

●清朝

清初，现承德市区所在地仍是个仅有几十户人家的小村落，叫热河上营。

康熙二十年（1681年）四月，康熙皇帝率领王公大臣和八旗官兵出塞北巡，选定木兰围场作为塞外皇家狩猎地。

康熙四十二年（1703年），在承德开始兴建避暑山庄，并逐渐成为清朝的第二个政治中心。

雍正十一年（1733年），取“承受先祖恩泽”之义，改名为承德州，这就是“承德”名称的起源。

乾隆年间，避暑山庄正式建成。至咸丰帝时，承德山庄开始衰败。

咸丰十一年七月（1861年8月），咸丰帝病逝于承德避暑山庄的烟波致爽殿内。同年，慈禧在这里与恭亲王奕訢联合发动辛酉政变。

●近现代

1929年成立热河省，承德为热河省会。

1948年11月12日，承德解放。

1982年，承德被国务院命名为全国首批24座历史文化名城之一。

1994年12月，承德避暑山庄及周围寺庙入选世界文化遗产名录。

名单 承德历史名人

抗日英雄孙永勤

著名诗人郭小川

清王朝历史的缩影——避暑山庄

承德因优越的地理优势，康熙帝下令在此建设避暑山庄。从1703年开始建造至1792年最后完工，先后经过长达89年的建造和扩建，并在这一期间陆续建成了外八庙。清廷调动全国能工巧匠，终于建成了这座代表中国古代造园艺术最高成就的古典皇家园林。皇帝每年五月来承德，九月回京，一待就是半年。在此期间，不管是官员朝贡还是商议国是，都要来这里找皇帝。因此，那一段时期，承德也成为国家的第二政治中心。

乾隆曾多次在此接见少数民族首领和外国使节，加强民族团结，扩大对外交流。乾隆十九年（1754年），乾隆帝在澹泊敬诚殿隆重接见杜尔伯特三策凌，封其为亲王、郡王、贝勒；乾隆四十五年（1780年），乾隆又在此接见西藏班禅六世，这是中国民族团结史上的一件大事；乾隆五十五年（1790年），台湾高山族首领怀目怀来承德为乾隆皇帝祝贺寿辰；同年，安南（今越南）、缅甸、朝鲜等国使节来承德为乾隆帝祝寿，场面隆重；乾隆五十八年（1793年），英国第一个正式访华特使马戈尔尼在这里受到乾隆帝的接见。

避暑山庄

1860年10月，咸丰皇帝在避暑山庄烟波致爽殿西暖阁批准了《中英北京条约》《中法北京条约》《中俄北京条约》，使中国丧失了大量领土和主权。1861年，叶赫那拉氏在这里与恭亲王奕䜣联合发动“辛酉政变”，从此登上历史舞台。

在这里，有幽静闲适的园林和一圈香火缭绕的寺庙，可谓意境博大。避暑山庄目睹了康乾盛世的辉煌与光荣，也经历了百年耻辱与伤痛，记录下了一个王朝的兴衰，它是清王朝历史的一个缩影，在清史中占有重要的位置。

文化 CULTURE

二贵摔跤，精彩纷呈

二贵摔跤在承德隆化地区流行广泛，是满族的花会行当，也是一种体育活动。

一人扮两人摔跤，表演者为一人，穿戴上巧妙制成的道具，就可以扮演两个扎小辫的顽皮儿童扭打摔跤。展示轮、转、摔、踢、滚、跳等一系列高难度动作，可淋漓尽致地表现出两个武士摔跤的激烈场面，表演者模仿得惟妙惟肖，一时难辨真假，显得滑稽、幽默。表演中，还伴有锣鼓点，增加气氛。参加活动的人广泛，有上至六七十岁的老人，下至十几岁的少年，并由原来的单一表演，改为群体表演，表演阵容庞大壮观。

据说这项舞蹈来源于康熙以少年摔跤手制服鳌拜的故事。康熙少年亲政，奸臣鳌拜欺君揽权，成为康熙治国的一大隐患。为此，康熙选择了一群可靠而精悍的贵族少年，整日在宫中练习摔跤、格斗。时机成熟之后，摔跤的贵族少年在宫中巧妙地将鳌拜摔倒、制服，一个不可一世的奸臣就这样被除掉了。二贵摔跤就来源于此。

二贵摔跤逐渐成为隆化乃至河北省的文化品牌，在国内外具有影响力。二贵摔跤除亮相于民间花会外，也已成为承德避暑山庄旅游的一部分，许多时候旅客还可以在避暑山庄草原区欣赏到这一精彩的表演。

塞外宫廷菜，群英齐荟萃

塞外承德因避暑山庄、外八庙等建筑的兴建逐渐成了清朝的第二皇京。宫廷菜也同当地的塞外菜交融，形成了独具特色的塞外宫廷菜。

承德宫廷菜有别于京城御膳，是多民族菜肴的集萃，多以山珍野味为主料，口味酥鲜香，技法独特考究。承德菜是宫廷塞外菜的代表，主要以山珍野味为主，做法有干烹、香烹等。

乾隆年间塞外饮食发展到相当高的水平，乾隆皇帝曾经还为承德裘翠楼饭庄题词“名震塞外三千里，味压江南十二楼”，横批是“买卖兴隆”。如今，改造后的裘翠楼饭庄依然矗立在承德市区，食客云集。

塞外有名的宫廷菜有平泉冻兔肉、青龙鼋鱼、五香鹿肉、炒山鸡卷、野味火锅、滑炒山鸡片、金银燕菜等。另外，风味小吃中的蒲棒鹿肉和香烹鹿肉串味道极佳，值得一尝。在避暑山庄南面的大街上集中了很多特色饮食店，装修古朴典雅，可以品尝到当地特色菜肴。

承德宫廷菜五香鹿肉

景点推荐 避暑山庄及周围寺庙 AAAAA

避暑山庄占地564万平方米，是中国现存占地最大的古代帝王宫苑。这里是清朝的夏季行宫，始建于康熙四十二年（1703年），至建成共历时89年。整座山庄分为宫殿区和苑景区两部分：宫殿区有正宫、松鹤斋、万壑松风等建筑；苑景区分成湖区、平原区和山区三部分。

避暑山庄及周围寺庙即清朝皇帝的夏宫，是由皇帝宫室、皇家园林和宏伟壮观的寺庙群所组成，是中国古代帝王宫苑与皇家寺庙完美融合的典范。避暑山庄朴素淡雅，外八庙如群星拱月环列周边，金碧辉煌，外八庙象征着国家的统一、民族的团结。

避暑山庄 AAAAA

中国现存最大的皇家园林

承德市双桥区

旺季7:00～18:00，淡季8:00～17:30

旺季130元，淡季90元 2029771

www.bishushanzhuang.com.cn

避暑山庄是清代皇帝夏天避暑和处理政务的地方，享有“中国地理形貌之缩影”和“中国古典园林之最高范例”的盛誉。它始建于1703年，历经清朝康熙、雍正、乾隆三代皇帝，耗时89年建成，内有康熙乾隆钦定的72景，拥有殿、堂、楼、馆、亭、榭、阁、轩、斋、寺等建筑100余处。它的最大特色是山中有园，园中有山。山庄的建筑布局大体可分

为宫殿区和苑景区两大部分，苑景区又可分成湖区、平原区和山区三部分。

玩家 行程

避暑山庄很大，最好是有计划地游览，不然可能1天都不够用。建议路线：博物馆—湖区—平原区—南山积雪—冷宫—北镇双峰—二马道（可以从城墙看到小布达拉宫的全貌，很棒）—西北门，沿着别墅暗道下来—回到平原区。

其他几条常规的线路：

东线：进德汇门，过东宫，以卷阿胜境为起始点。沿东线游览可参观到的景点：水心榭、文园、清舒山馆、月色江声、戒得堂、汇万总春之庙、新所、金山、香远益清、热河泉。

中线：下万壑松风蹬道至如意湖、下湖中间的拱桥，是中线的起点。经芝径云堤，到采菱渡、如意洲，到达中线终点青莲岛（烟雨楼）。

西线：出正宫岫云门，下玉麟坡，沿如意湖西岸北行，至“水流云在”分道：一是东转至萍香泮；一是北行至文津阁。西线是湖洲区西路游览线，也是连接全园四个功能分区的交通干线。主要景点有如意湖（亭）、芳园居、芳渚临流、临芳墅、远近泉声、文津阁。

玩家 攻略

避暑山庄每年6月举行“九龙醉杯”龙舟大赛，同时还有空中滑翔表演、水上表演、水上彩船和岸上彩球彩旗、喜庆锣鼓等表演，形成水陆空立体效果，为比赛增加热烈喜庆的气氛。

游览避暑山庄建议跟随导游，不但能增长人文历史知识，还能听到各种有趣传说，为美景增色不少。

湖区是避暑山庄风光最秀丽的地方，可以在这里租船游览。租船点在湖区的如意湖西岸，有普通手划船、龙头手划船、脚踏船等三种可以选择。租金不等，16:00后停止售票。

这里的山区有手机信号。另外，徒步环山距离很远，大多数遗址位于各处山谷中，山高林密，若想徒步山区，建议由向导带路，否则容易迷路。山区环山建有旅游交通道，可以从宫殿区与山区交界处乘坐电动车环山游览。

清乐宫与避暑山庄隔河相望，每晚演出的《清乐宴乐舞》是由承德市歌舞团依照清宫朝拜、升座、赐宴的礼仪习俗所编创的，展示了清王朝宫廷艺术的独特魅力。

玩家 解说

康乾七十二景：避暑山庄内楼台殿阁、寺观庵庙等古建筑达120多组，其中有康熙以四字命名的“三十六景”和乾隆以三字命名的“三十六景”。

避暑山庄始建于康熙四十二年（1703年），至乾隆年间建成，共历时89年，占地约560万平方米，相当于北京颐和园的2倍、紫禁城的8倍。

避暑山庄烟雨楼

避暑山庄阅射门门前两侧有两个铜狮，威风凛凛。相传抗日战争时期，日本鬼子侵占承德时发现这两个铜狮子是无价之宝，就想抢走，可是他们搬不动就分头去找工具。这一切让护院的老人看到了，他立即从村里找来猪血，涂在狮子的眼睛上。鬼子回来后发现狮子的眼睛红红的，个个吓得目瞪口呆，便慌里慌张地逃走了，这对国宝才得以保留至今。

避暑山庄历史

承德避暑山庄又名承德离宫或热河行宫，是中国清代皇帝夏天避暑和处理政务的场所。避暑山庄是清朝皇帝为了巩固国家统一的政治目的而修建的一座夏宫。避暑山庄兴建后，清朝皇帝每年都有大量时间在此处理军政要事，接见外国使节和边疆少数民族政教首领。这里是很多重大事件的见证。

康熙二十年，清政府为巩固北部边防，在距北京350多千米的蒙古草原建立了木兰围场。每年秋季，皇帝带领王公大臣、八旗军队乃至后宫妃嫔、皇族子孙等数万人前往木兰围场行围狩猎，以达到训练军队、固边守防之目的。为了解决皇帝沿途的吃、住，在北京至木兰围场之间，相继修建21座行宫，热河行宫—— 避暑山庄就是其中之一。避暑山庄及周围寺庙自康熙四十二年动工兴建，至乾隆五十七年最后一项工程竣工。

避暑山庄的营建，大体分为两个阶段。

第一阶段：从康熙四十二年至康熙五十二年，开拓湖区、筑洲岛、修堤岸，随之营建宫殿、亭榭和宫墙，使避暑山庄初具规模。康熙皇帝选园中佳景以四字为名题写了“三十六景”。

第二阶段：从乾隆六年至乾隆十九年，乾隆皇帝对避暑山庄进行了大规模扩建，增建宫殿和多处精巧的大型园林建筑。乾隆仿其祖父康熙，以三字为名又题了“三十六景”，合称为避暑山庄七十二景。

康熙五十二年至乾隆四十五年，伴随避暑山庄的修建，周围寺庙也相继建造起来。

康熙、乾隆皇帝，每年大约有半年时间要在承德度过，清前期重要的政治、军事、民族和外交等国家大事，都在这里处理。因此，承德避暑山庄也就成了北京以外的陪都和第二个政治中心。乾隆在这里接见并宴赏过厄鲁特蒙古杜尔伯特台吉三策凌、土尔扈特台吉渥巴锡，以及六世班禅等重要人物，还在此接见过以特使马戈尔尼为首的第一个英国访华使团。清帝嘉庆、咸丰皆病逝于此。1860年，英法联军进攻北京，清帝咸丰逃到避暑山庄避难，在这里批准了《中俄北京条约》等几个不平等条约。影响中国历史进程的辛酉政变亦发端于此。随着清王朝的衰落，避暑山庄日渐败落。

避暑山庄如意洲岛

溥仁寺

伽蓝七堂式建筑形制

双桥区普乐路，武烈河东岸

乘10路公交车可到达

20元　2057906

溥仁寺是外八庙中最早建造的庙宇，始建于康熙五十二年，是康熙60大寿之际应专门来京的蒙古各部王公贵族的请求而建，这里后来成为他们的聚会之所。原先建有两座庙，前寺为溥仁，后寺为溥善，寺名均为康熙帝亲笔题写，现溥善寺早已无存。溥仁寺的建筑布局主要是按照汉式伽蓝七堂风格而建造的，山门、进深等都协调得天衣无缝。

玩家解说

康熙二十九年（1690年）康熙帝取得了平息厄鲁特蒙古准噶尔部民族分裂分子噶尔丹的叛乱胜利。到康熙五十二年（1713年），漠北、漠南、喀尔喀等蒙古地区出现了20余年的安定局面，这些地区的牧业稳步生产，密切了与清中央政府的关系。这一年是康熙的60寿辰，“众蒙古部落，咸至阙廷，奉行朝贺，不谋同辞，具疏陈垦，愿建刹宇，为联祝厘”，康熙允其所请，于是建造了这两座寺庙，供蒙古诸部大聚会使用，取“寓施仁政于远荒”之意分别题名“溥仁寺”“溥善寺”。

链接

伽蓝七堂

伽蓝，意译众园。又称僧园、僧院。原意指僧众所居之园林，一般用以称僧侣所居之寺院、堂舍。一所伽蓝的完成，须具备7种建筑物，特称伽蓝七堂。七堂之名称或配置，因时代或宗派之异而有所不同。

宋代以后，汉传佛教寺院的建筑平面逐步模式化，形成了“伽蓝七堂制”。即佛寺通常坐北朝南，沿山门南北中轴线，保持一定的距离修建若干殿堂，殿堂建筑大致按以下顺序排列：山门殿—弥勒佛殿—大雄宝殿—本寺主供佛殿—法堂—藏经楼（阁）。

寺院建筑配殿和附属设施是分布在中轴线东西两侧对称建造的次要建筑，通常由钟楼（东）、鼓楼（西）、伽蓝殿（东）、祖师殿（西），以及客堂、禅房、斋堂、寝堂、浴堂、西净（卫生间）、放生池等组成。寝堂等生活设施按内（出家人）东外西（居士、施主）的原则安排。这样，寺院就成了一组规模宏大而排列有序的建筑群。

普乐寺

仿天坛祈年殿而建

避暑山庄东北的平岗上，溥仁寺东北

避暑山庄大门外乘10路公交车到索道公司终点站下，向右沿普乐寺的旅游公路走约500米即达

8:00～17:30

2057577

普乐寺建于乾隆三十一年（1766年），俗称圆亭子，是为安置归顺的哈萨克族、布鲁特族首领而建。全寺建筑为汉藏结合式，西部依照汉族寺庙样式由山门、天王殿、钟鼓楼、配殿、正殿组成，东部为藏式建筑。主体建筑旭光阁，其外形类似北京天坛祈年殿，这是该寺最大的特色。

玩家 解说

旭光阁内，中央圆形的石造须弥座上旋转着国内现存最大的木制“曼陀罗”，它以37块木头制成，代表着释迦牟尼的37种学问。内供胜乐王佛（也叫上乐王佛）双身铜像，俗称“欢喜佛”或“欢乐佛”，是观世音菩萨的变体。据说，观世音在普陀洛伽山面东修炼，所以此佛也面向东方，和山庄的永佑寺六和塔及磬锤峰恰都在一条线上。

普乐寺宗印殿

安远庙

寺庙融藏族、蒙古族、汉族特色

避暑山庄东北，武烈河东平岗上

乘10路公交车到索道公司下，再走约10分钟即到

2057809

安远庙旧时俗称伊犁庙，建于乾隆二十九年，是为了安置投奔清朝的准噶尔蒙古族达什达瓦部而特意建造的，在形制上仿新疆伊犁河畔的固尔扎庙，具有明显的蒙古族建筑风格。这座庙不仅成为住在承德地区的达什达瓦部赡礼诵经的场所，而且每年

普宁寺

夏季各少数民族的王公贵族来承德避暑山庄觐见清朝皇帝时也在这里集会，是新疆地区各少数民族头人、首领来承德时的必留之地。

玩家 解说

绿度母亦称“救度母”“多罗母”，是藏传佛教中最多见的女神名。传说为观音菩萨的化身，是救苦救难的善良女神。

相传，有一位印度的贵族好行善敬三宝，只是无儿女，于是天天祈求佛降福子。她的虔诚感动了观音菩萨，遂降生为贵族女，女儿长大后出家为尼，经苦苦修行，终成度母。她化为21相（以颜色区分）以教示众生。以白度母和绿度母最为常见。据说，供奉绿度母能够摆脱八种恐惧，亦能解脱八难，即狮难、象难、水难、蛇难、牢狱难、贼难、水难、非人难。因此，俗称救八难度母。

普度殿的木雕绿度母佛像，头戴宝冠，凝神垂目，神态安然，雄踞于莲花台上。左手擎莲花当胸向外，右手垂于右膝之上，左腿盘坐，右腿微伸向外“吉祥坐”，表示这样可以压倒愤怒，实现慈悲，以使众生安乐。佛像身上的臂钏、手捉镯、瓔珞、莲花等物无不精雕细刻，佛身后的木雕背光上的大鹏金翅鸟、祥云图案，雕镂层次分明丰富，与佛像浑然一体。

普宁寺 AAAAA

佛事活动场所

- 双桥区须弥福寿之庙东北
- 乘6路公交车大佛寺下，步行5～10分钟可到达
- 旺季8:00～17:30，淡季8:30～17:00
- 旺季80元，淡季60元

普宁寺坐落于避暑山庄东北部武烈河畔，由皇家寺庙群中的普宁寺和普佑寺组成。其中普宁寺内供奉有世界上最大的金漆

外八庙的前世今生

避暑山庄东北部，呈半月形分布着12座寺庙，如众星捧月般环列在避暑山庄周边。这12座寺庙中，罗汉堂、广安寺、普乐寺三座庙，朝廷“向未安设喇嘛”，由内务府管理；而溥仁寺、溥善寺、安远庙、广缘寺、普佑寺、普宁寺、须弥福寿之庙、普陀宗乘之庙、殊像寺9座庙设8个管理机构（普佑寺附属于普宁寺）由朝廷派驻喇嘛，京师理藩院逐月按人数由理藩院发放饷银，清正史文献将这9座寺庙称“外庙”，后俗称外八庙或热河喇嘛庙。

这些庙宇按照建筑风格分为藏式寺庙、汉式寺庙和汉藏结合式寺庙三种。寺庙融和了汉、藏等民族建筑艺术的精华，气势宏伟，极具皇家风范。这12座建筑风格各异的寺庙，是当时清政府为了团结蒙古、新疆、西藏等地区的少数民族而修建的。这些庙宇多利用向阳山坡层层修建，主殿堂雄伟壮观。

首先营建的是溥仁寺和溥善寺（已毁）。这两座寺院建于康熙五十二年，是蒙古诸部王公为庆祝康熙皇帝六十寿辰请旨建造的。

乾隆二十年建普宁寺，是为纪念平定厄鲁特蒙古准噶尔部族首领噶尔丹煽动的武装叛乱而建造的。

乾隆二十五年，在普宁寺旁增建普佑寺。

乾隆二十九年建安远庙，俗称伊犁庙，是为新疆达什达瓦部2000余众迁居热河后提供参拜之所而建。

乾隆三十一年建普乐寺以纪念土尔扈特、左右哈萨克、布鲁特等族归顺清朝。

乾隆三十二年建普陀宗乘之庙，作为庆祝乾隆皇帝六十寿辰时蒙古和土尔扈特王公进贡朝贺之所，普陀宗乘之庙仿藏式建筑修造，俗称“小布达拉宫”，西藏达赖喇嘛到热河觐见时多居此处。

乾隆三十七年建广安寺（已毁）。

乾隆三十九年建殊像寺，寺的布局仿照五台山殊像寺。同年又仿浙江海宁安国寺的形制建罗汉堂（已毁）。

乾隆四十五年建须弥福寿之庙，是为西藏班禅喇嘛到热河祝贺乾隆七十寿辰而特建的班禅行宫。

木雕佛像——千手千眼观世音菩萨，普佑寺是一座经学院。普宁寺僧侣云集，香火旺盛，是北方最大的佛教圣地。

玩家 攻略

每天8:00左右僧人“晨念”，上午普宁寺的喇嘛有佛教法舞表演。

中国承德国际旅游文化节期间，具有浓厚的藏传佛教文化的大型法会——“胜乐王佛灌顶”大法会在普宁寺大雄宝殿前举办。

普宁寺还会于每年9月16日至18日举办汉传佛教“普度观音”大法会。

普宁寺居于山上，需要爬山而上。下山时，可以从东侧的普宁街下来。这里是承德市有名的市井民俗文化街，古色古香，街上有来回巡街的兵丁，也有留着辫子遛鸟的“爷”，使这条街成了一幅鲜活的“清代风俗图”。

玩家 解说

乾隆二十年（1755年），清朝军队平定了准噶尔蒙古台吉达瓦齐叛乱。为了纪念这次胜利，清政府依照西藏三摩耶庙的形式，修建了这座喇嘛寺。普宁寺的修建和取名都表明清政府希望天下永远太平统一、人民安居乐业的愿望。

须弥福寿之庙 AAAAA

仿西藏扎伦布寺而建

双桥区环城北路

乘6、11、12路公交可到

8:00～17:00

2192972

须弥福寿之庙位于承德避暑山庄的北侧，建于清代乾隆年间，是乾隆皇帝为前来

普宁寺

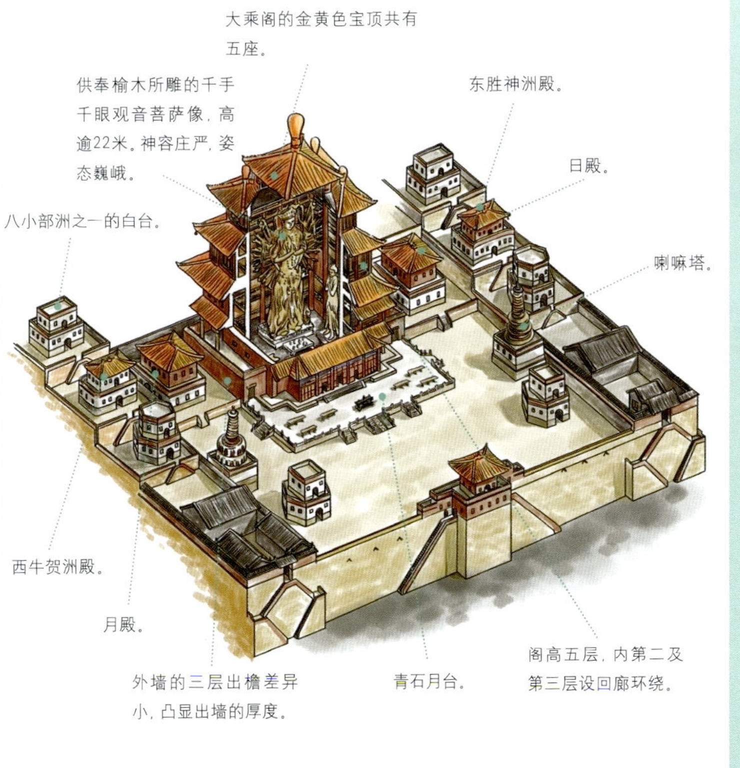

贺寿的六世班禅喇嘛修建的一座藏传佛教寺院，寺院仿造西藏著名的扎什伦布寺修建，规格极高。历史上的六世班禅、十世班禅和十一世班禅都曾在此居住，因此须弥福寿之庙也被称为班禅行宫。

玩家 攻略

须弥福寿之庙最为壮观的是主殿屋顶上的八条金龙，在庙外也可清晰看见，但近观更能感受到不一样的气势。

玩家 解说

须弥福寿之庙创建于乾隆四十五年（1780年），因乾隆帝七旬寿辰，班禅额尔德尼六世长途跋涉到承德觐见贺寿，乾隆皇帝诏令仿其驻地扎什伦布寺建造行宫。所以，此庙又称“班禅行宫”。“扎什伦布”意为“福寿吉祥”，须弥意为“山”，故依从藏语得名“须弥福寿之庙”。

寺院后是一座绚丽多彩的八角琉璃万寿塔（七层，象征乾隆帝七旬大寿），是全寺最高点，成为须弥福寿之庙的标志。

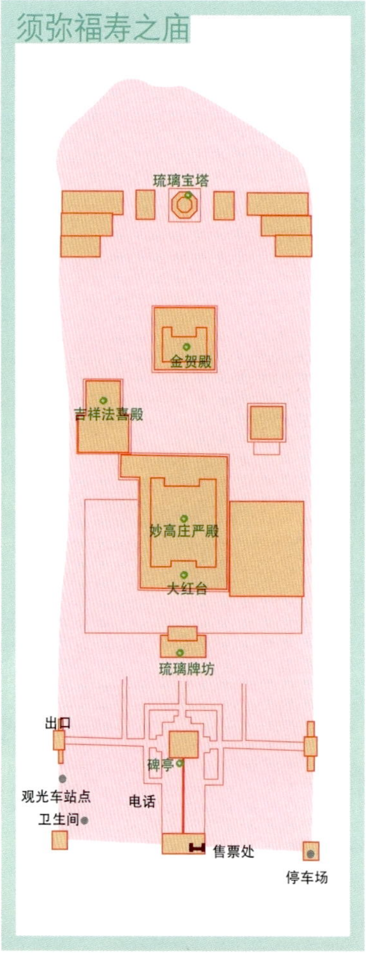

殊像寺

仿五台山殊像寺而建

双桥区普陀宗乘之庙西

乘6路公交车可到达

全寺分前后两部分，前部主要由山门、钟鼓楼、天王殿、会乘殿等组成，其中，会乘殿是寺内主殿，殿内供观世音、文殊、普贤三菩萨，像前左右置三层楠木佛龛，两侧各一座楠木万寿塔，内供无量寿佛。后殿主要由宝相阁、清凉楼、香林室和配殿等组成，宝相阁内原有木雕骑狮的文殊菩萨像，宝相阁名是乾隆帝御笔亲题。

普陀宗乘之庙 AAAAA

仿布达拉宫而建

双桥区须弥福寿之庙西部

从须弥福寿之庙乘18、118路公交车可到达

旺季8:00～17:00，淡季8:30～17:00

旺季80元，淡季60元

2163072

普陀宗乘之庙是外八庙中规模最大的一座，其样式仿拉萨布达拉宫，故又称为“小布达拉宫”，是为庆祝乾隆60大寿而建，其雄伟的大红台和富丽堂皇的金顶使人流连忘返。乾隆皇帝在这里接见了万里东归的土尔扈特首领渥巴锡一行，并举行了隆重的讲经、说法、祝寿等活动。

玩家 解说

普陀宗乘之庙布局分三个部分：前部包括山门、碑亭、五塔门；中部包括琉璃牌坊、白台、僧房等；后部是主体建筑大红台及周围其他建筑，

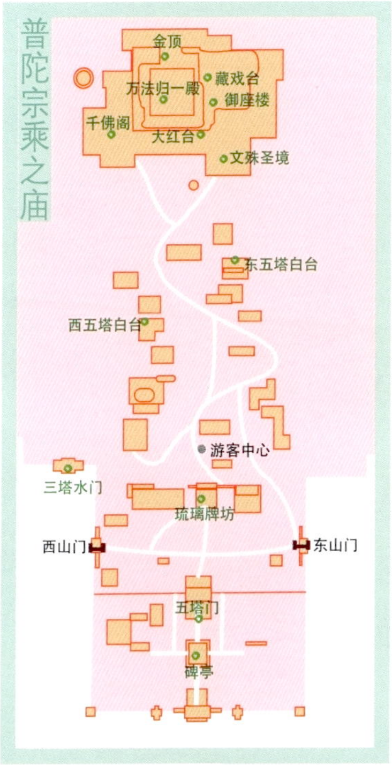

大小共60余处，外有依着山势起伏而环庙一周的高大围墙。

万法归一殿是主殿，隐于大红台群楼之中，殿顶高出群楼，金光闪烁，是中国宗教建筑的瑰宝。这里还是全庙举行集会和庆典活动的场所，每年农历七月十一日在殿内举行佛教学位考试，腊月二十七、正月十四在此举办送祟活动。

魁星楼

承德最大的民俗寺庙

双桥区南部半壁山

乘出租车可直接上山到魁星楼门前

魁星楼主要观赏景点有龙门、中斗宫、七十二福地、荣仕乐真殿、弘文殿、魁星主楼、承天台、聪明泉、环山栈道等。魁星楼是景区的主体建筑，它面西北坐东南，立于半壁山山顶，由基座、楼体、屋顶三大部分组成。基座由青砖砌成，呈“须弥座”状，前后各有缓步台阶。屋顶为双层飞檐歇山琉璃瓦顶。

玩家解说

魁星楼檐匾上“魁星楼”三个字很有特点：

普陀宗乘之庙

普陀宗乘之庙

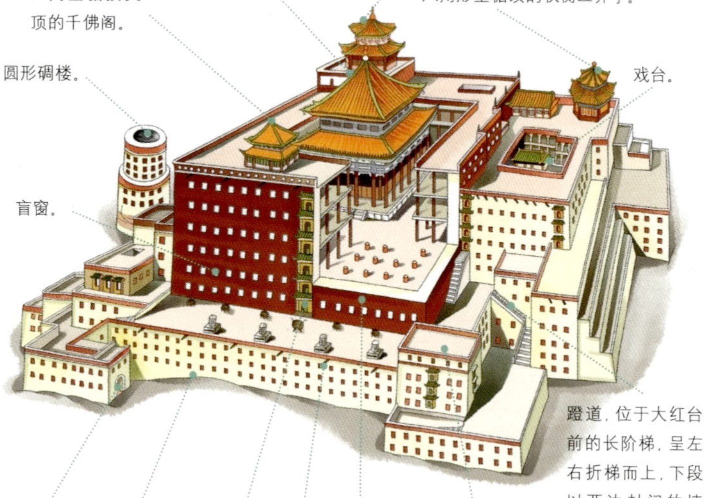

前两字减少一笔，后一个字增加一笔，这里取自热河知府海忠手笔。“魁”字中“鬼”字少一笔，意为清清白白做人，去掉鬼气；“星”字，“日”为天，“生”为人，“生”字少一撇，喻人不要棱角分明，不能强与“天”斗，要顺应自然；“楼”字多一笔，意思是读书要多用心，博学才能多才。

链接

魁星

魁星是我国神话中所说的主宰文章兴衰的神。魁星原为古代天文学中二十八宿之一“奎星”的俗称。由于魁星掌主文运，所以与文昌神一样，深受读书人的崇拜。魁星信仰盛于宋代，从此经久不衰，成为封建社会读书人于文昌帝君之外最推崇的神。

中国很多地方都建有魁星楼或魁星阁，其正殿塑着魁星造像，实际就是钟馗。没见过魁星像的人也许会想，既然魁星是主管功名科举的，一定是一位文质彬彬的白面书生吧！其实恰恰相反，魁星面目狰狞，全身青面，赤发环眼，头上还有两只角，整个是鬼的造型。魁星右手握一管大毛笔，称朱笔，意为用笔点取科举士子的姓名，左手持一只墨斗，右脚金鸡独立，脚下踩着海中的一条大鳌鱼（一种大龟）的头部，意为“独占鳌头”，左脚摆出扬起后踢的样子以求在造型上呼应“魁”字右下的一笔大弯钩，脚上是北斗七星。

传说他那支笔专门用来点取科举士子的名字，一旦点中，文运、官运就会与之俱来，所以科举时代的读书人将其视若神明。唐宋时，皇宫正殿的台阶正中石板上，雕有龙和鳌（大龟）的图像。如果考中进士，就要进入皇宫，站在正殿下恭迎皇榜。按规定，考中头一名进士的（状元）才有资格站在鳌头之上，故有“魁星点斗，独占鳌头”之说。

农历七月初七，俗又称“魁星生日”。魁星系北斗一星宿名。民间谓“魁星主文事”。闽东一带读书人崇敬魁星，仅次于孔子，于七夕更有拜魁星的之俗。

景点推荐

承德近郊景点

磬锤峰国家森林公园 AAAA

上帝的拇指

双桥区武烈河东岸　乘10路公交车可到达

50元（磬锤峰国家森林公园、安远庙、普乐寺）

2057090

磬锤峰古称石挺，俗称棒槌山。因长期风化而形成上粗下细的石挺，远看像一个棒槌，又像一个拇指，当地人戏称"上帝的拇指"。棒槌山海拔596.26米，石棒槌高38.29米，重约1.62万吨，堪称世界一绝。磬锤峰的半腰有一株纵横而生的蒙桑，树龄在300年以上。磬锤峰国家森林公园自然景观奇特，以千岩竞秀、异峰峥嵘的丹霞地貌著名。整个景区遍布着杜鹃花、芍药花、玫瑰花、丁香花、樱桃花等100多种野花，是一处天然的大花园。

玩家解说

磬锤峰孤立于平缓的山峦之上，犹柱擎天，那上部略粗下部略细的自然造型很容易开启人的想象力，说它可与纳米比亚的"上帝的拇指"相媲美，状若磬锤、棒槌，不会生育的妇女踏着

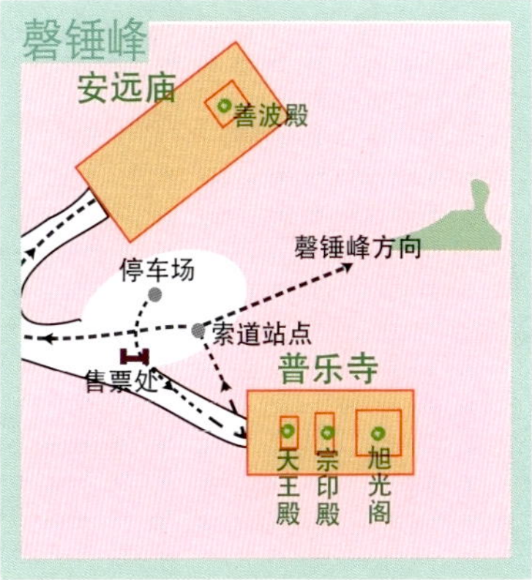

磬锤峰国家森林公园

虔诚的步履（虽有缆车也不能坐）就为了到峰顶摸一摸它，感觉一下它的阳刚气息，以期顺利求子。

为了更好地观赏磬锤峰，康熙帝在避暑山庄西山上建造了一座“锤峰落照亭”，与磬锤峰遥遥相对，每当夕阳欲隐时，擎天之柱在晚霞映照之下，雄奇峻秀，矗然倚天，蔚为壮观。

磬锤峰南500米有一处凸起的天然巨石蛤蟆石，其首探出悬崖，大嘴微微启动，形态十分惹人喜爱。蛤蟆石高约14米，长约20米，腹下有两个空洞，两洞南北相连，东西贯通，人可爬行而过。

索道：磬锤峰索道为目前全国最长的吊椅式索道，长达1620米。

夹墙山

三座石墙山形成的美景

双桥区牛圈子沟乡棒罗树村

市区乘21路公交车可直达景区

有诗曰“天下奇景夹墙山，木兰扫北到此关。一箭射穿阴阳界，留给后人三角天”。这里有三座石墙山。夹墙山北峰的大旗山顶是当年王君可元帅点将的地方，当年花木兰大战小红山就在此处。大旗山的半山腰有一个长38米、高20米的灵龟大洞，更神秘的是洞门的左上方天然形成的滴水观音石，似观音双手合拢祝天下人幸福平安。

城隍庙

天下第一城隍庙

双桥区西大街文庙西路北

乘5、7路公交车到中医院下

20元 2163729

城隍庙为承德市为数不多的一家道教寺庙。城隍庙黄琉璃披顶，彩饰飞扬。现内

承德十大名山

承德拥有典型的丹霞地貌，奇山怪石众多，形态逼真。传说乾隆曾把承德的名山、名泉归为十大景。现在的承德十大名山如下：

磬锤峰：位于承德市东，如巨大的佛器木鱼，擎天拔地，气势磅礴。

蛤蟆石：位于承德市东，似金蟾南卧，形象逼真，憨态可掬。

天桥山：位于承德市东，形如一座天然石拱大桥，横卧于山巅，气势雄伟，横贯东西。

朝阳洞：位于承德市东，陡峭的山崖上石窦嵌空，巨洞宽六七米，深60多米，横贯山腹。

罗汉山：位于承德市东南，若大肚弥勒佛正在安然诵经打坐。

半壁山：位于承德市南，一面是陡崖，一面是高坡，像是共工用利剑把山给劈了一半。

僧冠峰：位于承德市南，酷似一顶唐僧帽子。山上有“世界佛教之光”摩崖雕刻。

鸡冠山：位于承德市南，五峰参差并列，形若五指，状如鸡冠。

双塔山：位于承德市西，两峰并立，如同双塔，又像一对举案齐眉、形影不离的夫妻。

元宝山：位于承德市西，像一块巨型元宝放在山顶，又像是猪八戒的帽子被遗忘在山野。

设神像90尊，除“天下第一城隍庙”外，其余各殿供奉文、武、义、财神、孔子、朱熹、文昌帝君和极具特色的六十甲子神。主体建筑福荫严疆殿供奉着一尊城隍坐像，面目慈善，号称“天下第一城隍”。

关帝庙

皇家关帝庙

双桥区丽正门西南侧宫墙外20米处

关帝庙于乾隆二十五年（1760年）扩建两侧跨院，乾隆四十三年（1778年）重修，形成最后的格局，使这座寺庙更加符合皇家寺庙的建筑规模和等级。清乾隆皇帝题御匾“忠仪伏魔”，立御碑两座，乾隆曾亲自进庙拈香瞻礼。两座御碑均为英武岩石质，碑首四条蟠龙，龙头降于四角，碑首中刻有“御笔”，碑身雕刻十二条龙，双面文字，侧面雕刻海水江崖镶玉宝珠升龙一条。

关帝庙

元宝山滑雪场

室外大型滑雪场

双滦区下店子村广仁岭山洞附近 4323336

元宝山滑雪场位置得天独厚，距避暑山庄仅2千米。滑雪之余，秀美的自然风景与浓郁的人文气息也定能让您赏心悦目。雪场占地达107万平方米，拥有三条1700米的高级道、一条350米的中级道、一条150米的初级道以及一条100米的雪圈道。同时，雪场内还设有娱雪区、雪具房、游泳池、垂钓池、客房等配套设施。

北大山石海森林公园

石海景观，十分壮观

承德县北大山林场境内

北大山石海森林公园有石海草原度假区、森林生态旅游区、老君庙风景游览区三个主要景区。主要景观石海草原度假区位于北大山半山腰的峡谷中，由成千上万块岩石组成，奇形怪状的岩石犬牙交错，煞是壮观。森林生态旅游区以丛林探险、幽林漫步等生态旅游为主要活动内容，老君庙风景观赏区占地面积302万平方米，该景区内以山林风景资源和道教文化为特色。

汤泉行宫

温泉疗养的佳处

承德县头沟镇汤泉村

承德附近温泉多，但是被清朝皇帝青睐且开辟为皇家行宫的却只有承德县头沟这一处。在距承德市区仅44千米的头沟镇汤泉村，有清代汤泉行宫，始建于清康熙四十五年（1706年），现在仍存正殿、门殿、汤池、御制石碑、假山和围墙。头沟温泉水温为41℃~44℃，水中含有钾、钠、钙、镁、硼酸、氟等20多种微量元素。

景点推荐 承德远郊景点

金山岭长城 AAAA

明长城之精华

滦平县与北京市密云区交界处

由北京乘火车，古北口站下，换乘小巴到金山岭

旺季65元，淡季55元

8830222

金山岭长城是万里长城的精华地段，素有“万里长城，金山独秀”之美誉。障墙、文字砖和挡马石是金山岭长城的三绝，被称为“摄影爱好者的天堂”。周围的山峦涧深崖陡，奇特险峻，长城建造也因山而异。这里的长城构筑复杂，敌楼密布，一般每隔50~100米一座敌楼，敌楼墙体以巨石为基，有砖木结构的，也有砖石结构的，有单层也有双层的，形式多样，各具特色。

玩家 攻略

金山岭长城山路险峻，一步一景，游览中请注意安全。另外，雷雨天气请关闭手机，离开长城制高点。

景区内修建有长800米的旅游索道一条。并建有卡丁车、速降等娱乐项目。另外，还新建了3千米长的夜长城。

从金山岭走到司马台的路程约10千米，此段长城相对安全，路程适中，需走4个小时左右，但分属两个景区，若想穿越，须另购司马台长城门票。

玩家 解说

关于“金山”的传说：修筑这段长城的人，是当年随抗倭英雄戚继光北上的3000名江浙士兵，由于思念家乡，所以借用镇江大、小金山岛的名字来命名这两座山，以寄托对故乡的眷恋之情。

金山岭长城

金山岭长城的建造者吸取了历代战争长城被攻陷的教训，在提高总体防御能力方面有许多独到之处，组成了一个城关相连、敌楼相望、重城护卫、射界交叉、烽火报警的防御体系，有许多军事设施为此段长城所独有。

茅荆坝森林公园

温泉疗养的好去处

隆化县茅荆坝乡

乘坐承德火车站至旺业甸的班车在森林公园站下

茅荆坝森林公园主要由敖包山、茅荆坝梁、黑熊谷、温泉度假村四大景区组成，自然景观与人文景观兼备。敖包山为公园主峰，海拔1800余米，山顶是大面积的高山草甸，山下是茂密的森林，自然环境优美。同时，公园还具有深厚的历史文化积淀，茅荆坝曾

金山岭长城敌楼

金山岭长城建筑水平很高，设施完善，构筑坚实，布局严谨，作为军事工程，攻守兼备。这一段长城，全长21千米，随山峦起伏，依山就势筑成。一般高7米左右，下宽6米，上宽5米，可容五马并骑。城墙构筑典雅，楼台密集，在目光所及的30余千米的防线上，有敌楼100余座。

敌楼建筑独具特色，形式因山而异，布局富有变化，设计精巧，建造精工，装饰丰富多彩。从外形看，有方楼、圆楼、扁楼、拐角楼；箭窗楼也分为三孔楼、四孔楼、五孔楼等；从楼里看，有平顶、船篷顶、穹隆顶的，也有四角朝天和八角藻顶的；从用途看，有作战楼、库房楼、铺房楼等。可谓一楼一式，式样繁多，各具特色。这样丰富多彩的建筑形式，为长城其他地段所不及。尤为巧妙的是，楼内呈空心，史籍上称为“空心台”。这种空心台分上下两层，上层为士卒站岗放哨、遮风避雨用的砖砌小铺房。下层楼内有纵横6条拱道，10个刻有精美花卉浮雕的汉白玉券门。券门四通八达，前后左右连兵自如，上下两层有石梯相通，这些特点就是八达岭长城也不具有。

库房楼，构制别致，是万里长城绝无仅有的。坐落在沙岭口和砖垛口这两个重要关口之间的险要山峰上，是一座在军事设施上很有代表性的敌楼。在楼内侧不远的平台上，有一间大约30平方米的库房，用来储存兵器和食草，因此得名库房楼。库房楼构思别出心裁，布局合理，紧靠外侧的楼脚下，有一个一人高的圆形战台，战台外40多米的半山腰上，有一道石砌的战壕。在通往敌楼的通道上，筑有一道道障墙。障墙上有瞭望孔和箭孔，即使敌人攻上来，也可凭借障墙，居高临下狙击敌人。如城墙失陷，仍可据障墙、敌台固守。

此外，在库房楼前大约200米的两个山头上，各建一座烽火台，可以及时观察到远方的敌情。真是敌台相望，道道设险，层层设防，步步为营，能攻能守，坚不可摧。像这样设计周密、保存完好的古代军事建筑，实不多见。大、小金山楼，是金山岭长城的两座名楼。小金山楼的小券门相当隐蔽，建在敌楼一侧的半楼间，下面是90度的峭壁，如果敌兵追犯，一定陷入迷魂阵，处于被动挨打的地位。大金山楼建筑独具一格，楼上层仿木制的小铺房，它的椽、檐，都用青砖磨制而成，酷似木制，给人以精巧、细腻之感。金山岭最高处，耸立着插入云端的望京楼，登高远眺，晨曦中能望见北京城郭，夜幕中可见到北京的点点灯火。环顾四周，东面雾灵山隐约可见，西面卧虎岭巍然屹立，南面密云水库波光粼粼，北面山涛林海，真是景色迷人，美不胜收。

茅荆坝森林公园

经是清代皇家猎苑的重要组成部分，并且也是蒙古喀喇沁王进京述职的必经之路。扭秧歌、祭敖包等满蒙民俗流传至今。

双龙神树

欣赏一树两身奇景

隆化县山湾乡小扎扒沟村

双龙神树一树双身，表面看似两株树，实际是一株树。两株树干的根部最近距离1米。这株奇树名为旱柳，生命力极强，由于树身在生长过程中，前端在重力的作用下下垂，着地后生根，其背部不定芽萌发又生长出枝条，继续往前生长，原树干则逐渐腐烂消失。因不断得到更新，出现了腐生现象，在植物趋光趋水性的作用下，始终围绕水和光照充足的河沟转来转去，致使该树能不断向前“行走”。

龙凤洞景区

承德汉传佛教最大的佛教圣地

隆化县中关镇玲珑峰山腰间

玲珑峰山峰嵌空有巨洞，民间传说为龙凤二仙的居室，故而得名。龙凤洞是承德汉传佛教最大的佛教圣地，山上苍松密布，山下流水潺潺，山水相依，山间云雾缭绕，脚下绿草如茵，如同到了仙境；殿宇依山叠峙，洞穴或隐或现，名人碑镌铄古铸今，令人目不暇接，美不胜收。

董存瑞烈士陵园

爱国主义教育基地

隆化县隆化镇西北郊苔山脚下

乘承德到隆化、围场的班车可到达

董存瑞烈士陵园是具有民族风格和鲜明时代特色的仿古建筑。主轴线上依次是大门、牌楼、董存瑞烈士塑像、董存瑞纪念碑、烈士墓。纪念馆内陈列着董存瑞烈士事迹图片、油画和烈士遗物等。

链接

董存瑞舍身炸碉堡

1948年5月25日，进攻隆化县城的战斗打响。董存瑞所在的6连负责拔除敌人核心阵地——隆化中学。临出发前，身为爆破组组长、在比武中夺得“爆破元帅”的董存瑞，代表大家表决心：“我就是死后化成泥土，也要填到隆化中学的外壕里去，让大家踩着我把隆化拿下来！”他带领战友接连炸毁了敌人3个炮楼5个地堡。打开隆化中学东北角的外围工事之后，敌人隐藏在围墙外干河道上桥形暗堡的机枪突然开火，部队遭受严重伤亡，突击受阻，而派去爆破的战友又一个个在中途倒下。

面对敌碉堡的凶猛火力，董存瑞再次请战，在战友的掩护下冲到桥底。此时，他的左腿被敌人的机枪打断，暗堡的底部离干涸的河床还有段高度，河道两侧护堤陡滑，他两次安放的炸药因没有木托都滑了下来。此时，冲锋号已经吹响，拖延一分钟就会有更多的战友牺牲。董存瑞毅然用身体做支架，左手托起炸药包，右手拉燃了导火索。随着天崩地裂的一声巨响，敌人的桥形暗堡被炸毁，红旗插进了隆化中学。董存瑞用自己年轻的生命为部队的胜利开辟了道路，牺牲时年仅19岁。

董存瑞烈士陵园

辽河源国家森林公园

辽河发源地之一

平泉市柳溪乡大窝铺林场腹地

辽河源国家森林公园位于冀、辽、蒙三省区交界处，分为三大景区——辽河源森林草原花海风景区、马盂山森林浴场仙居山度假区和辽代石墓区，素有“中华辽河源、华夏契丹苑”之称。景区以高山、森林、草原、花海、怪石、清泉、古树、古墓“八全齐美”而取胜，是水的源头，绿的世界，花的海洋，动植物的天堂。

喜峰口水下长城

温柔秀美的水下长城

宽城满族自治县与唐山市迁西县的交界处

喜峰口水下长城乃两山之间夹一关城，因水浅，关城露出，共三道城关，三道关门之间由坚固的基砖墙连接成一体。长城从山上到水里，又从水里到山上，似巨龙俯身汲水，之后又仰首向上升腾。此外还有蟠龙洞、小桂林等景点。

玩家 解说

喜峰口在宋、辽时称松亭关，明永乐年间重建关门并改称喜峰口。城关楼高约13米，楼门两边构筑城墙并与万里长城相连。喜峰口自古就是交通要冲，为兵家必争之地。南宋爱国诗人陆游曾有“三更抚枕急大叫，梦中夺得松亭关”的诗句，可见其军事地位之重要。

链接

喜峰口传说

喜峰口原为“喜逢口”，相传古时有一人久戍不归，家人不知其生死所在，其父遍访，终于一日在此关口父子相遇，喜极相抱大笑而死，双双葬于此，喜峰口也因此而得名。

青龙潭旅游风景区

以山俊秀、水澄清闻名

兴隆县六道河镇股馨村

乘京承线列车到六道河子火车站下车至景区5千米

青龙潭旅游风景区地处雾灵山脚下，燕羽山北麓，分布有股磬通天洞、蝴蝶谷、九龙洞、寿鼠望水、龙头山等景点，还有燕山狩猎场。在此可以观古洞、探深潭，赏奇花，鉴异草。其中牛角洞中钟乳石如龙盘虎踞，寿鼠望水活灵活现，珠帘瀑布如珠帘倒卷，蝴蝶谷景色魅力无穷。

雾灵山

京东绿色明珠

兴隆县城北水泉乡

120元　5082238

www.wulingshan.com.cn

雾灵山本名伏凌山，这里常年云雾缭绕，始称雾灵山。其中歪桃峰高2118米，是雾灵山最高峰，有“京东第一山”之称。雾灵山是中国“自然遗产最珍贵、自然景观最优美、文化底蕴最深厚”的国家级自然保护区。

玩家 攻略

雾灵山山高路险，且常有滚石、落石滑落，春秋风大，雨季多雷，需注意安全。不要穿越安全护栏，不要接近悬崖峭壁，更不能在山地追逐嬉戏，以免造成意想不到的后果。

雾灵山“一山有三季，十里不同天”，昼夜温差较大，夏季多雾、多雨，晴天紫外线较强，在上山前要带上必要的保暖衣服和防雨、防晒用具。

雾灵山

山区盘山公路坡陡、弯急，开车时控制车速，保持车距，注意力集中但不要过于紧张，不要占用逆行车道，下山不要熄火滑行，保持低挡行驶，刹车时间千万不要过长，以免因刹车过热而导致制动失灵。

玩家 解说

雾灵山包括四大景区，拥有燕山最大的峡谷——龙潭大峡谷、最罕见的天然石塔——仙人塔、最大的石碑——清凉界碑等七大绝世景观，并且拥有京东第一瀑——龙潭瀑布、京东第一树——千年古香杨等6个“京东第一”，还拥有雾灵云海、雾灵日出、雾灵秋色等十大自然奇观。

六里坪国家森林公园

与雾灵山遥相呼应

兴隆县城东南10千米处

六里坪森林公园位于北京、天津、唐山、承德四市交界处，距北京150千米，与雾灵山国家自然保护区和北京天文台观测站相邻，总面积1500万平方米。六里坪森林公园在清朝顺治年间被划为“龙凤水禁地”，专有清兵管护，封闭达270多年。园内山高、林密、水清、石美。有自然、人文景观30多处。奇异的石林、石瀑为六里坪森林公园的一大特色。

金牛洞景区

距山顶最近的岩溶洞穴

兴隆县北水泉乡雾灵山脚下

金牛洞为天然岩洞，分上、中、下三层，是世界上目前发现的距离山顶最近的岩溶洞穴。金牛洞是一个大型的石灰岩溶洞，发育年龄达10亿~14亿年，而且目前仍在生长发育，属典型的渗流带洞穴和典型的缓慢扩散流碳酸钙沉积。洞内的碳酸钙沉积物，类型齐全，景观形态美，体量大。至今发现并确定的精美、奇特的碳酸钙沉积形态景观类型有石钟乳、石笋、石柱、石花等约60种，同时还有一些天然石刻等景观。

燕山红玉洞

罕见的鹅管群景观

兴隆县北水泉乡陶家台村

红玉洞总面积3000多平方米，同时还发现有支洞5处。因洞厅中的碳酸钙沉积石灰岩，色彩丰实，温润如玉，因此称红玉洞。据专家考证，这里有世界级景观的玉石景观、石吊管、巨盾体、管柱、石吊球、玉珊瑚、双色瀑等8处。

玩家 解说

“鹅管”，是钟乳石的一种，似鹅的羽毛杆，中空且细小，透明，薄如纸张。红玉洞最长的鹅管有4.35米，长度居世界第四位，且有春雨般的鹅管群。红玉洞还有世界上最大的石盾体，长5.53米；此洞更绝的是有斜生甚至拐弯的管柱，在目前世界其他溶洞从未发现过；还有双色瀑，含铁元素的为红色，不含铁元素的为白色；有长1米的石剑，还有直径1.5米的竖镜。此外还有石葡萄、石凳、玉佛手等景观。

金牛洞景区

景点推荐

围场旅游区

✉ 围场满族蒙古族自治县境内

¥ 联票150元（包括塞罕坝国家森林公园、御道口草原森林风景区、红松洼国家自然保护区）

木兰围场是清朝的御用狩猎场，景区范围包括塞罕坝国家森林公园、御道口草原森林风景区和红山军马场三部分。在这里既可观赏又可狩猎，还能品尝满蒙风味的饮食，参与满蒙民族的民俗活动，体验浓厚的民族风情。

玩家 攻略

美食。除了烤全羊外，木兰围场还有大量特色美味，如土豆烧牛肉、柴鸡炖蘑菇、羊肉、汽锅八仙、草原荷叶鸡、坝上莜面等。

购物。坝上的马奶酒不容错过，淡淡的奶香味十分爽口，是赠送亲朋好友的佳品。此外，还有奶茶等奶制品、风干牛肉、白菇等特产。

时间。6月中旬至9月末是木兰围场最美的时间。6月初至8月中旬，狼毒花盛开；7月末至8月初，油菜花盛开；7月初至8月末，金莲花盛开；8月末至9月初，向日葵盛开；9月能欣赏到油画般的秋景。

玩家 解说

为了继承和延续满人的游牧习俗，1681年，康熙皇帝在这里建立了面积达1万平方千米、含72围的狩猎场，以警示皇族与八旗子弟勿忘习武、骑射。每年秋季，这里都要举行军事色彩浓厚的狩猎活动，史称“木兰秋狝”。至今，围场还保留着东庙宫、乾隆打虎洞等清帝狩猎的遗址，以及点将台、将军泡子等遗址。

历史上记载，清朝皇家狩猎时，先由管围大臣率领骑兵，按预先选定的范围，合围靠拢形成一个包围圈。头戴鹿角面具的清兵，隐藏在圈内密林深处，吹起木制的长哨，模仿雄鹿求偶的声音吸引雌鹿而来，其他野兽则为食鹿而聚拢。等包围圈缩小、野兽密集时，大臣就奏请皇上首射，皇子、皇孙随射，然后其他王公贵族骑射，最后是大规模的围射。围猎结束后，还要举行盛大的庆功宴会，饮酒歌舞，摔跤比武，并宴请蒙古等王公，按军功大小予以奖赏。

塞罕坝国家森林公园 AAAA

国家级森林公园

¥ 塞罕坝+御道口票价130元；塞罕塔20元

☎ 7802458 ⓔ www.saihanba.com.cn

塞罕坝国家森林公园是中国北方最大的国家级森林公园，境内植被以落叶松人工林和天然白桦林为主，是木兰围场的一部分。全园规划为6大类型景观，被誉为“河的源头，云的故乡，花的世界，林的海洋，珍禽异兽的天堂”。这里“生态、皇家、民俗”各具特色，多民族人民聚居在一起，文化相互交融，民族风情浓厚。

玩家 攻略

塞罕坝旅游可根据季节和自己的爱好出游：1月至3月滑雪、滑冰，摄影；4月至5月踏青、植树；6月至8月避暑，林海草原观光，骑马、漂流，举行篝火晚会，品尝烤全羊；9月至10月摄影、写生，观赏金秋枫叶；11月至12月滑雪、滑冰、摄影。

最佳旅游季节是7月至9月，7月下旬满地野花，天气不热，早晚要穿长袖衣服；9月进入秋天，漫山遍野秋色如画，是坝上最美的季节。春冬两季游人较少，但自然风光独特，依然是摄影爱好者的天堂。

骑马容易弄脏衣服，最好多带两件。

坝上昼夜温差大，白天注意防晒，晚上注意保暖，夏天蚊虫较多，且气候多变。

坝上多丘陵，手机信号较差。

链接

塞罕坝

“塞罕坝”在蒙古语里意思为“美丽的高原”，亦有“美丽高原鲜花”的意思。塞罕坝原是清朝设置的木兰围场的一部分。康熙皇帝设立木兰围场，既是为了狩猎娱乐，也是通过狩猎“习武绥远”，整军备武，训练八旗士兵，预防和抗击沙俄入侵，巩固民族团结，维护祖国统一。但清朝后期国势衰弱，木兰围场开始放围开垦，森林资源遭到严重破坏，塞罕坝满目荒凉，风沙漫天，野兽断迹。新中国成立时，塞罕坝林业资源已所剩无几。1962年成立塞罕坝机械林场，塞罕坝人经过40多年不懈的努力，植就7333万平方米林地，塞罕坝旧貌换新颜，到处是林海绿浪，充满了神奇魅力。

塞罕塔

塞罕塔位于海拔1800千米的东坝梁顶，塔高25米，直插云天。史志记载康熙皇帝围猎至此，心旷神怡，脱口赞道“真仙境也”。

塞罕塔是融护林防火瞭望、旅游观光、无线组网中转通信为一体的多功能塔。

七星湖

七星湖位于塞罕坝机械林场北3000米处，环抱于青山绿树之中，原是7个小湖，远远望去，排列如天上北斗，七星湖因此而得名。早在康熙年间就有记载，如今通为一体。水域深，水面广，多有野生鲫鱼。

点将台

点将台位于森林公园阴河景区，为一孤立巨岩，形如卧虎，顶部是狭长平台，周围地势平坦开阔。传说康熙大帝在乌兰布通之战顺利结束后，曾登临此台检阅凯旋的清军将士，因此得名点将台。如今，点将台四周方圆均为人工落叶松林。

泰丰湖

泰丰湖水面面积20万平方米，水面平静如镜，清澈见底，在艳阳丽日下，湖光山色，美景如画。传说乾隆皇帝当年打猎来到这里，当时他骑马站在东面的山上向这里一望，见这明净的湖面弯弯曲曲好像一个玉如意，于是把这里命名为如意湖，又名泰逢湖。这里的北边就是当年康熙皇帝平定噶尔丹叛乱的12座联营。乾隆皇帝到木兰围场打猎时曾经多次在泰丰湖旁安营扎寨。

塞罕坝国家森林公园

御道口草原森林风景区 AAAA

《还珠格格》外景拍摄地

围场满族蒙古族自治县北部

御道口草原森林风景区位于木兰围场地区，景区内有丰富的原始草原、湿地、天然次生林、天然淡水湖等自然形态，是滦河发源地之一。景区内有月亮湖、大峡谷、龟山、百花坡、神仙洞、练兵台等众多著名景点，令人流连忘返。这里幽雅的环境，宜人的气候，成为人们观光、垂钓、漂流、滑雪、狩猎等生态旅游的理想去处。

玩家攻略

景区摄影景点有大小峡谷，双岔湖，万花沟，敖包山等。

客人旅游，到达风景区多在下午，稍加休息后可当日就近进行漂流、滑沙、骑马、自驾、开草地摩托等项目，次日到各景点继续游玩。

可品尝当地特有的手把肉、鲜如意、鲜白蘑、肥羔羊、风干牛肉干、鲜牛奶、黄花油渣馅水饺、莜面窝子等美食。

晚上可围绕熊熊燃烧的篝火跳起欢快的安代舞，在朗朗的星空下，在茫茫的草原上一展歌喉，欣赏满蒙风情节目表演，品尝着喷香的烤全羊，豪饮马奶酒。

月亮湖

位于棋塞公路坝梁西段，草地和山丘围起一个圆形湖泊，远看像天上的一轮圆月，当地人称月亮湖。月亮湖边百草丰茂，湖中小岛上有美丽的长廊、小亭子，站在长廊上可欣赏湖中风光。月亮湖曾是电视连续剧《还珠格格》主要外景地。

太阳湖

位于御道口牧场总场部北25千米处。湖区三面环山，白桦林密布。景区内拥有芬兰式特色木屋、北美风格别墅和蒙古包等不同风格和类型的住宿设施，各具特色。

大峡谷

大峡谷位于风景区接待中心西北部，总面积40平方千米。北至双岔河、小峡谷，南到后台子前大桥，全长10千米，小滦河水从谷底由北向南流出，将峡谷分成两个不同地貌。旅客可以在谷内滦河漂流。

桃山湖

在御道口牧场总场以北，是御道口最美的地方。整个景区由缓丘陵、天然次生灌木丛林地、湿地、河流与湖泊组成。

红山军马场（乌兰布统景区）

木兰围场72围之一

红山军马场位于内蒙古克什克腾旗，属于木兰围场的一部分。历史上是清朝木兰围场72围之一的图尔根伊扎尔围场所在地，也是康熙平定噶尔丹叛乱、乌兰布统之战的发生地。清朝历代皇帝秋季都在这里举行“木兰大典”。留有将军泡子、清康熙舅舅佟国刚墓、熙水泉、十二座连营等历史遗迹。

玩家攻略

可以选择在将军泡子一带骑马。骑马时要注意抓紧缰绳，以防摔倒。鞋子要穿底部比较平滑的。前脚掌小部分放在马镫子上，万一不慎从马上掉下来也不会卡在马镫里；裤子要穿厚一点耐磨的裤子。

骑马注意事项：

1.上马前一定让领队或马主检查一下马肚带是否系紧，系紧后才能上马，马肚带不系紧容易转鞍，这是最危险的。骑行中每隔一段时间也要检查一下马肚带的松紧程度。

2.选择鞍上带铁环的马，铁环帮助你保持平衡。

3.正确的骑马姿势是：脚前半部踩镫，上身直立坐稳马鞍，这是小走的姿势。快走和快跑时，小腿膝盖和大腿内侧用力夹马，身体前倾，臀部和马鞍似触非触，跟随马的跑动节奏起伏。

4.上马时左脚尖内蹬；下马时先左脚脚尖内镫，然后松开右脚，然后下马。上下马脚尖内蹬很重要，一旦马受惊或拒乘而跑开，人至多摔一跤，如果全脚套在镫内，就会拖镫，这是非常危险的。

5.永远不要站在马的后方和侧后方，防止被踢；不要在林区边缘骑马和快跑，一旦马受惊或失控，就会蹿入树林，很危险。

6.不要在马上脱换衣服，尤其是鲜艳衣服，马容易眼生，你换衣服时马受惊跑动，人就会摔下来。

链接

乌兰布统之战

据史书记载，1690年，蒙古厄鲁特准噶尔部首领噶尔丹勾结沙俄，率叛军南下。同年7月，噶尔丹击败清兵，长驱直入，直抵离北京只有420千米的乌兰布统。朝野大震，康熙大帝下诏亲征。

噶尔丹则在乌兰布统将军泡子的大红山（现大红山名“将军山”）附近，用骆驼筑起了“骆驼城”，严阵以待。所谓“骆驼城”，是绑上骆驼的四腿，卧倒在地，然后加上木箱和浸透了水的毛毡，成为阻挡骑兵的堡垒。同年8月1日，著名的乌兰布统大战开始了。史载，乌兰布统战役战斗极其惨烈，炮声震耳欲聋，内大臣佟国纲等许多清军将士战死。战斗持续到黄昏，清军的炮火屠戮了大批骆驼，血肉横飞，“骆驼城”被轰开了一个缺口，噶尔丹败退，死守上山。可惜的是，军前总指挥、抚远大将军福全没有遵照康熙的旨意穷追猛打，噶尔丹带数骑连夜逃遁。据说，噶尔

红山军马场

丹分别骑乘6匹骏马，一边逃一边放火烧，烧毁了历史上有名的平地松林（此松林位于现在葫伦诺日村西北处）。最终，噶尔丹凭借6匹骏马，甩开清追兵，逃回漠北。

北沟

北沟是马场轮牧的区域，“风吹草低现牛羊”的美景只有在这里才能看到。因其是南北走向，且地形富于变化，加之蓝天、白云、牛羊、碧草，非常适合早晚侧、逆光取景拍摄，是摄影家必到之处。

盘龙峡谷

盘龙峡谷内因有盘龙河而得名，盘龙河是一条弯弯曲曲的河流，从高处向下俯瞰河谷就像一条巨龙弯曲前行。盘龙峡谷的小气候造就了它成为坝上景区内夏景、秋景时间最长的地方，一般夏、秋季节早晚是拍摄最佳时机。

公主湖

公主湖即西大泡子，在盘龙峡谷一线，是坝上夏秋摄影景点必去的地方之一。公主湖周边被桦木林环抱景色格外优美，距公主湖1000米处有一野鸭湖，别有一番情趣。

蛤蟆坝

蛤蟆坝位于河北省与内蒙古交界的克旗乌兰布统境内，是一块高起的平缓坡地，三边是沟或低地。站在蛤蟆坝上，可见沟底的风光，也可以远望沟对面的风景。

将军泡子

在军马场西北面约20千米，水面开阔，四面环山。夏季这里百花齐放，郁郁葱葱；秋季在这里看日落是最适合不过了，看着绚丽的云彩渐渐引退于天际线，可以感受到当年浴血沙场的情景。

将军泡子

新桦木沟

位于军马场东北方向20千米，据说叫新桦木沟是为了区别三拐子沟附近的老桦木沟。夏季这里有大面积的油菜花盛开，届时金黄一片，壮观无比。

五彩山

五彩山是观赏次生林秋景的主要景点之一，这里原名叫于家大山。每年的9月下旬至10月上旬，由于微霜冻的作用，五彩山上的树木因抗寒能力不同而呈现出五彩缤纷的色彩，十分漂亮。

红松洼自然保护区

草原风车奇观

承德市围场满族蒙古族自治县姜家店乡

红松洼自然保护区位于围场县西北部，北邻内蒙古自治区克什克腾镇，是木兰围场的一部分。此地属寒温带季风气候，夏季气候凉爽，最高气温一般不超过25° C。红松洼保护区面积733平方千米，草原面积133平方千米，是北方较大的草原风景区。这里动植物种类繁多，水草丰美，牦牛成群。此外风力资源丰富，建有大规模的风力发电场。

景点推荐

丰宁旅游区

京北第一草原 AAAA

天然山地大草原

丰宁满族自治县西北部大滩镇元山子村

北京东直门、木樨园每天有长途汽车到丰宁县，然后换乘中巴到草原

京北第一草原是距北京最近的天然山地草原，平均海拔约1500米，盛夏无暑，空气清新。置身草原，仿佛与白云比肩；放眼沼泽，一望无垠的旷野，花草繁茂，骏马奔驰，景色十分壮观。每年的七八月，是草原上最美丽的时节。届时，草原上的10多处度假村都热闹起来，有篝火晚会、民族歌舞表演、赛马、射击、射箭等娱乐项目，还有湖中快艇、垂钓等水上项目。

玩家 攻略

加油：北京往返京北第一草原近600千米，中石化汤河口是旅途中最后一个北京加油站，建议在此将油箱加满。该地区使用的多为93号或90号汽油，如果车辆所用燃油为97号汽油，建议自带汽油。该地区97号汽油比较难买。

骑马：经常骑马的地点有扎拉营村、大滩镇、海留图、孤石马场几处。

吃住：丰宁特产风味有中华沙棘酒、干枝梅、如意菜（又名蕨菜、贡菜）、金针菜、白蘑、莜面、羊肉、奶茶、奶豆腐等，坝上有风味烤全

京北第一草原

羊。度假村中有小木屋、蒙古包等各种档次的住宿场所，还可到当地的农牧民家借宿。

游季：夏季，京北第一草原天蓝云淡，绿草如茵；金秋，这里万山红遍，野果飘香；冬季，白雪皑皑，玉树琼花。尤其是金秋10月，成百上千只大雁会在这里短暂栖息停留。

玩家解说

“坝上”是指由草原陡然升高而形成的地带，现泛指张家口和承德以北100千米的带状区域，包括张北坝上、丰宁坝上、围场坝上以及内蒙古乌兰布统等地区。坝上平均海拔1500~2100米，年平均气温1.4℃~5℃，属于草甸式草原，但多山、多水，放牧人粗犷的歌声和清脆的长鞭声，和着悦耳动听的鸟声，更给辽阔的草原增添了无限的生机。

喇嘛山佛珠洞风景区

怪石嶙峋，古迹众多

丰宁满族自治县大滩镇

喇嘛山佛珠洞景区内怪石嶙峋，古迹众多。有“中国第一冰臼”、神劈石、蟠桃石、窟窿山、佛珠洞等景点。佛珠洞是喇嘛山第一景，该洞是一条500米的天然山洞，洞外有18块巨石覆盖其上，酷似一串佛珠，故称佛珠洞。佛珠洞是古代冰川遗迹。佛珠洞一带的冰臼分布在山脊、山峰、山麓地带，在国内外实属罕见。登上1198米高的喇嘛山主峰，冰臼群一览无遗。

承德九龙松景区

天下第一奇松

丰宁满族自治县五道营乡

承德九龙松景区内有“天下第一奇松”，栽植于北宋中期，距今已有980多年的历史。从其外观看，九条粗大的枝干盘旋交织，形成一株株粗大的树干。九条枝干、枝头好像龙头，树身曲曲弯弯犹如龙身，树皮好似龙鳞，九条枝干条条像龙，飞腾而起，故当地百姓称其为九龙松。

据传说此松树是康熙皇帝发现的。当年康熙出巡塞外，狩猎木兰围场，听说古北口外的狍丘水境有一棵奇松，便欣然前往，一见此树长势之奇，叹为观止，提笔题了“九龙松”三个字，命当地能工巧匠刻了一块匾挂在庙宇之上，并留下了500名御林军保护此松。

玩家解说

九龙松有四奇，在世界上也可以称得上是独一无二的。

第一奇：此松树如果从远处看，好像一个大的盆景，从不同的角度去观察，其外观迥然不同，如从北朝南看，此树的轮廓和长势，同前面附马山山脉的轮廓走向完全一样，毫无二致，更尤为奇特的是此树层次分明，错落有致地分为上下四层，与其相对应的附马山也相应地分为上下四层，山和树遥相呼应，相映成趣。

第二奇：此树枝干长势奇特，经过1000年的

九龙松

岁月，此树并没有向高长而是向四处延伸，而且所有的枝干全部是盘旋、弯曲。树不高，覆盖面积大；枝干长势曲曲弯弯，有龙的形象；某些枝干长势有人工雕琢的痕迹；树干长势有分有合。树高9米有余，主干高3.5米，树围三人合抱，覆盖面积525平方米。

第三奇：此树历经千年岁月，依然年年结果实，松子在未成熟时洁白饱满，成熟后，里面只有一层皮，经河北省林业厅多年实验，也育不出第二代松苗，这一点可以称得上是天下一绝。

第四奇：值得一提的是，此树没有树冠，所谓“人无头不走，鸟无头不飞”，但此树仍然生长了近1000年，至今也无法找出正确的理由来加以解释。

千松坝森林公园 AAAA

山岳、森林、草原、花海

丰宁满族自治县大滩镇

千松坝森林公园是由交界沟、大北沟、豹子沟等构成的以云杉、落叶松为主的森林公园。在公园主沟内，由于地势较低，又有茂密的水源涵养林，地面上常年有泉水溢出，并汇流成滦河源头之一。公园由花岗岩、片麻岩构成，土壤属灰色森林土，土质肥沃，植被生长良好。每逢春夏秋三季，各种鲜花开放后，整个林间形成大片花海，景色极为壮观。

郭小川故居

现代诗人郭小川之家

丰宁满族自治县凤山镇石东胡同

郭小川故居为四合院，门口为青砖门楼，内有影壁1座，正房3间。青砖灰瓦，虎皮墙，皮条脊，一明两暗窗户，外屋板门外加风门。东西原有厢房各两间，西厢房原为郭小川童年放学后读书之所，因破损改建为两间小房。郭小川父郭寿麒离开凤山时，将此院出典给同族郭姓，50余年来，一直为郭姓后人居住。

郭小川故居

攻略资讯

- 交通
- 住宿
- 美食
- 购物
- 娱乐

承德火车站

交通

火车

承德火车站位于承德市双桥区站前街路，京承、锦承、承隆三条铁路在承德站交会，北京—丹东、北京南—乌兰浩特的直快列车途经此地，乘1、2、5等路公交车可到火车站。

汽车

承德公路交通四通八达，京承高速公路便捷地将承德和首都联系在一起。主要汽车站有长途客运汽车站、汽车西站和北站。

承德长途客运汽车站：每天有开往北京、天津、石家庄、唐山、秦皇岛等邻近省市的长途客运汽车。位于承德市双桥区武烈路26号，乘1、2、5等路公交车可到达。

承德汽车西站：班车主要发往围场、滦平、丰宁、隆化等周边地区。位于承德市双桥区下营房路北8号。

承德汽车北站：班车主要发往平泉等周边区县乡镇，班次众多。位于承德市双桥区安远庙大桥北600米。

住宿

承德是旅游胜地，有不同星级的宾馆和经济实惠的小旅馆。

●承德绮望楼宾馆

四合院的结构，距离避暑山庄很近。

承德市双桥区碧峰门东路北1号 2182288

承德风光

●承德避暑山庄蒙古包度假村

酒店位于避暑山庄景区内部，房间是草原蒙古包风格，可品尝到烤全羊、羊排等特色美食。✉ 承德市避暑山庄内万树园景区

✆ 7668858

●更多住宿去处

盛华大酒店/承德市武烈路22号/2271020

云山饭店/承德市南园街东路6号/2155588

美食

承德菜是宫廷塞外菜的代表，和京城宫廷菜不同的是，承德菜主要以山珍野味为主，做法有干烹、香烹等。有名的风味菜是平泉冻兔肉、青龙鼋鱼、五香鹿肉、炒山鸡卷、野味火锅等。承德特色风味小吃有烧卖、油酥饽饽、八宝饭、驴打滚、烙糕、煎饼盒子、八沟烧饼、鲜花玫瑰饼、南沙饼、果丹皮等。

●驴打滚

驴打滚是用黄米、黄豆等做成的一种小吃。用黄米夹馅儿卷成长卷，吃时将长卷滚上黄豆面，样子颇似驴儿打滚。做好的驴打滚外层粘满黄豆面，呈金黄色，豆馅香甜，入口绵软，别具风味。

驴打滚

●油酥饽饽

我国北方人习惯把许多面制食品统称为“饽饽”。制作方法分为蒸、烙、烤几种。承德一带制作各类饽饽历史悠久，最受欢迎的是油酥饽饽，其特点是酥脆、松软、层多。

油酥饽饽

●烙糕

是承德人用当地所产谷米磨成面，经烙制而成，是具有浓厚乡土气息的传统风味食品。烙糕与年糕、豆包、煎饼一起被称为“吉祥四糕”。每当腊月农闲季节，承德山区百姓便家家户户做烙糕。做好的烙糕外焦内嫩、味香适口。

烙糕

●玫瑰鲜花饼

用玫瑰花制作点心，在承德已有近300年的历史。玫瑰鲜花饼造型美观、色泽鲜艳、绵软酥脆，有诱人的玫瑰香气，是馈赠亲友的上好佳品。

玫瑰鲜花饼

购物

承德有丰富多彩的民间艺术，盛产具有地方特色的旅游工艺美术品。著名的工艺品

有被誉为“华夏一绝”的滕氏布糊画，以及丰宁剪纸、丝织挂锦、木雕、字画等。此外承德盛产各种土特产品，如板栗、大扁豆、蘑菇、蕨菜等。

普宁街位于普宁寺东院，是一条具有清代风韵的文化商业街。在这里，既可欣赏到失传多年的清代民俗表演，又能购买到文化气息十足的古玩字画、蜚声海内外的宫廷织锦以及玉器奇石、土特产品等。

●挂锦

挂锦采用我国传统的“中堂画”表现形式，在淡黄色或浅灰色的缎面上，绘出一组组避暑山庄特有的山水园林亭台楼榭，色彩典雅清新。

挂锦

●滕氏布糊画

是著名民间艺术家滕腾先生发明的新画种，在中国传统画的基础上又加上了民间剪纸、刺绣、雕塑等技法，作品内容多以人物花鸟、亭台楼榭为主，用料讲究、色彩绚丽。

滕氏布糊画

●杏仁

承德山区盛产杏仁，产量居全国第一位。承德杏仁颗粒饱满。有甜杏仁和苦杏仁之分。甜杏仁可作为高级糕点和糖果的原料，苦杏仁可入药。

●蕨菜

号称“山菜之王”，是承德地区的一种野生山菜，营养价值很高，在国内外市场享有很高声誉。

蕨菜

娱乐

随着旅游业的不断发展，承德既有现代的娱乐休闲项目，也有传统色彩很浓的《清宫宴乐舞》表演，还有满族风情舞、普陀之光、魁星点斗舞和野风寨民族歌舞等多种表演项目。

●《鼎盛王朝·康熙大典》

全球首部以皇家文化为主题、演绎康熙大帝传奇经历的大型户外实景演出，以承德独特的自然元素和人文元素为创作基础，展现了康乾盛世的辉煌，让观众真实体验康熙大帝从修建避暑山庄到确立华夏版图的宏大业绩。 承德市双滦区元宝山旅游风景区

4326691

节日和重大活动

节日	地点	时间
“九龙醉杯”龙舟大赛	避暑山庄	6月
承德避暑山庄国际旅游节	承德市	6月2日至6月4日
木兰围场森林草原节	木兰围场	6月29日至次年2月底

《鼎盛王朝·康熙大典》演出

天下第一關

发现者 旅行指南

秦皇岛

概览

亮点

山海关

被誉为天下第一关，这里不仅拥有壮观的景色，更拥有厚重的文化沉淀，有孟姜女的传说等。

北戴河

北戴河

附近是漫长的渤海湾，一直向南延伸到南戴河、新戴河，海滩沙质好，坡度也较平缓，是优良的天然海水浴场。

南戴河

东北与北戴河一桥相连。这里海滨滩宽水清，沙软潮平，阳光充足，空气清新，是进行海浴、沙浴、空气浴和日光浴的理想之地。

黄金海岸

这里沙细、滩缓、水清、潮平，是最佳的天然浴场。其壮观的海洋大漠风光，世界罕见。

必逛街道

太阳城：位于秦皇岛市中心黄金地段，有独具风格的服装城、旅游商品城、图书城、中华美食城等。

线路

山海关二日游

山海关是历史悠久的文化古城，是万里长城的形象代表之一。第一天游览老龙头、山海关、孟姜女庙三个景点。第二天上午游角山长城，下午游素有“小三峡”之称的燕塞湖。

角山长城

北戴河二日游

第一天上午去鸽子窝公园观沧海、看日出，然后前往联峰山登山览胜；下午到老虎石海上公园游玩。第二天上午乘长城号海上游船，感受黄金海岸的魅力与风情；下午到秦皇岛野生动物园，乘坐观光小火车与小动物们亲密接触。

南戴河一日游

南戴河度假旅游区是森林公园式的旅游、度假、疗养、避暑、游乐综合旅游景区。一天时间可游玩南戴河海洋乐园、南戴河海上乐园、仙螺岛游乐中心、环游世界宫等景点。

为何去

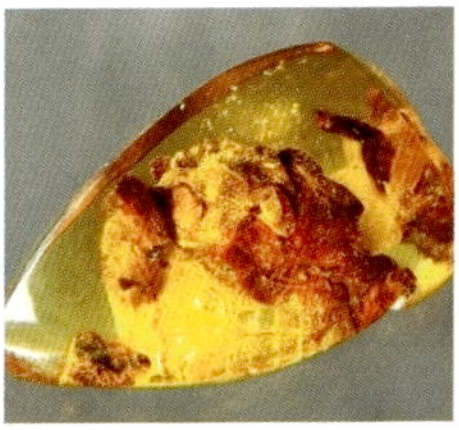

秦皇岛素有“京津后花园”的美誉，这里山、海、湖、林、洞、泉齐集，冬无严寒，夏无酷暑，是许多游客梦想中的天堂。山海关是历史文化名城，浓缩了万里长城各种建筑的精华，山海关关城附近还有老龙头、长寿山、角山、孟姜女庙、燕塞湖等景区。北戴河、南戴河和黄金海岸旅游区连成了一条名副其实的“海滨黄金旅游线”。

山海关

何时去

秦皇岛市气候属温带季风气候，受渤海影响较大。整个区域气候温和，干湿相宜，夏季气候凉爽，是理想的避暑胜地。来秦皇岛旅游的最佳季节为5月至10月，但观鸟专项游的最佳时段是候鸟迁徙的春秋季。

秦皇岛城市风光

秦皇岛旅游示意图

区域解读

区号：0335
面积：约7812km²
人口：约311万人
主要少数民族：满族

地理 GEOGRAPHY

区划

秦皇岛下辖4个区（海港区、山海关区、北戴河区、抚宁区）、2个县（昌黎县、卢龙县）、1个自治县（青龙满族自治县）。

地形

秦皇岛市南临渤海，北依燕山，地势北高南低，由北向南形成山区、低山丘陵区、山间盆地区、冲积平原区和沿海区。位于青龙县的都山是境内最高峰，海拔1846米。秦皇岛市海岸线东起山海关金丝河口，西至昌黎县滦河口，总长162千米。

气候

秦皇岛市属于温带大陆性季风气候，受海洋影响较大，气候比较温和。春季少雨干燥，夏季温热无酷暑，秋季凉爽多晴天，冬季漫长无严寒。区内地势多变，但气候影响不大。

历史 HISTORY

历史大事记

●先秦时期

商汤时期，封孤竹国。今秦皇岛卢龙县为孤竹国中心区域。

●秦汉时期

秦始皇三十二年（前215年），秦始皇第四次出巡到碣石，刻碣石门，并派燕人卢生、韩终、侯公、石生等方士入海求仙人和不死之药，秦皇岛由此得名。

东汉建安十二年（207年），曹操北伐乌桓，班师时登临碣石，赋《观沧海》。

●明清时期

明洪武十四年(1381年),明太祖朱元璋派开国元勋中山王徐达主持修建山海关关城。

明嘉靖十四年（1535年），《山海关志》最早记有“秦皇岛”这一地名。

明崇祯十七年（1644年），明朝覆灭，李自成征讨山海关守将吴三桂，吴三桂投降多尔衮，引清军入关，李自成大败，逃回京城。

●近现代

1898年，秦皇岛港起锚开运。同年，清政府正式将北戴河开辟为“各国人士避暑地”。

1900年，八国联军从老龙头登陆，山海关成了帝国主义列强侵华的据点。

1922年和1924年，在山海关爆发了两次直奉战争。

1948年11月27日，秦皇岛解放，秦皇岛人

黄金海岸

民获得了新生。

2008年，秦皇岛成为北京夏季奥运会协办城市之一，举办部分足球赛事。

名单 秦皇岛历史名人

唐代文学家韩愈

入海求仙秦皇岛

据《史记·秦始皇本纪》记载："三十二年，始皇之碣石，使燕人卢生求羡门，高誓。使韩终、侯公、石生求仙人不死之药。"秦皇岛因秦始皇曾在此驻扎而得名。

1985年在北戴河的金山嘴发现一处占地10万平方米的秦代的行宫遗址，并出土许多秦代遗物。这说明秦始皇的确到过这里。秦始皇统一六国，废分封，大一统。为了巩固他的功业，统一后他连续五次出咸阳东行郡县，直至海上。他这五次大巡行，据说有两个目的：一是沿途宣传他的丰功伟业，使被征服的地区和人民接受他的新政策，更加自觉地服从他的统治。二是以求仙为名，探索大海奥秘，企望在海外开拓新的疆域。

秦始皇以求仙为名，大规模派人入海共有两次。第一次在公元前219年，秦始皇东巡到山东，方士徐福上书，要求去渤海神仙三岛中取不死药，于是秦始皇派徐福入海。第二次是在碣石，先后派两次方士入海。第一次派的是方士卢生入海，他不久带回来"亡秦者胡也"的一句谶书，这就促使秦始皇加紧修筑长城以防胡。第二次派的是韩终、石生和侯公，率领一支大船队入海。韩终等人和徐福一样也是一去不复返。

他们到哪里去了呢？《三国志·魏书》与《后汉书·东夷列传》记载他们到了朝鲜半岛的东南部。之后，中国发生了较长时间的战乱，所以他们就都在那里安定下来，开发新的土地，与中国失去联系，秦始皇所企望的"万国来朝"局面并没有出现。

秦皇求仙入海处

文化 CULTURE

山海关独特的孟姜女文化

孟姜女文化自古便是山海关文化的一部分，孟姜女千里寻夫哭倒长城的故事广为流传。全国仅存的一座宋代以前修建的贞女祠（即孟姜女庙）也为山海关孟姜女文化提供了历史佐证，因此众多专家公认山海关是中国孟姜女文化之乡。

孟姜女哭长城的故事传说起源于北齐时期，最终落脚于山海关与山海关境内的北朝长城。北齐时期抽调民夫修筑长城的暴政给人民造成了很大的苦难，怨恨极深的民夫就以孟姜女哭倒长城的故事来表达对封建统治的控诉和反抗，他们将控诉集中在役使人民修长城的秦始皇身上，从此这一传说便在山海关扎下了根，孟姜女的传说也就与秦长城、秦始皇融成一段故事，逐渐形成了秦皇岛山海关独特的孟姜女文化。

山海关贞女祠正殿门前有一副对联："海水朝朝朝朝朝朝朝落；浮云长长长长长长长消。"至今堪称绝对。中国孟姜女文化之乡的山海关，每年的5月28日至30日，都会举办孟姜女庙会，开展多种民间艺术活动，传承保护孟姜女文化。

秦皇岛端午习俗——逛码头

秦皇岛端午节的特有习俗是"逛码头"。当年徐福入海求仙一去不复返，童男童女的亲人遥望祈盼，望海祈福，逐渐形成这一独特风俗。

逛码头一开始只是民间自发地望海祈福行为，如今已发展为秦皇岛全市乃至冀东人民祝愿国泰民安、祈求幸福祥和的一项新的节庆活动，赋予了传统民俗节日以新的生命力。每年端午节，人们呼朋唤友，结伴而行，逛码头，品小吃，胜似庙会。或登高眺远，或俯身拾贝，乐此不疲。盛会积淀着秦皇岛人淳朴民风，表现了人们与大海相关相连，求得人海关系自然和谐，祈求大海风平浪静的美好心愿。

每年秦始皇求仙入海处都会举办"望海大会"，主题年年不同，但少不了的是浓郁的民俗表演以及新颖的文娱表演。在这老百姓自己的节日中，昌黎的秧歌激情地扭起来，各种当地的非物质文化遗产，如中华鲁班锁、铁旦子唢呐、木刻粘贴版画等都会在望海大会上展示。秦皇岛悠久的历史传统，丰厚的人文景观，浓郁的民俗民情吸引着更多外地朋友来到这里。

孟姜女庙

景点推荐

山海关旅游区

山海关是历史悠久的文化古城，是世界文化遗产——中国万里长城的形象代表之一。山海关名胜旅游区有天下第一关、老龙头、孟姜女庙、角山长城、长寿山、燕塞湖等景点。

山海关景区内名胜古迹荟萃，风光旖旎，气候宜人。在明万里长城的东起点老龙头，长城与大海在此交汇，碧海金沙，气势磅礴；驰名中外的“天下第一关”雄关高耸，素有“京师屏翰、辽左咽喉”之称；角山长城蜿蜒，烽台险峻，风景如画；孟姜女庙演绎着中国民间传说——孟姜女寻夫的动人故事；中国北方最大的天然花岗岩石洞——悬阳洞，奇窟异石，泉水潺潺，宛如世外桃源；塞外明珠燕塞湖，景色美不胜收。

山海关（第一关景区）

天下第一关

山海关区一关路

乘25、35、301路公交可到

4006033566　www.shg.com.cn

山海关又称天下第一关，始建于明代，北依燕山，东临渤海，是一座防御体系完整的关城，古代重要的军事要塞。古时常说的“关内、关外”，即以山海关为界。山海关是明长城东部重要的关隘之一，与西段的嘉峪

关遥相呼应，互为首尾，有“天下第一关”之美誉。

玩家 解说

山海关以长城为主线，分别有老龙头、孟姜女庙、角山、长寿山、燕塞湖、王家大院等景区。关城周长约4千米，与长城相连，古城内明代城墙保存完好，主要街巷大都保留原样，使得古城更加典雅古朴。古城最为引人注目的是关城东门的镇远楼，也就是“天下第一关城楼”。

链接

吴三桂

提起山海关，人们不禁都会想到吴三桂，尤其是历史上著名的“冲冠一怒为红颜”。吴三桂（1612—1678），字长伯，汉族，明末清初辽东锦州人，武举出身，锦州总兵吴襄之子。明天启末年，吴三桂曾带20余名家丁救其父于4万满洲人之中，孝勇之举遍闻天下，有“勇冠三军、孝闻九边”的美誉。吴三桂带领的“关宁铁骑”作战英勇，是明末一支相当有战斗力的铁骑部队。

据说明朝末年，李自成打进北京后，吴三桂的父亲投降了起义军，吴三桂的爱妾陈圆圆被李自成部下所掠。当吴三桂答应投降李自成时，闻圆圆已被李自成部将所占有，吴三桂怒发冲冠，高叫：“大丈夫不能自保其室何生为？”遂引清兵入关，中国的历史由此改变，陈圆圆也成为改朝换代的关键人物。这就是《圆圆曲》中所曰：“恸哭六军俱缟素，冲冠一怒为红颜。”

山海关大战后，吴三桂为清军先锋，追击李自成，并平灭陕西等地的流寇余部，灭四川军阀张献忠，结束了其在四川建立的暴虐政权。吴三桂后镇守云南，被清廷封为平西王。康熙削藩时，吴三桂发动“三藩之乱”，并自立称帝，最终兵败病死。

山海关

孟姜女庙

孟姜女的故事发生地

山海关区孟姜镇望夫石村

乘13、302路公交可到

5053159

孟姜女庙又名贞女祠，是根据中国民间四大传说之一孟姜女的故事而修建的，为历史文化类人文风景旅游区。庙宇坐北朝南，是一座灰砖青瓦建筑，四周林木葱郁，掩映着黛瓦红墙，景色优美。景区由108级台阶、山门、前殿、后殿、望夫石等景点组成。每年的5月28日至30日举办孟姜女庙会，游客可以欣赏到大秧歌、二人转、杂耍等民间艺术表演。

玩家 解说

贞女祠殿外有全国闻名的奇特对联：“海水朝朝朝朝朝朝朝落，浮云长长长长长长长消”，被誉为“天下第一奇联”。“朝”“长”两字按汉字不同读音才能读出有几种不同的意义。

海水朝朝朝朝朝朝朝落

Hǎishuǐ cháozhāo zhāocháo zhāocháozhāo luò

浮云长长长长长长长消

Fúyún zhǎngcháng chángzhǎng cháng-zhǎngchángxiāo

这副对联相传是南宋状元王十朋所撰。它利用中国汉字一字多音、一字多义的特点，叠音叠义，描绘了海潮涨落、浮云长消的自然景象，显示了自然界变幻多姿的景色，读后使人产生无限遐想：是自然，抑或是人生。此联的喻义令人深思，而对联的断句则更是反反复复，重重叠叠，耐人寻味。

链接

孟姜女哭长城

相传秦始皇时，劳役繁重，青年男女范喜良、孟姜女新婚三天，新郎就被迫出发修筑长城，不久因饥寒劳累而死，尸骨被埋在长城墙下。孟姜女身背寒衣，历尽艰辛，万里寻夫来到长城边，得到的却是丈夫的噩耗。她在长城脚下痛哭，三日三夜不止，长城为之崩裂，露出范喜良尸骸，孟姜女于绝望之中投海而死。

山海关老龙头

老龙头 AAAA

万里长城东起点

山海关城南5千米的渤海之滨

乘25、35、301路公交可到

50元 5152996

老龙头是明长城东部起点，也是万里长城上一个海陆军事要塞。整个景区由入海石城、海神庙、靖卤台、澄海楼、宁海城和滨海长城等部分组成。其中，澄海楼是老龙头的制高点，也是观海的胜地。其东西墙壁镶有清代皇帝及文人咏长城及澄海楼的诗作，澄海楼内陈列着老龙头出土的文物。宁海城内校场、龙武营、将台等军事建筑展示了明代要塞风貌。另外，保存完好的明代长城遗址具有独特的考古价值。

海洋水族馆

大型海底隧道型水旅馆

山海关区，老龙头风景区西侧

海洋水族馆是首家由中国人设计建造的大型海底隧道型水旅馆。这里有国内最大的鲨鱼馆，馆内有5个品种近百条鲨鱼。水族馆也是国内最大的斑海豹繁殖基地，几十只海豹在馆内“安居乐业”。水族馆内共展示了200多种2万多尾海洋鱼类，在这里能获得丰富的海洋知识。水族馆内每天都有十多场人鲨同游表演、海狮海豹表演，游客可前往欣赏。

五佛山

五佛镇边关

山海关城西北六千米处

乘旅游专线4路在长寿山站下可到

135元 5176633

五佛山国家森林公园坐落在燕山脚下，分为六大景区：五佛文化区、长寿山景区、奇岩峡景区、角山景区、世外桃源景区和自然保护区。五方大佛分别坐落在五佛广场的东南西北中五个方位，与周围九重天、五方佛舍利望海观音等景观共同构成一个具有浓郁佛教文化气息的五佛文化区。

老龙头

角山

角山是万里长城向北跨越的第一座山峰，也是明朝辽东镇和蓟镇两座军事重镇的界线，所以人们又称它为“万里长城第一山”。主要景点有角山长城、旱门关、栖贤寺等。角山顶还是观日出的理想之处，在这里可以看到“瑞莲捧日”的壮观景象。

长寿山

长寿山风景旅游区以山取胜，以长寿延年为主题，是长城脚下的天然园林。有樵夫观天、仙人洞、神医石窟、长城倒挂、悬阳古洞、寿字碑林等景观。最值得观赏的是悬阳洞，洞中有洞，洞外有洞，洞顶有洞，是我国最大、世上罕见的花岗岩山洞，有“山海第一景”之誉。

燕塞湖 AAAA

北方小三峡

山海关区燕塞湖风景区

乘30、301、旅游专线3路公交可到

旺季90元，淡季40元　5158828

燕塞湖地处深山峡谷之中，两岸悬崖峭壁，千姿百态，湖水顺流而下，蜿蜒曲折，素有“小三峡”之美称。燕塞湖是因“塞”得名的高峡平湖，山中有水，水中出山。景区内的鸟语林占地1.5万平方米，放养着黑天鹅、丹顶鹤、白鹭等珍稀鸟类百余种、3000多只。这里有迎客松、横空石壁、洞山剑峰、神女浴日等多处景点，还有长300米的过山索道，长500米的管轨式滑道，方便游客游览。

玩家 攻略

为方便观光游览，建议先乘索道上山，在山顶坐滑车至湖边，再乘环保游船观湖光山色，最后沿景区公路到鸟语林、松鼠园。

玩家 解说

燕塞湖是筑坝截断石河蓄水而成的高山湖泊。石河原是一条害河，每年夏秋两季，泛滥成灾，冲毁庄田，断阻行人。但石河又是山海关城这座军事要塞的一道天堑。隋、唐、辽金时期这里战乱不断。明末农民起义军领袖李自成率20万大军与明蓟辽总兵吴三桂和清将多尔衮大战在石河两岸；北洋时期的两次直奉战争也发生在这里；1933年1月，日本侵略军进攻华北，爱国将领何柱国将军正是在这里奋起抗战。

乐岛海洋公园 AAAA

环保生态型海滨公园

山海关区龙海大道，老龙头西2千米

乘25、35路公交到乐岛海洋公园下

8:00–17:30 旺季160元，淡季80元

5158888 www.lertao.com

乐岛海洋公园是以蓝天、碧海、绿树、金沙为依托，融互动游乐、运动休闲、动物展演、科普展示、度假娱乐为一体的环保生态型海洋主题公园。公园内分为海底总动员、爱琴海音乐广场、夏威夷海滩、海洋剧场等几大区域。在这里，游客可以观赏海洋动物表演，参与乘筏滑道、攀岩、跳水等众多水上娱乐项目，还可以观赏动感时尚的异域风情表演和充满少数民族艺术气息的歌舞表演。公园还有儿童戏水区，满足儿童的需求。

玩家 攻略

游客不仅可以在园内观赏到海豚、海狮、白鲸、海豹、海象、北极熊、海狗和企鹅，还能看到海狮、海豚、白鲸的精彩表演；可以乘坐潜艇观光或潜水与鱼儿嬉戏，体会漫游海底、探索大自然无穷奥秘的乐趣，也可观赏特色文艺表演和大型文艺演出。

乐岛海洋公园

乐岛海洋公园

参观海洋馆、极地馆、鲨鱼馆时，可与小动物亲密接触。

乐岛有白鲸、海狮、海豚的演出，还有卡通迎宾、佤族风情表演、云南风情表演等活动。不同季节演出时刻表有变化，请游客留意园内公告。

玩家 解说

乐岛海洋公园的“热带海洋”是北方最大的潜水俱乐部，同时拥有世界第二大的亚克力玻璃设施。游客可潜入斑斓绚丽的海洋世界，亲自探索神秘的海底世界，体验刺激热烈的与鲨共舞，在美妙浪漫的海中漫步，在礁群中寻宝。

望峪山庄

有北国小桂林之誉

山海关区石河镇新建村

乘30路公交车可到达 51627745

望峪山庄位于燕山脚下，湖山掩映，山体、小溪保存良好，空气新鲜。游客可登九纹山观光，到南天门探险；或观弥勒镇山、金龟入水；或触摸稀世金蟾，祈求带来福气、运气；或漫步连心桥，在牵手亭小憩，尽情享受大自然的恩赐。

景点推荐 海港旅游区

秦皇岛奥体中心

曾是奥运会足球预选赛场地

海港区河北大街

秦皇岛火车站乘34、6、12路公交可达

秦皇岛奥体中心包括体育场、体育馆、体校、体育宾馆、超市等配套设施，可容纳观众3.3万人，主体建筑高六层，北京奥运会足球预选赛曾在这里举行。

新澳海底世界 AAAA

现代化大型综合博览馆

海港区河滨路81号

乘19、21、502路公交可到

新澳海底世界是一个以展示海洋生物为主，融科普教育、旅游观光、休闲娱乐为一体的现代化博物馆。海底世界主要由水族馆和海豚表演馆两部分组成，其中水族馆主要包括企鹅馆、海豹馆、触摸池、海底隧道等；海豚表演馆以生活在海洋中的哺乳动物海豚、海狮表演为主。海底世界是一座具有国际标准的海洋动物表演馆，能同时容纳2000人观看表演。

玩家 解说

触摸池：里面放养了多种温顺的小海洋生物，五星状的海星总是安静地待在水底；有“活化石”之称的鲎，它出现的年代比恐龙都要久，有“海底鸳鸯”的美称；猫鲨是鲨鱼中体形最小的一种，它性情温顺，很可爱。

小丑鱼池：在小丑鱼池可以看到海葵和小丑鱼和谐地生活在一起。海葵有“海底葵花”的

美称，它的花瓣就是触手，隐藏在触手里面的刺细胞是它的武器，当猎物被刺细胞击中时，就会被擒住。小丑鱼身上厚厚的黏液不仅保护了自己，还能将食物带给海葵。

企鹅馆：雪地冰天之间，企鹅身披黑白色的“燕尾服”，如绅士一般。这里的企鹅是洪氏企鹅，来自遥远的秘鲁沿海岛屿。

海底隧道：全长100米、270度的环绕型亚克力玻璃让您近距离领略到海洋的博大。海底隧道里有凶猛无比的大鲨鱼，笨重迟缓的大海龟，成群的鱼儿在海底隧道中游来游去。在表演区，还可以欣赏到精彩的喂鱼表演，人鲨共游的场面非常惊险刺激。

海豚表演馆：设有可容纳2000人的看台，看台前面是一个很深的海水池，聪明的海豚和海狮根据训练员的口令，在水中表演各种动作。这里，建筑造型与海洋氛围完美结合，海豚、海狮与驯兽师配合默契，每时每刻都充满着欢笑声。

秦皇求仙入海处 AAAA

秦始皇东巡典故出处

海港区东山海边的一处高地上

乘8路公交车可到达

¥ 45元

秦皇求仙入海处是秦皇岛的标志性景

新澳海底世界

区。景区融古建筑、园林、雕塑为一体，具有深厚的文化底蕴。秦皇东巡群雕，展现了“华夏一统、千古一帝”的风采；求仙殿内的秦帝国军事艺术陈列馆，展示了秦帝国先进的军事思想、科学工艺等，体现了光辉灿烂的古老文明。景区还包括秦风阙门、求仙殿、求仙苑、仙人祠等景点。

玩家 解说

秦皇岛原为孤岛，秦汉时期这里是皇帝东巡朝拜和兵家必争之地。秦始皇东巡至此，上岛求仙，遂有秦皇岛之名。据《史记·秦始皇本纪》记载，秦始皇于公元前215年东巡碣石——秦皇岛，在此处拜海，并先后派卢生、侯公、韩终等两批方士携童男童女入海求仙，寻求长生不老药。明宪宗成化十三年，立“秦皇求仙入海处”石碑。

桃林口景区

领略“小三峡”的韵味

海港区西北郊

该景区是依托桃林口水库工程景观和周边自然、人文景观而形成的风景旅游区。景区内大坝巍峨，碧水如锦，奇峰林立，空气清新，百鸟争鸣，有小三峡的奇秀，有漓江水的澄澈，有天然氧吧的美誉。雄伟的大坝与古老的长城遥相辉映，构成一幅蓝天白云下玉带系明珠的美丽画卷。

桃林口景区

秦皇号和求仙号游船

大型观光游船

海港区体育基地海上运动场码头

乘19路公交车到游艇俱乐部下

秦皇号游船目前是秦皇岛市最豪华的观光游船，也是大连、天津等北方港口城市唯一的一条海上观光双体游船。秦皇号船体长39.9米，宽11.8米，可载客460人。游船分为三层，船上设有多功能厅、贵宾厅、豪华客房、船顶景观平台。求仙号游船能同时容纳600人，船体长49.8米，宽10.2米，最大航速13节。求仙号船体分为三层，一、二层为开敞式主客舱，具有通风、凉爽的特点，三层是拥有200余平方米面积的甲板观景区。

玩家 攻略

求仙号游船常规航行时间为45分钟左右，往返约6海里，航区为体育基地—求仙栈桥，途经1990年第11届亚运会帆船帆板赛的海上运动场、外形宛如鳐鱼的新澳海底世界展览馆、曾接待过新加坡前总理李光耀的北辰度假村、2008年奥运会足球主赛场奥林匹克体育中心，以及全国83所重点高校之一的燕山大学，同时在船上还能领略世界上最大的能源输出港秦皇岛港的雄姿。

紫云山滑雪场

滑雪度假好去处

海港区陈庄村

紫云山滑雪场风光秀丽，群山环抱，松柏茂密，空气清新，地理位置得天独厚。滑雪场目前拥有高山滑道2条，其中一条供初学者使用，另一条供掌握一定滑雪技巧者使用，滑道总长约1300米，平均坡度20度，地形起伏明显，视野开阔，适合初学滑雪和专业训练。这里还有雪地摩托、雪橇、滑雪圈道、儿童滑雪等多种娱乐项目。

景点推荐

北戴河风景区

秦皇岛市北戴河区

北戴河火车站乘5路公交车或秦皇岛火车站乘3、4路公交车到北戴河海滨站下

5052520 www.bdh.gov.cn

北戴河风景区是全国闻名的避暑胜地和天然海滨浴场。主要分为东山、中海滩、东联峰山和西联峰山四大景区，前两处为海滨浴场，后两处为海滨丘陵度假区。北戴河的819座别墅构成了一个蔚为壮观的世界建筑博览馆。北戴河海滨沙软潮平，水质良好，堪称北方第一。

玩家 攻略

来北戴河旅游不要选择旅游高峰期（夏季或周末），这时住宿费用高。此外，这里雷阵雨较多。前往旅游时别忘了带雨具、泳衣和拖鞋。当然也可以试着反季节旅行，秋季来此旅行，这时住宿便宜，秋高气爽，除了不能够下海游泳外，登长城、观海、吃海鲜也是不错的享受。

吃海鲜可以到石塘路市场购买，然后到饭店去加工，便宜实惠。市场内有不错的贝壳装饰品，比旅游点便宜，并可讨价还价。

一定要带好防晒用品，还有花露水和风油精，北戴河的蚊子较多。

玩家 解说

北戴河是世界四大观鸟胜地之一。每年春秋两季都有大批的候鸟来到这里，吸引了众多的观鸟爱好者。北戴河观鸟的最佳季节是每年3月中旬至5月下旬、9月上旬至11月中旬。

北戴河日出

鸽子窝公园 AAAA

观沧海看日出的好去处

北戴河区鸽赤路

乘15路、34路、观光巴士1号线可到

20元

4041774

鸽子窝公园是融自然景观与历史文化为一体的湿地型自然风景旅游区。在地层断裂所形成的20余米的临海悬崖上，建有一座具有民族特色的亭子——鹰角亭，这里是观日出最理想的地方。鸽子窝公园的南面有一座望海长廊，长廊的南北两头分别由四角亭和敞亭组成。另外，鸽子窝旁边的大浅滩是观鸟的绝佳之处。每年春秋时节，数以万计的珍稀候鸟在这里觅食、停留，成为一大景观。

联峰山公园

可登山览胜、寻史访踪

北戴河区联峰路

乘5、601、801路公交可到

旺季25元，淡季5元

4041591

联峰山公园又称莲蓬山公园，有东联峰山、中联峰山、西联峰山之分。联峰山区于1919年就建成了北戴河最大的森林公园，景区以登山览胜、林中探幽、寻史访踪、氧吧洗肺为特点，是著名的旅游胜地。主要景点有望海亭、观音寺、避雨石、仙人洞、对语石等。其中望海亭是观赏北戴河海滨风光的绝佳之地。

鸽子窝公园

老虎石海上公园

暑期最热闹的浴场

北戴河区老虎石

乘34路公交到海滨汽车站下，南行500米可达

8元

4044470

公园内巨石延伸入海，形如群虎盘踞，

老虎石海上公园

故名老虎石。老虎石浴场是北戴河海滨的中心浴场，这里滩宽海阔，坡度平缓，水质良好，还有大型的娱乐公园，是目前国内较大的海上综合性公园。老虎石的两侧就是著名的中海滩浴场，这是一个有着100多年历史的久负盛名的海水浴场。

秦皇岛野生动物园 AAAA

完全放养的野生动物园

北戴河区海滨大道中段

乘34路、40路、603路公交车可到达

8:00～17:00　100元　4182208

秦皇岛野生动物园是目前中国城市中规划面积较大、森林覆盖率最高、环境最优美的野生动物园，同时也是融动物观赏、娱乐休闲、科普宣传、动物科研、动物保护为一体的大型综合性野生动物主题乐园。动物园内的动物有麋鹿、非洲狮、东北虎、白虎、绿孔雀等，其中很多是国家一、二级保护动物。动物园内的野生动物是完全放养的，可以乘坐观光小火车游览。

玩家 行程

大门→假山→狮园→虎园→熊园→白虎园→非洲动物区→猴园→娱乐中心广场→草食动物区→百花园→鸟类区

玩家 攻略

秦皇岛野生动物园内可以乘坐免费的观光车游览，如自驾车进入要额外收费。自驾入园时请遵守动物园规定，在猛兽区注意不要开窗，而且要将车门上锁，以免发生危险。建议事先看好动物喂养的时间，这时会有精彩的表演。

怪楼奇园

典型人造景观

北戴河区黑石路

乘37、601路公交可到

怪楼奇园景区为典型的人造景观，由怪楼和奇园两部分组成，共设置奇景、怪景99处。怪楼内多山石瀑布，楼道索桥，多门多屋。奇园中苍松翠柏，绿树成荫。

集发农业观光园 AAAA

农业AAAA级景区

北戴河火车站至海滨市区海北公路中段

海滨车站或北戴河火车站乘5路公交车可到达

50元

5928110

集发农业观光园是以观光农业和高科技种植为主体的大型特色观赏、游览与采摘选购结合的旅游基地。观光园分为三大区

怪楼奇园

域，即综合活动区、采摘游乐区、观赏展示区。其中，综合活动区又由绿色蔬菜种植观赏区、特种畜禽养殖观赏区、花卉种植观赏区、果树种植采摘区等部分组成。

北戴河奥运公园

北京奥运会火炬传递终点

北戴河奥林匹克大道东侧

乘34路公交车可到达

北戴河奥运公园以休闲健身、旅游观光为特色，主要景观有主题雕像、音乐喷泉、58座单体雕像、奥林匹克浮雕墙，公园内还有中国30位历届奥运冠军的掌印、足印及签名，生动地展现了奥林匹克发展史。公园除建有国际标准的轮滑场地外，还辅以适合不同年龄人群活动的各种球类、棋类等体育休闲和配套服务设施。该公园是国内除北京外另一个以“奥林匹克”命名的公园。

秦始皇行宫遗址

出土文物丰富

北戴河金山嘴路东横山上

海滨汽车站乘21路公交车到金山商场下

免费

秦始皇行宫遗址规模宏大，出土文物丰富，有菱纹、饕餮纹、卷云纹、双云纹等瓦当，还有菱纹格空心砖、麻面大板瓦、陶井、陶盆等，经鉴定该地是秦始皇父子东巡碣石时的行宫遗址。

北戴河奥运公园

景点推荐 南戴河度假区

✉ 抚宁区留守营镇环海路
🚌 北戴河火车站乘22路公交车可直达南戴河
☎ 4082333

南戴河度假旅游区与北戴河一桥相连，这里的海滩具有沙细、滩软、水清、潮平的特点，是游人进行海浴、沙浴、空气浴和日光浴的理想之地。南戴河度假旅游区是具有旅游、度假、疗养、避暑、游乐等综合功能的旅游区，包括南戴河国际娱乐中心、海上乐园和仙螺岛三大景区。

南戴河国际娱乐中心 AAAA

滑沙、滑草好去处

🚌 乘801、802、804路公交可到
¥ 140元

南戴河国际娱乐中心是一处充分利用海水、沙滩、山丘、森林等自然资源，融参与性、刺激性、趣味性、文化性为一体的大型娱乐场所。娱乐中心包含金龙山、欢乐大世界、碧海金沙、中华荷园、槐花湖等几大区域。

玩家攻略

林海索道：景区内设有金龙山索道和银龙山索道两条索道，供游人上山滑沙、滑草。金龙山索道全长430米，设起点站、中间站（金龙山站）和迂回站，在金龙山站下车后就可以体验滑沙、滑草的乐趣和刺激了。银龙山索道通往银龙山，银龙山上只有滑沙没有滑草的项目，想滑草可以步行通过金龙山、银龙山之间的荡桥到金龙山。

高山划艇：赛道全长320米，从金龙山西南坡（起点）开始，盘旋于茂密的槐花林上空，转而至金龙山东南坡，最后俯冲至海滩（终点）。

南戴河国际娱乐中心

高山滑圈：位于金龙山一侧40米高的滑水台上，滑道长320米，如巨龙盘卧。游客可乘特制的皮圈飞驰滑下，沿滑道绕行两个360°，脱离滑道后，滑圈像一支离弦之箭迎着海浪冲进大海。

滑草：滑草是南戴河国际娱乐中心代表性的参与项目。置身于滑草场，游客可以感受风一般速度。滑草场面向茂密的森林和中华荷园，背靠碧蓝的大海。滑道分为快行道和慢行道。草坡引进美国耐滑草和适应沿海生长的牛筋草栽植而成。

赏荷。在千荷湖赏荷，除了在观荷长廊纵情观赏外，还可以在沿岸或湖面泛舟观赏。在船上可以与荷花近距离接触，深层次地感悟荷花的圣洁。

南戴河海上乐园

天下第一浴

抚宁区南戴河海滨旅游区第一小区环海路南侧

4050283

南戴河海上乐园素有“天下第一浴”之称，这里滩宽水清、沙软潮平，建有大型浴场、儿童岛和潜水平台，可在此进行海浴、沙浴、日光浴、空气浴。滑水漂流是海上乐园的主题项目，园内四座滑梯如盘旋巨龙耸立于海岸，游客可以感受滑水漂流的刺激情景，亲身体验其独特的魅力。

中华荷园景区

中华荷园景区由悦荷广场、千荷湖、百步问荷和湖心岛组成。

悦荷广场位于中华荷园的东北部，由悦荷楼、福禄寿桥、华表、荷花仙子雕塑、镇园雄狮等景观构成。

悦荷楼坐东北朝西南，总高26米，共三层，一层为入楼通道和服务台，二层为荷文化展厅，三层为赏荷平台。此楼为仿古建筑，既吸纳了现代手法，又融入了古典风韵，雄伟壮观。

荷花仙子雕塑为中华荷园形象标志，位于福、禄、寿三桥的正前方。雕塑高6.8米，用优质汉白玉精心雕琢而成。荷花仙子清秀文静，体态婀娜，头顶莲花，手托荷叶，别有一番风韵。

千荷湖位于荷园腹地，一湖碧水环绕湖心岛，其周边分别与荷园其他五个景区相接，湖面面积17万平方米，为中华荷园的主体，主要由长廊、芙蓉喷泉、七孔桥、湖面泛舟等景观构成。湖内的百种荷花有13万株，湖面壮阔，荷花绽放，蔚为壮观。

千荷湖一年四季景色各异。春，可赏“小荷才露尖尖角，早有蜻蜓立上头”的景色；夏，可唱“接天莲叶无穷碧，映日荷花别样红”的吴歌；秋，可品“湖边不用关门睡，夜夜凉风香满家”的意境；冬，可鉴“且留残枝伴湖面，更待全心孕水中”的精神。荷花，从其生、从其性、从其理、从其用，莫不掩人之渺小，又莫不催人以奋进。在此一赏荷花之秀，一品荷花之雅，一读荷花之韵，于纷繁俗世之中觅得一方净土，享得几许闲适，实乃一大快事。

百步问荷位于千荷湖西北侧，全长800米，共辟有荷花池160个，另有形态各异、古朴典雅的荷缸、荷盆、荷碗800个。每个荷池、荷缸、荷盆、荷碗中，均栽有精品荷花，和谐有致地分布于这800米范围之中，颇有“集荷花之大成”之意。

南戴河沙滩

仙螺岛游乐中心

有长达1000米的跨海索道

4052858

仙螺岛游乐中心是包含娱乐、观光、健身、休闲、餐饮等诸多功能的综合性海上游乐场所。景区内有全国第一条长达1000米的跨海索道，有海螺仙子、海中喷泉、观海长廊、观光游乐塔等景观。

环游世界宫

不出国可周游世界

抚宁区南戴河海滨旅游区第一小区西部

环游世界宫为南戴河一大景观——不出国可周游世界。全部建筑群共设25个场景，每个场景既连贯又独立，集中展现了世界五大洲20多个国家和地区的风景名胜、风土人情，令人耳目一新，游人置身其中，仿佛进行了一次环球旅游。

西游记宫

用现代技术手段对《西游记》完美演绎

北戴河一桥附近

西游记宫是根据我国四大名著之一的《西游记》设计修建，运用绘画布景、雕塑造型以及现代声、光、电等科学技术构筑的神话世界，其规模位居全国之首。西游记宫内共设置了25个场景区域。

仙螺岛游乐中心

景点推荐

黄金海岸

昌黎县大蒲河镇海滨

2211121

黄金海岸位于昌黎东部海滨。这里沙质松软，色黄如金，故称黄金海岸。黄金海岸旅游区占地面积5000多万平方米，连绵40多千米的沙丘蜿蜒起伏，造型优美，极为壮观。滑沙和游泳是这里最受游客欢迎的娱乐项目。不论从黄金海岸何处下水游泳，都不会被礁石划伤。

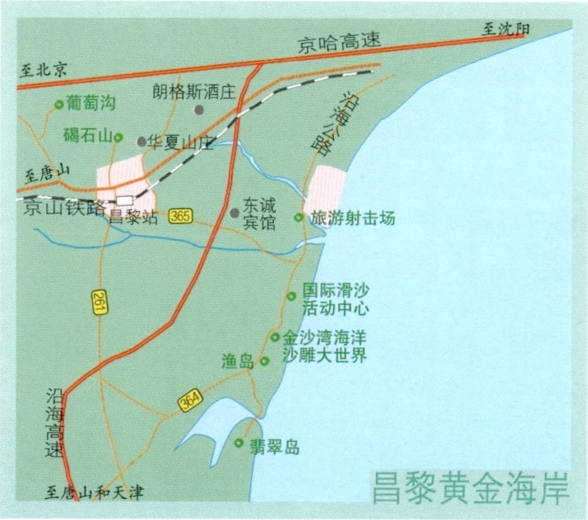

国际滑沙活动中心

沙漠海洋风光

昌黎黄金海岸旅游区内

2081340

国际滑沙活动中心凭借得天独厚的自然条件，首创了中国滑沙运动。这里的沙丘高达30～40米，沿海岸线走向，蜿蜒起伏。游客可以自主选择滑沙的斜坡场地，十分安全。除此之外，这里还有跑马、沙滩越野车、海上快艇等多种娱乐项目。

滑沙

滑沙运动是继滑冰、滑水、滑雪、滑草之后的另一新兴运动，使户外运动爱好者在运动的同时又能领略到沙漠的绮丽风光。

滑沙，即乘坐滑板从高高的沙山顶自然下滑。滑板用木材、竹子、塑料等材料制成，坐在滑沙板上，两手撑在板壁上，双脚蹬住前沿，身体微向前倾，下滑时随着沙山的坡度加大和下滑速度的加快，顿觉两耳生风，转眼之间就冲到了山下，在有惊无险的瞬间体味到了刺激与快感。

滑沙滑道坡度一般为45°，游客乘滑沙板以每秒20米的速度下滑，随着惯性的加大，速度越来越快，惊险刺激但绝对安全。滑沙运动类似滑雪和旱地雪橇，需要勇气和胆量。

玩法一：首先要爬到沙坡的顶端，选择一个斜坡。

1.先趴在板子上。

2.用双手拨动沙子。

3.开始下滑时，重心要放在后面，要微微地提高双腿（避免腿部磨伤）。

4.当然你也可以用坐着、跪着或是站着的姿势滑沙。

玩法二：在海浪打上岸即将退回去的时候玩滑沙。

1.首先你要站在岸边观察海浪打起来和退回去的时间及距离。

2.当海浪打上来要退回去前的那一瞬间，立即抓起板子趴到板子上，顺着海水退回去的力量往前滑。

3.同样的你也可以用坐着、跪着或是站着的姿势。

注意事项：避免在中午玩，因为此时沙子的温度非常高。当不小心翻倒时，沙子是软的，翻滚几圈后自然会停下来。市场上有专门的滑沙板出售。

金沙湾沙雕大世界 AAAA

回归自然的理想去处

昌黎县高尔夫球场南侧

2081029 135元

这里沙质细腻、海岸平滑、海水清澈，具有举世罕见的滨海大漠奇观和良好的自然环境。景区自主开发的各类沙雕作品是景区的特色和亮点。这里雕刻了37米高的大佛及30多座精美的沙雕艺术作品供游客观赏，游客也可以自己动手制作沙雕。此外，这里还有海水浴场、海上快艇、沙滩骑马、篝火晚会等项目。

金沙湾沙雕大世界

黄金海岸旅游射击场

飞机上看黄金海岸全景

昌黎县黄金海岸沿海路旅游飞机场，旅游射击场位于碧螺湾乐园南100米

黄金海岸旅游射击场占地2.4万平方米，是大型室外射击场。射击场设备齐全，安全可靠，共有30个靶位，均为电气化自动控制。射击场使用的枪多种多样。旅游飞机场为游客提供运五、蜜蜂两种飞机，游客可在百米高空鸟瞰黄金海岸全景。

翡翠岛

京东大沙漠，鸟类的王国

昌黎县大蒲河镇 秦皇岛与北戴河汽车站均有到翡翠岛的中巴车 2215521

翡翠岛其实是一段海滩。岛上绿树葱

翡翠岛

茏，似一块翡翠镶嵌在金沙滩上，故名翡翠岛。翡翠岛是鸟类的王国，有国家重点保护鸟类68种之多。在翡翠岛除观赏奇特的海洋大沙漠风光外，还有滑沙冲海浪、滚动太空球、飞行娱乐伞、海浴场游泳、沙滩排球足球、捕鱼等参与性项目，另外还有野外烧烤、篝火夜营等户外活动。

碣石山

观海胜地

昌黎县昌黎镇北郊

碣石山是久负盛名的名山，曹操的“东临碣石，以观沧海”更使此山声名远播。2000多年来，秦皇、汉武、唐宗、魏武等七代帝王都曾在此登山观海，刻石记功，现山上还保存有一些历史悠久的古建筑。碣石山主峰为仙台顶，海拔695米，是渤海近岸最高峰。山中有名刹水岩寺，悬崖上留存古人所刻“碣石”二字。

源影寺塔

辽金时代佛塔

昌黎县昌黎镇

源影寺塔同始建于上千年的昌黎县城一样历史久远，是典型的辽金时代的佛塔，高近40米，十三层八面密檐实心砖塔。古塔下的泉水井深有五六丈，泉水终年不断，甘甜可口。泉井四周砌有石栏，这眼深井是开凿于建塔之前，还是修塔之后，不见任何记载，成为千古之谜。远望古塔，雄伟壮观，尤其是晚霞辉映时，更显得瑰丽多姿。

朗格斯酒庄

中华第一人文绿色酒庄

昌黎县两山乡段家店

2192698

朗格斯酒庄是融酿酒、品酒、旅游、观光为一体的中华第一人文绿色酒庄。酒庄依山而建，从上至下是酿酒间和有橡木桶窖的酒坊；右边是葡萄酒培训学校、度假酒店；左边是酒庄楼群，楼群外面是绿色的葡萄园。整个酒庄颇为壮观。

华夏长城工业园

可品尝知名葡萄酒

昌黎县昌黎镇东郊亮甲山

2031799

这里有我国首家专业生产干红葡萄酒的出口企业。游客在这里可以品尝不同年代的国际知名的葡萄酒，可亲自采摘、选购各种食用葡萄和水果。这里还有人工湖、凉亭等可供游人划船观光或休闲垂钓。在1000米长的仿真长城上可以登高远眺，昌黎海岸风光尽收眼底。

华夏长城工业园

景点推荐 秦皇岛北部景点

天马湖
秦皇岛市水源地之一

抚宁区城北10千米处

天马湖景区素有“人间瑶池”之美誉，有着得天独厚的山水资源，因其在天马山下，故名天马湖，此地有“天马战青虎”“鲤鱼跳龙门”等神奇动人的历史传说。天马湖周边的半山腰上，有一龟寿洞，是1958年建成的长达1000米的战备洞。天马湖为秦皇岛市水源地之一。

板厂峪景区
有景点百余处

抚宁区义院口乡

板厂峪景区内有天然寺、板厂峪塔、长城砖窑遗址、灵仙洞、亿年火山口、倒挂长城、一线天、骆驼拜佛、九道缸瀑布、空中草原等百余处景点，平均海拔600米，最高峰熊顶盖海拔1085米，燕山山脉贯通景区东西。

董家口长城
藏在深山人未识

抚宁区驻操营镇东北部的崇山峻岭之上

董家口系明长城上的一座关口，是明代军事名将戚继光上疏修筑的蓟镇长城的重要关塞之一，是护卫“天下第一关”山海关关城的北翼要塞。董家口长城全长8.9千米，现存完好城墙3000余米，破损城墙1800余米。董家口长城依陡峭的花岗岩山脊而建，蜿蜒曲折，气势磅礴。

玩家解说

据调查考证，董家口长城要塞保存比较完好的主要原因是，这段长城筑成后，戚继光从浙江金华府调来3000名火枪手。为稳定军心，当年调来的军士都带来了家眷，在此安家守边，保护长城。董家口是一个典型的明代守城将士后代居住的地方，作为明代守城将士的后裔，董家口人把祖先修筑的长城一直当作传家宝加以爱护。现在，这些“长城后裔”尚有陈、李、耿、孙、赵、张等六姓。此外，这一带山高路险，荆棘丛生，野兽出没，人烟稀少，也是董家口长城保存比较完好的一个原因。

天马山摩崖石刻

明人题刻

抚宁区白家堡子天马山绝顶

天马山西临洋河水库，高耸挺拔，风景秀丽。山壁有明人题刻“天马行空”“山河一览”“海天在目”“带砺山河”等大字，字体俊朗、苍劲。天马山是秦皇岛道家活动场所，据传真武大帝曾在此修炼，并得道升仙。明代爱国将领戚继光任蓟镇总兵时，曾在此休养，著书立说。

九道缸

欣赏冰瀑布景观

抚宁区驻操营镇

九道缸由9个大小不一的“缸”（流水冲成的石坑）承接着九个高低有致的瀑布，落差分别为3米、5米、10米，最大的瀑布是第九注，落差达50米。它们共同组成了一个瀑布群。冬天的冰瀑布景观格外壮观。景区东起九门口，西至花场峪，主要景观有板场峪的天然洞和古长城砖窑、九道缸瀑布、白云山庆福寺遗址、明代长城等。

鲍子沟

渤海之滨的“吐鲁番”

卢龙县东南端，与昌黎县凤凰山相接

鲍子沟村山色秀美，景色宜人，有着悠久的栽植葡萄历史，生产的玫瑰香葡萄颗大、皮薄，含糖量高，口感细腻。每年的金秋葡萄采摘节都热闹非凡，吸引了众多游人。鲍子沟村头有一座独特的山，山上怪石林立，山顶是一个有足球场大小的大平顶，平顶上花草茂盛，如同“风吹草低见牛羊”的塞外大草原。

九道缸瀑布

祖山

群山之祖

青龙满族自治县祖山镇

海阳路长途汽车站乘汽车可达

祖山是一处以雄险的山景为主体特色并具有一定历史文化内涵的山岳型国家级风景名胜区。祖山山势险峻，重峦叠嶂，以山、水、石、洞、花著称。春季繁花似锦，百鸟争鸣；夏季风凉气爽，云蒸霞蔚；秋季红叶满山，野果飘香；冬季银装素裹，玉树琼花。祖山被誉为“塞北小黄山”。景区分布着北龙潭、望海寺、花果山、响山等五大景区，最高峰天女峰，海拔1424米。

玩家解说

祖山大约是1亿年前燕山造山运动的花岗岩侵入体，经过多年提升、断裂、风化、剥蚀等地质地理过程形成的一座独立山体。由于渤海以北、燕山以东诸峰都是由祖山的分支绵延而成，故以“群山之祖”命名。

黄金溶洞

燕山山脉溶洞群

青龙县境内的长城沿线凉水河乡石山沟村

青龙黄金溶洞地处燕山山脉东段，形成于十六七亿年前的远古代。溶洞是多年前人们采金时发现的，洞内有不少形状各异、色彩斑斓的钟乳石。黄金溶洞已经探明有7层。洞中有石笋、石柱、石花、石矛等诸多钟乳石体，还有人形、兽形、鸟形等钟乳石，组成了梦幻般的神奇世界。

攻略资讯

- 交通
- 住宿
- 美食
- 购物
- 娱乐

交通

飞机

秦皇岛北戴河国际机场建于2012年5月，位于中国河北省秦皇岛市昌黎县龙家店镇，距离市区约47千米，距离北戴河区约34千米，秦皇岛北戴河机场在2016年3月31日正式运营。截至2019年3月，机场已经开通25个航线，其中国内19个，国际6个。通达至上海、石家庄、海口、青岛、广州、南京、成都、哈尔滨、深圳、郑州等19个国内城市和俄罗斯雅库茨克、越南岘港、柬埔寨暹粒、蒙古乌兰巴托等6个国际城市。

巴士：机场巴士来往于机场和秦皇岛市中心的民航大厦，相距15千米，车程需20多分钟。其中，民航大厦发车时间为航班起飞前1.5小时，机场发车时间根据航班到达时间发车。

公交车：市内24路公交支线由秦皇小区至机场黄金村，发车间隔约40分钟。

出租车：起步价5元，至北戴河60元左右，也可议价。

火车

秦皇岛市有秦皇岛站、山海关站、北戴河站三个主要火车站，从华北发往东北的大多数列车均经停这三个火车站。北京站有动车组路过这三个火车站。

秦皇岛站：秦皇岛往南方向列车的始发站，主要发往北京、天津、唐山、石家庄等地。位于秦皇岛市区北侧，乘2、3、6等路公交车可到达。

北戴河站：秦皇岛的过往车站，该站有去往北戴河景点的各路公交车。位于秦皇岛海滨北侧，乘5、6、22等路公交车可到达。

山海关站：秦皇岛往东北方向列车的始发站，位于秦皇岛山海关区南关大街，乘13、21等路公交车可到达。

汽车

秦皇岛市有秦皇岛长途汽车站和北戴河海滨汽车站，每天都有开往附近城市的长途汽车。

秦皇岛长途汽车站：班车主要发往石家庄、唐山等省内城市，以及沈阳、天津、北京等其他城市。位于秦皇岛市北环路407号，乘2、6、34等路公交车可到达。

北戴河海滨汽车站：有发往天津、北京、承德、石家庄、郑州等地的汽车。位于秦皇岛北戴河区海宁路80号，乘5、34等路公交车可到达。

住宿

秦皇岛旅游设施较完善，秦皇岛市内是各式宾馆、酒店的聚集地，住宿费用标准不

秦皇岛火车站

尽相同。在避暑胜地北戴河，有很多风格各异的别墅，还有许多小旅馆和家庭旅舍。在南戴河，有度假村等为游客提供舒适的住宿环境。

●秦皇岛丽都国际酒店

酒店位于市中心，交通便利。周边有人民广场、新世纪公园、梦幻主题公园等。

秦皇岛市海港区海阳路200号 8353777

●秦皇岛山海假日酒店

邻近山海关火车站和天下第一关景区。秦皇岛市山海关区古城北大街 5352888

●北戴河观海楼宾馆

位置绝佳，鸽子窝公园就在酒店对面，酒店环境舒适，配有游泳池。秦皇岛市北戴河区鹰角路7号 4688188

●更多住宿去处

云天海湾假日酒店/秦皇岛市海港区娄山路2号/8570000

日月湖宾馆/秦皇岛市南戴河海滨观海路东段8号/4052288

美食

秦皇岛物产丰富，北戴河海鲜、山海关长城饽椤叶饼、海港秦皇鸡等，都是当地名菜。此外，青龙老豆腐、煎烤大虾、杨长子火腿肠、烤大虾是有名的小吃。

●烤大虾

烤大虾是以北戴河所产大虾为原料精工细作烤制而成，再辅以适量汤汁，其造型

秦皇岛城市风光

生动，色泽艳丽，滋味醇厚，肉质细嫩，营养丰富。

烤大虾

● 铁板蟹

北戴河特有的一种小蟹，专门钻在沙土里面，两角有两个小圆圈，酷似两只眼睛。其肉鲜嫩，蟹黄多，膏脂丰腴。一般餐馆以红烧为主。

铁板蟹

● 回记绿豆糕

回记绿豆糕是山海关特产，因初创人是回民，又姓回，称“回记”。回记绿豆糕是用绿豆以及白糖，按祖传秘方制作，其口感细腻，口味纯正。

回记绿豆糕

● 老二位麻酱烧饼

色泽微黄，层次分明，麻香醇正，松软适口。与涮火锅，喝羊汤相搭配同吃，味道尤佳。在秦皇岛市文化北路的海港区老二位饭店可以尝到正宗的麻酱烧饼。

老二位麻酱烧饼

购物

秦皇岛土特产以海鲜为主，特色海鲜有铁板蟹、海鳇鱼、梭鱼、墨斗鱼、毛蚶等。工艺品有珍珠挂件、贝雕、人造琥珀、砖雕等。土特产有卢龙核桃、昌黎葡萄酒、南大寺水蜜桃、北戴河火腿肠等。

北戴河联峰山公园东南门店铺汇集了秦皇岛各种商品，在这里既有海鲜，又有名优水果，而且物美价廉。东港路市场也是采购海鲜的好地方。滑沙场附近有出售旅游纪念品的市场。另外，秦皇岛商城、太阳城步行街是秦皇岛商业购物场主要场所。

● 卢龙核桃

卢龙县核桃栽培历史在千年以上，所产

卢龙核桃

核桃具有个大、皮薄、易取仁、脂肪和蛋白质含量高的特点，素有“石门核桃举世珍”之誉。

●昌黎葡萄酒

昌黎是全国闻名的葡萄之乡，葡萄栽培历史已有400余年。昌黎葡萄穗紧粒大，外形美观，晶莹剔透，鲜食香甜。葡萄酒香味浓郁，长期饮用具有健身补气的功效。

昌黎葡萄酒

●秦皇岛贝雕画

用海滩所产的螺贝为材料加工制成，以传统的螺贝镶嵌技法为基础，采用中国国画的构图章法，吸取牙雕、木雕等工艺之长，雕制出千姿百态的浮雕式画面。

秦皇岛贝雕画

●山海关人造琥珀

山海关工艺美术厂生产的人造琥珀以人工合成树脂为原料，将小型生物标本经过科学处理，包裹在晶体中加工成型，是精美的工艺品。

山海关人造琥珀

娱乐

秦皇岛的休闲娱乐主要以海滨活动为主，有水上冲浪、滑沙、乘坐皮划艇等。南戴河国际娱乐中心、新澳海底世界、国际滑沙娱乐中心、海洋水族馆等都是综合性的休闲娱乐场所。

节日和重大活动

节日	地点	时间
望海大会	秦皇岛求仙入海处	每年阴历五月初五
孟姜女庙会	山海关孟姜女庙	每年5月28日至5月30日
南戴河荷花艺术节	南戴河	7月
山海关长城文化节	山海关	每年4月至5月

南戴河荷花艺术节

发现者
旅行指南

唐山

概览

亮点

清东陵

清东陵是清代两大皇陵之一，共有15座陵寝，是目前国内现存规模最宏伟、体系最完整、建筑最精美的古代陵墓建筑群。

月坨岛

因形似一弯晓月而得名，美景、美趣和美味三美尤其让人惊艳，生态景观保留了原始状态。

青山关

因关口两侧的大青山而得名，古城堡保存完整，古香古色，此处还有原始的自然生态景观。

青山关

遵化汤泉

遵化汤泉因泉水四季沸腾如汤而得名，具有一定的医疗保健作用，被称为“京东第一泉”。

必逛街道

新街：唐山第一条现代化商业步行街，具有浓郁的唐山地方特色，商场、店铺云集，是唐山购物的新潮地。

线路

唐山一日游

上午到南湖公园游玩，享受自然休闲的乐趣。下午到以煤矿文化为主题的开滦国家矿山公园，了解煤炭的采集知识和开滦历史。然后前往地震遗址纪念公园。

唐山两日游

第一天上午到清东陵景区，参观中国现存规模最宏大、体系最完整的帝王陵墓建筑群。下午游览以展现佛教文化为主的大型仿古观光园林万佛园。第二天上午到滦州古城，领略盛世时代的风韵。下午到曹妃甸湿地景区，欣赏河流、沼泽、池塘等湿地景观。

清东陵

为何去

唐山地处环渤海中心地带，素有“京东宝地”之称，是伴随着近代工业的兴起而形成的中国沿海重镇，有“北方瓷都”之称，被誉为“中国近代工业的摇篮”。唐山背山临海的地理格局、复杂多样的地貌类型和特有的地方历史文化，造就了多种极具特色的旅游资源。北部长城沿线风貌古朴，原汁原味，荟萃了明长城的精华。南部沿海一线融海滨、海岛为一体，可消暑休闲。乐亭三岛景色引人入胜。世界文化遗产清东陵更是令人叹为观止。

滦州古城

何时去

唐山地处温带季风区，气候温和，但春天常有风沙，冬季气温较低。夏季海清浪平，秋季凉爽宜人，是最佳旅游季节。

南湖公园

区域解读

区号：0315
面积：约13472km²
人口：约759万人

地理 GEOGRAPHY

区划

唐山下辖7个区（路北区、路南区、古冶区、开平区、丰润区、丰南区、曹妃甸区）、3个市（遵化市、迁安市、滦州市）、4个县（滦南县、玉田县、乐亭县、迁西县）。

地形

唐山地处半山区，平原、丘陵、山地各占1/3，地貌多样。北部为山区地带，位于迁西境内的八面峰是唐山境内最高峰，海拔842米；中部是平原地带；南部沿海为河口三角洲地带。境内有大小河流37条，引滦入津工程穿境而过。

气候

唐山属暖温带半湿润季风气候，呈现出明显的大陆性气候特征，四季分明，气候温和，雨量适中。

历史 HISTORY

历史大事记

●远古时期

滦县东灰山、遵化君子口等处旧石器时代遗址，距今约45000年的爪村文化遗址、距今约17000年的孟家泉人的发现，都证明了在旧石器时期唐山境内就有人类活动。

唐山市内的大城山、迁西西寨村、迁安安新庄三处遗址是新石器时代的代表性遗址。

●先秦时期

商周时，唐山属北方侯国孤竹国，当时便有陶器的制作和青铜器的使用。

战国时，唐山为燕国辖地，除陶器和青铜器外，铜制、铁制武器和生产工具开始出现。

●秦汉时期

西汉时，种植水稻，兴修水利，并设官吏专门统管盐铁。

●唐至清朝

盛唐时，唐太宗李世民为恢复辽东，东征高丽，在必经之地的唐山留下了不少美丽传说。这一时期，出现城池、要塞和庙宇、集市、馆驿、驿站、行宫，冶铁业、煮盐业迅速发展。

明代，唐山开始发展采煤业，并成为陶瓷业中心地。

●近现代

随着“洋务运动”的兴起，光绪三年

南湖公园

（1877年）清政府在开平镇设开平矿务局，建矿采煤。唐山逐步发展起来，并逐渐发展成为“中国近代工业的摇篮”。

1911年12月，滦州起义，有力地配合了武昌起义，成为辛亥革命重要组成部分。

1922年10月，开滦五矿大罢工，成为中国第一次工运高潮中最重要的罢工之一。

解放战争时期，唐山成为支援辽沈、平津两大战役的重要后方基地。

1976年7月28日，唐山发生7.8级大地震，整座城市被夷为废墟，造成242 769人死亡。

名单 **唐山历史名人**

清代著名文学家曹雪芹

评剧主要创始人成兆才

无产阶级革命家李大钊

唐山大地震，历史永铭记

1976年7月28日，北京时间凌晨3点42分，唐山发生7.8级大地震，整座唐山城被夷为平地。天津市房倒屋塌，首都北京摇晃不止。华夏大地上，北至哈尔滨，南至清江，西至吴忠，东至渤海湾岛屿和东北国境线，这一广大地区的人们都感到异乎寻常的震撼。大地震共造成24.2多万人死亡，16.4多万人重伤；7200多个家庭全家震亡，上万家庭解体，4204人成为孤儿；97%的地面建筑、55%的生产设备遭到毁坏；交通、供水、供电、通信全部中断；23秒内，直接经济损失人民币100亿元。

这一天是唐山人心中无法抹去的疼痛，很多人在40年后的今天仍难以释怀。1976年地震后，无数人亲眼看着亲人在身边消逝却无能为力。历史也将永远铭记这一悲痛的时刻。

唐山大部分地震遗址在地震发生后没有得到保留。现有7处遗址可供后人参观考

唐山抗震纪念碑

察。其中以机车车辆厂原有的铁轨为纵轴，以纪念大道为横轴修建的唐山地震遗址公园最为引人注目。在电影《唐山大地震》结尾，一位行人骑着自行车，缓缓经过一面刻有金色字体的黑色大理石墙。那面黑色石墙便是地震纪念墙，墙上刻满了地震遇难者的名字。每年7月28日，许多唐山人都会到这里献花给亲人，也献给墙上所有的人，凭吊怀念他们。

唐山城在震后顽强崛起，奋力前行，已发展为现代化水平较高的新型城市，功能分区明确，市政设施配套好，环境清新优美。1990年唐山成为全国第一个荣获联合国“人居荣誉奖”的城市，2004年获得联合国“迪拜国际改善居住环境最佳范例奖”。

文化 CULTURE

唐山皮影，光与影的协奏

唐山皮影发源于河北省滦州，盛行在滦县、乐亭一带，至今已有400多年的历史。因为它的道具是用驴皮制成的，所以它还被当地人称为“驴皮影”，与评剧、乐亭大鼓被合称为“冀东民间艺术三枝花”。

唐山皮影是冀东人民按照自己的语言音调、生活习惯、文化传统，经过改造发展而成。唐山皮影自形成以来，名人辈出，流传广泛，深受大众喜爱，是中国皮影戏中影响最大的种类之一。

新中国成立后，唐山皮影名家辈出。被老唐山人誉为皮影界“梅兰芳”的高荣杰，一生钻研皮影演唱技艺，他演唱的“小儿”（即旦角），唱腔细腻入微，扣人心弦，达到了出神入化的境地。据说他曾在清明节跑到坟地里倾听各种女人的啼哭，再加工提炼，融在自己的唱腔里。皮影表演艺术家齐永衡、丁振耀为当今唐山皮影的传承人。齐永衡桃李满天下，丁振耀创新了皮影的黑头花脸行当，使唐山皮影逐步走出国门。

唐山皮影

皮影艺术随着时代的发展和人们艺术欣赏水平的提高也走向了更广阔的发展空间，达到了声、影、光、美的协调统一。2006年央视春节联欢晚会上由一群老人表演的歌舞节目《俏夕阳》，那便是唐山艺术家们进行的一次大胆尝试，精彩的演出引发观众喝彩声不断。老人们用夸张诙谐的肢体语言和激情昂扬的精神风貌，精心演绎了这个具有浓郁冀东地方风情的皮影舞蹈作品，传达了“爱与和谐”，也从另一种角度传递着新唐山的活力和信心。

从莲花落到唐山评剧

评剧产生于河北东部的滦县农村，其前身是莲花落，原名“平腔梆子戏”，俗称“唐山落子”“蹦蹦戏”，1910年左右形成于河北唐山一带。1935年莲花落艺人白玉霜等在上

海演出时，正式使用“评剧”这一名称。

莲花落的表演形式源于过去滦县穷人行乞时说些吉祥话或者演唱故事。发展到后来，莲花落不断从民歌、民谣、民间故事、秧歌、皮影、大鼓等艺术形式中汲取营养，经过单口对口莲花落、拆出莲花落、唐山落子等阶段，逐步发展成今天的评剧。

我国第一个评剧剧作家成兆才在莲花落发展到评剧的过程中起到了至为重要的作用，他编写了一些反映现实生活的剧本，其中以《杨三姐告状》最为著名，久演不衰，成为评剧的代表剧目之一。评剧除少数以说白为主的剧目之外，均以唱见长。

新中国成立后，评剧进入了新的繁荣发展时期，著名演员有小白玉霜、新凤霞、韩少云、花淑兰、筱俊亭、魏荣元、马泰等。著名人民表演艺术家赵丽蓉也是评剧演员出身，她与新凤霞一同演出的《杨三姐告状》更是突破了她自己的行当，使得杨母的形象深入人心。

评剧除在东北、华北广为流传外，中南、西北、西南的一些城市也有演出团体，并已成为一个有广泛影响的戏曲剧种。传到北京后的评剧经过再发展创造，已经成为了北京主要的戏剧类别之一。如今唐山评剧的传承人是著名表演艺术家洪影，她开创的“洪派”塑造了杨乃武、苏秦等一个又一个经典形象。

景点推荐

清东陵 AAAAA

遵化市马兰峪镇昌瑞山下
138元 乘平50路遵化线可到
6940888

清东陵是中国现存规模最宏大、体系最完整、布局最得体的帝王陵墓建筑群。陵园内共建有皇陵5座，包括顺治帝的孝陵、康熙帝的景陵、乾隆帝的裕陵、咸丰帝的定陵、同治帝的惠陵，以及东（慈安）、西（慈禧）太后等后陵四座、妃园五座、公主陵一座，计埋葬14位皇后和136位妃嫔。整座陵寝气势恢宏，处于群山环抱之间，展现出皇家的气派。

玩家 行程

清东陵最值得看的景点：慈禧陵、裕陵（地宫）、孝陵、神路，其中又以乾隆的裕陵地宫为最。清东陵徒步路线：在昭西陵下车，昭西陵—石牌坊—大红门—石像生—龙凤门—景陵—（走近道）孝陵—裕陵—裕妃园寝—慈禧陵—慈安陵—定陵。这条线路相当费体力，如果再精简一些的话，可以舍去咸丰的定陵或是康熙的景陵。景陵虽然名气很大，但论规模比不上孝陵，论精致比不上裕陵。

玩家 解说

清东陵是一部用砖、木、瓦、石写就的清王朝盛衰的历史。孝陵的建筑反映出清朝定鼎中原初

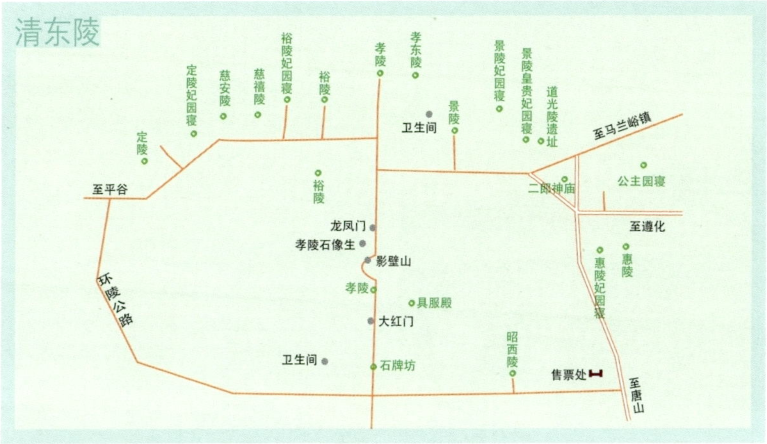

期财力不足，但是雄健古拙、规模庞大的石像生则反映出八旗子弟以武力征服中原，靠弓马开创天下的雄姿。景陵、裕陵则反映出“康乾盛世”天下太平的时代特征；定陵和惠陵则是清王朝一步步走向衰亡的写照；慈禧陵则是权力的象征，反映出慈禧两度“垂帘听政”的那段特殊的历史。

清东陵共有5座帝陵，最豪华、最具匠心的是慈禧太后的陵墓，其用料精美，工艺高超绝伦，装修独特新颖，堪称慈陵三绝。尤其殿前的陛石龙在下，凤在上，这种龙凤颠倒的设计，从另一个侧面反映了慈禧太后专权于皇帝之上。

裕陵是一座雕刻艺术宝库。陵中除地面外，无论四壁和券，都砌以花岗石，上面雕满了各种图案。主要有八大菩萨、四大天王、五方佛、五供、八宝以及用梵文和藏文镌刻的数万字的佛经。所有这些雕刻，线条清晰流畅，形象逼真，尽管图案繁多，但安排得有主有从，浑然一体，独具匠心。

景陵

葬制上的重大变革

景陵是清圣祖康熙皇帝爱新觉罗·玄烨的陵寝，为清朝在东陵界内营建的第二座皇帝陵。

景陵在葬制上也有重大变革，开创了先葬皇后、附葬皇贵妃的制度；另外还摒弃了尸体火化入葬的传统而改为土葬。景陵的建筑风格及丧葬形式大多为后世所效仿，起到了承上启下的作用。

玩家 解说

清朝皇陵中的圣神功碑亭是由嗣皇帝兴建的，用以彰扬先皇一生的功业。景陵圣德神功碑亭建于雍正三年至雍正五年（1725—1727）。按照雍正皇帝的意愿，亭内竖立了两块石碑，分别镌刻满文、汉字，用以记述康熙大帝60多年的赫赫功德。碑文由雍正皇帝亲自撰写，长达4300多字，是后世研究康熙王朝历史的珍贵史料。

裕陵

堪称清东陵之冠

裕陵是清高宗爱新觉罗·弘历，即乾隆

景陵龙凤门

裕陵

皇帝的陵寝，位于孝陵以西的胜水峪，始建于乾隆八年（1743年），乾隆十七年告竣，耗银170多万两。如果说，清东陵得集明、清皇陵之大成，那么，乾隆皇帝的裕陵堪称清东陵之冠。尤以地宫为最，陵寝木料选自川、广、云贵高原的楠木、杉木，石料采自北京房山，城砖烧自山东，金砖制于江苏，就连修陵时使用的土，也是选用纯质细腻、颜色纯正的“客土”。

玩家 解说

裕陵特征：一是设置8对石像，比其祖父康熙帝的景陵多了麒麟、骆驼、狻猊各一对，虽数量少于孝陵，但种类却与孝陵一样。二是裕陵大殿东暖阁辟为佛楼，供奉各式佛像，藏有大量珍宝。以后帝陵纷纷效仿，成为定制。三是陵寝门前的玉带河上建有三座规制相同的一孔拱桥，龙凤柱头栏杆，桥两端是靠山龙戗住望柱。这三座拱桥造型优美，雕工精细，在清陵中仅此一例。四是地宫内布满了精美的佛教题材的雕刻：三世佛、五方佛、八大菩萨、四大天王、二十四佛、五欲供、狮子、八宝、法器、佛花以及3万多字的藏文、梵文经咒，雕法娴熟精湛，线条流畅细腻，造

清东陵裕陵地宫

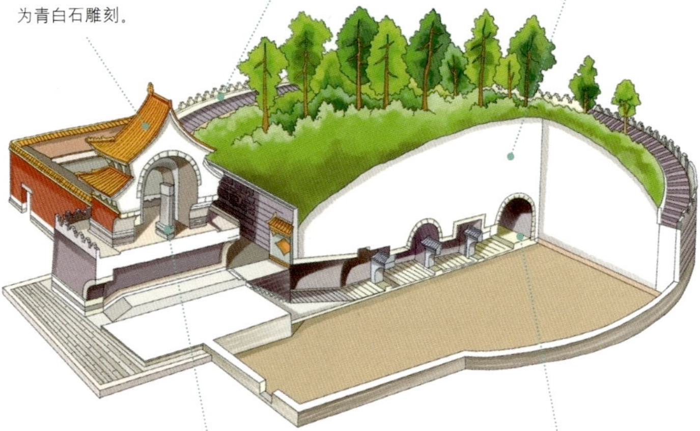

型生动传神，布局严谨有序，堪称庄严肃穆的地下佛堂和石雕艺术宝库。

慈禧陵

建筑华丽精美

慈禧陵其建筑之华丽精美冠于东陵其他陵墓，尤其隆恩殿殿里殿外都装饰贴金彩绘，殿内明柱也盘旋金龙，可谓金碧辉煌。殿前的汉白玉台基中央有透雕的龙凤陛石，其构图为“凤上、龙下”，充分显现其权势独揽的野心。慈禧陵也有清代后陵中唯一的地宫，现地宫内仅存空棺一口，而贴金的内壁、石柱也受到极大的破坏，只留形制、规模供游客参观而已。

玩家 解说

慈禧的陵寝是清东陵建筑群中最精美的一座，可称得上是金、木、石三绝。

金绝。据《清史》记载，仅三大殿所用的叶子金就达4592两以上，殿内外彩绘2400多条金龙，64根柱上都缠绕着半立体铜鎏金盘龙，墙壁上的五蝠捧寿、万字不到头图案等也全都为黄金。这些珍品虽经盗墓者洗劫，但如今依然可见“金绝”的豪华残迹与碎片。

木绝。是说三大殿的梁、枋都是用木中上品——黄花梨木制成。这种木质坚硬、纹理细密的木材现在已濒临绝种，其价值称得上是寸木寸金。而慈禧的棺椁更是用名贵的金丝楠木制成。

石绝。是指慈禧陵寝的石料一律采用上好的汉白玉，石雕图案更是绝中之绝。隆恩殿的汉白玉石栏板上，都用浮雕技法刻成前飞凤、后追龙图案。76根望柱柱头全部雕刻着翔凤，凤的下面是雕在柱身里、外侧的两条龙，形成独一无二的“一凤压两龙”造型，寓意着慈禧生前的无上权力。而殿前的凤龙丹陛石雕刻更是石雕中的珍品。

慈禧陵

清东陵慈禧陵、慈安陵

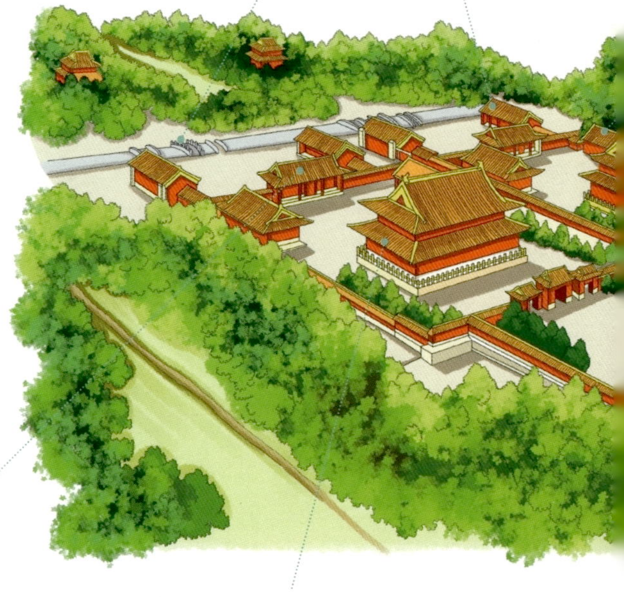

清东陵的建筑精品

在清东陵这座规模宏大的皇家陵园内有着大量的优秀建筑精品。这些精品不仅代表了当时最高建筑水准，而且反映了当时的最高艺术成就。

孝陵神路：孝陵神路是清陵中最长的神路，也是最壮观、最富艺术性的神路。孝陵神路南起金星山下的石牌坊，北到昌瑞山下的宝城、宝顶，沿朝山、案山、靠山的三山连线，将孝陵的数十座形制各异、多彩多姿的建筑相贯穿，形成一条气势宏伟、序列层次丰富、极为壮观的陵区建筑中轴线。它虽然因势随形，多有曲折，但曲不离直，明确显现了南北山向的一贯，配合了山川形势，强化了主宾朝揖的天然秩序，产生了极富感染力的空间艺术效果。

孝陵石牌坊：仿木结构形式，五间六柱十一楼，面阔31.35米，高12.48米，全部用巨大的青白石构筑而成。夹杆石的顶部为圆雕麒麟、狮子，看面分别浮雕云龙、草龙、双狮戏球等图案。梁枋上雕刻旋子彩画。折柱、花板上浮雕祥云。斗拱、椽飞、瓦垄、吻兽、云墩、雀替均为石料雕制，做工细巧，刻技精湛，历经数百年依旧令人惊艳，像这样高大精美的石牌坊，在国内已不多见。

孝陵石像生：孝陵石像生是清代陵寝中规模最大、最具特色的一组。孝陵石像生共18对，其中文臣3对、武将3对、站卧马各1对、站坐麒麟各1对、站卧象各1对、站卧骆驼各1对、站坐狻猊各1对、站坐狮子各1对。另有望柱1对。所有石雕像均以整块石料雕成。不刻意追求形似，而注重神似，其风格粗犷、雄浑、朴拙、威武，气度非凡。这组石雕对称地排列在神道两侧，南北长800多米，构成威武雄壮的长长队列，使皇陵显得更加圣洁、庄严、肃穆。

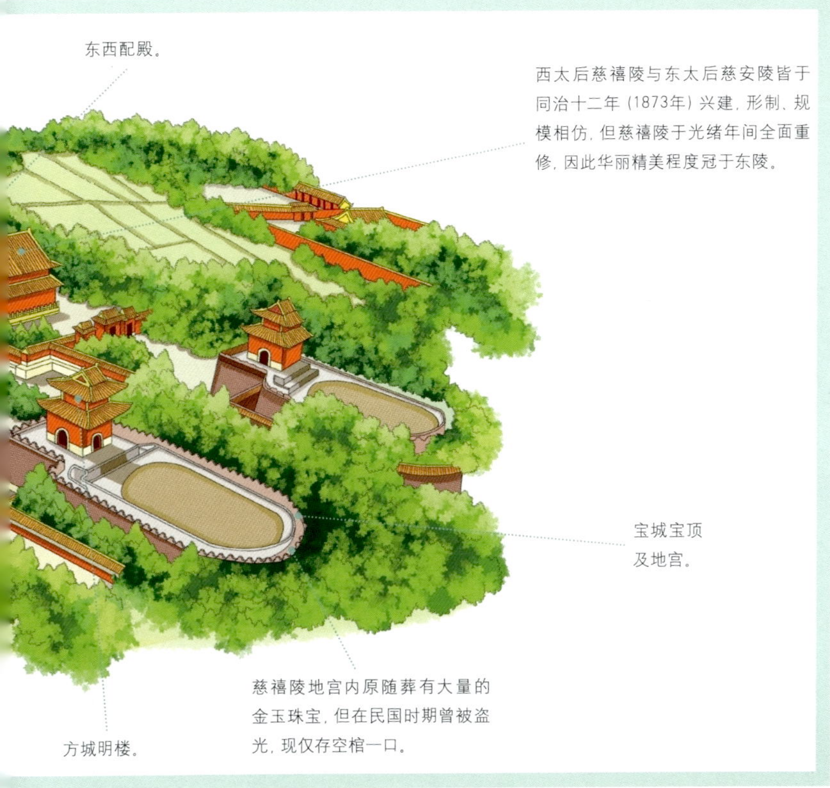

孝陵七孔拱桥：拱形桥在石桥中是等级最高的一种。七孔拱桥在清东陵只孝陵有一座。桥长110米，两侧安设石栏板126块，石望柱128根，抱鼓石4块。远观似长虹卧波，雄伟壮观。

裕陵圣德神功碑亭：重檐歇山式建筑，黄琉璃瓦覆顶，厚重的墩台四面各辟券门。亭内高6.64米的两统石碑分别竖立在两只巨大的石雕龙趺之上，东碑刻满文，西碑刻汉字。碑文由仁宗嘉庆皇帝撰写，文字由清代著名书法家、高宗乾隆帝第十一子成亲王永 亲书。此碑至今保存完整无损，字迹清晰。亭外广场四角各竖一座白色大理石雕刻的华表。每座华表由须弥座、柱身、云板、承露盘和蹲龙组成。柱身上雕刻着一条腾云驾雾的蛟龙，屈曲盘旋，奋力升腾，寓动于静，栩栩如生。八角须弥底座和栏杆上亦雕满了精美的行龙、升龙和正龙，一组华表上所雕的龙竟达98条之多。

裕陵地宫：裕陵是乾隆皇帝的陵寝，其地宫由九券四门构成，进深54米。从第一道石门开始，所有的平水墙、月光墙、券顶和门楼上都布满了佛教题材的雕刻，如四大天王、八大菩萨、五方佛、二十四佛、五欲供、狮子、八宝、法器及3万多字的藏文、梵文经咒。刀法娴熟精湛，线条流畅细腻，造像生动传神，布局严谨有序，被誉为石雕艺术宝库和庄严肃穆的地下佛堂，是研究佛学和雕刻艺术难得的实物资料。目前在中国已发掘开放的陵寝中像这样的地宫，只此一例。

裕陵玉带桥：裕陵玉带桥在隆恩殿后、陵寝门前的玉带河上。单孔拱券，三桥并排。桥面两侧安装白石栏杆，龙凤柱头。该桥造型优美，雕刻精细，小巧玲珑。这种规制的石桥在清陵中仅此一例。

景点推荐 唐山城区及近郊景点

开滦国家矿山公园 AAAA

以煤矿文化为主的公园

路北区新华东道54号

乘公交车2、8等路到路北区委区政府站下

开滦博物馆门票40元，井下探秘游100元，开滦博物馆+井下探秘游联票120元

3020287

开滦国家矿山公园是以煤矿文化为主的一座大型主题公园。景区以设立于1878年的开滦煤矿为主体，展示了煤矿历史、采煤过程和历史上的煤矿罢工运动等事迹，是了解煤炭的采集知识和历史的好地方。景区现在主要分为两大部分，一部分为开滦博物馆，另一部分是井下探秘游。

玩家解说

开滦博物馆是园内的主体建筑，馆内展示了开滦煤矿的创办历程、煤炭的采集历史和煤炭种类等，还有历史上煤矿工人多次罢工运动的展示回顾，可以了解到清末洋务运动、煤矿的历史知识等，内容丰富。

井下探秘游是从博物馆的四楼乘坐闷罐式电梯直接下到原开滦煤矿的矿井内。井下有当年矿工采集煤矿的现场，现在通过蜡像、声光电等复原了当年的采集场面，十分具有特色，也是了解煤矿工作场景的好去处。

链接

开滦煤矿的历史

始建于1878年的开滦煤矿，堪称中国煤炭工业的活化石，在跨越3个世纪发展历程中，留下了许多极其典型、稀有的历史文化和矿业遗存。开滦煤矿的

开滦国家矿山公园

开发，托起了唐山、秦皇岛两座城市，中国第一佳矿、中国第一条标准轨铁路、中国第一台蒸汽机车、中国最早的铁路公路立交桥、中国最早的股份制，均诞生在这里。洋务运动代表人物李鸿章、中国近代煤矿之父唐廷枢、北方工业巨子周学熙，党的创始人之一李大钊，民族英雄节振国等众多历史人物均曾在这里留下重要历史遗踪。开滦首开中国最早的机器采矿业和铁路运输业，引进了西方先进的工业文明和生产技术，是中国早期工业化的起点、中国近代工业文明的摇篮和中华民族从农耕文明走向工业文明的缩影。

唐山地震遗址纪念公园

地震遗址公园

路北区新华东道102号

乘1、10、64路公交可到

唐山地震遗址纪念公园是世界上首个以“纪念”为主题的地震遗址公园。园内分为地震遗址区、地震博物馆、纪念广场等区域。唐山地震博物馆建筑面积约1.2万平方米，是国内目前最大的地震主题展馆。博物馆由纪念展馆和科普展馆两部分组成，其中纪念展馆展出照片、实物、复原式景观、蜡像等数百件。科普展馆包括地震科学展厅、地震模拟环幕立体影院等，向人们普及地震知识。

唐山地震遗址纪念馆公园

唐山陶瓷陈列厅

艺术陶瓷产品的缩影

路北区北新东道陶瓷公司院内

乘3、15、207路公交车可到达　3271011

唐山陶瓷陈列厅是北方最大的陶瓷展厅。展厅面积1000平方米，展品9000余件。日用瓷有玫瑰牌、白玉牌、玉兰牌等著名品牌；艺术瓷以铁红金圈结晶釉最为独特。这里还珍藏了香港回归瓷和澳门回归瓷、国庆50周年庆典瓷等纪念品。欣赏了陶瓷精品，还可到附近的陶瓷厂参观一下陶瓷生产线及生产工艺，会对陶瓷有更全面的了解。

南湖公园 AAAA

市民休闲娱乐的场所

路南区偏坡路（化工技校南侧）

乘10、15路公交车至南湖公园站下

4009882016

南湖公园是融自然生态、历史文化和现代文化为一体的大型城市中央生态公园。公园内树木成荫、草坪翠绿、湖水清澈，是市民休闲娱乐的场所。南湖公园现辖有南湖国家城市湿地公园、地震遗址公园、南湖运动绿地、南湖紫天鹅庄等多处公园。在这里可以进行水上垂钓、划船等娱乐活动，享受自然休闲的乐趣。

玩家解说

南湖公园原为市中心南部一处采煤塌陷区，起先人迹罕至，杂草丛生。1997年政府将此地逐

唐山大地震

人类将永远铭记历史这个时刻：1976年7月28日，北京时间凌晨3时42分53.8秒。新华社稿件原文：新华社大连12月22日电在1976年7月28日发生的唐山大地震中，总共死亡24.2万多人，重伤16.4万多人。这两个数字是唐山、天津、北京地区地震中死伤人数的累计。

大地震还造成了7200多个家庭全家震亡，上万家庭解体，4204人成为孤儿，23秒内，直接经济损失人民币100亿元；一座拥有百万人口的工业城市被夷为平地。

1.震前兆

似乎是一场无法预料、无法阻止的浩劫，可是大自然又确实警告过，这些警告使那些灾难发生后重新收集资料的那些地震学者们感到毛骨悚然和深思。只是这一切都太晚了。汶川大地震前也有许多自然反常现象，但最终还是未引起人们的重视。

震前兆指地震发生前出现的异常现象，岩体在地应力作用下，在应力应变逐渐积累、加强的过程中，会引起震源及附近物质发生如地震活动、地表的明显变化，地磁、地电、重力等地球物理异常，以及地下水位、水化物、动物的异常行为等。

地震前动物会有特异常的反应，但也不是说所有的异常反应都预示着要有地震。前人总结了一些震前动物会常有的异常反应，在这里介绍一下，但是要特别注意，不能因看到一些动物反常情况就擅自播散谣言，否则会引起社会恐慌。

牛、马、驴、骡：惊慌不安，不进厩，不进食，乱闹乱叫，打群架，挣断缰绳逃跑，蹬地、刨地，行走中突然惊跑。猪：不进圈，不吃食，乱叫乱闹，拱圈、越圈外逃。狗：狂吠不休，哭泣，嗅地扒地，咬人，乱跑乱闹，叼着狗崽搬家，警犬不听指令，猫：惊慌不安，叼着猫崽搬家上树。鸭、鹅：白天不下水，晚上不进架，不吃食，紧跟主人，惊叫、高飞。鼠：白天成群出洞，像醉酒似的发呆，不怕人，惊恐乱窜，叼着小鼠搬家。鱼：成群漂浮、狂游，跳出水面，缸养的鱼乱跳，头尾碰出血，跳出缸外，发出叫声，呆滞、死亡。蟾蜍：（癞蛤蟆）成群出洞，甚至跑到大街小巷。

2.地震遗址

震后，经国务院批准，保留了7处地震遗址:唐山钢铁公司俱乐部、唐山陶瓷厂办公楼、唐山机车车辆厂铸钢车间、唐山十中院内地表错动、吉祥路树行错动、唐柏路食品公司车库、河北矿冶学院（今河北联合大学本部）

步改建成为市区生态公园。根据规划，南湖公园以“绿”为主，以环境森林为依托，充分利用现有土地资源和水面，建成以一城——交通娱乐

南湖公园

城，三场——高尔夫球运动场、骑马运动场、军体射击场，四园——水上游乐园、湿地生态园、水禽园、水上垂钓园，六区——综合游憩区、青少年活动区、地震纪念区、农桑区、植物景观区、管理区为内容的都市生态园林。

福山寺

明清风格的庙宇

古冶区北寺道口西北方

相传该寺建于唐朝太宗时期，1976年唐山大地震震毁，现寺庙于2004年由唐山多方慈善人士共同资助重建而成。该寺坐北向南，建筑有门前广场、法物流通处、山门、钟鼓楼、天王殿、大雄宝殿、藏经阁、配殿等

图书馆楼。其中保存完好的地震遗址是河北联合大学本部原图书馆楼。

河北理工大学原图书馆楼：地震时叫唐山矿冶学院。该楼刚建成尚未使用即被震毁。保留了地震时地面发生水平运动留下的痕迹。位于唐山市路南区新华西道。

唐山机车车辆厂：原铸钢车间屋架全部落地，大烟囱震损将半，反映出地震时地面发生垂直运动后所留下的痕迹。位于唐山市古冶区岳各庄大街。

唐山十中旧址：反映出地震导致的水平错位和垂直错位。位于唐山市路北区解放路。

3.震后重建

大地震摧毁的是一个陈旧的唐山，也是一个布局不合理的城市：铁路分割市区，道路狭窄、弯曲，无法拓宽；工厂和居住区混杂，污染严重；城市地下压煤，不利开采。在建筑上，旧唐山少有楼房，以大杂院为主，在抗震性能上几乎是不设防的，这也是大地震造成如此惨重伤亡的主要原因之一。事实上，一些采取了抗震设计的建筑经受住了地震的冲击，比如唐山启新水泥厂的办公楼，其设计者谢宗辅曾在地震频仍的日本留学，所以注重了建筑的抗震性能。该办公楼只在地震中受到了一些破坏，震后经修复后至今仍在使用。

重建唐山的讨论一开始，主要有两种意见：一种是将原有的城市放弃，异地进行建设；另一种是立足于原有城市，原地进行建设。前一种主张主要考虑了这样几个因素：避开市区底下的活动断裂带，减少地震的威胁；解放出市区地下的数亿吨压煤；节省原地重建所需的清理废墟的费用。后一种则认为，原地重建可以保留唐山作为一个重工业城市的产业体系以及自身的社会经济文化特色；减少搬迁征地费用，节约土地资源；有利于城市原有基础设施的利用。此外，原地重建还能给人一种心理上的感觉，即唐山真正地重新屹立起来了。

这两项意见的分歧很快以后者占上风而告终。来自国家建委和全国各地研究机构和高校的专家在震后3个多月就编制出《唐山市恢复建设总体规划》，1977年5月14日经中共中央、国务院原则批准。后来，有关部门又组织专家学者于1978年3月和1979年9月对该规划两度进行修订。在时间上，当时提出的目标是“一年准备初步开展，三年大干，一年扫尾，到1982年全部建成”，但重建的过程要比预计的漫长，正式的重建从1979年下半年正式开始，历时7年多，到1986年底才基本完成。

建筑。建筑形式采用明清古建筑风格，古朴典雅。这里主要有三座大殿，最恢宏、庄严的要数大雄宝殿。

福山寺

玉清观

“京东道教第一观”

开平区古开平城西门外北环路六号

古开平镇有“九桥十八庙”之说，玉清观在开平古建筑中是规模最大的一座庙宇，有“京东道教第一观”的美誉。其“倚燕山之脉，傍滦水之畔，望渤海之滨”，是道教的仙宫福地。该观坐落在开平老城遗址北门外，与古艺文化街遥相呼应，形成浓厚的古文化氛围。玉清观始建于汉代，后毁于宋朝战火之中，复建于明朝，初名修仙庐，宋以后名澄清观，明朝时为玉清观。1976年在唐山大地震中被毁，2002年复建。

潘家峪惨案纪念馆景区
悼念遇难同胞

丰润区火石营镇潘家峪村

从唐山（丰润）乘坐开往潘家峪方向的公交车至终点站下

5592560

潘家峪群山环抱，景色宜人。遮天蔽日的葡萄架覆盖了整个村庄，人称“燕山脚下吐鲁番”。潘家峪惨案纪念馆景区为纪念惨案中死难同胞而建，包括纪念馆、惨案遗址、葡萄村及美丽的山区风光。

链接

潘家峪惨案

1941年1月25日（农历腊月二十八），日本侵略者集中了十几个县的3000多日军和2000多伪军，乘着黎明前的黑暗，把潘家峪紧紧包围起来，然后就实行了惨无人道的大屠杀，3000多名手无寸铁的村民被杀死，整个村子仅有12名幸存者。

滦州古城 AAAA
复原千载历史古迹

滦州市滦州镇

乘坐公交车101路、102路到巡滦府站下车

7386204

www.luanzhougucheng.com

滦州古城是以研山为骨，以滦水为魂，以人文为韵，以绿林为脉而兴建的景区，占地133万平方米，气势非凡。古城兴北方盛世之风，载千古圣贤至高品格，以“和”文化为理念规划，整体规划布局纵向为和，横为时间轴，截取3000年历史中最鼎盛时代的精华，采撷极具民族融合特色的建筑艺术，重现盛世景象，繁华街市宛如积淀千年的历史长河，每一步都在领略盛世时代的辉煌风韵。

玩家 解说

景区复原了千载历史古迹：古城门、杨三姐

滦州古城

告状的老县衙、钟鼓楼、接官亭、古戏台、风雨桥、滦州阁、和园、文姬楼等盛世建筑。这里融汇南方水文化，修建滨水而居、临水起舞的环城“青龙河”；以契丹文化为主导，复原上河图不夜盛景。此外全面打造婚俗文化街、庙会文化街、民俗文化街、养生文化街及美食小吃街、五星级酒店等，是一座融文化、旅游、商业、会务、居住、休闲为一体的北方人文古城。

链接

滦州古城历史

滦州大地物阜民丰，先后有18位皇帝驾临于此。当滦河之子伯夷、叔齐以他们最为原始的儒家思想浸润中原长达2000多年的时候，在滦河上游，一个游牧民族的女人，却在远眺美丽富庶的生长鲜花和水稻的地方，构筑着伟大的梦想。萧燕燕，大辽国景宗皇后，在辽景宗死后临朝27年。在滦河岸边，曾经指挥契丹军马一次又一次地去撞击大宋江山。伴随着刀光剑影、铁骑声响，萧燕燕终于把大辽国的政治、经济、文化推上了巅峰。金莲川，滦河源头一片美丽的草原，在大辽国太后萧燕燕遗恨梳妆楼200多年后，这里出现了上都这座繁华的草原城市。

关帝庙

三国时期蜀国的大将关羽，与“文圣人”孔夫子齐名，世称武圣关公。一座关帝圣殿，就是那方水土的民俗民风的展示；一尊关公圣像，就是千万民众的道德楷模和精神寄托；一块青石古碑，就是一个感天动地的忠义教案。

紫金塔

滦州古城制高点，作为佛教圣地的紫金塔，更是滦州古城旅游区重点所在，从事商业的人士都喜欢来这里请一尊保护神，求一个生意蒸蒸日上的好兆头。

青龙河

为古城环城水系，古城最休闲、最适合发呆的地方，民族风情特色酒吧、茶吧、陶吧、咖啡馆遍布两岸，游人们可以三五成群地相约于此细细品味，与此同时，沉醉在柔软的时光当中，可在水上泛舟中体验江南水乡的意境。

唐津运河生态旅游度假景区

运河风光游览带

丰南区西南部

唐津运河生态旅游度假景区位于唐山市丰南区西南部，整个景区以一条绵延25千米长的唐津运河贯穿，融休闲、娱乐、购物、养生为一体，景区主题为“运河民俗展历史，体育运动显活力，生态休闲归自然”。景区包括了国内最新、最刺激的大型自然主题公园东方神龙乐园、素有“北方秦淮景、运河唐人街”美誉的运河唐人街、风景优美的惠丰湖等一大批名扬国内外的景点。

滦南县评剧博物馆

展示和描述评剧历史

滦南县城关南大街

4122531

滦南是评剧的发祥地，评剧创始人成兆才是滦南人。评剧博物馆设有三个主展厅以及成兆才大戏院、戏迷舞台、音像室、题字室等相关辅助馆室，通过历史图片、说明文字、评剧文物和相关历史遗物等，展示和描述了评剧的发展过程，清晰地绘制出传承创新的评剧艺术史画卷。

唐津运河生态旅游度假景区

景点推荐 唐山北部山区景点

遵化汤泉

京东第一泉

遵化市西北汤泉村东，清东陵往东约10千米处

乘遵化至汤泉的中巴可到达

6028888

遵化汤泉因泉水四季沸腾如汤，故称"汤泉"。其水温高达68℃，富含氟、硫等14种对人体有益的微量元素及矿物质，具有很高的医疗保健作用，被称为"京东第一泉"。汤泉周长约23米，四周由大理石砌成，池上有石栏，建有"流杯亭"。清朝皇帝对汤泉尤为酷爱，康熙皇帝不仅多次到此题诗作赋，修整池馆，而且建造了别具一格的流杯亭。

万佛园 AAAA

花园式园林

遵化市清东陵西元宝山

50元

4000899888

万佛园景区是以展示佛教文化为主的大型仿古观光园林，因园内有佛像近万尊，故名万佛园。园内供有世界罕见的翡翠观音、鎏金三世佛、释迦牟尼第二大弟子阿难尊者舍利等无价之宝。这里还有全国最大的十二生肖石像群、铜铸十八罗汉、四大天王、浮雕《西方极乐世界接引图》等，被国家列为艺术珍品。走进园中，可见殿宇辉煌，苍山树海，能

万佛园

够感受到博大精深的佛教文化意境。

链接

十景、九宝

十景：孝经碑、风水球、长生殿、十二生肖、金水桥、善逝八塔、放生地、金宝塔、隆福阁、二十九军纪念碑。

九宝：孝经影壁儒家宝、活佛舍利无价宝、皇家风水吉地宝、十二生肖周易宝、佛祖八塔镇园宝、金身大佛宝中宝、大殿木雕传世宝、抗日英雄民族宝、地震灵牌之最宝。

鹫峰山

供奉慧能大师所建

遵化市侯家寨乡

6900440

鹫峰山原名三台山——前台、中台（即舍身台）、后台（即鹫峰岭）。栖云寺就坐落在鹫峰岭上。寺内供奉着十八罗汉、释迦牟尼、观音菩萨等佛像。栖云寺右上方的峭壁之下有座小庙，是为供奉舍身跳崖而脱俗成仙的慧能大师所建。

卧龙山

宗教文化圣地

遵化市娘娘庄乡村北

卧龙山自然风景旅游区以卧龙山为主体，旅游线路长达4千米。殿堂、寺庙依山而建，错落有致。历史上被称为“娘娘御花园”，是有名的宗教文化圣地。佛教殿宇分别是天王殿、观音殿、娘娘殿、药王殿、财神殿、龙王殿、大雄宝殿和两座地藏王殿。

净觉寺

京东第一寺

玉田县玉田镇蛮子营村东

乘火车到唐山或丰润下，换乘至玉田杨家套乡的长途汽车可到达

净觉寺始建于唐，重修于清，是一座规模较大、布局严谨、结构合理、独具一格的古建群体。主要建筑有三殿：门殿、正殿、后殿；三楼：碑楼、钟楼、鼓楼。净觉寺的建筑艺术兼具明清两代风格，正殿两侧龙门楼和凤门楼上的龙凤图腾为民间少见。整个寺院建筑彩绘壁画技艺精湛，石刻雕塑栩栩如生，碑文书法更是令人赞叹不已。

景忠山

集佛、道、儒三教于一山

迁西县三屯营镇

乘唐山至迁西三屯营的长途汽车可直达

景忠山以其秀美旖旎的自然景观、源远流长的宗教文化，以及美轮美奂的人文古建而闻名。景区内包括山门牌楼、金殿、三忠

景忠山

祠、狐仙洞等景点。山上古岩峥嵘，苍松蔽日，峡谷清幽，云雾缥缈。这里的森林覆盖率达98%，野生植物资源多达80余种，树种以松树为最，仅200年以上的古松就有2000多株。另外还有数十种鸟类，展现出一派原始的自然风光。

青山关

未经人工修饰的长城

迁西县上营乡青山口村

乘唐山至迁西上营乡的长途汽车可达景区

青山关因关口两侧的大青山而得名，始建于明洪武年间，历来为兵家军事重地。现在的青山关古城堡基本保存完整，古城堡内的明代建筑由明代兵营、戚军校军场、关帝庙、茶楼等部分组成。青山关水门是景区的一大亮点，它是万里长城第一门，也是至今长城沿线保存完好的唯一一座提拉式水门。青山关水门以山崖为基，基座上砌条石五层，条石上垒方砖五十五行成拱形。

五虎山

康熙冬季狩猎的皇家猎场

迁西县东部，距迁西县城18千米

30元

五虎山原名九山，有九座山头并排于滦河北岸，下有九条泉水似九条银龙汇入滦河。据史书记载，康熙皇帝在五虎山狩猎14次。康熙三十年，康熙皇帝幸驾五虎山，获虎5只，诏改九山为五虎山。五虎山海拔375米，山峦仍保持着大面积的原始次生林，动植物资源丰富。景区现有滦河漂流、虎滩骑乐、越野驾乘、山林探幽、鲜果采摘、热带植物观赏等多个旅游项目。

白羊峪长城旅游区

长城的原始风貌保存较好

迁安市大崔庄镇

乘火车到迁安站下或滦县站下，下车后均有汽车可达景区

白羊峪长城始建于明初，明晚期隆庆、万历年间均进行包砖、加厚、修缮加固。其中，敌楼21座、保存完好的长城4552米。这里的大理石长城长约1500米，城底及敌楼基础多为大理石，万里关山中十分罕见。西山上建于万历丙申年（1596年）的神威楼集敌台与敌楼楼橹于一身，形制独特，为长城沿线之少见，东山上的养马圈与白羊河边上的城堡遥相呼应，互为犄角，万里长城中唯迁安独有。

白羊峪长城旅游区

景点推荐 唐山南部海滨景点

曹妃甸湿地公园 AAAA
湿地景观综合景区

曹妃甸工业区渤海大道11号

曹妃甸湿地公园有河流、沼泽、池塘等湿地景观，是融湿地旅游、娱乐、教育等功能为一体的湿地教育公园。公园包括曹妃湖内6个岛屿及周边岸滩，以及曹妃湖南侧区域、双龙河湿地迷宫等其他湿地区域。景区有各种旅游度假设施，包括高级商务酒店及配套设施。

新戴河旅游度假区
海滨游玩去处

乐亭县王滩镇打网岗岛上

新戴河旅游度假区包括祥云湾温泉度假村和浅水湾浴场两个功能区，还有游艇观光码头、运动竞技场、植物观光园等游览区。浅水湾浴场有宽广的浅海宜泳带，可进行海浴、沙浴、日光浴等，又可进行沙滩排球、沙滩足球等休闲运动，是融运动、休闲、海浴、避暑、度假、娱乐、购物为一体的大型旅游度假区。祥云湾海滨温泉度假村有沙滩跑马场、潜水区、摩托艇、沙滩足球等设施。

月坨岛
原生态浴场

乐亭县西南渤海湾中的沙岛

唐山火车站乘车到乐亭，下车后向西南到北港码头后，乘船登月坨岛

120元（含登岛门票及往返船票） 4027777

月坨岛因形似一弯晓月而得名，是中国北部海域最负盛名的生态旅游度假中心，

岛上的建筑富有荷兰风情，红顶木屋和绿野风车在蓝天大海间尽显浪漫。月坨岛由月坨、腰坨、蛇坨、西坨等七个狭长列岛断续组成，四周环海，景色以幽、野、奇、闲、异闻名。岛上灌木丛生，花果幽香，保持了原始生态，有成千上万的禽鸟在这里栖息、繁殖。

菩提岛

大型生态海岛

乐亭县西南的渤海中

菩提岛又名石臼坨，因为形似石臼，中间凹四周凸起，古称石臼坨。因唐王李世民东征时，曾在此驻跸十九日，故而又名“十九坨”。菩提岛自然环境呈现原始状态，以“古、幽、野、奇、闲”而著称。有“孤悬于海上的天然动植物园”美誉，岛上有植物260多种，以佛教圣树菩提树居多，是408种鸟类的栖息地和迁移中转站。

金沙岛

形如巨鲸的天然浴场

乐亭县西南渤海中

乐亭县城向西南至马头营，再沿平青大路至北港码头，乘木船或快艇即可登岛

金沙岛原名打网岗，是一座由11个断续相接的沙坝组成的弧形沙岛。岛上黄沙遍布，沙质细软，在阳光下会闪耀金光，故名金沙岛。落潮时该岛与打网岗主体部分连为一体，涨潮时与之分离，成为一个独立的小岛。狭长的海岛把近海分成内海与外海，外海黄沙灿灿，海水碧蓝，是天然的海岛浴场；内海水质肥美，水中鱼类富集，蟹、贝遍布浅滩，是捕鱼、捞蟹、捡贝的理想天地。

菩提岛

金银滩浴场

唐山最大的海水浴场

乐亭县王滩镇

金银滩浴场是唐山市最大的海水浴场。是进行海浴、沙浴、日光浴和垂钓、赶海、戏浪、沙滩排球、野炊烧烤多种活动的理想去处。这里也是鱼虾蟹贝喜欢栖息之地，水产资源丰富，种类繁多，是天然渔猎场所。浴场西临二排干渔码头，收获时节客商云集，游客可随渔民扬帆出海。每年农历六月十九日，乐亭渔民会在金银滩举办赶渔节，意在祭祀渔神祈祷丰收。

李大钊纪念馆

李大钊生平展

乐亭县乐亭镇大钊路览园街1号

县内有公交车可到达李大钊纪念馆

李大钊纪念馆主要包括李大钊生平事迹陈列展览、李大钊纪念碑林、李大钊廉洁风范专题展览和李大钊故居。

李大钊故居位于唐山市乐亭县大黑坨村中央，故居坐北朝南，共有房屋21间，是一座具有明清建筑风格的一宅两院的穿堂套院。这里曾是李大钊出生和少年成长的地方。

李大钊故居始建于清光绪七年（1881年），是由李大钊的大祖父李茹珍监造的。在故居内原样复原了李大钊同志曾经在此生

活的陈设，还展示了李大钊童年曾经使用过的物品，李大钊及妻子的照片等，瞻仰者可在此了解李大钊的生平。

链接

李大钊小传

李大钊，字守常，河北乐亭人，生于1889年10月29日。李大钊同志是中国共产主义的先驱，伟大的马克思主义者、中国共产党的主要创始人之一。

1915年，日本帝国主义提出灭亡中国的“二十一条”，李大钊积极参加留日学生的抗议斗争。“铁肩担道义，妙手著文章”。他起草的通电《警告全国父老书》传遍全国，他也因此成为著名爱国志士。

十月革命一声炮响，俄国社会主义革命的胜利极大地鼓舞和启发了李大钊，他以《新青年》和《每周评论》等为阵地，相继发表了《法俄革命之比较观》《庶民的胜利》《布尔什维主义的胜利》《我的马克思主义观》《再论问题与主义》等大量宣传十月革命和马克思列宁主义的著名文章和演说，阐述十月革命的意义，讴歌十月革命的胜利，旗帜鲜明地批判改良主义，积极领导和推动五四爱国运动的发展，成为中国共产主义的先驱、我国最早传播马克思主义的人。

1920年秋，李大钊领导建立了北京的共产党早期组织和北京社会主义青年团，并与在上海的陈独秀遥相呼应，积极活动，扩大宣传，发展组织，积极推动建立全国范围的共产党组织。“南陈北李，相约建党”，成为中国革命史上的一段佳话。

1921年7月，中国共产党第一次全国代表大会召开，宣告中国共产党成立，从此中国革命的面貌为之一新。李大钊和陈独秀成为中国共产党的主要创始人。中国共产党成立后，李大钊负责党在北方的全面工作，并任中国劳动组合书记部北方区分部主任。在党的三大和四大上，李大钊都当选为中央委员。

李大钊却因此遭到北洋军阀的仇视，他们下令通缉李大钊。1927年4月6日，奉系军阀张作霖勾结帝国主义。在北京逮捕李大钊等80余人。在狱中，李大钊备受酷刑，但始终严守党的秘密，坚贞不屈。同年4月28日，北洋军阀政府不顾社会舆论的强烈反对和谴责，将李大钊等20位革命者绞杀在西交民巷京师看守所内。

李大钊纪念馆

攻略资讯

- 交通
- 住宿
- 美食
- 购物
- 娱乐

交通

飞机

唐山三女河机场位于市区西北丰润区三女河南。现有到上海、广州、成都、昆明、长沙、西安、三亚等地的远距离航线，以及到石家庄、大连、青岛、哈尔滨等地的近距离航线。

机场巴士：送机路线为工行大厦（凤凰大厦）—唐山宾馆—远洋城—机场；接机路线为机场—远洋城—唐山宾馆—工行大厦（凤凰大厦）。发车时间为航班起飞前1小时20分钟。

公交车：113路公交车由唐山火车西站直达机场。

火车

唐山是华北到东北的必经之地，境内铁路线四通八达，京哈、京秦、大秦、通坨等线路穿越全市，唐遵、汉南等地方铁路使其交通网络更加完善。

唐山站：始建于1881年，是中国第一个火车站，占地面积25万平方米，是全国地级市中建筑面积最大的火车站。位于唐山市西侧，新华西道西端。乘2、4、10等路公交车可到达。

汽车

唐山境内高速公路发达密集，从市区出发，大约需要15分钟即可到达绕城高速路上，到周边的县市只需要1个小时左右。京沈（唐山段）、唐津、唐港、西外环等高速公路在唐山市内交会贯通，使其成为我国高速公路最多的城市。

唐山长途汽车南站/唐山市路南区车站路134号/2825326

唐山长途汽车西站/唐山站前路北端/2323147

住宿

唐山的旅游业占城市经济的比重较少，所以住宿业、餐饮业没有太大的季节性差异，价格也没有太大的波动，价格较为实惠。

●唐山富力洲际酒店

五星级酒店，设施服务齐全，临近万达商业区，购物消费便利。周边有抗震纪念馆、开滦国家矿山公园等。唐山市路南区文化路11号 5783333

●唐山曹妃甸紫天鹅庄国际酒店

酒店位于南湖风景区中心地区，风景秀丽，内部设施高档齐全。周边有南湖公园、

唐山火车站

唐山植物园等。✉ 唐山市南湖生态城曹妃甸 ☎ 2977688

● **唐山中大国际酒店**

环境优美，设施完善，周边有大城山公园、凤凰山公园等。✉ 唐山市路北区龙泽南路53号 ☎ 5699999

● **更多住宿去处**

金槟酒店/唐山市建设路48—8号/3720548

唐钢宾馆/唐山市新华东道（建国路）28号/5105858

美食

唐山菜属于典型的北方菜，受山东菜和宫廷菜的影响较深，口味偏咸，量大。特色菜肴有海参扒肘子、酱汁瓦块鱼、红烧裙边等，蜂蜜麻糖、棋子烧饼则是当地人特别喜爱的风味小吃。

● **蜂蜜麻糖**

经过配料、和面、擀片、剁块、炸制、烧浆等多道工艺制成，色泽淡黄，片薄如纸，形似花朵，清脆香甜。

● **棋子烧饼**

因形状、大小都酷似中国象棋的棋子而得名，使用大油和香油，有肉、糖、什锦、腊肠、火腿等多种馅心。里外烤制酥透，色泽金黄，肉馅鲜香，酥脆适口，便于保存。

唐山城市风光

棋子烧饼

●煨肘子

这道菜起源于20世纪初，由京东名厨根据猪肘子的各种做法和人们的口味进行了综合创制，特点是肉烂而不腻，口感好，百吃不厌。

煨肘子

●万里香烧鸡

万里香烧鸡创始于1944年，是唐山驰名的传统食品，经多次调整配料，改进工艺，现在其特点是形似琵琶，色泽棕红，香烂适口。

万里香烧鸡

购物

唐山陶瓷、迁安书画纸、乐亭柳编、皮影人、竹木简、干花、玉田泥人等都是唐山特有的旅游纪念品。土特产有京东板栗（又称“黑色珍珠”）、东路花生、燕山红柿、玉田孤树金丝小枣等。

唐山路南区的小山市场是较为繁华的商业区，另外还有新天地购物乐园、唐山远洋城、新街、唐人街、银街、建国路步行街等都是繁华的商业购物场所。

●唐山陶瓷

唐山陶瓷始于明朝永乐年间，主要技法有雕金、喷彩、釉中彩等，有自己的独特风格。唐山陶瓷骨瓷瓷质润泽，光灿莹洁、胎质细致。白玉瓷瓷质细腻，白中泛青，是唐山陶瓷的代表。

唐山陶瓷

●迁安宣纸

迁安造纸业始于后汉，历史悠久。迁安宣纸柔软纯净，洁白细腻，搓折无损，长期保存不变色，吸水性好。适合书、画和装潢裱托，已成为中国特种工艺品之一。

迁安宣纸

● 金丝小枣

唐山的金丝小枣朱红鲜艳，肉厚核小，干枣可拉出金黄色细丝，故称为“金丝小枣”。金丝小枣含有丰富的维生素和蛋白质、脂肪、粗纤维等多种营养成分，具有益心润肺、补血养颜等功能。

金丝小枣

● 京东板栗

京东板栗色泽鲜亮，肉质细腻，糖炒后香甜可口，富含蛋白质、脂肪和淀粉，并含多种维生素和脂肪酸等，具有养胃、健脾、补肝等作用。

京东板栗

娱乐

唐山地方文化艺术极富特色，是“冀东文艺三枝花”——皮影、评剧、乐亭大鼓的发源地。

● 乐亭大鼓

起源于乐亭，在清平歌基础上演变而成，后分为东路韩香圃派和西路的靳文然派。乐亭大鼓有中、长篇说唱和短篇唱段两种形式，音乐唱腔丰富、刚柔相济，板腔曲式完整，转调技法灵巧，是一种发展得相当成熟的板式变化体曲艺形式。代表曲目有《杨家将》《呼家将》《大闹天宫》《烈火金刚》等。

● 评剧

评剧是最为众人所知的河北地方剧种。在冀东民间演唱艺术莲花落的基础上演变而成，后称“唐山落子”“奉天落子”，最终定名为评剧。音乐为板腔体，属于梆子系统，其唱腔朴素、生动、细腻，并富有浓厚的生活气息与强烈的表现力。评剧传统剧目有200出左右，《杨三姐告状》《花为媒》《秦香莲》等都脍炙人口。

● 唐山皮影

又称乐亭皮影或滦州皮影，清末至民初时蓬勃发展。乐亭县是个不足百里的小县，可当年皮影兴盛时影戏班就有30多个。其独特的造型艺术和音乐艺术影响深远。

节日和重大活动

节日	地点	时间
河北顺平桃花节	顺平	4月
迁西栗花节	迁西	6月中旬
万全社火	万全	春节和元宵节
景忠山庙会	景忠山	农历四月十八和十月十五

唐山皮影

索引

A

B

C

D

F

R

S

T

W

X

我们的理念

做发现者，才能走得更远。发现秀美景色、探寻历史痕迹、体验文化脉络、寻找地理起源等深层次的旅行知识，是我们不停脚步的动力。我们不仅是在做一本旅行指南，能为旅途上的行者做出一部内容丰富、态度严谨、值得边走边读的行囊书，是我们永恒不变的追求。

《发现者旅行指南》编辑部

总 策 划 丁海秀
执行策划 李荣强 安颖侠

项目统筹 周国宝 龚道军
内容编辑 刘 挺 王叶青 方明杨 刘秀红 丁天丰 张文齐 商子微 张亚飞 苏雪莹 沈 皓 魏建飞 张灵燕 许晨晨 杨康健 张 鑫 刘晓璐 刘慧慧 王春雪 刘智勇 李荣强
美术总监 左小文
美术编辑 侯心如 王春晓
图片编辑 朱盼盼 马志鹏
插图绘制 尚祖山 李秋红
排　　版 水长流 赵媛媛

图片提供 微图网 汇图网 中国图库网 全景网 锐景创意 集成图像 站酷海洛 shutterstock fotoe dreamstime 孙西国 马林宏 徐 行 高应胜 薛 冬 西部老马 钱多多

出炉过程

在编辑部成员的共同努力下，这套耗时两年有余的旅行指南终得以付梓。其间，我们亲历景点，翻遍资料，只为确保撰写的内容准确有效；我们实地考察，联系景区，只求绘得一幅精美的景区图；我们花尽心思，几易版式，只为呈现出前所未有的阅读体验。如今，这套精心打造的旅行指南，能放到您的行囊或书架，我们深感荣幸。我们期待与您一起走向远方，重新发现旅行的价值。

联系我们

我们的成长需要您的支持。您对本书的每一条意见我们都会珍视。同时也欢迎您与我们一起分享旅游体验，稿件一旦被采用，您将会获取相应稿酬。您可以将意见和稿件投递到我们的邮箱（tepfx@163.com）。

丛书策划 丁海秀
责任编辑 于胭梅

图书在版编目（CIP）数据

河北 /《发现者旅行指南》编辑部编. -- 北京：旅游教育出版社，2017.1（2019.8）
（发现者旅行指南）
ISBN 978-7-5637-3504-4

Ⅰ. ①河… Ⅱ. ①发… Ⅲ. ①旅游指南—河北 Ⅳ. ①K928.922

中国版本图书馆CIP数据核字（2016）第320303号

河　北（第2版）
《发现者旅行指南》编辑部 / 编

出版单位 旅游教育出版社
地　　址 北京市朝阳区定福庄南里1号
邮　　编 100024
发行电话 （010）65778403　65728372　65767462（传真）
本社网址 www.tepcb.com
E-mail tepfx@163.com
印刷单位 北京华联印刷有限公司
经销单位 新华书店
开　　本 905毫米×1100毫米　1/32
印　　张 12.5
字　　数 403千字
版　　次 2019年8月第2版
印　　次 2019年8月第1次印刷
定　　价 78.00元

特别提醒

本书信息在出版前已经认真核实过。但由于现实发展太快，旅游信息随时可能发生变化，我们无法承诺保证本书信息的准确性和完整性，并只能在法律规定范围内承担责任。如因此给读者带来不便，我们深表遗憾。

中国地图

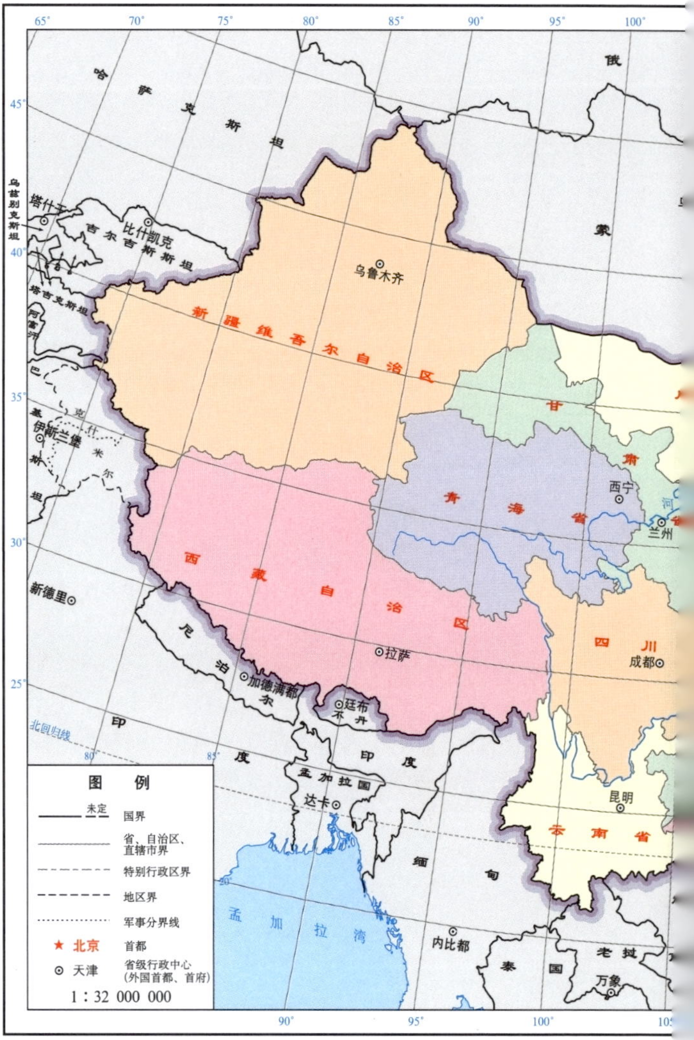

审图号：GS(2016)1582号